ÇİN HALK CUMHURİYETİ'NİN AFRİKA POLİTİKASI

Mürsel BAYRAM

ISBN: 978-1985824188

Library and Archive Cataloguing in Publication:

Bayram, Mürsel, 1985–, author
Çin Halk Cumhuriyeti'nin Afrika Politikası/
Written in Turkish.
Includes bibliographical references.
Issued in print format.

1. Political Science 2. International Relations

First Printing, February 2018

Printed via Create Space Independent Publishing

CreatesSpace is a DBA of On-Demand Publishing LLC, part of the
Amazon group of companies.

4900 Lacross Rd, North Charleston, SC 29406-6558

222 Old Wire Rd, Columbia, SC 29171

Printed in the United States of America

ÖNSÖZ

Dünyanın ikinci büyük ekonomisi konumunda bulunan Çin'in Soğuk Savaş sonrası dönemde öncelikle yakın çevresinde, daha sonra Okyanusya, Afrika ve Latin Amerika gibi uzak coğrafyalarda etkinliğini artırması, gerek akademik, gerekse popüler düzeyde ilgi çeken bir konudur. Çin'in özellikle Afrika devletleri ile ilişkileri, uluslararası alanda dikkatle takip edilmektedir. Afrika'daki Çin varlığına yönelik akademik ilgi dünya genelinde artmaya devam ederken Türkiye'de konunun henüz yeterli düzeyde araştırılmadığı görülmektedir.

Uluslararası politikanın iki temel dinamiği niteliğindeki güç ve kimlik faktörleri üzerinden Çin-Afrika ilişkilerini detaylı biçimde ele alan bu çalışma ile konuya ilişkin Türkçe literatüre katkı sunmak amaçlanmıştır. Belirtilen amaç doğrultusunda Çin ile Afrika devletlerinin yapısal özellikleri ortaya konulup tarihsel bir bakış açısıyla dış politikaları analiz edilmiş; Çin-Afrika ilişkilerinde güç ve kimlik yapılarıyla bağlantılı hangi faktörlerin ne yönde etkili olduğu incelenerek ilişkilerin temel dinamikleri ve sistematiği tespit edilmeye çalışılmıştır.

Çalışmanın şekillenmesine katkıda bulunan Prof. Dr. Hüseyin Emiroğlu, Prof. Dr. Nasuh Uslu, Yrd. Doç. Dr. Murat Gül, Yrd. Doç. Dr. Celalettin Güngör ve Yrd. Doç Dr. Arif Bağbaşlıoğlu'na teşekkürü borç bilirim. Ayrıca, çalışmayı defalarca okuyup daha sağlıklı düzeltmeler yapmama katkı sağlayan eşim Zelal Bayram'a bu zorlu süreçteki desteği ve anlayışından ötürü teşekkür ederim.

ÖNSÖZ **2**

GİRİŞ **6**

ULUSLARARASI İLİŞKİLERİN İKİ TEMEL DİNAMİĞİ: GÜÇ VE KİMLİK **21**

Uluslararası İlişkilerde Güç **21**

Uluslararası İlişkilerde Kimlik **32**

Güç Statüleri ve Kimlikler **37**

Büyük Güç-Küçük Güç İlişkileri **57**

ÇİN DIŞ POLİTİKASI **63**

Çin'in Güç ve Kimlik Özellikleri **63**

Çin Dış Politikasının Oluşumu **74**

İmparatorluk Dönemi Çin Dış Politikasının Özellikleri **81**

Cumhuriyet Dönemi Çin Dış Politikasının Özellikleri **96**

AFRİKA DEVLETLERİNİN DIŞ POLİTİKALARI **110**

Afrika'nın Güç ve Kimlik Özellikleri **110**

Afrika Devletlerinin Dış Politikalarına Tarihsel Bir Bakış **121**

Sömürgecilik Öncesi Dönem **122**

Sömürgecilik Dönemi **139**

Sömürgecilik Sonrası Dönem **144**

ÇİN-AFRİKA İLİŞKİLERİNİ AÇIKLAYAN FAKTÖR VE DİNAMİKLER 155

Dönemsel Dinamiklerin Etkisi 155

Alternatif Denge Arayışlarının Etkisi 163

Devlet Kimliklerinin Etkisi 168

Tayvan Meselesinin Etkisi 174

Enerji ve Gıda Güvenliği Meselelerinin Etkisi 177

Üretim Kapasitesi ve Ekonomik Güç Asimetrisinin Etkisi 181

ÇİN-AFRİKA İLİŞKİLERİNİN NİTELİĞİ 188

Çin ile Afrika Devletleri Arasındaki Temel İşbirliği Alanları 188

Yeni-Haraççı Bir İlişki Biçimi Olarak Çin-Afrika İlişkileri 201

Çin ile Diğer Aktörlerin Afrika'ya Yaklaşımlarının Mukayesesi 211

Çin'in Alternatif Bir Model Olma İmkânı 225

Afrika Devletlerinin Çin'e Yaklaşımları 227

SONUÇ 236

KAYNAKÇA 249

GİRİŞ

Uluslararası politikada ve ekonomide giderek daha aktif bir rol oynamaya başlayan Çin, özellikle Soğuk Savaş sonrası dönemde Okyanusya'dan Balkanlar'a, Orta Asya'dan Latin Amerika'ya kadar birçok önemli bölgede etkinliğini artırmıştır. Küresel ölçekte artan bir Çin varlığı söz konusu olmasına rağmen, Çin'in Afrika kıtasında yoğunlaşan siyasî, ticarî, askerî ve kültürel faaliyetleri, dünyanın diğer bölgelerindeki faaliyetlerinden daha fazla dikkat çekmektedir.[1] Çin'in Afrika'daki varlığına atfedilen önem, üç ana nedene dayandırılabilir. Birincisi, uluslararası sistemin yapısında çokkutupluluk yönünde bir değişimin veya değişim beklentisinin gözlemlenmesi; ikincisi, Çin'in söz konusu değişime neden olabilecek yeni bir güç merkezi olarak öne çıkması; üçüncüsü, Çin'in artan gücünü en görünür şekliyle hissettirdiği bölgelerden birinin Afrika kıtası olmasıdır.

Çin-Afrika ilişkilerinin önemini açıklayabilecek ilk faktör, uluslararası sistemin yapısındaki değişim olasılığıdır. Farklı tanımlamalar olmakla birlikte, uluslararası sistem, genel olarak, belirli bir sıklıkta ve belirli prosedürler dâhilinde birbirleriyle ilişki içinde bulunan bağımsız siyasal birimlerin[2] oluşturduğu yapının adıdır. Bu yapı, kendi kendini düzenleyen homeostatik* bir dengeye da-

---

[1] João Fábio Bertonha, "A China e o Terceiro Mundo: Novos Relacionamentos ou a Volta do Velho Colonialismo?", *Meridiano 47: Boletim de Análise de Conjuntura em Relações Internacionais*, Sayı 85, Ağustos 2007, s. 7.

[2] Bu birimler, tarihsel bağlama göre, kabile, şehir devleti, imparatorluk veya ulus-devletler olabilir. Bkz. Kalevi Jaakko Holsti, *International Politics: A Framework for Analysis*, Prentice-Hall, Londra, 1974, s. 29.

* Biyolojik bir kavram olan homeostaz (*homeostasis*), hücrenin kendi dışında gerçekleşen olaylar karşısında metabolizmasını koruma eğilimidir. Belli elementlerin bir araya gelmesi neticesinde canlı organizma oluşmakta ve bu elementlerin çoğalması ile canlı da büyümekte, belli bir dönem sonunda ise zayıflayıp ölmektedir. Büyüyüp gelişme belli bir zincirleme reaksiyon doğrultusunda gerçekleşir. Bu zincirleme reaksiyonun kontrolü ise "homeostatik denge" ile sağlanır. Homeostatik denge sayesinde canlılar, dengeli bir anabolizma (yapım) ve dengeli bir katabolizma (yıkım) eşliğinde varlıklarını sürdürürler. Söz konusu sisteme ait çok sayıda değer, sisteme hükmeden merkezî bir otorite olmamasına rağmen, belli sabit değerler

yanmaktadır.[3] Sisteme dâhil olan siyasal birimlerin güç dağılımlarındaki değişim, sistemin kendi kendini düzenleme (*self-regulation*) eğilimi doğrultusunda, yeni bir denge ve düzen arayışına yol açmaktadır. Dolayısıyla, sisteme hâkim olan devlet ya da devletler güç erozyonu yaşarken yeni güç merkezlerinin ortaya çıkması, sistemin yapısında er ya da geç değişime yol açacak bir gelişme olarak değerlendirilmektedir.[4] Bu bağlamda Çin'in dünya genelinde artan etkinliği ve Afrika'daki varlığı da büyük oranda uluslararası sistemin tek kutupluluktan çok kutupluluğa evrilmesi yönündeki beklentileri destekler nitelikte gelişmeler olarak yorumlandığı[5] için önemli görülmektedir.

Küresel askerî üs ve istihbarat ağı, Latin Amerika'dan Yeni Zelanda'ya uzanan ittifak sistemi, Dünya Bankası ve Uluslararası Para Fonu'ndaki ağırlığı, resmî para biriminin temel uluslararası değişim ve rezerv para olarak kullanılması vb. faktörler, ABD'yi uluslararası siyasal ve ekonomik sistemin merkezine oturtmaya devam etmektedir. Bununla birlikte ABD, Soğuk Savaş dönemin-

---

arasında tutulur ve bu dinamik denge, dar sınırlar arasında kalmak kaydıyla, kendi kendini ayarlar. Homeostatik dengenin uluslararası politikadaki karşılığı "güç dengesi" olabilir. Bkz. Eldra Pearl Solomon, *Introduction to Human Anatomy and Physiology*, Elsevier, Missouri, 2016, s. 9-10.

[3] Charles W. Kegley ve Eugene R. Wittkopf, *World Politics: Trend and Transformation*, Macmillan, Londra, 1989, s. 500-501.

[4] ABD'li siyaset bilimci Richard Rosecrance'e göre uluslararası sistem dört esas üzerinden işlemektedir. Bunlar; (1) bozucu girdiler, (2) bu girdilere tepki veren düzenleyici mekanizmalar, (3) olası sonuçları etkileyen çevresel kısıtlar ve (4) ortaya çıkan sonuçlardır. Devletlerarası güç ve kaynak eşitsizliğinin artması, bozucu girdilerden biridir. Bu tür girdileri düzenleyebilecek Birleşmiş Milletler gibi mekanizmalar yeterince etki gösteremediği sürece sistem istikrarsızlaşır. Bu durum, aktör sayısına ve çevresel kısıtlara bağlı olarak yeniden dengeleme yönünde bir baskı oluşturur ve zamanla yapısal bir değişime yol açabilir. Bkz. Richard Rosecrance, *Action and Reaction in World Politics: International Systems in Perspective*, Little and Brown, Boston, 1963, s. 219-239.

[5] Christopher Layne, "The Unipolar Illusion: Why New Great Powers Will Rise," *International Security*, Cilt 17, Sayı 4, Bahar 1993, s. 5–51; Denny Roy, "China's Pitch for a Multipolar World: The New Security Concept", *Asia-Pacific Security Studies*, Cilt 2, Sayı 1, Mayıs 2013, s. 1-5; Christopher Layne, "The Unipolar Illusion Revisited: The Coming End of the United States' Unipolar Moment", *International Security*, Cilt 31, Sayı 2, Güz 2006, s. 7–41.

deki gibi sıkı ittifaklar tesis edememekte ve Çin gibi yükselen güçler karşısında göreli olarak gerilemektedir. Göreli gerilemeden kasıt, ABD'nin düşüşünden çok diğerlerinin yükselişte olduğu gerçeğidir. Zira Çin ve Hindistan gibi güçler, ABD'nin kurduğu düzenden istifade ederek yükselmekte ve ABD'yi doğrudan karşılarına almak yerine, ABD ile işbirliğinden daha fazla yarar sağlayacaklarını bilmektedirler.[6] Bu bakımdan Amerikan hegemonik gücündeki göreli aşınma, doğrudan ve kısa vadede yeni bir hegemonik meydan okuyucunun ortaya çıkması anlamına gelmemektedir.

Buna rağmen Çin'in ABD sonrası düzenin en muhtemel hegemon adayı olarak görülmesi[7], Çin'in güç göstergelerindeki artış eğilimi ile açıklanabilir. Çin'in muazzam nüfusu, hızla büyüyen ekonomisi ve askerî alanda yaptığı harcamalar, ülkenin uluslararası güç dengeleri açısından göz ardı edilmesini imkânsız hale getirmektedir. Mevcut uluslararası siyasal-ekonomik düzenden istediği düzeyde yararlanamayan bazı az gelişmiş ve gelişmekte olan ülkeler, Çin'i kendi gelişmeleri için yeni bir fırsat olarak görmekte[8]; uzun süredir sisteme hâkim olan gelişmiş ülkeler ise Çin'i siyasî ve askerî açıdan uzun vadede potansiyel bir tehdit olarak algılamak-tadırlar.[9] Çin yönetimi tehdit algısını bertaraf etmek için

---

[6] Başta Çin olmak üzere yükselen güçler, Amerikan hazine bonolarını ellerinden çıkarmak ve Amerikan bankalarındaki paralarını çekmek suretiyle dahi Amerikan ekonomisini hızla krize sokabilecek durumda olmalarına rağmen, ne kendilerinin ne de sistemin böylesine büyük bir çöküşü kaldıramayacağının bilincindedirler. Bkz. Fareed Zakaria, *The Post-American World*, W. W. Norton & Company, New York ve Londra, 2008, s. 1-6.

[7] "China as Hegemon", *The Economist*, https://www.economist.com/201 0/01/china _hegemon, 13 Ocak 2010; Kyle Haynes, "Would China Be a Benign Hegemon?", *The Diplomat*, https://thediplomat.com/2017/06/ would-china-be-a-benign-hegemon/, 2 Haziran 2017; Chas W. Freeman, "China's Challenge to American Hegemony", *Middle East Policy Council*, http://www.mepc.org/speeches/chinas-challenge-american-hegemony, 5 Ekim 2017.

[8] "How Are Global Views on China Trending?", *CSIS China Power Project*, https://chinapower.csis.org/global-views/, 5 Ekim 2017.

[9] Nitekim son Amerikan Ulusal Güvenlik Strateji Belgesi'nde Çin, "*ABD'nin güvenlik ve refahını aşındırmaya çalışan, Amerikan nüfuzuna ve çıkarlarına meydan okuyan*" bir

özellikle 2000'li yılların başlarından itibaren yumuşak güç kapasitesini artırma yönünde bir strateji izlemesine rağmen, tarihsel olarak şekillenen Sinofobik eğilimler ortadan kalkmış değildir.[10] Bu kapsamda dile getirilen Sarı Tehlike* söylemi, Çin'e yönelik tehdit algılamalarının psikolojik zeminini oluşturmaktadır.[11] Çin'in daha önce Batılı devletlerin hâkim olduğu Afrika gibi bölgelerde nüfuzunu artırması da bu algıyla bağlantılı olarak "işgal", "istila", "sessiz fetih" gibi kavramlar üzerinden tasvir edilmektedir.[12]

Çin'in Afrika'daki varlığına gerek akademik gerekse popüler düzeyde dikkat çekilmesi, aynı zamanda dünyadaki Afrika algısı ile ilişkilidir. Afrika denildiğinde genellikle ilkel, durağan, egzotik, edilgen ve büyük güç mücadelelerine müsait bir coğrafya akla gelmektedir.[13] Herhangi bir kıta dışı aktörün Afrika üzerinde nüfuz elde etmesinin uluslararası jeopolitik bir mücadeleye yol açacağının düşünülmesi, bu anlayışın bir sonucu olarak değerlendirilebilir. Batılı devletlerin sömürgeci dönemde Afrika'daki var-

---

ülke olarak tanımlanmıştır. Bkz. *National Security Strategy of the United States of America*, The White House, December 2017, s. 2.

[10] M. Turgut Demirtepe ve Hasan Selim Özertem, "Yükselen Tehdit Algısı Karşısında Çin'in Yumuşak Güç Siyaseti: Politikalar ve Sınırlılıkları", *Bilig*, Sayı 65, Bahar 2013, s. 95-118; Cemre Pekcan, "Çin'in Kültürel Diplomasisinin Çin Tehdidi Algısının Kırılmasındaki Önemi", *International Conference on Eurasian Economies 2016*, Kaposvár/Macaristan, 29-31 Ağustos 2016, s. 212-219.

* Sinofobi (Çin korkusu), tarihin ilk dönemlerine kadar uzanmaktadır. "Sarı Tehlike" (*Yellow Peril*) ifadesinin siyasî alanda ilk kullanımı ise Alman İmparatoru II Wilhelm'e atfedilmektedir. Bkz. Greenbery G. Rupert, *The Yellow Peril or the Orient vs the Occident as Viewed by Modern Statesmen and Ancient Prophets*, Union Publishing, Choctaw, 1911, s. 9.

[11] Türkiye'de de Çin'e yönelik benzer bakış açılarına rastlamak mümkündür. Örneğin bkz. Mirat Özçamlı, "Sarı Tehlike: Çin ve Yayılma Siyaseti", *Orkun Dergisi*, Sayı 64, Haziran 2003.

[12] Bu tarz tasvirler için örnek olarak bkz. Juan Pablo Cardenal ve Heriberto Araújo, *La Silenciosa Conquista de China: Una Investigación por 25 Países para Descubrir cómo La Potencia del Siglo XXI Está Forjando Su Futura Hegemonía*, Crítica, Barcelona, 2012; Arif Koşar, "Çin'in Afrika istilası", *Özgürlük Dünyası*, Sayı 241, Mayıs 2013; "Orta Amerika'da yeni tehlike Çin istilası", *Yeni Şafak*, http://www.yenisafak.com/yazi-dizileri/orta-amerikada-yeni-tehlike-cin-istilasi-57878, 5 Kasım 2013.

[13] Erik Gilbert ve Jonathan T. Reynolds, *Tarihöncesinden Günümüze Dünya Tarihinde Afrika*, Çev. Mehmet Dikkaya, Küre Yayınları, İstanbul, 2016, s. 22-24.

lıkları ölçüsünde "büyük güç" oldukları ve Afrika'daki varlıklarını kaybettikleri ölçüde "büyük güç" statülerinin erozyona uğradığı düşünülürse, bir devletin güç statüsü ile Afrika gibi geniş bir coğrafya üzerindeki nüfuzu arasında dolaylı bir ilişki kurmak olasıdır. Çin'in Afrika üzerinden "imparatorluk" inşa ettiği yönündeki yorumlar[14], alt metin olarak böyle bir mantıksal ilişki üzerine bina edilmektedir.

Afrika kıtası, coğrafî, tarihî ve sosyolojik olarak çeşitlilikler barındırmasına ve hâlihazırda 54 devletten oluşmasına rağmen, ya Kuzey Afrika ve Sahraaltı Afrika şeklinde iki bölge ya da benzer özellikler arz eden yekpare bir kıta olarak değerlendirilmektedir. Elbette bu bakış açısı, tamamen temelsiz değildir. Afrika'nın hemen hemen tamamının Avrupalı devletlerce sömürgeleştirilmiş olması, kıta ülkeleri arasında ortak bir tarihsel hafıza oluşturmaktadır. Çoğu Afrika devletinin ekonomik olarak az gelişmiş ve siyasal olarak istikrarsız bir görüntü sergilemesi, kıta ülkelerini yapısal olarak da benzeştirmektedir. Ayrıca, kıta devletleri arasında Afrika Birliği üzerinden gevşek de olsa bir bütünleşme bulunmaktadır. Bu bütünleşme görüntüsü; ABD, AB, Çin, Hindistan, Fransa, Türkiye gibi kıta-dışı aktörlerin Afrika devletleri ile tek tek ilgilenmek yerine kıta düzeyinde zirveler gerçekleştirmelerine imkân tanımaktadır. Öte yandan, Afrika ülkeleri ile geliştirilen ticarî ilişkilerin "Afrika safarisi" gibi karikatürize biçimde aktarılması, Afrika'da iki veya üç ülkeyi ziyaret eden bir devlet başkanının "Afrika turu" yaptığından söz edilmesi de Afrika'ya yönelik bütüncül bakış açısını pekiştiren ve kıtayı kolektif bir aktör olarak ele alma eğilimine

---

[14] Örneğin bkz. Howard W. French, *China's Second Continent: How a Million Migrants Are Building a New Empire in Africa*, Alfred A. Knopf, New York, 2014. Belirtmek gerekir ki Çin yönetimi, tehdit algısını önlemek adına bu tür yorumlara itiraz etmektedir. Bkz. "China denies building empire in Africa", *The Guardian*, 12 Ocak 2015, https://www.theguardian. com/global-development/2015/jan/12/china-denies-building-empire-africa-colonialism, 2 Aralık 2017.

yol açan nedenlerdir.[15] Sayılan nedenler, Afrika'nın bir bölgesel alt-sistem düzeyinde incelenmesini mümkün kılmaktadır.

Bilindiği gibi, uluslararası politika incelemeleri çeşitli analiz düzeylerine dayanmaktadır.[16] Bunlar, biri aktör, diğeri sistem olmak üzere, iki temel analiz düzeyine indirgenebilir. Aktör düzeyi; birey (karar-alıcı), devlet ve uluslararası kuruluşlar düzeyini kapsamaktadır. Sistem düzeyi ise, küresel sistem ve alt-sistem olmak üzere iki düzeyden oluşmaktadır. Alt-sistem düzeyi de bölgesel alt-sistem ve fonksiyonel alt-sistem şeklinde ikiye ayrılmaktadır.[17] Sözü edilen düzeylerin haricinde, farklı teorik bakış açılarını yansıtan, bürokrasi, toplumsal sınıf ve dünya sistemi gibi analiz düzeyleri de bulunmaktadır.[18]

Afrika'nın incelenebileceği bölgesel alt-sistem düzeyi, iç etkileşim oranı yüksek olan ve tarihsel-kültürel özellikleri ile diğer bölgesel alt-sistemlerden ayrılan siyasal coğrafyaları nitelemektedir.[19] Bölgesel alt-sistemlerin en temel özellikleri, sosyo-kültürel türdeşlik, siyasal tutum ve davranışlarda benzerlik, uluslararası örgütlere ortak üyelik, ekonomik karşılıklı bağımlılık ve coğrafî sürekliliktir.[20] Uluslararası sisteme eklemlenmiş bölgesel alt-sistemler olabileceği gibi, 19. yüzyıl Avrupası'nda görüldüğü üze-

---

[15] 1963'te kurulan Afrika Birliği Örgütü (*Organization of African Unity*), 2002'de Afrika Birliği'ne (*African Union*) dönüşmüştür.

[16] J. David Singer, "The Level-of-Analysis Problem in International Relations", *World Politics*, Cilt 14, Sayı 1, 1961, s. 77-92; Joseph Frankel, *International Politics: Conflict and Harmony*, Allen Lane, Londra, 1969, s. 21; Kalevi Jaakko Holsti, *International Politics: A Framework for Analysis*, Prentice-Hall, Londra, 1974, s. 17; Martin Hollis ve Steve Smith, *Explaining and Understanding International Relations*, Clarendon Press, Oxford, 1991, s. 8–9.

[17] Faruk Sönmezoğlu, *Uluslararası Politika ve Dış Politika Analizi*, Der Yayınları, İstanbul, 2014, s. 79-93.

[18] Julie Weber, "Levels of Analysis in International Relations", http://my.ilstu.edu, 11 Kasım 2017.

[19] William R. Thompson, "The Regional Subsystem: A Conceptual Explication and a Propositional Inventory", *International Studies Quarterly*, Cilt 17, Sayı 1, Mart 1973, s. 89-117.

[20] Bruce M. Russett, *International Regions and the International System: A Study in Political Ecology*, Rand McNally, Chicago, 1967, s.182.

re, sisteme tek başına hâkim olan alt-sistemler de vardır. Bir bölge-
sel alt-sistemin uluslararası konumunu belirleyen şey, dış dünyaya
nüfuz edebilme kabiliyeti ve dış nüfuzdan etkilenme derecesidir.[21]
Bu noktada Afrika, dış dünyaya nüfuz kabiliyeti sınırlı, dış nüfuz-
dan etkilenme derecesi yüksek bir bölgesel alt-sistem olarak öne
çıkmaktadır.

Afrika devletlerinin tamamı ile üst düzey ilişki kuran ve
hemen tamamında varlık gösteren kıta dışı aktör sayısı sınırlıdır.
Bu konuda ilk sırada Çin gelmektedir. ABD'nin 49 Afrika ülkesin-
de büyükelçiliği bulunurken, Çin 52 Afrika ülkesinde büyükelçilik
düzeyinde temsil edilmektedir. Çin, diplomatik ilişkisi bulunan 52
Afrika ülkesinde doğrudan, diplomatik ilişkisi bulunmayan 2 Af-
rika ülkesinde (Burkina Faso ve Svaziland) dolaylı olarak, özellikle
ekonomik alanda aktif bir varlık göstermektedir. Böyle bir kapsa-
yıcı varlığa rağmen, Çin-Afrika ilişkileri denildiğinde, bunu Çin'in
54 Afrika ülkesiyle tek tek ilişkisi veya 54 Afrika devletinin tek tek
Çin ile ilişkileri şeklinde değil, Çin devletinin Afrika bölgesel alt-
sistemine yönelik politikası ve Afrika bölgesel alt-sisteminin Çin'e
yaklaşımı şeklinde anlamak daha doğru olacaktır.

Afrika, bölgesel alt-sistem olarak incelenebilirken, Çin'in
böyle bir analiz düzeyinde incelenmesi makul değildir. Çünkü Çin,
Doğu Asya bölgesel alt-sistemi içerisinde değerlendirilebilecek bir
aktördür. Çin'in bu bölgedeki hâkim konumu dikkate alındığında,
Çin-Afrika ilişkileri, dünya siyasetinde ve ekonomisindeki etkinliği
göreceli olarak artan Doğu Asya bölgesel alt-sistemi ile dünya si-
yasetinde ve ekonomisindeki etkinliği sınırlı olan Afrika bölgesel
alt-sistemi arasındaki ilişkiler şeklinde anlaşılabilir. Fakat böyle bir
analiz, hem Çin'in aktörlüğünü gölgeleyebilir, hem de Doğu Asya
bölgesel alt-sistemindeki diğer aktörlerin de dikkate alınmasını
gerektirir. Bu nedenle, Çin'in aktör/devlet düzeyinde, Afrika'nın

---

[21] Gültekin Sümer, "Bölgesel Alt Sistemler Karşısında Demokratik Barış", *Alternatif Politika*, Cilt 3, Sayı. 2, Eylül 2011, s. 203.

ise bölgesel alt-sistem düzeyinde analiz edilmesi daha uygun görünmektedir.

Bölgesel alt-sistem düzeyindeki bir analiz, aynı şekilde Afrika devletlerinin aktörlüklerinin göz ardı edilmesi anlamına gelebilir. Ne var ki 54 Afrika devletinin tamamını aktör düzeyinde incelemek mümkün değildir. Çin-Afrika ilişkilerini örnekleyebilecek bir Afrika devleti belirlenip ilişkilerin niteliği bir vaka analizi şeklinde incelenebilir, ancak Afrika kıtasının tamamına yayılan bir Çin varlığı söz konusu olduğu için, tek bir örneklem söz konusu ilişkilerin bütün yönleriyle ele alınmasına imkân vermeyerek kısıtlı bir analize neden olabilir. Afrika devletlerinin aktörlükleri meselesi, incelenen konu başlıklarına uygun örneklerle aşılabilir. Böylelikle, herhangi bir örneklem sınırlaması olmaksızın, daha fazla sayıda vaka analiz edilebilir ve Çin'in nasıl bir aktör, Afrika'nın ne tür aktörlerden oluşan bir bölge olduğu esas alınarak iki düzeyli bir analiz ortaya konulabilir.

Belirtilen analiz düzeyleri dâhilinde, Soğuk Savaş sonrası dönemde Çin- Afrika ilişkilerinde etkili olan güç ve kimlik faktörlerinin tespit edilmesi, çalışmanın temel amacını oluşturmaktadır. Bu amaç kapsamında Çin-Afrika ilişkileri çalışmanın bağımlı değişkeni olurken güç ve kimlik olguları da bağımsız değişkenler olarak işlev görmektedir.

Güç ile kastedilen, amaç veya araç olarak güç değil, statü olarak güçtür. Çin ile Afrika devletleri arasında güç statüsü bakımından ciddî bir fark bulunmaktadır. Çin, büyük güç konumunda bir devlet iken Afrika kıtası çoğunlukla küçük güç konumundaki devletlerden oluşmaktadır. Dolayısıyla güç bağlamında ele alınacak olan ilk faktör, Çin ile Afrika devletleri arasındaki güç asimetrisidir. Çin-Afrika ilişkilerine bu asimetrinin nasıl yansıdığı incelenecektir. Güç bağlamında ele alınacak olan bir diğer faktör, devletlerin güç statülerini kırılgan hale getiren sorunlardır. Bu konuda özellikle Çin'in güç statüsünü etkileyen enerji ve gıda güvenliği ile

Tayvan gibi sorunların ülkenin Afrika devletleri ile ilişkilerine ne şekilde yansıdığı analiz edilecektir.

Çalışmanın bir diğer bağımsız değişkeni durumundaki kimlik ile kastedilen ise devlet kimliğidir. Devlet kimliği bağlamında ele alınacak olan ilk faktör, devletlerin yönetilme biçimleridir. Bu doğrultuda Çin ile Afrika devletlerinin rejim niteliklerinin birbirlerine yaklaşımlarını nasıl etkilediği analiz edilecektir. Kimlik bağlamında ele alınacak olan ikinci faktör, devletlerin dış politika anlayışlarını şekillendiren tarihsel tecrübelerdir. Bu anlamda bilhassa Çin'in kimliğini ve dış politikasını bir medeniyet temeline dayandırıp dayandırmadığı, bu temel üzerinde nasıl bir dünya düzeni tasavvurunun olduğu ve söz konusu dünya düzeninin Çin'in Afrika devletleri ile ilişkilerine yön verip vermediği araştırılacaktır.

Güç olgusuna en çok Realist teoriler merkezî önem atfetmekte; kimlik olgusu ise İnşacı teorisyenlerin analizlerinde merkezî bir yer tutmaktadır. Fakat ne Realizm kimliği, ne de İnşacılık gücü yadsımaktadır. Bu anlamda güç ve kimliğin birbirini dışlamadığı, bilakis desteklediği belirtilmelidir. Güç ve kimlik faktörlerinin etkileşimi, Realizm ile İnşacılığın sentezci biçimde kullanılması anlamına da gelmemelidir. İki faktörün tercih edilen bir kuramsal yaklaşım üzerinden tutarlı bir analiz çerçevesine oturtulması gerekir. Bu gerekliliği göz önünde bulundurarak çalışmada analiz çerçevesi olarak İnşacı yaklaşım tercih edilmiştir. İnşacı yaklaşımın özellikle gücün soyut ve inşa edilebilir boyutlarının anlaşılması açısından yararlı olacağı düşünülmektedir.

Birinci Bölümde açıklanacağı üzere, güç hem diğer aktörleri[22] etkileme kabiliyetine sahip olma (güçlü olma), hem de bu kabi-

---

[22] Burada aktör ile kastedilen devlettir. Ancak, uluslararası politikanın temel aktörü ve bu aktörler arasındaki ilişki sistematiğinin tartışılmaya devam ettiğini belirtmek gerekir. Bir tarafta, geleneksel aktörler olarak ulus-devletleri ve temel ilişki biçimi olarak güç mücadelesini savunanlar; diğer tarafta, devletin temel aktör olma rolünü

liyetlere sahip bir aktör olma (güç olma) anlamını içermektedir. Güçlü olma/güce sahip olma durumu incelenirken, coğrafya, doğal kaynaklar, endüstriyel kapasite, nüfus, millî karakter, diplomasinin kalitesi gibi bir aktörün sahip olduğu niteliklere veya hangi aktörün hangi aktör veya aktörlerin davranışlarını etkilediğine, yani gücün nasıl kullanıldığına bakılmaktadır.[23] Güç olma durumu ifade edilirken ise *süper güç*, *büyük güç*, *bölgesel güç* gibi devletle gücü özdeşleştiren bir dil tercih edilmektedir. İnşacı açıdan bakıldığında, bu kavramlaştırmalar devletleri güç statüleri bakımından tasnif etmekle kalmayıp kimlik oluşturucu birer kategori işlevi de görmektedirler.

Devletlerin uluslararası politika ve ekonomi alanlarındaki etkinlik düzeyleri, genel olarak güç statüleri ile doğru orantılıdır, ancak devletler aynı zamanda kimlik sahibi birer aktördürler. Devletlerin tarihsel tecrübeleri, toplumsal yapıları, siyasal ve ekonomik yönetim anlayışları birbirinden farklıdır. Sembolik coğrafî kategoriler (Batılı, Doğulu, Kuzeyli, Güneyli), dinî yönelim (Müslüman, Hıristiyan, Yahudi, Budist), ekonomik durum (gelişmiş, gelişmekte olan, azgelişmiş), yönetim biçimi (liberal, otoriter) gibi farklılık unsurları üzerine inşa edilen kimlikler, devletlerin çıkar tanımlamalarında ve tehdit algılamalarında en az güç statüleri kadar etkili olabilmektedir. Elbette bu etki, nasıl bir kimliğin ne oranda benimsendiğine bağlıdır. Örneğin, Orta Doğu devletlerinden İsrail ve

---

kaybettiğini, hükümet dışı kuruluşlar, çokuluslu şirketler gibi yeni aktörlerin ortaya çıktığını, bu aktörler arasında karmaşık karşılıklı bağımlılığa dayalı bir ilişki sistematiğinin gelişmeye başladığını iddia edenler yer almaktadır. Bu tartışmada bir tarafta yer almak yerine, yeni tip aktör ve ilişki biçimlerinin geleneksel aktör ve ilişki biçimlerini ortadan kaldırmadığını, henüz değişim ve devamlılık unsurlarının bir arada bulunduğunu düşünmek daha makul görünmektedir. Diğer bir ifadeyle, devlet henüz uluslararası politikanın temel aktörü olma rolünü sürdürürken yeni tip aktörler de etkilerini artırmaya devam etmektedirler. Bkz. Murat Gül, "International Relations and the International System: Symbiosis of Continuity and Change", *The Journal of Academic Social Science Studies*, Cilt 5, Sayı 8, Aralık 2012, s. 629-640.

[23] Haluk Özdemir, "Uluslararası İlişkilerde Güç: Çok Boyutlu Bir Değerlendirme", *Ankara Üniversitesi Siyasal Bilgiler Fakültesi Dergisi*, Cilt 63, Sayı 3, 2008, s. 116.

İran toplumsal yapılarına uygun bir dinsel kimlikle anılırken, Balkanlar'da yer alan ve nüfusunun önemli bir bölümü Müslüman olan Arnavutluk, dinî yapısını ön plana çıkaran bir kimlik benimsemiş değildir.[24] Doğu Asya'da Çin, kadim medeniyet mirasını canlı tutmaya ve bunun üzerinden büyük güç kimliği inşa etmeye çalışırken, Asya ile Afrika'nın birleştirdiği bir noktada bulunan Mısır, benzer bir kadim medeniyet mirasına sahip olduğu halde bundan oldukça uzak bir kimlik oluşturmuştur.[25] Yine Doğu Asya'da Kuzey Kore, kendine has militarist bir siyasal ve ekonomik yönetim anlayışı geliştirirken, aynı bölgede yer alan Güney Kore ve Japonya, coğrafî ve kültürel olarak Doğulu olmalarına rağmen, siyasal ve ekonomik yönetim anlayışı bakımından Batı'ya yakın bir kimlik inşa etmişlerdir.[26] O nedenle devletleri coğrafî ve kültürel stereotipler (kalıp yargılar) üzerinden kimliklendirmek yanıltıcı olabilmektedir. Birey ve toplumlar gibi devletler de karşılıklı olarak inşa edilip benimsenen bir kimlik taşımaktadırlar.

Kimlik faktörü dikkate alındığında, gücün de kimlik gibi inşa edilebilir bir unsur olduğu görülür. Güç, ölçülebilir (askerî,

---

[24] Elham Rasuli Sanayebadi, بررسی هویت نظام جمهوری اسلامی ایران از منظرسازه انگاری (İnşacı Bir Bakış Açısıyla İran İslam Cumhuriyeti'nin Rejim Kimliğinin Analizi), علوم سیاسی (Ulûm-u Siyâsî), Cilt 15, Sayı 58, 1991, s. 177-200; Shahram Akbarzadeh ve James Barry, "State Identity in Iranian Foreign Policy", *British Journal of Middle Eastern Studies*, Cilt 43, Sayı 4, 2016; Charles S. Liebman ve Eliezer Don-Yehiya, *Religion and Politics in Israel*, Indiana University Press, Bloomington, 1984; Stark Draper, "The Conceptualization of an Albanian Nation", *Ethnic and Racial Studies*, Cilt 20, Sayı 1, 1997, s. 1-19; Nathalie Clayer, *Në Fillimet e Nacionalizmit Shqiptar: Lindja e një Kombi me Shumicë Myslimane në Evropë*, Botime Përpjekja, Tiran, 2012.

[25] Nicola Pratt, "Identity, Culture and Democratization: The Case of Egypt", *New Political Science*,
Cilt 27, Sayı 1, Mart 2005, s. 73-90.

[26] Eric J. Ballbach, "North Korea's Emerging Nuclear State Identity: Discursive Construction and Performative Enactment", *The Korean Journal of International Studies*, Cilt 14, Sayı 3, 2016, s. 390-414; Haksoon Yim, "Cultural Identity and Cultural Policy in South Korea", *The International Journal of Cultural Policy*, Cilt 8, Sayı 1, 2002, s. 37–48; "Why is Japan considered Western and China not?", *Japan Today*, 6 Mayıs 2008; Linus Hagström ve Karl Gustafsson, "Japan and Identity Change: Why It Matters in International Relations", *The Pacific Review*, Cilt 28, Sayı 1, 2015, s. 1-22.

iktisadî vb.) unsurlar kadar ölçülmesi zor (toplumsal, kültürel vb.) unsurlara da dayanmaktadır. Bu nedenledir ki sert güç kavramına ek olarak, salt askerî güce dayanmayan yumuşak güç, kültürel güç, normatif güç, yapısal güç gibi kavramlar ortaya atılmıştır. Farklı güç yorumlarının bulunması, devletlerin güç kazanma stratejilerinin de tek tip olmayacağına işaret etmektedir. Bir devlet, askerî kapasitesini artırarak veya askerî ittifaklara dâhil olarak güç kazanabileceği gibi, askerî nitelikli olmayan işbirliklerini/ortaklıklarını genişleterek de yumuşak biçimde nüfuz kazanabilir. Bir devlet (yahut Avrupa Birliği örneğinde olduğu gibi ulus-üstü bir örgüt), hâkim uluslararası normları temsil ederek veya mevcut normlara itiraz edip yeni bir normlar dizisinin savunucusu olarak da özgün bir siyasal-ekonomik model oluşturabilir ve bu model üzerinden normatif güç elde edebilir.[27]

Devletlerin güç stratejilerindeki farklılıklar, büyük ölçüde kimlik yapılarındaki farklılıktan kaynaklanmaktadır. Nispeten istikrarlı bir coğrafyada yer alan, ekonomik olarak gelişmiş, toplumsal çatışma faktörlerini asgarî düzeye indirmiş, kurumsallaşmış bir devlet geleneğine dayalı parlamenter monarşi ile yönetilen Norveç'in güç elde etme stratejisi ile oldukça istikrarsız bir coğrafyada yer alan, ekonomik olarak az gelişmiş, yapay biçimde ulusdevletleşmeye zorlanmış, etnik ve dinsel çatışmalarla toplumsal yapısı istikrarsızlaşmış, siyasal olarak kurumsallaşamamış, nominal demokrasi ile yönetilen Orta Afrika Cumhuriyeti'nin güç stratejisi elbette aynı olmayacaktır. Norveç ve Orta Afrika Cumhuriyeti gibi farklı yapısal özelliklere sahip devletleri ortaklaştırabilecek tek nokta, gücün amaçsallığıdır. Başka bir ifadeyle, bütün devletler varsayımsal olarak daima daha güçlü olmayı hedeflerler, fakat bu hedefe ne oranda ve nasıl ulaşabilecekleri değişkenlik gösterir. Bu temel varsayım doğrultusunda, devletlerin birbirleriyle ilişki ku-

---

[27] Giulio M. Gallarotti, *Cosmopolitan Power in International Relations: A Synthesis of Realism, Neoliberalism, and Constructivism*, Cambridge University Press, Cambridge, 2010, s. 266-270.

rarken de güç kazanmayı önceledikleri, ancak dış ilişkilerine kimliklerini de yansıttıkları için güç kazanma biçimlerinin ve düzeylerinin farklılaştığı söylenebilir.

Çalışmada gücün amaçsal ve araçsal boyutlarından ziyade niteliksel boyutu dikkate alındığı için, Çin-Afrika ilişkilerinin nasıl bir güçler arası ilişki sistematiğini temsil ettiği üzerinde özellikle durulmalıdır. Çin'in ve Afrika devletlerinin Vestfalyan uluslararası ilişkiler düzenine tâbi birer modern ulus-devlet olarak kabul edilmesi durumunda, Çin-Afrika ilişkilerinin güç cinsinden tanımlanan ulus-devletler arası ilişki sistematiğini yansıttığı ifade edilebilir. Ne var ki Çin, modern ulus-devlet mantığı ile tam anlamıyla uyuşmayan bir uygarlık-devleti gibi davranmakta[28]; Afrika kıtası ise Vestfalyan düzene uyum sağlamaya çalışan, ancak yapısal zorluklar nedeniyle bu uyumu gerçekleştirmede yeterince başarılı olamayan ulus-devlet görünümündeki ülkelerden oluşmaktadır.[29]

İkinci ve Üçüncü Bölümlerde ayrıntılandırılacağı üzere, büyük güç niteliğindeki Çin ile küçük güç niteliğindeki Afrika devletleri arasında güç özellikleri açısından da önemli farklar belirmektedir. Büyük güçlerin dış politikaları küresel ölçekli ve uzun vadeli stratejilere dayanırken küçük güçlerin dış politikaları sınırlı bir alanda kısa vadeli çıkar hesaplarına dayanmaktadır. Büyük güçlerin küçük güçlerle kurdukları ilişkiler, diğer büyük güçlerle ilişkileri kadar önemli değildir. Aynı şekilde, bir büyük güç-küçük güç ilişkisi, büyük olan taraftan ziyade küçük olan taraf için daha önemlidir. Çin-Afrika ilişkileri bu asimetrik ilişki tarzının özelliklerini kısmen yansıtmaktadır. Çin'in uluslararası politika perspektifinde büyük güçler "kilit önemde" iken küçük güçler, ülkenin bü-

---

[28] Alastair Campbell, "Defining China's Civilization State: Where Is It Heading", *University of Sydney China Studies Centre Policy Paper Series*, Mayıs 2015, s. 2-9.
[29] Ndey Haddy Jeng, "Why Has the Westphalia State Failed to Function Effectively in Africa?", Institute for Cultural Diplomacy, Berlin, 2012, s. 1-8; Robert H. Jackson, "Quasi-States, Dual Regimes, and Neoclassical Theory: International Jurisprudence and the Third World", *International Organization*, Cilt 41, Sayı 4, Güz 1987, s. 519-549;

yük güç stratejisini inşa edebileceği bir "temel" (*foundation*) konumunda görülmektedir.[30] Dolayısıyla Afrika, Çin'in dünya siyasetinde ve ekonomisinde daha güçlü bir aktör olabilmesine katkı sağlayacak "temel" nüfuz alanlarından sadece biridir. Bununla birlikte Çin, henüz gelişmiş ülkeler sınıfına dâhil edilen bir büyük güç değildir. Dördüncü Bölümde açıklanacağı üzere, Çin'in enerji ve gıda güvenliği ile Tayvan sorunu gibi güç statüsünü kırılgan hale getiren faktörler söz konusudur. Çin'in gelişmesini sürdürmek ve güç statüsündeki kırılganlıkları ortadan kaldırmak için azgelişmiş ülkeleri de dikkate alması gerekmektedir. Bu yönüyle Çin-Afrika ilişkileri, "gelişmekte olan bir büyük güç ile azgelişmiş küçük güçler arasındaki ilişkiler" şeklinde tanımlanabilir.

Diğer taraftan, Çin ile Afrika devletleri arasında modern dönemde Batı egemenliğinden kaynaklı benzer tarihsel tecrübeler ve rejim niteliği gibi kimlik bakımından ortaklaştırıcı bazı unsurların bulunması, Çin-Afrika ilişkilerinde güç faktörlerinin yanında kimlik faktörlerinin de etkili olacağı anlamına gelmektedir. Bu bağlamda çalışmanın temel argümanı, Çin'in Afrika devletleri ve toplumları nezdinde pozitif bir devlet kimliği inşa etme çabalarının Çin ile Afrika devletleri arasındaki güç asimetrisini önemsizleştirdiği yönündedir.

Çin'in inşa etmeye çalıştığı devlet kimliğinin bir medeniyet paradigmasına dayanıp dayanmadığı ve bununla bağlantılı olarak Afrika ülkelerine yeni model bir ilişki sunup sunmadığı, tezde yanıtı aranan soruların başında gelmektedir. Konuyla ilgili tartışmalarda Çin-Afrika ilişkileri, ya Afrika ülkelerinin Batı'ya bağımlılığını sona erdirecek yeni bir ilişki biçimi, ya da daha önce sömürgeci devletlerin Afrika'da uyguladığı yöntemleri tekrarlayan neo-kolonyalist (yeni-sömürgeci) bir ilişki biçimi olarak değerlendiril-

---

[30] Yun, *Africa in China's Foreign Policy*, s. 2.

mektedir.[31] Her iki görüşü sentezleyen bazı yaklaşımlara göre ise Çin, Afrika'ya hem bir yeni emperyalizm biçimi, hem de yeni bir kalkınma modeli sunmakta olup Çin emperyalizminin Avro-Amerikan emperyalizminden farkı, Afrika ülkelerine sürdürülebilir bir ekonomik büyüme ve daha iyi bir yaşam kalitesi vadetmesidir.[32]

Beşinci Bölümde izah edileceği üzere, daha önce kolonyalist (sömürgeci) olan Avrupa devletlerini neo-kolonyalist olarak nitelemek doğru olabilirse de daha önce kolonyalist mantıkla hareket etmemiş olan Çin'i neo-kolonyalist olarak nitelemek yanıltıcı olabilir. Uzun vadede küresel çapta ezici bir güç haline gelse dahi, Çin'in Batılı büyük güçlerden farklı bir dünya düzeni tasavvur edeceği; diğer büyük güçlerin tecrübelerinden yararlanmakla birlikte, tıpkı Komünizm'i ve Kapitalizm'i kendi şartlarına uyarladığı gibi, Batılı devletlerin tecrübelerini de kendi siyasal-kültürel potasında eriterek uygulayacağı söylenebilir. Bu doğrultuda Çin'in modern döneme özgü hâkimiyet telakkileri ile tarihsel süreçte Doğu Asya'da uyguladığı haraççı hâkimiyet telakkisini sentezlemesi olasıdır. Böylece dünyaya hükmetmenin kendine özgü bir yolunu bulacak olan Çin, bunu Afrika'yı da kapsayan daha geniş bir çevrede uygulayabilir. Dolayısıyla Çin'in hâlihazırda Afrika'daki varlığı, Çin devlet kimliğini yansıtan bir uluslararası ilişkiler anlayışının ipuçlarını verecektir.

---

[31] Örneğin Hillary Clinton'a göre, ABD'nin Afrika'daki çabaları salt "kâr" dürtüsünün ötesinde iken Çin, yalnızca kendi çıkarlarının peşinden koşan neokolonyalist bir aktör durumundadır. Bkz. Hillary Clinton, "Interview on Africa 360", *US Department of State, Diplomacy in Action,* http://www.state.gov/secretary/rm/2011/06/165941.htm, Haziran 2011; Simplice A. Asongu ve Gilbert A. A. Aminkeng, "The Economic Consequences of China-Africa Relations: Debunking Myths in the Debate", *Journal of Chinese Economic and Business Studies,* Cilt 11, Sayı 4, 2003, s. 261.
[32] Jesse Salah Ovadia, "Accumulation with or without Dispossession? A 'Both/And' Approach to China in Africa with Reference to Angola", *Review of African Political Economy,* Cilt 40, Sayı 136, 2013, s. 233.

BİRİNCİ BÖLÜM

ULUSLARARASI İLİŞKİLERİN İKİ TEMEL DİNAMİĞİ: GÜÇ VE KİMLİK

Uluslararası İlişkilerde Güç

Uluslararası ilişkilerin en temel dinamiklerinden biri olan güç, içeriği farklılaşmakla birlikte, dünya dillerinin çoğunda *kabiliyet* olarak tanımlanmaktadır. Örneğin, gücün ilk anlamı İspanyolca'da *"bir şeyi her hangi bir engele takılmadan ivedi biçimde yapabilme kabiliyeti"*, İngilizce'de *"insanları ve olayları kontrol edebilme kabiliyeti"*, Türkçe'de ise *"bir etki yapabilme veya bir etkiye direnebilme kabiliyeti"* olarak tanımlanmaktadır. Etimolojik olarak analiz edildiğinde, gücün Türkçe'ye Moğolca *küç* kelimesinden geçtiği görülmektedir. Farklı doğa şartlarına dayanabilen *susam tohumu*nu ifade eden *küç*, Türk lehçelerinde ilk olarak *erk, baskı, sertlik, şiddet, zulüm, kötü muamele, acı çektirme, haksızlık, zorluk* anlamlarında kullanılmıştır. Modern Türkçe'de güç ile eş anlamlı olan *kuvvet* ve *kudret*, Arapça kaynaklı olup birincisi *sağlam olmak, dayanıklı olmak, ciddî olmak* anlamındaki *kavî* (قوى) fiilinden; ikincisi *ölçüp biçmek, her işe güç yetirmek* anlamına gelen, aynı zamanda bugünkü *iktidar* kelimesinin de kökünü oluşturan *kadera* (قدر) fiilinden türemiştir. Gücün İngilizcedeki karşılığı olan *power* ise eski Fransızca'da *muktedir olmak* anlamına gelen *pouvoir* fiilinden, *pouvoir* da bugünkü *potansiyel* kelimesinin kökünü oluşturan Latince *potere* fiilinden, o da Sanskritçe efendi (*master*) ve koca (*husband*) anlamındaki *patih*'ten türemiştir. Uzak köken itibariyle efendinin köle üzerindeki gücü ile erkeğin kadın üzerindeki gücünü ifade eden *power*, 14. yüzyıl başlarından itibaren *kabiliyet, kuvvet, şiddet, etki, kontrol, hâkimiyet* ve *otorite* anlamlarını içerecek şekilde genişlemiştir.[33]

Gücün evrensel bir semantiğinin olmaması, bilim alanında da kendisini göstermiştir. Matematik ve fizik gibi fen bilimleri, doğaları gereği sabit ve uzlaşılmış bir güç tanımı üretmişler, fakat sosyoloji, siyaset bilimi ve uluslararası ilişkiler gibi güç kavramının merkezî bir yer tuttuğu sosyal bilimlerde henüz üzerinde uzlaşılmış bir güç tanımı ortaya konulamamıştır. Sosyal bilimlerde teorik bakış açıları adedince güç tanımına rastlamak mümkündür.[34]

Diğer sosyal bilimlere nazaran genç bir disiplin olan uluslararası ilişkilerde güç kavramı, dünya siyasetinin olmazsa olmaz bir unsuru gibi görülmesine rağmen, mahiyeti net bir analiz birimine dönüştürülememiştir. *"Bu başarısızlığın temelinde çok karmaşık bir kavramı teorik basitlikte ifade etmeye ilişkin bir ikilem yatmaktadır. Kavram basitleştirildikçe anlamını kaybetmekte, gerçeğe yaklaşan açıklamalar ise analize imkân vermeyen bir karmaşıklıkta olmaktadır. Bu nedenle uluslararası ilişkilerin en temel analitik birimi olan güç, genellikle*

---

[33] Sir Gerard Clauson, *An Etymological Dictionary of Pre-Thirteenth Century Turkish*, Clarendon Press, Oxford, 1972, s. 693; İsmet Zeki Eyuboğlu, *Türk Dilinin Etimoloji Sözlüğü*, Sosyal Yayınları, İstanbul, 1991, s. 140; Andreas Tietze, *Tarihi ve Etimolojik Türkiye Türkçesi Lugati*, İkinci Cilt, Verlag der Österreichischen Akademie der Wissenschaften, Viyana, 2008, s. 196; Ferit Devellioğlu, *Osmanlıca-Türkçe Ansiklopedik Lugat*, Aydın Kitabevi, Ankara, 2001, s. 479; "Power", *Etymology Dictionary*, http://www. etymonline.com/index.php, 7 Nisan 2017; "Power", *Cambridge Dictionary*, http://dictionary.cambridge.org/dictionary/english/power, 8 Nisan 2017; "Poder", *Real Academia Española*, http://dle.rae.es, 8 Nisan 2017; "Güç", *Türk Dil Kurumu Güncel Türkçe Sözlük*, http://www.tdk.govtr/index.php ?option=com, 24 Mart 2017.

[34] Kenneth Waltz ile birlikte Neorealizm'in öncülerinden sayılan Robert Gilpin, güç konusunda ortaklaşılmış bir tanım yapılamamasının özellikle siyaset bilimciler açısından "utanılması gereken bir durum" olduğunu belirtmektedir. Bkz. Robert Gilpin, *U.S. Power and the Multinational Corporation: the Political Economy of Foreign Direct Investment*, Basic Books, New York, 1975, s. 24.

en basit şekliyle tanımlanmakta, bu da yapılan tanımları eksik bırakmaktadır".[35]

Uluslararası ilişkilerde gücün tanımına ilişkin üç temel tartışma hattından söz edilebilir. Birincisi, gücün aktörlere mi, yoksa sistem veya yapıya ait bir unsur mu olduğuna dair tartışmalardır. Klasik Realizm, gücü temelde devletlere atfederken neorealist ve eleştirel yaklaşımlar kavramı sistemik boyutta bir unsur olarak ele alırlar. İkinci tartışma, gücün somut ve ölçülebilir bir unsur mu olduğu, yoksa soyut ve muğlak bir kavram mı olduğuna ilişkindir. Bu tartışmada Realistler; maddî kabiliyetler ve somut uygulamalar üzerinden devletlerin güçlerinin ölçülebileceğini savunurken Liberal ve İnşacı yaklaşımlar gücün maddî boyutlarından ziyade soyut ve algısal boyutlarının olduğunu belirterek ölçülmesinin zorluğuna işaret ederler. Üçüncü tartışma, gücün çıkar çatışması temelinde bir tarafın kaybedip diğer tarafın kazandığı sıfır-toplamlı bir mantığa mı dayandığı, yoksa çıkarların uyumu temelinde belli bir amaca ulaşmak için işbirliğini mümkün gören uzlaşı mantığına mı dayandığı konusundadır. Bu tartışmada Realistler gücü çatışmacı bir anlayışla ele alırken Liberal/İdealist yaklaşımlar işbirliği yoluyla da güç kazanmanın pekâlâ mümkün olduğuna vurgu yaparlar.[36]

Sözü edilen tartışma hatlarına paralel olarak güç, genel itibariyle, üç boyutta ele alınmaktadır. Gücün doğrudan aktörlere ait olduğu ve somut uygulamalar üzerinden gözlemlenebildiği kabul edilirse, bu durumda gücün birinci boyutu olan sonuçları belirleyebilme kabiliyeti ifade edilmiş olur. Bir aktör, diğer bir aktörün karar alma süreçlerini doğrudan yönlendirebileceği gibi, medya veya lobi faaliyetleri ile gündem belirleme ve etkileme gibi kolaylıkla gözlemlenemeyen yöntemler de tercih edebilir. Bunlar, gücün ikinci boyutunu oluşturur. Bu boyutta, güce sahip olan aktörlerin

---

[35] Haluk Özdemir, "Uluslararası İlişkilerde Güç: Çok Boyutlu Bir Değerlendirme", *Ankara Üniversitesi Siyasal Bilgiler Fakültesi Dergisi*, Cilt 63, Sayı 3, 2008, s. 115.
[36] Keith Dowding, "Why should we care about the definition of power?", *Journal of Political Power*, Cilt 5, Sayı 1, Nisan 2012, s. 119.

çıkarlarını olumsuz etkileyebilecek konular gündeme dahi gelmeyebilir. Güç, önceden oluşturulmuş bir yapı veya sistem içerisinde kurumsal uygulamalar yoluyla, taraflar doğrudan doğruya karşı karşıya gelmeden de kullanılabilir. Bu ise gücün üçüncü boyutudur. Sistem bir defa kurulduktan sonra sistemin hâkim aktörleri, güçlerini göstere göstere kullanmak yerine, mutad uygulamalar içerisine gizleyerek aynı etkiyi yaratabilirler. Hissedilmeyen baskı yöntemleri karşısında diğer aktörler, sisteme mukavemet göstermez, bilakis gönüllü biçimde entegre olurlar. Sistemin yapısı, aktörleri belirli şekillerde davranmaya ve belirli kararları almaya yönlendirir, fakat aktörler bu yapıların farkında bile olmadan aldıkları kararların tamamen kendi tercihleri olduğunu düşünürler. Kurulu düzenin ilişki sistematiği, bazı aktörleri daha güçlü bir konuma yerleştirirken diğerlerini otomatik olarak daha dezavantajlı bir konuma itebilir.[37] Dezavantajlı aktörlerde statükoyu değiştirmeye yönelik revizyonist bir bilinç oluşmadıkça mevcut yapısal güç ilişkileri korunarak sürdürülür. Böylelikle aktörlerin değer algılarını şekillendiren ve kendisini sürekli olarak yeniden üreten bir güç ilişkisi ortaya çıkar.[38]

Güç, çoğunlukla *"bir aktörün başka bir aktörün davranışlarını değiştirebilme kabiliyeti"*[39] şeklinde anlaşılmaktadır. Gücü bu şekilde tanımlamak, güç ilişkilerinin psikolojik bir yönünün olduğuna işaret etmektedir. Güç temelinde yürütülen psikolojik bir ilişkide taraflardan biri, fayda beklentisi veya zarara uğrama endişesi ile diğerinin isteklerini yerine getirebilir. Fakat her ilişki, kâr-zarar mantığı üzerinden yürümez. Kişi veya kurumlara duyulan saygı

---

[37] Özdemir, "Uluslararası İlişkilerde Güç: Çok Boyutlu Bir Değerlendirme", s. 121-122.

[38] Michel Foucault ve James D Faubion, *Power*, Allen Lane, Londra, 2001; Andrej Pustovitovskij ve Jan-Frederik Kremer, "Structural Power and International Relations Analysis: Fill Your Basket, Get Your Preferences", *IEE Working Paper*, No. 191, 2011; Hugh Ward, "Structural Power: A Contradiction in Terms?", *Political Studies*, Cilt 35, Sayı 4, Aralık 1987, s. 593-610; Heywood, *Küresel Siyaset*, s. 262-263.

[39] Özdemir, "Uluslararası İlişkilerde Güç: Çok Boyutlu Bir Değerlendirme", s. 116-117.

veya sempati üzerinden de bu tarz psikolojik ilişkiler kurulabilir. Taraflardan birinin istediğini fizikî güç yoluyla elde etmeye çalışması, olumlu imajlar üzerine inşa edilen psikolojik ilişkiyi ortadan kaldırır. Bununla birlikte, fiilen şiddet içermeyen ancak şiddet uygulama ihtimalini dışlamayan bir psikolojik güç ilişkisi de mümkündür. Neoliberal teorinin öncülerinden Joseph Nye'ın ortaya attığı "akıllı güç" (*smart power*) kavramı, bu tarz bir güç ilişkisini salık vermektedir. Akıllı güç, basit bir tanımla, sert güç ile yumuşak gücün dengeli biçimde bir arada kullanılması demektir.[40] Sert güç (*hard power*), bir devletin kendi istediği şeyi diğer bir devlete zorla yaptırabilmesini sağlayacak kuvvet kullanımı, kuvvet kullanma tehdidi, ekonomik yaptırım yoluyla cezalandırma, yalnızlaştırma, caydırma gibi stratejileri içermektedir. Yumuşak güç (*soft power*) ise bir devletin kendi istediği şeyi zor kullanmadan başkalarının da istemesini sağlayacak ve temsil ettiği değerlerle kendisini doğal bir cazibe merkezi haline getirecek stratejilere dayanmaktadır.[41] Akıllı güç perspektifi doğrultusunda sert güç ile yumuşak gücü birbirini destekler biçimde kullanabilen devletler, hem caydırıcı, hem cezbedici bir güç elde etmiş olurlar.

Gücün bahsedilen biçimlerini (sert, yumuşak, akıllı, yapısal vs.) uygulayacak olan en temel kurum, devlettir. Güç ile ilk etapta *"organize şiddet uygulayabilme kapasitesinin"* kastedilmesi[42], *"meşru şiddet tekelini elinde bulunduran siyasal otorite olarak devlet"*[43] ile gücün özdeşleşmesini kolaylaştırmaktadır. Bu süreç Vestfalya

---

[40] Richard Lee Armitage ve Joseph S. Nye, *A Smarter, More Secure America*, CSIS Press, Washington, 2007; Christian Whiton ve Paula J Dobriansky, *Smart Power: Between Diplomacy and War*, Potomac Books, Washington, 2013.

[41] Joseph S. Nye, "Soft Power", *Foreign Policy*, No. 80, Sonbahar 1990, s. 153-171; Joseph S. Nye, *Soft Power: The Means to Success in World Politics*, PublicAffairs, New York, 2004.

[42] Wendt, *Social Theory of International Politics*, s. 8.

[43] Orijinal ifade ile "Staat soll ein politischer Anstaltsbetrieb heißen, wenn und insoweit sein Verwaltungsstab erfolgreich das Monopol legitimen physischen Zwanges für die Durchführung der Ordnungen in Anspruch nimmt". Bkz. Max Weber, *Wirtschaft und Gesellschaft: Grundriss der Sozialökonomik*, Mohr, Tübingen, 1922, s. 51.

Anlaşması (1648) ile başlatılabilir, çünkü ulus-devlet öncesi dönemde hükümdarın şahsında somutlaşan devletler, Vestfalya sonrası dönemde güç cinsinden tanımlanan soyut siyasal varlıklara dönüşmüşlerdir.[44] İnşacı kuramın temsilcilerinden Nicholas Onuf'a göre, tam tersine, devletler güç ile özdeşleşerek kavramsal anlamda soyutlanmış görünseler de mecazî anlamda daha fazla somutlaşmışlar ve güç olarak ölçülebilir, kıyaslanabilir özelliklere sahip, homojen birer kütle biçimini almışlardır.[45] Bu yaklaşım, devletlerin güçlerinin ölçümünde farklı görüşlerin ortaya çıkmasına neden olmuştur.

Güç ölçümlerinde Realist gelenek, maddî unsurlara öncelik vermektedir. Bu anlayışa göre, bir ülkenin coğrafî konumu, denizle bağlantısı, arazi yapısı, iklim şartları, o ülkenin hem savunulabilirliğini hem ekonomisini etkileyen faktörlerdir. Korunaklı bir coğrafyada yeterli miktarda doğal kaynağa sahip olan devletler, nicelik ve nitelik olarak yeterli bir nüfusa sahip olduklarında, güçlü bir ekonomik yapı meydana getirebilirler. Endüstriyel kapasite ve ekonomik güç nispetinde güçlü bir ordu teşkil edilebilir. Son tahlilde, bir devletin potansiyel olarak sahip olduğu bütün bu coğrafî, demografik, ekonomik ve askerî kapasiteyi etkili biçimde kullanabilmesi, onlara "yön ve ağırlık" verebilmesi, istikrarlı bir siyasî yapıya ve diplomasisinin kalitesine bağlıdır.[46]

Realist millî güç ölçütleri, sanayi sonrası dönem olarak tanımlanan[47] günümüzün koşullarına göre revize edilip detaylandırılmıştır. Buna göre, bir devletin güç potansiyelini oluşturan kaynaklar; teknoloji, girişimcilik, insan kaynakları, sermaye kaynakları

---

[44] Edward Keene, "The Naming of Powers", *Cooperation and Conflict*, Cilt 48, Sayı 2, 2013, s. 268–282.

[45] Nicholas Onuf, "The Power of Metaphor/the Metaphor of Power", *The Journal of International Communication*, Cilt 23, Sayı 1, 2017, s. 1-14.

[46] Hans J. Morgenthau, *Politics among Nations: the Struggle for Power and Peace*, Alfred A. Knopf, New York, 1948, s. 80-105.

[47] Daniel Bell, *The Coming of Post-Industrial Society*, Harper Colophon Books, New York, 1974.

ve fizikî kaynaklardan oluşmaktadır. Teknoloji alanında bilgi, iletişim, malzeme, imalat, havacılık, uzay, enerji ve çevre teknolojileri ile biyoteknoloji ön plana çıkmaktadır. Araştırma geliştirmeye ayrılan bütçe, icat ve inovasyon kapasitesi ile patent miktarı, bir ülkenin girişimci profilini ortaya koymaktadır. Eğitime ayrılan bütçe, eğitim kurumlarının sayısı ve kalitesi, ihtisaslaşma düzeyi, gazete ve kitap okuma oranı gibi ölçütler, insan kaynaklarının niteliğini belirlemektedir. Malî açıdan bakıldığında, toplam tasarruf miktarı, özel tasarrufların GSMH'ye oranı, resmî kalkınma yardımlarının miktarı, yabancı yatırım miktarı, yıllık GSMH büyüme oranı, kişi başı GSMH düzeyi, ana sektörlerin büyüme oranı, sektörel büyümenin dağılımı dikkate alınmaktadır. Fizikî kaynaklar açısından ise ülkenin en başta gıda ve enerji stoğu, özellikle de berilyum, titanyum, vanadyum, kobalt, kolombiyum, iridyum, paladyum, germanyum, galyum arsenit gibi teknolojik açıdan kritik mineral ve metallere sahip olma/ulaşabilme düzeyi önem taşımaktadır.[48]

Bunların yanında, bir ülkenin jeopolitik değeri, varlığını tehdit eden güçlerin sayısı ve büyüklüğü, aktif olarak savunması gereken alan (savunma perimetresi), diğer devletlerin "göz dikebileceği" stratejik doğal kaynaklara sahip olması veya tam tersine kaynak temininde dışa bağımlı olması da güç pozisyonunu etkileyen faktörlerdir. Devletlerin ideolojik yayılma niyetleri (proselitizasyon), irredantist hareketlerle bölgesindeki jeopolitik statükoyu değiştirme ihtimalleri ve müesses uluslararası düzeni değiştirme istekleri, ayrıca dikkate alınması gereken unsurlardır. Bu anlamda, devletlerin hedeflerini tanımlama ve gerçekleştirme biçimi (otokontrol), siyasî elitlerinin tutarlılığı, siyasî kurumlarının etkililiği, toplumsal grupların siyasî rolleri, kültürel normları, eğitim zihniyeti, rasyonel düşünme davranışının geliştirilip geliştirilmemesi

---

[48] Ashley J. Tellis, Janice Bially, Christopher Layne ve Melissa McPherson, *Measuring National Power in the Postindustrial Age: Analyst's Handbook*, Rand Corporation, California, 2000, s. 8-18.

gibi güç ve refah üretimini etkileyen düşünsel kaynaklar da millî güç açısından önemli sosyopolitik değişkenlerdir.

Son olarak, bir devletin askerî kapasitesini belirlerken, savunma bütçesinin miktarı ve GSYH'ye oranı, toplam insan gücü, askerî personelin eğitimi ve teknik yeterliliği, askerî altyapının gelişmişliği, askerî araştırma geliştirme kurumlarının sayısı ve kalitesi, savunma sanayii ve teknolojisinin durumu, muharebe destek kapasitesi, hedef tespit teknolojisi, entegre savaş yönetim ve lojistik sistemleri, kitle imha silahları teknolojisi, askerî inovasyon kapasitesi, sivil-asker ilişkileri, dış askerî ilişkiler gibi faktörler dikkate alınmaktadır.[49]

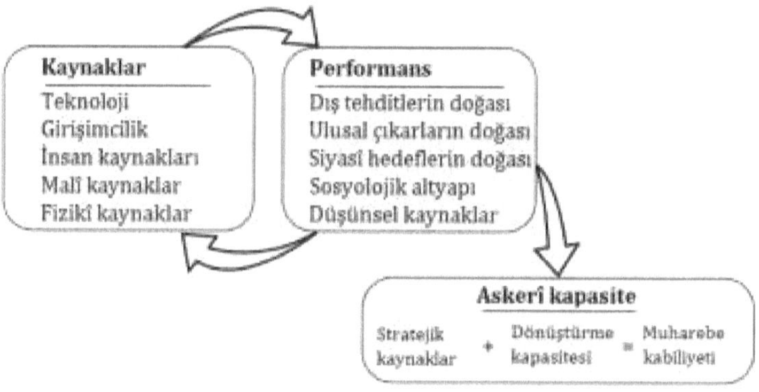

Şekil 1. *Millî Güç Ölçümünde Esas Alınan Yeni Kriterler*

Gücün unsurlarından yola çıkılarak yapılan analizler realiteyi yansıtmayabilir. Çünkü sahip olunan ya da kontrol edilen güç unsurları belli bir amaca hizmet etmediği sürece potansiyel düzeyinde kalır. Ayrıca bir aktörün güç unsurları, tek başına değil, başka aktörlerin sahip olduğu kapasitelerle mukayese edildiğinde anlam kazanır. Aktör sayısı arttıkça ve aktörler arası ilişki karmaşıklaştıkça bu mukayese zorlaşır. Daha da önemlisi, sayısal olarak ölçülebileceği varsayılan maddî güç unsurları; doğal afetler, siyasî

---

[49] Tellis vd., **Measuring National Power in the Postindustrial Age...**, s. 19-38.

krizler, malî krizler, iç savaşlar, yeni enerji kaynaklarının keşfi, yeni silahların elde edilmesi gibi nedenlerle değişebilir veya el değiştirebilir.[50] Bu değişim durumu, dikkate alınan ölçütlerin geçerliliğinin sorgulanmasına neden olur. Örneğin, uluslararası politikada analiz düzeyi üzerine yaptığı çalışmalar ile bilinen David Singer, devletlerin toplam nüfus, şehir nüfusu, savunma bütçesi, askerî personel sayısı, enerji tüketimi ve demir-çelik üretimlerinin küresel kapasiteye oranlarını hesaplayarak 1879-1979 döneminin büyük güçlerini Rusya, ABD, İngiltere, Japonya, Fransa, Almanya ve Çin olarak sıralamıştır.[51] Soğuk Savaş döneminde tasarlanan bu millî kapasite endeksi, günümüze uyarlandığında sıralama değişmektedir. 2007'de yapılan uyarlamaya göre ilk 10 ülke sırasıyla Çin, ABD, Hindistan, Japonya, Rusya, Brezilya, Almanya, Güney Kore, İngiltere ve Fransa'dır.[52] Her iki endekste de ABD ilk sırada yer almamakta; birincisinde son sırada yer alan Çin, ikincisinde ilk sıraya oturabilmekte; büyük güç kategorisine dâhil edilmeyen Brezilya ve Güney Kore ilk 10'a girebilmektedir. Kısacası, maddî güç ölçütlerine göre belirlenen güç statüleri, her zaman sahadaki gerçeklikle uyuşmayabilmektedir.

Dahası, bir devletin dış tehditler karşısındaki gücü, sadece maddî kabiliyetlerine değil, tarihsel olarak şekillenen millî karakter, toplumsal bütünleşme düzeyi, moral-motivasyon, özgüven, inanç, ortak ideal, gurur, dayanışma, uyum vb. faktörlere de bağlıdır.[53] Nitekim antik dönemden bugüne birçok savaşın zayıf devlet-

---

[50] Andrew Heywood, *Küresel Siyaset*, Çev. Nasuh Uslu ve Haluk Özdemir, Adres Yayınları, Ankara, 2013, s. 258-259.

[51] J. David Singer, "Reconstructing the Correlates of War Dataset on Material Capabilities of States, 1816–1985", *International Interactions*, Cilt 14, Sayı, 1988, s. 115-132.

[52] "National Material Capabilities (v4.0)", http://correlatesofwar.org, 22 Mart 2017; Garrett Heckman, *Power Capabilities and Similarity of Interests: A Test of the Power Transition Theory*, B.A., San Diego State University, 2007, s. 25-34.

[53] Morgenthau, *Politics among Nations...*, s. 96-104; David Jablonsky, "National Power", *The U.S. Army War College Guide to National Security Issues, Volume I:*

ler tarafından başlatıldığına ve bu savaşların önemli bir bölümünde zayıf görünen tarafın daha güçlü görünen tarafı mağlup edebildiğine dair çok sayıda örnek mevcuttur.[54] Dinî anlatılarda Hz. Davud ve Câlut kıssası[55] üzerinden örneklenen bu gibi durumlar, düşmanın zayıflıklarını bilmenin ve hem madden hem zihnen karşılaşmaya hazır olmanın bütün dengeyi değiştirebileceğini göstermektedir.[56] Maddî üstünlüğün her zaman sahada istenilen sonucu almaya yetmeyebileceğinin en klişe örneği ABD'nin Vietnam tecrübesidir (1959-1975).[57]

Gücün bu denli çok boyutlu ve dinamik bir kavram olması, perspektivist bir güç yaklaşımını gerektirmektedir. Nietzsche'nin de belirttiği gibi, tek bir bakış açısı her zaman sorunludur, çünkü her bakış açısı kendi sınırlılıklarıyla belirlenir. Bu sınırlılıklar, ancak çoklu bakış açıları (*perspectivism*) ile aşılabilir.[58] Bu an-

---

Theory of War and Strategy, Ed. J. Boone Bartholomees, Strategic Studies Institute, Carlisle, 2010, s. 132.

[54] Thazha Varkey Paul, *Asymmetric Conflicts: War Initiation by Weaker Powers*, Cambridge University Press, Cambridge, 1994, s. 3-4.

[55] Kur'an-ı Kerim'de (Bakara/249-251) kıssa şu şekilde nakledilmektedir: "Allah'ın izniyle büyük bir topluluğa galip gelen nice küçük topluluklar vardır. Allah sabredenlerle beraberdir. Tâlût'un askerleri Câlût ve askerleriyle karşı karşıya gelince şöyle dediler: Ey Rabbimiz! Üzerimize sabır yağdır, ayaklarımızı sağlam bastır ve şu kâfir kavme karşı bize yardım et. Derken, Allah'ın izniyle onları bozguna uğrattılar. Davud, Câlût'u öldürdü. Allah ona (Davud'a) hükümdarlık ve hikmet verdi ve ona dilediğini öğretti." Tevrat'ta (1. Samuel 21: 1-9) ise kıssa şu şekilde anlatılmaktadır: Golyat olarak geçen Calut, üç metre boyunda Antik Filistinli bir savaşçıdır. Filistinliler, İsrail Kralı Şaul (Talut) ile savaş halindedir ve Golyat, mütemadiyen İsrail askerlerini düelloya davet eder. Bütün İsrailliler, dev cüssesi nedeniyle Golyat'tan korkmaktadırlar. Golyat'ın karşısına çıkmaya sadece Davud cesaret eder. Davud, sapanını alıp Golyat'ın karşısına dikilir. Golyat onu gördüğü zaman çok kolayca öldürebileceğini zanneder. Davud Golyat'a doğru koşar. Torbasından bir taş çıkarır, sapanına yerleştirir ve onu büyük bir ustalıkla fırlatır. Taş, Golyat'ın alnına saplanır ve yere düşüp ölür. Filistiler, pehlivanlarının öldüğünü görünce, dönüp kaçarlar. İsrailliler onları kovalar ve savaşı kazanırlar.

[56] Yohanan Cohen, *Small Nations in Times of Crisis and Confrontation*, State University of New York Press, Albany, 1989, s. 332.

[57] Arnold R. Isaacs, *Without Honor: Defeat in Vietnam and Cambodia*, John Hopkins University Press, Baltimore ve Londra, 1999.

[58] Friedrich Nietzsche, *Der Willle zur Macht: Versuch einer Umwertung aller Werthe*, Naumann, Leipzig, 1901, s. 481.

lamda güce ilişkin birbirini destekleyen bakış açılarının bir arada değerlendirilmesi mümkündür.

Uluslararası politika ve iktisat üzerine çalışmalar yürüten Giulio Gallarotti, bu noktadan hareketle, "kozmopolit güç" kavramını ortaya atmıştır. Gallarotti'ye göre, Realizm, Neoliberalizm ve İnşacılık, gücün özü konusunda ayrışmakla birlikte, gücün amaçsallığı noktasında birleşmektedir. Devletler güç peşinde koşarlar, fakat bunu askerî kabiliyetlerini artırarak da, işbirliği yoluyla da, normatif eylemlerle de yapabilirler. Her bir güç kazanma biçimi, birbiriyle bağlantılıdır. Sert gücün caydırıcı etkisi, işbirliklerinin cezbedici etkisi, normatif eylemlerin ve bu eylemler üzerinden oluşan devlet kimliklerinin olumlu rol-model etkisi vardır. Devletler, güç statülerine ve yaklaşımlarına göre bu etkilerden birini veya birkaçını sağlayabilirler. Güç parametrelerini etkileyen değişkenler fazlalaştığı için devletler, bu farklı güç kazanma biçimleri arasında denge kurmaya yönelmekte ve kendi koşullarına en uygun olanını tercih etmektedirler. Başka bir ifadeyle, güçlerini maksimize etmek (en üst seviyeye çıkarmak) yerine şartlar dâhilinde güçlerini optimize etmeye (en uygun seviyeye getirmeye) çalışmaktadırlar. Güç optimizasyonu mutlak rasyonalite yerine sınırlı sosyal bir rasyonalite (*bounded social rationality*) çerçevesinde gerçekleşmektedir.[59]

Uluslararası ilişkiler teorileri ve uluslararası örgütler üzerine çalışmalar yapan Samuel Barkin de Gallarotti'ye benzer şekilde bir teorik bakış açısı ortaya koyarak Realizm ile İnşacılığın uluslararası politikada gücün merkezî rolü konusunda birleştiklerini ifade etmektedir.[60] Realist teoriler, devletlerin maddî kabiliyetlerini vurgularken inşacı yaklaşım, gücün maddî olmayan unsurlarını ön

---

[59] Giulio M. Gallarotti, *Cosmopolitan Power in International Relations: A Synthesis of Realism, Neoliberalism, and Constructivism*, Cambridge University Press, Cambridge, 2010, s. 266-270.

[60] J. Samuel Barkin, "Realist Constructivism", *International Studies Review*, Cilt 5, Sayı 3, Eylül 2003, s. 327.

planda tutmakta, fakat ne Realizm gücün psikolojik boyutunu yok saymakta ne de İnşacılık gücün maddî kabiliyetlerden bağımsız olduğunu iddia etmektedir. İnsanların, devletlerin ve devletler sisteminin yapısına ilişkin tüm zamanların teorisi olma iddiasını taşıyan Realizm, temelde "herkesin herkese karşı savaştığı" (*bellum omnium contra omnes*) bir doğa durumu[61] tasavvur etmektedir. Böylesi bir ortamda sürekli rekabet, emniyetsizlik ve güç mücadelesi esastır.[62] İnşacılık da uluslararası politikanın bir hayat-memat mücadelesine dönüşmüş olduğunu kabul etmekte, ancak bunu devletlerin uluslararası politikayı bu tarz mücadeleci bir kültür içinde öğrenip algılamalarının sonucu olarak görmektedir. Zira devletler, hâkim uluslararası siyasal kültüre (Hobbesçu, Lockeçu, Kantçı) ve birbirlerine bakış açılarına göre kâh düşman, kâh rakip, kâh dost olabilmektedirler.[63] Bu anlamda İnşacılık, realizmin temel varsayımlarını reddetmeyip onlara farklı bir açıdan/boyuttan bakma imkânı sağlamaktadır. İnşacı bakış açısı, bilhassa gücün materyalist/pozitivist ağırlıklı yorumu ile idealist/post-pozitivist ağırlıklı yorumu arasında bir denge kurulmasını mümkün kılmaktadır. Bu dengeyi sağlayabilecek kritik kavram ise kimliktir.

Uluslararası İlişkilerde Kimlik

İnşacılığın uluslararası ilişkilere kattığı en önemli kavramların başında "kimlik" gelmektedir. Kimlik, bir aktörün diğer aktörlerle kurduğu ilişkiler vasıtasıyla şekillenen farklılık unsurlarıdır. Diğer bir ifadeyle, bir aktörü 'o aktör' yapan ve diğerlerinden

---

[61] Thomas Hobbes, *Elementa Philosophica de Cive*, Apud L. et D. Elzevirios, Amsterdam, 1657, s. 15; *Opera Philosophica Quae Latine Scripsit Omnia: In Unum Corpus Nunc Primum Collecta*, Cilt 2, Apud Joannem Bohn, Londra, 1839, s. 148.
[62] Thomas Hobbes, *Leviathan*, Oxford University Press, Oxford, 1998, s. 83.
[63] Alexander Wendt, *Social Theory of International Politics*, Cambridge University Press, Cambridge, 1999, s. 268; Mustafa Küçük, "Uluslararası İlişkilerde Sosyal İnşacılık", *Uluslararası İlişkiler Teorileri*, Ed. Ramazan Gözen, İletişim Yayınları, İstanbul, 2014, s. 362-363.

ayıran tüm özellikler, kimliği oluşturur.[64] Kimlik verili olmayıp aktörlerin kendilerini nasıl tanımladıklarına ve bu tanımlamaların diğer aktörler nezdinde ne derece kabul gördüğüne bağlı olarak şekillenir. Örneğin, nüfusunun çoğunlukla Müslüman olması bir devlete otomatikman Müslüman kimliği vermez. Bir devlet, kendisini Müslüman olarak tanımladığı ve bu tanım diğer devletler tarafından kabul gördüğü ölçüde Müslüman kimliğine sahip olur. Devletlere atfedilen kimlikler, milletlere atfedilen kimliklerden nispeten farklı ve kısıtlıdır. Bir devletin kimliği, o devleti oluşturan insanların kültürel, dinsel, dilsel vb. yapılarından etkilenir, ancak bu karakteristik her zaman devlet kimliğine yansımayabilir. Söz konusu kimlik, devletin kuruluşundaki mantıkla, resmî ideolojisiyle ve siyasal rejiminin kendisini meşrulaştırdığı hikmet-i hükümet (*raison d'état*) ile yakından ilişkilidir. Fakat böyle bir ilişki, "resmî ideoloji eşittir devlet kimliği" anlamına da gelmemektedir. Devletler, ya anayasa ve benzeri hukuk metinlerinde yazılı biçimiyle, ya da ne olduğu konusunda mutabakat sağlanmış kalıplar üzerinden kimliklerini ortaya koyarlar. Bu doğrultuda devletler, genellikle liberal, demokratik, otoriter, barışçıl, militarist, Batılı, Doğulu, Müslüman, Yahudi, Hıristiyan, Budist, gelişmiş, gelişmekte olan, az gelişmiş, süper güç, küresel güç, büyük güç, bölgesel güç vb. özellikler üzerinden tanımlanmaktadır.[65]

Devletlerin dış politikalarında gücün yanında kimlik faktörünün de önemli bir rol oynadığı düşünüldüğünde, yukarıda Gallarotti ve Barkin'in değindiği farklı güç vizyonlarının nereden kaynaklandığı daha iyi anlaşılabilir. Bu anlayışla güç olgusu, belirli

---

[64] Aytunç Altındağ, *Devlet ve Kimlik*, Destek Yayınevi, İstanbul, 2010, s. 23; Erman Akıllı, *Türkiye'de Devlet Kimliği ve Dış Politika*, Nobel Akademik, Ankara, 2016, s. 8.

[65] Bahar Rumelili, "Kimlik", *Uluslararası İlişkilere Giriş: Tarih, Teori, Kavram ve Konular*, Ed. Şaban Kardaş ve Ali Balcı, Küre Yayınları, İstanbul, 2014, s. 260; Şaban H. Çalış, "Ulus, Devlet ve Kimlik Labirentinde Türk Dış Politikası", *Liberal Düşünce*, Cilt 4, Sayı 13, 1999, s. 6.

bir kültürel izafiyet (*cultural relativism*)[66] çerçevesi içinde değerlendirilebilir. Örneğin, Türkiye'nin güç vizyonunu anlamak için hem maddî kabiliyetlerini ve bu kabiliyetlerdeki değişim durumunu hem de Batı ve İslam dünyaları arasında kalan parçalanmış kimlik yapısının yarattığı gerilimleri anlamak; Çin'in güç siyasetini anlamak için hem Çin'in büyük güç statüsünü etkileyen kırılganlıklarını hem de Çinli siyasetçilerin ülkelerini ve dünyayı nasıl algıladıklarını bilmek; Afrika devletlerinin davranışlarını anlamak için maddî kabiliyetlerinin sınırlılığı ile bu durumun oluşmasında sömürgeci akültürasyonun[67] etkilerini bir arada dikkate almak gerekir. Devletlerin güç siyasetini etkileyen bu tarz maddî güç ve kültürel izafiyet faktörleri, uzun tarihsel süreçler sonucunda ortaya çıkmakta ve dönemsel olarak değişime uğrayabilmektedir.

Burada devletlerin ne ölçüde güçlerine göre, ne ölçüde kimliklerine göre davrandıkları tartışılabilir. Artan güç statüsü, bir devleti daha "özgüvenli" bir dış politika izlemeye yöneltir ve o devletin hesaplamalarını etkiler. Örneğin, Rusya'nın Suriye'deki etkinliği büyük güç statüsüyle, Türkiye'ninki bölgesel veya orta ölçekli güç statüsüyle, Ürdün'ünki de küçük güç statüsüyle orantılıdır. Bununla birlikte, Türkiye ve İran'ın Suriye politikasına bakıldığında, bu devletlerin bölgesel güç statüleri kadar kimlikleri ile de hareket ettikleri için farklı politikalar izledikleri söylenebilir.[68]

---

[66] Kültürel izafiyet, antropolog Franz Boas tarafından ortaya atılmış bir kavramdır. Boas'a göre her kültür kendine özgüdür ve kendi koşulları içinde anlaşılabilir. Kültür ve medeniyet, *"mutlak değil, görecelidir. Fikir ve kavramlaştırmalarımız, medeniyetimiz devam ettiği sürece doğrudur"*. Bkz. Franz Boas, "Museums of Ethnology and Their Classification", *Science*, Cilt 9, Sayı 228, Haziran 1887, s. 587-589.

[67] Kültürleşme olarak da çevrilen akültürasyon (*acculturation*), farklı insan toplumlarının bir araya gelmesi sonucu oluşan kültürel ve psikolojik değişimi ifade etmektedir. Söz konusu değişim; entegrasyon, marjinalizasyon veya asimilasyonla sonuçlanabilir. Bkz. David L. Sam ve John W. Berry, "Acculturation: When Individuals and Groups of Different Cultural Backgrounds Meet", *Perspectives on Psychological Science*, Cilt 5, Sayı 4, 2010, s. 472-481.

[68] Rusya, İran ve Türkiye'nin Suriye politikalarının bir analizi için bkz. Brandon Friedman, "Russia, Turkey, and Iran: Cooperation and Competition in Syria", *Tel Aviv Notes*, Cilt 11, Sayı 2, Ocak 2017, s. 1-7.

Dolayısıyla devletlerin dış politikaları, güç statülerinin ya-
nı sıra, kendileri ve diğerleri hakkındaki düşüncelerini şekillendi-
ren öznelerarası anlayışlara da bağlıdır. Nasıl ki İngiliz füzeleri
ABD için Kuzey Kore'nin füzelerine göre farklı bir öneme sahipse,
ABD'nin askerî gücü de benzer yapısal pozisyonlarına rağmen
Kanada için farklı, Küba için farklı bir öneme sahiptir.[69] Aynı şe-
kilde Sudan'ın güç stratejisi, ABD ve İsrail için farklı, Çin ve İran
için farklı anlamlar ifade edebilmektedir. Bu örnekler, gücün sade-
ce bir aktöre ait maddî kabiliyetler üzerinden değil, *"iki veya daha
fazla aktör arasında bağlama göre değişen, gerçek veya algılamaya dayalı
bir ilişki türü"*[70] şeklinde anlaşılması gerektiğine işaret etmektedir.

Güç ile kimlik arasındaki bu karmaşık ilişkinin bir benzeri,
çıkar ile kimlik arasında da kurulabilir. İnşacı kuramın en önemli
temsilcilerinden olan Alexander Wendt, çıkar ile kimlik arasındaki
ilişkiye dair dört kıstas ortaya koymaktadır: beka, otonomi, refah
ve kolektif izzetinefis (özsaygı). Bu kıstaslar, hem objektif hem
sübjektif boyutlar içermektedir. İlk kıstas olan beka, bir devletin
varlığını sürdürmesi, sahip olduğu toprağı ve sınırları koruması
demektir. Devletlerin hemen tamamı bekalarına hayatî önem atfe-
der. Ancak Sovyetler Birliği ve Çekoslovakya örneklerinde görül-
düğü gibi, bazen devletler kendileri açısından merkezî kabul ettik-
leri toprakları korurken çevresel (periferal) kabul ettikleri toprakla-
rın ellerinden çıkmasına göz yumabilmektedirler. İkinci kıstas olan
otonomi, bir devletin sahip olduğu kaynakları kendi iradesi doğ-
rultusunda kullanabilmesi ve kendi yönetim biçimine kendisinin
karar verebilmesidir. Çünkü bir devletin kimliğini inşa edebilmesi
sadece bekasına değil, özgürlüğüne ve bağımsızlığına da bağlıdır.
Bu da devlet egemenliği olgusuyla yakından ilişkilidir. Devletler
açısından egemenlik ve otonominin ne derece önemli olduğu

---

[69] Alexander E. Wendt, "Anarşi Devletler Ne Anlıyorsa Odur: Güç Politikalarının
Sosyal İnşası", Çev. Ş. Gökçe Gezer, **Uluslararası İlişkiler**, Cilt 10, Sayı 39, Güz
2013, s. 9.
[70] Özdemir, "Uluslararası İlişkilerde Güç: Çok Boyutlu Bir Değerlendirme", s. 119.

aşikârdır. Fakat Mikronezya ve Reunion örneklerinde olduğu gibi, bağımlılığın faydası maliyetinden daha fazlaysa otonomiden dahi taviz verilebilir. Üçüncü kıstas olan ekonomik refah; üretim biçimi ile kaynak temelinin korunmasını ifade etmektedir. Bununla genellikle ekonomik büyüme hedefi anlaşılmaktadır. Günümüz koşullarında ekonomik büyüme, çoğu devletin önceliğidir, fakat her toplum ekonomik büyümeyi hedeflemez. Kapitalist mantıkla düşünmeyen bazı toplumlar, kendi kendine yeterli veya otarşik bir ekonomik yapıyı tercih edebilirler. Dördüncü kıstas olan kolektif izzetinefis ise bir devletin/toplumun kendisine saygı duyması, diğer devletlerden/toplumlardan saygı görmesi, statüsünden memnun olması, kısacası kendisini iyi hissetmesidir. 19. yüzyıl Çin-Batı ilişkileri ve Birinci Dünya Savaşı sonrası Almanya örneklerinde görüldüğü gibi, diğer devletler tarafından saygı duyulmama veya aşağılanma, olumsuz bir özimge (*self-image*) yaratır ve toplumun üyeleri bu imajı kabullenemez. Bu da kendisini farklı şekillerde yeniden saygın hale getirme çabasına veya saldırganlaşma eğilimine yol açabilir. Karşılıklı saygı ile oluşan pozitif özimgeler ise doğal olarak devletler arasında işbirliğini kolaylaştırır.[71]

Wendt'in ortaya koyduğu kıstaslar, devletlerin çıkar algılarındaki farklılaşmaya işaret etmektedir. Bu bağlamda devletler, çıkar algıları doğrultusunda zaman zaman kimliklerini veya savunduklarını iddia ettikleri değerleri geri plana atabilirler. Örneğin, ABD ve diğer bazı Batılı devletler; Suudi Arabistan ve Kuveyt gibi petrol üreticisi devletlerle ilişkilerinde demokrasi ve insan hakları gibi hususları gündeme getirmezken Çin'in Ekvator Ginesi ile ilişkilerini bu hususlar üzerinden eleştirebilir ve aynı Ekvator Ginesi ile kendi ilişkilerini sürdürebilirler. Reelpolitik* temelde açıklanabilecek bu tarz çelişkiler, Batılı devletlerin normatif gücü-

---

[71] Alexander Wendt, *Social Theory of International Politics*, Cambridge University Press, Cambridge, 1999, s. 235-237.

* *Reelpolitik*, teorik ve etik hedeflerden bağımsız, Makyavelyen tarzda pratik ve maddî faktörlere dayalı bir siyaseti ifade etmektedir.

nü zayıflatmakta ve Çin'e yönelik eleştirilerini etkisizleştirebilmektedir.

Çıkar için kimlikten taviz verildiği gibi kimlik için çıkarlardan taviz verildiği durumlar da gösterilebilir. Burada kastedilen kimlik, devletten ziyade millete atfedilen kimliktir. Özellikle milliyetçi baskı gruplarının etkin olduğu devletler, millî kimliklerini ön planda tutarak çıkarlarını maksimize edemeyebilirler. Örneğin, Ermenistan'ın Türkiye ile ilişkilerini normalleştirememesi, diğer etkenlerin yanı sıra, Ermeni milliyetçiliğinden taviz verilmesine izin vermeyen diaspora örgütlerinin ülke çıkarlarını baskılaması ile açıklanabilir. Benzer şekilde, Türkiye de Batılı kimliğini tescil etmek için NATO ittifakına dâhil olmuş ve bu ittifakın bağlayıcılığı altında sosyalist blokla ilişkilerinde temkinli davranmış, dolayısıyla teorik olarak çıkarlarını azamileştirememiştir. Bu örnekler, kimlik ve çıkar yapılarının birbirinden bağımsız oldukları anlamına gelmemektedir. Çünkü devletlerin kimliklerini nasıl inşa ettikleri ve neyi çıkar olarak algıladıkları izafîdir. Türkiye, Batı ittifakına dâhil olmuş çünkü güvenlik çıkarlarını Batılı kimliği üzerinden inşa etmiştir. Ermenistan, millî kimliğinin muhafazası ile çıkarlarını birbirinden ayırmadığı için Türkiye ve Azerbaycan ile gerilimli bir ilişki kurmuş, bu gerilimden kaynaklanan kaybı ise Rusya ve İran ile ilişkiler kurarak dengelemeye çalışmıştır.[72] Kısacası, "dışarıdan" mantık dışı görülen bir eylem, "içeriden" millî güç ve çıkar maksimizasyonu olarak değerlendirilebilir.

Güç Statüleri ve Kimlikler

1648 tarihli Vestfalya Antlaşması'nda statülerine ve sorumluluklarına bakılmaksızın bütün devletler teorik olarak eşit kabul edilmiş fakat devletler, pratikte tarihin hiçbir döneminde eşit ol-

---

[72] Mürsel Bayram, "Ermenistan Dış Politikasında Reelpolitikle Psikopolitiğin Çatışması: Cumhurbaşkanlığı Dönemleri Bağlamında Bir Analiz", *Ahi Evran Üniversitesi Sosyal Bilimler Enstitüsü Dergisi*, Cilt 2, Sayı 3, 2016, s. 69-77.

mamışlardır. Nitekim 1814 tarihli Chaumont Anlaşması ile ilk kez bir resmî belgede büyük güç-küçük güç ayrımı yapılmıştır.[73] Modern uluslararası toplumun anayasası kabul edilen Birleşmiş Milletler Antlaşması'nda üye devletlerin "egemen eşitliği ilkesi" korunsa da bütün devletlerin fiilî manada halen eşit olmadıkları bir vakıadır. Bu fiilî eşitsizlik durumu; az gelişmiş ülke, yarı-egemen devlet, çökmüş devlet, başarısız devlet, haydut devlet gibi kısmen bilgilendirici kısmen "kimlik oluşturucu" nitelikte tanımlamalar ile kendisini göstermeye devam etmektedir.[74] Bu tarz tanımlamalar, çoğunlukla güç statüsü bakımından sisteme hâkim olan devletler tarafından yapılmaktadır.

Devletlerin güç statüleri genel olarak büyük güç, orta ölçekli güç ve küçük güç şeklinde bir üçlü tasnif üzerinden değerlendirilmektedir. Bu tasnifin ilk kullanımı, 16. yüzyıl İtalya'sına kadar götürülebilir.[75] Siyaset felsefecisi Giovanni Botero, dönemin devletlerini bugünkü kullanımlarına benzer şekilde *grandi* (büyükler), *mezani* (orta büyüklüktekiler) ve *piccioli* (küçükler) olarak tanımlamıştır. Botero'ya göre büyükler, gücüne güvenen imparatorluk niteliğindeki devletler; orta büyüklüktekiler, kendi ayakları üzerinde durabilecek güce ve otoriteye sahip olan devletler; küçükler ise başkalarının yardımına ihtiyaç duyan devletlerdir.[76]

Üçlü tasnifin ilk kategorisini teşkil eden büyük güçler, en genel tanımıyla, uluslararası politikanın hâkim aktörleri olan devletlerdir. Bu devletler, dünya ölçeğinde nüfuz uygulayabilme kabiliyetleri dikkate alınarak, "küresel güç" (*global power*) olarak da

---

[73] Asle Toje, *The European Union as a Small Power: After the Post-Cold War*, Palgrave Macmillan, Basingstoke, 2010, s. 27.
[74] Ulrich K. Preuss, "Equality of States: Its Meaning in a Constitutionalized Global Order", *Chicago Journal of International Law*, Cilt 9, Sayı 1, Yaz 2008, s. 19.
[75] Hasan Basri Yalçın, "The Concept of 'Middle Power' and the Recent Turkish Foreign Policy Activism", *Afro Eurasian Studies*, Cilt 1, Sayı 1, Bahar 2012, s. 197.
[76] Giovanni Botero, *Della Ragione di Stato*, Gioliti, Venedik, 1589, s. 7-11.

adlandırılmaktadırlar.[77] Küresel ölçekte nüfuzun ötesinde hegemonya tesis edebilen devletler ise "süper güç" olarak nitelendirilmektedir. Bu ifade ilk olarak İngiltere için kullanılmış ancak İkinci Dünya Savaşı'ndan sonra, özellikle de Süveyş Krizi'nden itibaren, küresel hegemonyanın iki süper güç (ABD ve SSCB) arasında paylaşıldığı görülmüştür. SSCB yıkıldıktan sonra ABD'nin yeni tek kutuplu yapıda hegemonik açıdan süper gücü de aşan bir "hiper güç" (*hyperpower*) olarak tanımlanması gerektiği dile getirilmiştir.[78] Bu tanımı popülerleştiren isim, 1997-2002 döneminde Fransa Dışişleri Bakanı olarak görev yapan Hubert Védrine'dir. Védrine'e göre Fransa, İngiltere, Almanya, Rusya, Çin, Japonya ve Hindistan dünyanın yedi büyük gücü iken ABD onların da üzerinde bir hiper güçtür.[79] Hiper güç ifadesi, tarihsel olarak birden fazla jeopolitik eksen üzerinde çevresindeki güçlere üstünlük sağlayan Pers, Roma, Moğol ve Osmanlı imparatorlukları için de kullanılmıştır.[80]

Bir devleti büyük güç olarak kabul etmek için bir dizi nesnel siyasî, askerî, iktisadî kıstaslar uygulanabilir. Siyasî kıstasların en belirleyici olanı BM Güvenlik Konseyi daimî üyeliğidir. Burada veto yetkisine sahip olan devletler ABD, Rusya, Çin, İngiltere ve Fransa'dır. İkinci kıstas, küresel askerî güç sıralamasıdır. Global Firepower veri tabanına göre askerî açıdan dünyanın en güçlü ilk on devleti ABD, Rusya, Çin, Hindistan, Fransa, İngiltere, Japonya, Türkiye, Almanya ve İtalya'dır.[81] Üçüncü nesnel kıstas, ekonomik büyüklüktür. Dünya Bankası verilerine göre dünyanın en büyük

---

[77] José Luís Fiori, "O Poder Global e a Nova Geopolítica das Nações", *Crítica y Emancipación*, Yıl 1, Sayı 2, 2009, s. 157-183; Gergely Atila ve Fazekas Gyula, "Kína a Globális Hatalommá Válás Útján". *Külügyi Szemle*, Cilt 5, Sayı 1–2, 2006, s. 3-15.

[78] Peregrine Worsthorne, "The Bush doctrine," *The Sunday Telegraph*, 3 Mart 1991.

[79] Hubert Védrine, *Face à l'Hyperpuissance: Textes et Discours, 1995-2003*, Fayard, Paris, 2003; Hubert Védrine ve Dominique Moïsi, *Les Cartes de France à l'Heure de la Mondialisation*, Fayard, Paris, 2000; Hubert Vedrine, *France in an Age of Globalization*, Brookings Institution Press, Washington, 2001, s. 2-4.

[80] Amy Chua, *Day of Empire: How Hyperpowers Rise to Global Dominance and Why They Fall*, Anchor Books, New York, 2009.

[81] "Countries Ranked by Military Strength (2016)", http://www.globalfirepower.com/countries-listing.asp, 23 Şubat 2017.

on ekonomisi sırasıyla ABD, Çin, Japonya, Almanya, İngiltere, Fransa, Hindistan, İtalya, Brezilya ve Kanada'dır.[82] Ne var ki bu endekslerde ön sıralarda yer almak, bir devletin doğrudan büyük güç kategorisine dâhil olmasını sağlamamaktadır. İtalya, Almanya ve Japonya'nın İkinci Dünya Savaşı'ndan sonra büyük güç statüsünü kaybettikleri, "ekonomik devliklerine" rağmen "siyasal olarak cüce" kaldıkları; Kanada, Hindistan, Brezilya ve Türkiye'nin ise henüz bölgesel veya orta ölçekli güç olabildikleri değerlendirilmektedir.[83]

Büyük güçlerin nesnel ölçütlerden ziyade diplomasi tarihçilerinin ve teorisyenlerin "mutabakatı" ile belirlendiği, "bir dönemin büyük güçlerinin kim olduğuna dair her zaman genel bir mutabakat olduğu"[84] iddia edilse de bu mutabakat, farklı bakış açılarına göre kapsayıcı veya dışlayıcı olabilmektedir. Örneğin birçok teorisyen, Avrupa merkezci bakış açısıyla büyük güç siyasetini 1800'lü yıllardan itibaren başlatmakta ve Moğol, Timur, Babür, Osmanlı, Safevî gibi Doğulu devletleri büyük güç siyasetinin dışında tutabilmektedirler.[85]

Büyük güç statüleri konusunda çok sayıda Batılı teorisyenin hemfikir olduğu devletler, Avusturya-Macaristan (1816-1918), Prusya/Almanya (1816-1918, 1925-1945, 1990-), Fransa (1816-1940, 1944-...), İngiltere (1816-...), Rusya (1816-1917, 1922-...), İtalya

---

[82] Dünya Bankası, *World Development Indicators*, http://data.worldbank. org/data-catalog/GDP-ranking-table, 23 Şubat 2017.

[83] Brezilya ve Hindistan'ın "büyük güç" olmaya çalıştıklarını öne süren; Hindistan'ı hâlihazırda bir büyük güç, hatta geleceğin süper gücü olarak gören çalışmalarda da vardır. Örneğin bkz. Mario E. Carranza, "Rising Regional Powers and International Relations Theories: Comparing Brazil and India's Foreign Security Policies and Their Search for Great-Power Status", *Foreign Policy Analysis*, Cilt 13, Sayı, 2, 2017, s. 255-277; Vinay Rai ve William L. Simon, *Think India: The Rise of the World's Next Superpower and What It Means for Every American*, Dutton, New York, 2007.

[84] Kenneth N. Waltz, *Theory of International Politics*, Waveland Press, Illinois, 1979, s. 131.

[85] Jeremy Black, *Great Powers and the Quest for Hegemony: The World Order since 1500*, Routledge, Londra ve New York, 2008, s. 1-3.

(1860-1943), Japonya (1895-1945, 1990-...), ABD (1899-) ve Çin Halk Cumhuriyeti'dir (1950-...).[86] Farklı yazarların değerlendirmeleri doğrultusunda bu listeye ekleme/çıkarma yapmak mümkündür. Bu açıdan hangi devletlerin hangi dönemde büyük güç olduklarına dair tam bir mutabakat olduğunu söylemek zordur (Şekil 2).

---

[86] Melvin Small ve J. David Singer, *Resort to Arms: International and Civil Wars, 1816-1984*, Sage Publications, Beverly Hills, 1982; Volker Krause ve J. David Singer, "Minor Powers, Alliances, and Armed Conflict: Some Preliminary Patterns", *Small States and Alliances*, Ed. Erich Reiter ve Heinz Gartner, Springer-Verlag, Heidelberg, 2001, s. 15.

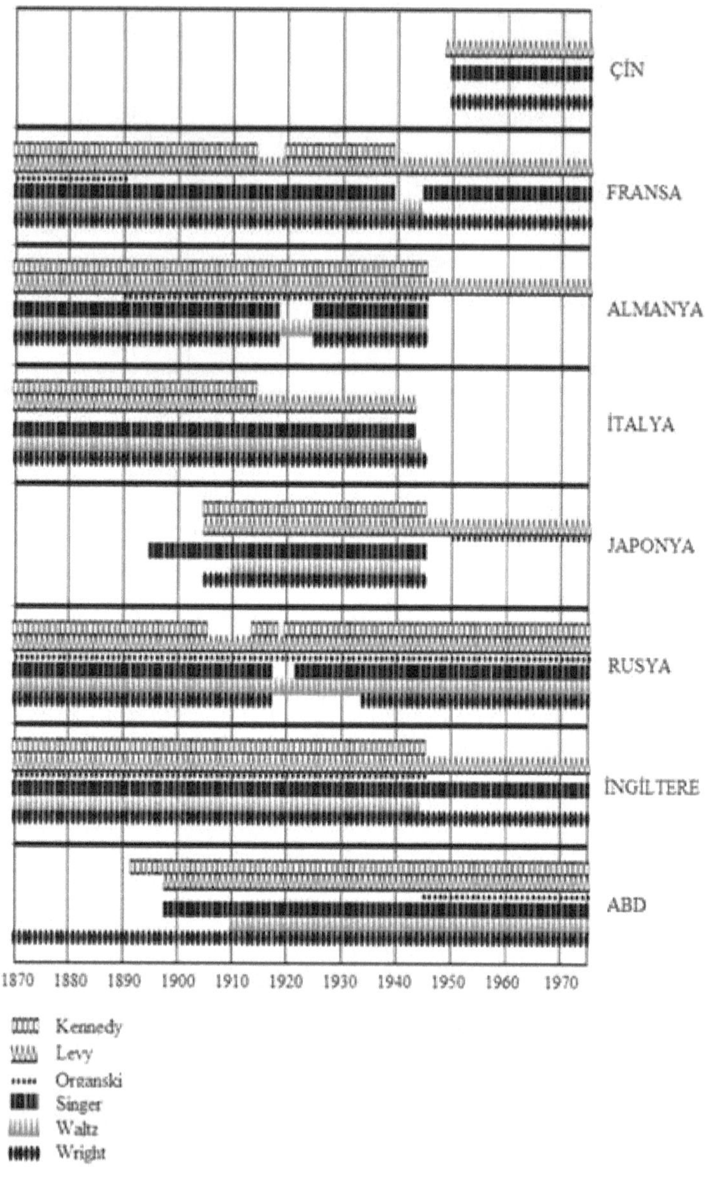

Şekil 2. *Farklı Teorisyenlerce Büyük Güç Olarak Kabul Edilen Devletler*

(Kaynak: Rynn, 2001)

Büyük güçlerin tespitinde en kritik unsur, güç statüsünün öznelerarası inşasıdır. Diğer bir ifadeyle, bir devletin büyük güç kabul edilmesi için öncelikle kendisini büyük güç olarak görmesi, büyük güç gibi davranması ve diğer büyük güçlerin de onu bu şekilde algılıyor olması gerekmektedir. Ancak hakikatte güçsüz olan bir devlet, kendisinin çok güçlü bir devlet olduğunu iddia etse ve diğer bütün devletleri buna inandırsa bile, küçük bir siyasî, malî vb. kriz, iç savaş yahut dış müdahale ile o devletin kolayca yıkıla-bildiği ortaya çıkar ve güç imajı kısa sürede en alt seviyeye inebilir. Dolayısıyla büyük güç statüsünün maddî temeller üzerine inşa edilip bir şekilde "kanıtlanması" gerekmektedir.

Büyük güç olmak için yeterli maddî kabiliyetlere sahip olan devletler, bu statülerini genellikle diğer büyük güçlerin yer aldığı bir savaştan galip çıkarak kanıtlamışlardır. Osmanlı Devleti, 15. yüzyılın ikinci yarısı ile 16. yüzyılın ilk yarısında Doğu Roma, Avusturya ve Memluk devletleri karşısındaki galibiyetleriyle; İngiltere, 1588'de Avrupa'nın en güçlü donanması kabul edilen İspanyol Armada'sını bozguna uğratarak; Fransa, Otuz Yıl Savaşları'ndan (1618-1638) sonra; Rusya, Büyük Kuzey Savaşı'nda (1700-1721) İsveç'i yendikten sonra; Prusya, 1740'ta Avusturya'ya saldırıp burada elde ettiği kazanımları Yedi Yıl Savaşları'nda (1756-1763) koruyarak; Amerika Birleşik Devletleri, İspanya ile yaptığı savaşlardan (1898-1899) galip çıkarak ve Birinci Dünya Savaşı'ndaki belirleyici rolü ile büyük güç pozisyonunu pekiştirmiştir. Büyük güç statüsünün kaybı da genellikle savaş mağlubiyeti ile tescillenmektedir. Osmanlı Devleti, 19. yüzyıl sonunda Rusya'ya karşı mağlup olduğu savaşlardan sonra, İspanya 1808'de Napolyon'a boyun eğdikten sonra, İtalya İkinci Dünya Savaşı'nda mağlup olduktan sonra büyük güç statüsünü kaybetmiştir.[87]

---

[87] Martin Wight, Hedley Bull ve Carsten Holbraad, *Power Politics*, Penguin Books, Hamondsworth, 1978, s. 46-48.

Büyük güçlerin yükseliş ve çöküşlerinde en önemli etkenlerden birisi, ekonomik güç-askerî güç dengesinin bozulmuş olmasıdır. İngiliz tarihçi Paul Kennedy'nin ifadesiyle, *"büyük güçlerden her hangi birinin zaferi ya da bir başka büyük gücün çökmesi, çoğu kez silahlı kuvvetlerinin uzun sürelerle yaptığı savaşların sonucunda oldu; ancak bu, o devletin verimli ekonomik kaynaklarının savaş sırasında daha az ya da daha çok etkili biçimde kullanılmasının ve daha arka planda, asıl çatışmadan önceki on yıllar içindeki yükseliş ya da çöküşünün bir sonucudur"*.[88] Açmak gerekirse, bir devlet büyük güç pozisyonunu büyük çaplı savaşlarla kazanır yahut kaybeder; bu da devletin savaş öncesi dönemdeki ekonomik yükseliş veya çöküş süreciyle yakından ilgilidir.

Kennedy'nin büyük güçlerin yükseliş ve çöküşüne ilişkin yaklaşımı, İbni Haldun'un organizmacı devlet teorisiyle benzerlik arz etmektedir. 14. yüzyılda yaşamış olan İbni Haldun, büyük güç ifadesini kullanmamakla birlikte, devlet (*mülk*) ve medeniyetlerin (*umran*) doğuşu, gelişmesi ve çöküşüne ilişkin determinist bir tarih felsefesi ortaya koymuştur. Buna göre, "nasıl yaratılmış olan her insanın kendisine has bir ömrü varsa, ister bedevî, ister hazerî (şehirli) her *umranın* da kendisine has bir ömrü vardır." Devlet ve medeniyet birbirinden ayrılamayacağı için "birinin çözülmesi diğerinin çözülmesinin müessiridir." Toplumsal bağları kuvvetli olan bir grup (*asabiye*[89]), evvela kendi üyeleri üzerinde hâkimiyet ve baskı (tagallüp) kurar, bunu sağladıktan sonra "tabiatının gereği olarak kendisinden uzak olan diğer asabiyeler üzerinde de hâkimiyet kurmak ister". Böyle devam edip giderken, "nihayet

---

[88] Paul Kennedy, *Büyük Güçlerin Yükseliş ve Çöküşleri: 16. Yüzyıldan Günümüze Ekonomik Değişim ve Askeri Çatışmalar*, Çev. Birtane Karanakçı, Türkiye İş Bankası Kültür Yayınları, İstanbul, 2008, s. 13.

[89] Arapça'da *asabe*, baba tarafından akrabaları ifade eder. Bu bağlamda etimolojik olarak "akrabalarına arka çıkma" anlamına gelen *asabiye*, farklı yazarlarca "social cohesion" (sosyal bağlılık), "group feeling" (grup hissi), "Gemeinsinn" (cemaat hissi), "group solidarity" (grup dayanışması) şeklinde tercüme edilmiştir. Bkz. Kadir Canatan, *İslam Sosyolojisi*, Beyan Yayınları, İstanbul, 2005, s. 124.

ihtiyarlık durumundaki diğer bir hanedanlığın kuvvetine denk bir kuvvete ulaşır" ve "şayet ihtiyarlık halindeki bir devleti yakalarsa, bu devletin kendini savunacak asabiyet sahibi taraftarları ve devlet adamları da bulunmazsa, hâkimiyeti onun elinden çekip alır". Bu şekilde kurulup güçlenen devlet, bir müddet sonra belli arızalar nedeniyle çöküşe geçer. Başlangıçta çok güçlü olan grup dayanışmasının zamanla zayıflaması; devlet yöneticilerinin "zulüm tavrı" takınması; başlangıçta bütün toplumsal tabakalar tarafından paylaşılan refahın sonraları sadece yönetici sınıfın faydalandığı, yönetilenlerin uzak tutulduğu bir zenginliğe dönüşmesi, devleti kaçınılmaz biçimde yıkıma götürür. Kısacası, her devlet ve medeniyet, olgusal olarak, bir dış kuvvet tarafından yapılan saldırı sonucunda ortadan kalkar ancak dışsal saldırının başarılı olması ve bir medeniyetin ortadan kalkmasının temelinde, öncelikle o medeniyeti temsil eden devletin içsel olarak çözülmesi ve bu saldırıya mukavemet edemeyecek kadar zayıflaması yatmaktadır.[90]

Realist teorisyenlerden John Mearsheimer'a göre de devletler, diğer devletler üzerinde hâkimiyet kurarak hayatta kalırlar ve güçleri oranında güvenliklerini temin edebildikleri için "en büyük güç" olma peşinde koşarlar. Güç rekabeti doğal olarak savaşlara yol açar ki "dünya hükümeti" şeklinde bir sistem oluşturulmadıkça, bu şiddet/çatışma girdabına dayalı büyük güç siyaseti kaçınılması mümkün olmayan "trajik bir durum" olarak kalacaktır.[91] Büyük güçler arası ilişkileri karakterize eden bu "trajedinin" yapısal ve verili bir durum mu olduğu, yoksa devletlerin öğrenilmiş davranışlarından mı kaynaklandığı tartışılabilir. İnşacı açıdan bakıldığında, sistem veya yapı bir yandan aktörleri, kurumları ve

---

[90] İbni Haldun, *Mukaddime,* Haz. Süleyman Uludağ, Cilt I, Dergâh Yayınları, İstanbul 1988; Ahmet Arslan, *İbni Haldun,* İstanbul Bilgi Üniversitesi Yayınları, İstanbul, 2014, s. 116-120; Hüseyin Emiroğlu, *Soğuk Savaş Sonrası Kosova Sorunu (1989-2000),* Asil Yayınları, Ankara, 2010, s. 9-24.
[91] John J. Mearsheimer, *The Tragedy of Great Power Politics,* W. W. Norton & Company, New York, 2001, s. xi-xii.

süreçleri üretirken bu süreçte kendisi de yeniden oluşur.[92] Yani, aktörlerin davranışı sistemi, sistem de aktörlerin davranışını etkiler. Örnek vermek gerekirse, 19. ve 20. yüzyıllarda oluşan Avrupa güç dengesi, büyük güçleri güvenlik politikalarına sevk ederken büyük güçlerin güvenlikçi politikaları da oluşan güç dengesi sistemini tahkim etmiştir.[93] O halde büyük güçler, mücadeleye ve/veya rekabete dayalı bir güç stratejisi benimsediklerinde potansiyel olarak çatışmacı bir yapı; işbirliğine dayalı bir güç stratejisi benimsediklerinde ise barışçıl bir yapı yaratmış olurlar. Ne var ki büyük güç siyasetinde taraflar, birbirlerinin niyetlerine daima şüphe ile yaklaşmayı tercih ettikleri için, bir büyük gücün işbirliğine dayalı güç stratejisi de diğer büyük güç veya güçler tarafından mücadeleci bir yaklaşımla "kötü niyetli" olarak değerlendirilebilmektedir.[94] Bu da kısır bir suizan döngüsüne yol açmaktadır.

Büyük güçlerden sonra uluslararası ilişkilerde önem bakımından ikinci sırada orta ölçekli güçler (*middle powers*) gelmektedir. Orta ölçekli güçler, uluslararası politikada büyük güçlerle küçük güçler arasında bir yerde konumlanan, maddî kabiliyetleri ve etki sahaları dikkate alınarak "bölgesel güç" veya "bölgesel büyük güç" olarak da adlandırılan devletlerdir.[95] Bu devletler, genellikle küresel askerî güç ve ekonomik büyüklük endekslerinde ilk 30 ülke arasında yer aldıkları halde, küresel çapta nüfuz kabiliyetine sahip olmadıkları için büyük güç vasfını taşımadıkları düşünülen ülkelerdir. Avustralya, Kanada, İsveç, Norveç, Hindistan, Brezilya, Arjantin, Meksika, Güney Kore, Türkiye, İran, Suudi Arabistan,

---

[92] Küçük, "Uluslararası İlişkilerde Sosyal İnşacılık", s. 365.
[93] Bear F. Braumoeller, *The Great Powers and the International System: Systemic Theory in Empirical Perspective*, Cambridge University Press, Cambridge, 2012, s. 3-20.
[94] Wendt, *Social Theory of International Politics*, s. 259.
[95] Øyvind Østerud, "Regional Great Powers", *Regional Great Powers in International Politics*, Ed. Iver B. Neumann, Macmillan Press, Basingstoke ve Londra, 1992, s. 1-15.

Endonezya, Malezya, Mısır, Güney Afrika ve Nijerya, farklı yazarlarca orta ölçekli güç kategorisine dâhil edilen devletlerdir.[96]

Bu geniş orta ölçekli güç kategorisini daha analitik hale getirmek için "geleneksel orta ölçekli güçler" ile "yükselen orta ölçekli güçler" arasında bir ayrım yapılabilir. Buna göre Kanada, Avustralya, İsveç, Norveç gibi devletler geleneksel/yerleşik orta ölçekli güç; Brezilya, Türkiye, Malezya gibi devletler yükselen orta ölçekli güç kategorisinde değerlendirilebilir.[97] Geleneksel orta ölçekli güçler, genel olarak Batılı kimlikleriyle ön plana çıkmakta ve küresel ekonomide merkezî konumda yer almaktadır. Bu konumlarından ötürü geleneksel orta ölçekli güçlerin mevcut uluslararası sistemi meşrulaştırma veya daha istikrarlı hale getirme yönünde bir rol oynadıkları söylenebilir. Yükselen orta ölçekli güçler ise devlet kimliği açısından karma özellikler göstermekte ve küresel ekonomide henüz yarı-çevre pozisyonunda yer almaktadır. Yükselen orta ölçekli güçler, bu yapılarından ötürü zaman zaman revizyonist talepler gündeme getirebilmektedir.[98] Özellikle G20[99] ve yeni

---

[96] Andrew Fenton Cooper, Richard A. Higgott ve Kim Richard Nossal, *Relocating Middle Powers: Australia and Canada in a Changing World Order*, UBC Press, Vancouver, 1993; Charalampos Efstathopoulos, "Reinterpreting India's Rise through the Middle Power Prism", *Asian Journal of Political Science*, Cilt 19, Sayı 1, 2011, s. 74-95; Kim Richard Nossal ve Richard Stubbs, "Mahathir's Malaysia: An Emerging Middle Power?", *Niche Diplomacy: Middle Powers after the Cold War*, Ed. Andrew F. Cooper, Palgrave Macmillan, Basingstoke, 1997, s. 147-163; Anoush Ehteshami, "Iran as a Middle Power", *Public Diplomacy Magazine*, Sayı 2, Yaz 2009.

[97] Eduard Jordaan, "The Concept of a Middle Power in International Relations: Distinguishing between Emerging and Traditional Middle Powers", *Politikon*, Cilt 30, Sayı 1, 2003, s. 165-181.

[98] Türkiye Cumhuriyeti Cumhurbaşkanı Recep Tayyip Erdoğan'ın BMGK'nın yapısına atfen dile getirdiği *"Dünya beşten büyüktür"* söylemi de bu bağlamda değerlendirilebilir. Bkz. "Erdoğan: Dünya Beşten Büyüktür", http://www.aljazeera.com.tr/haber/erdogan-dunya-5ten-buyuktur, 24 Eylül 2014.

[99] Group of 20'nin kısaltması olan G20, dünyanın en büyük ekonomileri arasında yer alan 19 ülke (Almanya, Amerika Birleşik Devletleri, Arjantin, Avustralya, Brezilya, Çin, Endonezya, Fransa, Güney Afrika, Güney Kore, Hindistan, İngiltere, İtalya, Japonya, Kanada, Meksika, Rusya, Suudi Arabistan, Türkiye) ile Avrupa Birliği Komisyonu'nun maliye bakanı ve merkez bankası başkanı düzeyinde temsil edildiği uluslararası forumdur.

nesil BRICS[100] olarak değerlendirilen MIKTA[101] gibi çok taraflı oluşumlar üzerinden güç kazanmaya çalışan yükselen orta ölçekli güçlerin uluslararası politikada etkili olabilmeleri, öncelikle kendi bölgelerindeki etkinliklerini artırıp diplomatik ve ekonomik performanslarıyla ön plana çıkmalarına bağlıdır. Güney Kore, bu konuda iyi bir örnektir. Askerî gücü sınırlı olmakla birlikte, demokratikleşme çabaları, kişi başı gelir düzeyini 25 bin doların üzerine çıkarma başarısı ve Ar-Ge kapasitesi ile Güney Kore, hem MIKTA gibi bölgesel işbirliği örgütlerinde hem G20 gibi uluslararası ekonomik platformlarda etkili bir aktör olarak varlık gösterebilmekte, uluslararası sistemdeki statüsünü göreceli olarak yükseltebilmektedir.[102] Yükselen orta ölçekli güçler, belli alanlarda uzmanlaşarak da uluslararası alanda "kendine has bir yer" edinip müttefikleri için önemlerini artırabilirler. Bu amaca yönelik orta ölçekli güç stratejileri, "niş diplomasisi" olarak adlandırılmaktadır.[103] Brezilya'nın sağlık diplomasisinde, Türkiye'nin insanî diplomaside ön plana çıkması, niş diplomasisine iyi birer örnektir.[104] Bununla birlikte, yükselen orta ölçekli güçlerin bölgesel ve uluslararası politikada üstlendikleri rol, gerekli askerî, ekonomik ve diplomatik kabiliyetler ile desteklenmediğinde, söylem-eylem tutarsızlıkları

---

[100] BRICS; Brezilya, Rusya, Hindistan, Çin ve Güney Afrika'dan oluşan devletler grubudur. Beş devlet aynı zamanda G20 üyesidir.

[101] MIKTA; her biri G20 üyesi olan Meksika, Endonezya, Güney Kore, Türkiye ve Avustralya'dan oluşan gayriresmî ortaklık. Grubun adı, üye ülkelerin İngilizce isimlerinin (Mexico, Indonesia, Korea, Turkey, Australia) baş harflerinden gelmektedir. 25 Eylül 2013'de New York'ta beş ülkenin Dışişleri Bakanları'nın katılımıyla kurulmuştur.

[102] Soon-ok Shin, "South Korea's Elusive Middlepowermanship: Regional or Global Player?", *The Pacific Review*, Cilt 29, Sayı 2, 2016, s. 187-209.

[103] Andrew F. Cooper, "Niche Diplomacy: A Contextrual Overview", *Niche Diplomacy: Middle Powers after the Cold War*, Ed. Andrew F. Cooper, Palgrave Macmillan, Basingstoke, 1997, s. 1-24.

[104] Kelley Lee ve Eduardo J. Gómez, "Brazil's Ascendance: The Soft Power Role of Global Health Diplomacy", *The European Business Review*, Ocak-Şubat 2011, s. 61-64; Mürsel Bayram, "Türk Dış Politikasının Değişim Parametresi Olarak Afrika Açılımı ve İnsanî Diplomasi Faaliyetleri", *Türkiye'de ve Dünyada Dış Yardımlar*, Ed. Erman Akıllı, Nobel Akademik, Ankara, 2016, s. 402-421.

ortaya çıkmakta ve bu da ülkenin inandırıcılığını olumsuz etkile-
yebilmektedir.[105]

Yükselen orta ölçekli güçler, zaman zaman büyük güçlerin
diğer büyük güçleri çevreleme politikalarına yardımcı olmaya
zorlanabilmektedir. ABD'nin bölgesel olarak Çin nüfuzunu denge-
lemek için Hindistan, Endonezya, Mısır ve Güney Afrika ile "işlev-
sel ortaklıklar" tesis etmeye çalıştığı bilinmektedir.[106] Bu durum,
yükselen orta ölçekli güçlerin rasyonel koalisyonlar ile uluslararası
sistemde etkinliklerini artırabileceklerine işaret etmekte, ancak söz
konusu güçlerin farklı büyük güçlerle alternatif ittifaklar kurmaya
çalışması, siyasal itme-çekme kuvvetleri arasında yeni bir denge
kurulmasını gerektirdiği için yeni gerilimlere yol açabilmektedir.
Örneğin, Türkiye bir yandan Rusya ve Çin gibi yükselen büyük
güçlerle alternatif ittifaklar tesis etmeye çalışırken ABD ve NATO
ile kurmuş olduğu ittifakın idamesi konusunda zorluklar yaşaya-
bilmektedir. Kısacası, orta ölçekli güçler ne tam olarak geleneksel
ittifak sistemlerinden vazgeçebilmekte ne de yükselen büyük güç-
leri ihmal edebilmektedirler. Bu yaklaşma-kaçınma hali, söz konu-
su aktörleri koalisyon tercihlerinde temkinli ve dengeli hareket
etmeye zorlamaktadır.[107]

Uluslararası politikada önem bakımından son sırada kü-
çük güçler yer almaktadır. Küçük güçler, kendi sınırları haricinde
ciddî bir siyasî, askerî, iktisadî etkinlik gösteremeyen devletler
olarak tanımlanabilir. Bu kategori, güçler arası ilişki dinamiklerini
anlamak açısından yararlıdır, ancak günümüzde 193 BM üyesi
devletin büyük çoğunluğunu küçük güçler oluşturduğu için İzlan-

---

105 Öniş ve Kutlay, "The Dynamics of Emerging Middle-Power Influence…", s. 164-
183.
106 Bruce Gilley, "The Rise of the Middle Powers", *The New York Times*, 10 Eylül
2012.
107 Öniş ve Kutlay, "The Dynamics of Emerging Middle-Power Influence…", s. 164-
183; Hasan Basri Yalçın, "The Concept of Middle Power and the Recent Turkish
Foreign Policy Activism", *Afro Eurasian Studies*, Cilt 1, Sayı 1, Bahar 2012, s. 195-
213.

da ile Ruanda'nın, Peru ile Palau'nun işlevsel, davranışsal ve hiyerarşik olarak aynı kategoride yer alması analitik açıdan sorunludur. Kolombiya, Fas, Romanya, Yeni Zelanda gibi ekonomik ve askerî güç endekslerinde orta sıralarda yer alan fakat ne bölgesel bir güç kadar etkili ne de mikro devletler kadar güçsüz olan çok sayıda devlet vardır. Bu devletler, "alt-orta ölçekli güç" (*lower-middle power*) kategorisinde değerlendirilebilir. Bunun yanında, Belize, Laos, Moldova gibi minimum ölçekte maddî kabiliyetleri olan devletler vardır. Bunlara "asgarî güç" (*minimal power*) denilebilir. Son olarak, sadece adları "güç" olan, bütün maddî güç ölçütlerinde son sıralarda yer alan Kiribati, Saint Lucia gibi tanım gereği güç denilebilecek devletler vardır. Bu devletler için "itibarî güç" (*nominal power*) yahut "güçsüz güç" gibi oksimoron tanımlamalar önerilebilir.

Küçük güç kavramlaştırmasını anlamlı hale getirebilecek bir diğer analitik çerçeve de nesnel, ilişkisel ve öznel küçüklük değerlendirmeleridir. Bir devlet, ya gerçekten boyut bakımından küçüktür (örneğin Lesotho, Monako), ya diğer bir devlete nazaran küçüktür (örneğin Belçika-Fransa, Burundi-Tanzanya), ya da kendisini küçük olarak algılayıp ona göre davrandığı için küçüktür (örneğin Bhutan, Lihtenştayn).[108] Öznel küçüklük olarak değerlendirilen son tanımlama, küçük güçlerin en temel ortak özelliğidir, çünkü küçük güçler genellikle küçüklüklerini/ zayıflıklarını verili bir durum olarak görürler.[109] Zayıflığın kabullenilmesinde coğrafyanın küçüklüğü, nüfusun azlığı gibi maddî faktörler ön plandadır, fakat aslolan bu statünün karşılıklı kabulüdür. Yani, bir devlet kendisini küçük/zayıf olarak görüyorsa ve diğer devletler de onu

---

[108] Hans Geser, "Was ist eigentlich ein Kleinstaat?", *Kleinstaaten-Kontinent Europa: Probleme und Perspektiven*, Ed. Romain Kirt ve Arno Waschkuhn, Nomos, Baden-Baden, 2001, s. 89-100.

[109] Robert Lewis Rothstein, *Alliances and Small Powers*, Columbia University Press, New York ve Londra, 1968; Tim Sweijs, "The Role of Small Powers in the Outbreak of Great Power War", *Centre for Small State Studies Occasional Paper*, Aralık 2010, s. 3.

bu şekilde tanımlıyorsa o devlet doğrudan küçük güç kategorisinde değerlendirilebilir.[110] Özellikle milliyet duygusu zayıf olan devletler bu kategoriye girmeyi gönüllü olarak kabullenme eğilimindedirler.[111]

Küçük güçleri ele alırken dikkat edilmesi gereken nokta, büyük ve orta ölçekli güçlerin dış politika davranışları daha tutarlı iken küçük güçlerin dış politika davranışlarının daha çeşitli ve eklektik bir yapıda olmasıdır. Eritre'den San Marino'ya, Nepal'den Paraguay'a kadar geniş bir analiz kategorisini teşkil eden ve ne maddî güç ölçütleri ne de kimlikleri benzeşen küçük güçlerin davranışları, hem uluslararası sistemin yapısından hem de devlet ve birey (lider) düzeyindeki kültürel değişkenlerden etkilenir.[112] Böylesi geniş bir analiz kategorisinde çeşitliliğin doğal karşılanması gerektiği kabul edilirse, ilgili literatürden yola çıkarak küçük güçlerin dış politika davranışlarına ilişkin bazı genellemeler yapmak mümkündür. Buna göre küçük güçler, uluslararası ilişkilere alt düzeyde katılım gösterirler. Dış politika sorunlarının kapsamı dar ve yakın çevreleriyle sınırlıdır. Büyük güçler gibi her uluslararası meselede pozisyon almak durumunda değillerdir. Güvenliklerini sağlama gereksinimleri ile dış politika kaynakları orantılı değildir. Bu nedenle başta güvenlikleri olmak üzere birçok konuda dışa bağımlı olduklarını bilirler. Tarafsız olmayı tercih eder, işbirliğine önem verir, çatışmadan kaçınırlar. Bununla bağlantılı olarak, dış ilişkilerinde askerî araçlar yerine daha çok diplomatik ve ekono-

---

[110] Jeanne A. K. Hey, *Small States in World Politics: Explaining Foreign Policy Behavior*, Lynne Rienner, Londra, 2003, s. 3-4; Jakob Thor Kristjansson ve Margret Cela, "Iceland as a Powerful Small State in the International Community", *Centre for Small State Studies Working Paper*, 2011, s. 6-7.

[111] Nikolaos Zahariadis, "Nationalism and Small-State Foreign Policy: The Greek Response to the Macedonian Issue", *Political Science Quarterly*, Cilt 109, Sayı 4, Sonbahar 1994, s. 647-667.

[112] Victor Gigleux, "Explaining the Diversity of Small States' Foreign Policies through Role Theory", *Third World Thematics: A TWQ Journal*, Cilt 1, Sayı 1, 2016, s. 27-45; Frank O. Mora, "Paraguay: From the Stronato to the Democratic Transition", *Small States in World Politics: Explaining Foreign Policy Behavior*, Ed. Jeanne A. K. Hey, Lynne Rienner Publishers, Boulder, 2003, s. 13-22.

mik araçlardan yararlanırlar. Genel olarak uluslararası hukuka, anlaşmalara ve kurumlara önem verir, mümkün olan her kuruma/örgüte dâhil olmak isterler. Himaye, ortaklık ve kaynak temininde büyük güçlere dayanırlar.[113] Küçük güçler, büyük güç siyasetinin şekillendirdiği uluslararası jeopolitik değişimlere daha hızlı ve radikal biçimde ayak uydurabilirler[114] ki bu bir anlamda "zorunlu pragmatizmdir". Küçük güçlerin dış politikaları gibi ekonomileri de genelde edilgen ve esnektir; belli ürünlerde uzmanlaşarak ve ticaret ortaklarını mümkün mertebe çeşitlendirerek ekonomik kazançlarını artırabilirler.[115] Bu tarz güçler aynı şekilde askerî destek kaynaklarını çeşitlendirerek jeostratejik konumlarını nispeten güçlendirebilirler.[116]

Büyük güçler, uluslararası ilişkilerde güç dengesi tehlikeye girdiğinde zayıf olan tarafı destekleyerek dengeyi sağlamaya çalışırken[117] küçük güçler kaybeden tarafta değil, daha güçlü olduğunu düşündükleri tarafta yer almayı tercih ederler.[118] Buna denge karşıtı (*anti-balance*) davranma eğilimi denilebilir. Bu davranış,

---

[113] Jeanne A. K. Hey, "Introducing Small State Foreign Policy", **Small States in World Politics: Explaining Foreign Policy Behavior**, Ed. Jeanne A. K. Hey, Lynne Rienner Publishers, Boulder, 2003, s. 5.

[114] Hans Mouritzen, **Finlandization: Towards a General Theory of Adaptive Politics**, Avebury, Aldershot, 1988; "Testing Weak Power Theory: Three Nordic Reactions to the Soviet Disintegration", **European Foreign Policy: The EC and Changing Perspectives in Europe**, Ed. Walter Carlsnaes ve Steve Smith, Sage, Londra, 1994, s. 159-177.

[115] Gürol Baba ve Murat Önsoy, "Between Capability and Foreign Policy: Comparing Turkey's Small Powerand Middle Power Status", **Uluslararası İlişkiler**, Cilt 13, Sayı 51, 2016, s. 7.

[116] Sheldon W. Simon, "Davids and Goliaths: Small Power-Great Power Security Relations in Southeast Asia", **Asian Survey**, Cilt 23, Sayı 3, Mart 1983, s. 305.

[117] Kırım Savaşı'nda (1853-1856) Avrupalı büyük güçlerin Osmanlı'nın yanında yer alması buna örnek gösterilebilir.

[118] Bo Huldt, "Små stater i internationell politik", **Aktorer i internationell politik - idag och imorgon**, Ed. Thomas Hörberg, Sekretariatet för Framtidsstudier, Stockholm, 1977, s. 38–56.

özellikle küçük güçlerin kendilerini tehdit altında hissettikleri, himayeye ihtiyaç duydukları durumlar için geçerlidir.[119]

Küçük güçler, uluslararası sistemde baskın olan gücün yanında yer alma eğilimi gösterseler de coğrafî olarak bir büyük gücün yakınında yer almaları durumunda onun nüfuz dairesinden çıkmakta zorlanırlar. Zira coğrafî yakınlık küçük gücün ekonomik bağımlılık ve jeopolitik savunmasızlık (*vulnerability*) oranını artırmaktadır.[120] Bu bakımdan Orta ve Güney Amerika'daki küçük güçler ABD'nin, Orta Asya ve Kafkasya'daki küçük güçler Rusya'nın, Doğu ve Güneydoğu Asya'daki küçük güçler daima Çin'in etkisini hissetmişlerdir. Afrika'daki küçük güçler ise bu üç büyük güce de takriben eşit uzaklıkta oldukları için genellikle birden fazla büyük gücün etkisine ve rekabetine açık olmuşlardır.

Bazı küçük güçler, bir büyük gücün yakınında olmalarına rağmen, kimlikleriyle bağlantılı olarak kapasitelerinin üzerinde bir özgüvenle hareket edebilirler. Küba-ABD, Vietnam-Çin, Gürcistan-Rusya ilişkileri buna örnek verilebilir. Son örnek ele alındığında, eski Sovyet cumhuriyetlerinin hemen hepsi Rusya'nın nüfuz sahasında kalmayı tercih ederken Gürcistan tam tersine Rus nüfuzunu dengelemeye çalışmıştır ki bu da kısmen Gürcistan'ın kendisini Avrupalı olarak tanımlaması ve bu tanımlamanın genel olarak Batı dünyası nezdinde kabul görmesi ile ilgilidir.[121]

Saddam Hüseyin dönemi Irak, Muammer Kaddafi dönemi Libya ve Kim Jong-un liderliğindeki Kuzey Kore gibi büyük güç siyasetine meydan okumaya çalışan istisnaî devletler vardır, ancak bunlar da kimlikleri itibariyle küçük güç statüsünü aşan örneklerdir. Irak ve Libya'nın mevcut durumu dikkate alındığında, bu tarz

---

[119] John Rogers, "The Foreign Policy of Small States: Sweden and the Mosul Crisis, 1924–1925", *Contemporary European History*, Cilt 16, Sayı 3, 2007, s. 353.

[120] Cooper ve Shaw, "The Diplomacies of Small States...", s. 3.

[121] Giorgi Gvalia, David Siroky, Bidzina Lebanidze ve Zurab Iashvili, "Thinking outside the Bloc: Explaining the Foreign Policies of Small States", *Security Studies*, Cilt 22, Sayı 1, 2013, s. 98–131.

standart dışı kabul edilen güçlerin bölgesel güç dengesini değiştirme potansiyellerinin genelde iç istikrarsızlık unsurlarıyla bir noktada sınırlandırıldığı görülmektedir. Kuzey Kore (resmi adıyla Kore Demokratik Halk Cumhuriyeti) bu konuda bir istisna oluşturmaya devam etmektedir. Nükleer programı nedeniyle postkolonyal bir küçük devletten sistemi etkileyen bir devlete dönüşen Kuzey Kore, güç statüsü açısından aykırı bir örnek teşkil etmesine rağmen hayatta kalmayı başarmaktadır.[122]

İstisnaî örnekler dışarıda bırakılırsa, küçük güçler ne tek başlarına ne de kolektif olarak bir büyük gücü doğrudan karşılarına almamaya dikkat ederler. Bu anlamda, "güçlüler, neye güçleri yetiyorsa onu yapar; zayıflar ise neye mecburlarsa ona katlanırlar"[123] hipotezi, büyük oranda geçerliliğini korumaktadır. Küçük güçlerin çoğunluğu zayıflıklarının farkında olarak hareket eden, tek başlarına sistem üzerinde kayda değer bir etkilerinin olmayacağını bilen ve büyük güç siyasetine ayak uydurmaktan başka seçeneklerinin olmadığını düşünen devletlerdir.[124]

Bazı küçük güçler söz konusu adaptasyon zorunluluğunu avantaja dönüştürebilir; büyük güçler arası rekabetten ve büyük güçlere özgü zaaflardan yararlanmaya çalışabilirler. Böylelikle kendi kapasitelerinin üzerinde bir "türev güç" (*derivative power*) elde edebilirler.[125] Örneğin, Doğu Afrika'nın küçük ülkelerinden

---

[122] Kuzey Kore'nin ekonomik açıdan Çin Halk Cumhuriyeti'nden istifade ettiği; ayrıca Almanya ve Fransa'dan çeşitli yardımlar aldığı belirtilmelidir. Bkz. Virginie Grzelczyk, "Going it Alone? North Korea's Adaptability as a Small Power in a Changing World", *Third World Thematics: A TWQ Journal*, Cilt 1, Sayı 1, 2016, s. 63–78.

[123] Thucydides, *History of the Peloponnesian War*, Çev. Rex Warner, Penguin Classic, Londra, 1972, s. 402.

[124] Robert O. Keohane, "Lilliputians' Dilemmas: Small States in International Politics", *International Organization*, Cilt 23, Sayı 2, 1969, s. 296.

[125] Michael I. Handel, *Weak States in the International System*, Taylor&Francis, Londra ve New York, 1990, s. 257; Tom Long, "Small States, Great Power? Gaining Influence through Intrinsic, Derivative, and Collective Power", *International Studies Review*, Aralık 2016.

Cibuti, büyük güçlerin kendisini üs olarak kullanmasını ve Etiyopya'nın ulaşım açısından kendisine bağımlı olmasını avantaja dönüştürmüş[126]; benzer şekilde bazı küçük Pasifik devletleri de Avustralya'ya karşı "zayıfın silahı" olarak değerlendirilebilecek stratejiler geliştirmişlerdir. Pasifik devletleri, uluslararası jeopolitiğin marjininde olmalarını, Avustralya'nın kendilerine yönelik kurumsal bir dış politika geliştirmemiş olmasını ve Avustralya ile aralarındaki aşırı asimetriyi avantaja dönüştürmüşlerdir.[127]

Diplomasiyi iyi kullanabilen bazı küçük güçler, ekonomik kaynaklarını ve stratejik konumlarını öne sürerek kendilerinden daha güçlü olan devletlere bazı tavizler verdirebilirler. Örneğin İsviçre, Fransız zenginlerinin vergi cenneti olması nedeniyle bir dönem Fransız hükümeti ile ciddî sorunlar yaşamış ancak iş çevreleri ile devlet yetkililerinin işbirliği sayesinde Fransa'dan gelen baskıları bertaraf edebilmiştir.[128] Benzer şekilde Jamaika, Karayipler'deki özel konumu ve ülkenin ABD büyükelçisi Richard Bernal'in çabaları neticesinde dış yardım ve borç hafifletme gibi konularda ABD'nin politikalarını etkileyebilmiştir.[129] Son yıllarda Hindistan ile karasuları konusunda anlaşmazlık yaşayan Sri Lanka da Hindistan gibi bir bölgesel büyük güce karşı stratejiler geliştirmiş ve Çin'le yakınlaşarak Hindistan'dan gelen baskıları hafifletebil-

---

126 David Styan, "Djibouti: Changing Influence in the Horn's Strategic Hub", *Chatham House Briefing Paper*, Nisan 2013.

127 Jonathan Schultz, "Theorising Australia-Pacifc Island Relations", *Australian Journal of International Affairs*, Cilt 68, Sayı 5, 2014, s. 548–568.

128 Bunu "küçüğün gücü" (*la force du petit*) olarak tanımlayan Schaufelbuehl, İsviçre iş çevreleri ile devlet yetkililerinin Fransız ve Amerikan baskısına karşı çıkmak adına nasıl işbirliği yaptıklarını, bu iki devletin zaaflarını nasıl kullandıklarını detaylı biçimde anlatmaktadır. Bkz. Janick Marina Schaufelbuehl, *La France et la Suisse ou la Force du Petit: Évasion Fiscale, Relations Commerciales et Financières (1940–1954)*, Presses de Sciences Po, Paris, 2009.

129 Jamaika'nın ABD Büyükelçisi Bernal, bu konuyla ilgili bir kitap kaleme almıştır. Bkz. Richard Bernal, *The Influence of Small States on Superpowers: Jamaica and US Foreign Policy*, Lexington Books, Lanham, 2015.

miştir.[130] Buradan anlaşılacağı üzere bir küçük güç, çeşitli diplomatik manevralar ve rakip büyük güç veya güçlerin desteği ile kendisinden büyük bir gücün politikalarını etkileyebilmektedir.

Küçük güçlerin büyük güçler karşısında çıkarlarını nasıl korumaya çalıştıkları Antigua ve Barbuda üzerinden örneklenebilir. Küçük bir ada devleti olan Antigua ve Barbuda, bölgesinde kumar ve bahis oyunlarının merkezi haline geldiği için ABD'li yetkililerce "Karayip korsanı" olarak damgalanmış bir ülkedir. ABD'nin Antigua ve Barbuda lisanslı internet sitelerini engellemesi üzerine Antigua ve Barbuda, kumar endüstrisinden elde ettiği kazancı korumak adına ABD ile karşı karşıya gelmiştir. Antigua ve Barbuda hükümeti, ABD'nin kendi ülkesinde spor bahislerine izin verdiği halde Antigua ve Barbuda lisanslı bahis sitelerine müdahale etmesinin tutarsız olduğunu dile getirerek 2003 yılında konuyu Dünya Ticaret Örgütü'ne taşımıştır. DTÖ de Antigua ve Barbuda'nın şikâyetini haklı bularak ABD'nin ya kendi ülkesinde internet üzerinden bahis oynanmasına izin vermemesi ya da Antigua ve Barbuda lisanslı sitelerin Amerikan pazarına erişimine izin vermesi gerektiğine hükmetmiştir. Dahası Antigua ve Barbuda'ya ABD'li firmalara ait fikrî mülkiyet haklarını yılda 21 milyon dolar karşılığında askıya alabilme hakkı tanınmıştır. Antigua ve Barbuda Maliye Bakanı, uluslararası ticaret kurallarını ihlal ettiği gerekçesiyle ABD'ye öngörülen cezanın tahsil edilmesini sağlayamasalar da, DTÖ kararının kendi ölçeklerinde bir devlet açısından çok önemli bir adım olduğunu ifade etmiştir.[131] Kısacası Antigua ve Barbuda gibi çok küçük bir güç, karşısında ABD gibi bir büyük güç olmasına rağmen, uluslararası örgütler vasıtasıyla çıkarlarını ko-

---

[130] Soosaipillai I. Keethaponcalan, "A Small Power's Struggle for Independence in the Independent Era: The Case of Sri Lanka", *African and Asian Studies*, Cilt 13, Issue 1-2, 2014, s. 167-186.

[131] "Antigua hits back at US on gaming", *BBC*, http://news.bbc.co.uk/2/hi/ business/6226930.stm, 21.06.2007; Mark Gibbs, "Pirates of the Caribbean: Antigua and Barbuda Turn From Internet Gambling to Legalized Piracy", *Forbes*, https://www. forbes.com/sites/markgibbs/, 29.01.2013.

rumayı denemiş ve kısmen başarılı olmuştur.[132] Bu tarz örnekler, küçük güçlerin "doğaları gereği daima oyun dışı kalması gereken devletler" (*innate non-players*) olmadığını göstermektedir.[133]

Büyük Güç-Küçük Güç İlişkileri

Çalışmanın konusunu oluşturan Çin-Afrika ilişkileri, bir yönüyle büyük güç-küçük güç ilişkisi niteliğinde olduğu için, bu ilişkilerin doğasını teorik ve tarihsel olarak kavramak önem arz etmektedir. Küçük güçlerle büyük güçler arasındaki ilişkiler yapısal olarak asimetriktir. Devletlerin güç parametrelerindeki orantısızlıktan kaynaklanan bu asimetri durumu, ulusal çıkar algılarında farklılaşmaları beraberinde getirir. Womack'ın Çin-Vietnam ilişkileri üzerinden örneklediği asimetri teorisine göre, A devleti ile B devleti arasındaki ilişkiler, esasında A'nın B ile ilişkisi (A⇒B) ve B'nin A ile ilişkisi (B⇒A) şeklinde iki alt-ilişkiden (*sub-relation*) oluşur.[134] Bu ilişkide büyük olan tarafı temsil eden A, küçük olan tarafı temsil eden B'nin kendisine meydan okuyabilecek pozisyonda olmadığını varsayar ve B'den bu durumun farkında olarak davranmasını bekler. Küçük olan taraf (B) ise otonomisinin tehdit edilmemesine özen gösterir. Diğer bir deyişle, A temelde üstünlüğünün, B de otonomisinin kabulü ve devamı üzerinden bir ilişki geliştirir. Bu ilişkiyi B devleti, A'dan daha fazla önemser çünkü B'nin ilişkiden kazanacağı-kaybedeceği şeyler genel olarak A'dan daha fazladır. Dolayısıyla A'nın davranışları B tarafından ilgiyle

---

[132] Andrew F. Cooper, "Confronting Vulnerability through Resilient Diplomacy: Antigua and the WTO Internet Gambling Dispute with the United States", *The Diplomacies of Small States: Between Vulnerability and Resilience*, Ed. Andrew F. Cooper ve Timothy M. Shaw, Palgrave Macmillan, Basingstoke, 2009, s. 207-217.

[133] Farhan Hanif Siddiqi, "Pakistan and Singapore as Small Powers: Comparative Thematic Evaluation and Policy Imperatives", *African and Asian Studies*, Cilt 13, Sayı 1-2, 2014, s. 187-204.

[134] Buna göre, örneğin, Türkiye-Yunanistan ilişkileri demekle Yunanistan-Türkiye ilişkileri demek aynı şey değildir. İkili ilişkiler, birinci ifadede Türkiye açısından, ikincisinde Yunanistan açısından ele alınıyor demektir.

takip edilir. A devleti, yumuşak güç (ekonomik, diplomatik) strate-
jileriyle sadece B için değil, diğer küçük güçler nezdinde de cazip
ve ikna edici bir aktör profili çizebilir. Bunun için A'nın değer üre-
tebilmesi ve ilişki kurduğu küçük güçlerle ortak noktalarına vurgu
yapması gerekir. Şayet A, bu stratejinin tersine B üzerinde tahak-
küm kurmaya çalışırsa, B hayatta kalma saikiyle karşılık verebilir.
Muhtelif hedefleri olan A ile sadece hayatta kalma hedefine odak-
lanan B arasındaki mücadele, hesapta olmayan sonuçlar doğurabi-
lir. Bu durum, A'nın diğer küçük güçlerle ilişkilerini de olumsuz
etkiler.[135]

Büyük güç-küçük güç ilişkilerini niteleyen asimetrik ilişki
biçimlerinin tarihsel gelişimine bakıldığında, teknik imkânların
yetersizliği, ulaşım zorluğu vb. sebeplerle kadim medeniyet havza-
ları arasındaki ilişkilerin son derece sınırlı olduğu görülmektedir.
Bu ilişkiyi sağlayan temel faaliyet, göç olgusuydu. Daha uzak nok-
talardaki ilişkiler ise ticaret üzerinden yürütülmekteydi. Kadim
Yunan, Mısır, Mezopotamya, Hint ve Çin medeniyet havzaları
büyük oranda bu özellikleri göstermektedirler. Müteakip devirler-
de kent-devletlerinin yerini merkezî siyasal yapılar almaya başla-
mıştır. Bu tarz siyasal yapıların başında Roma İmparatorluğu gel-
mektedir. Roma İmparatorluğu, inşa ettiği imparatorluk yolları ve
işgal ettiği bölgelerdeki askerî-idarî yapılanma ile gelişimini sağla-
dığı coğrafî alanın ötesinde bir etkiye ve güce ulaşan hegemonik
karakterli bir siyasal oluşumdu. O dönemin dünya siyasal siste-
minde yer alan diğer aktörler de "isteyerek" veya "zorla" bu gü-
cün üstünlüğünü kabul etmişlerdir.[136]

İmparatorluk mantığına dayanan siyasal yapılar, çoğu kez
fetihle kurulmuş; fetih sonrasında merkezin çevre (periferi) üze-

---

[135] Brantly Womack, *China and Vietnam: The Politics of Asymmetry*, Cambridge
University Press, Cambridge, 2006, s. 78-84.
[136] Hüseyin Emiroğlu, "Uluslararası Siyasal Örgütlenme Modeli Oluşumunun
Tarihsel Süreci ve Birleşmiş Milletler Örgütü (1941-1990)", *Güvenlik Stratejileri
Dergisi*, Cilt 2, Sayı 4, 2006, s. 108.

rindeki askerî, siyasî, ekonomik, kültürel üstünlüğü esas alınmıştır. Merkez ile çevre arasındaki ilişkilerin her zaman tek taraflı ve yukarıdan aşağı biçimde cereyan etmediği, bilhassa Osmanlı ve Çin gibi imparatorluk yapılarının kısmen merkezle çevre arasındaki pazarlıklara ve mütekabiliyete dayandığı belirtilmelidir. Merkezî bir siyasal otorite ile kendi içindeki çeşitliliği bir arada tutamayan imparatorluklar, genellikle merkezkaç unsurların güçlenmesi sonucunda yerini yine bağımsız devletlerden oluşan çoklu yapılara bırakmışlardır. İmparatorluklar diğer devletleri yutarak genişlerken merkezkaç unsurların oluşturduğu çoklu yapılar ise bölgelerinde yeni bir imparatorluk kurulana kadar hüküm sürebilmiş ve merkezî bir imparatorluğa tâbiyetten başka seçenekleri olmamıştır.[137]

Sömürgeci döneme gelindiğinde Avrupalı güçler, küresel nüfuz sahalarını olabildiğince genişleterek ve uyguladıkları "talan ekonomisi" (*Raubwirtschaft*)[138] ile Batı-dışı güçleri mâdun (ast) bir konuma getirerek kendi büyük güç statülerini tahkim etmişlerdir. Özellikle güçlü siyasal merkezlerin bulunmadığı bölgeler doğrudan sömürgeci devletlerin kontrolüne girmiş ve buralardaki geleneksel siyasal yapılar ortadan kalkmıştır. Varlığını sürdürmeye çalışan küçük siyasal birimlerin büyük sömürgeci güçler karşısındaki tutumu ise toplumsal-siyasal karakterlerine ve tehdit algılarına göre farklılık arz etmiştir. Örneğin, Maskara emîri Abdulkadir El Cezayirî uzun müddet Fransız idaresine karşı mücadele verirken[139] Botsvanalı kabile devleti liderleri III. Khama, Bathoen ve

---

[137] Barış Ünlü, "İmparatorluk Fikrinin Gelişimi", *Ankara Üniversitesi Siyasal Bilgiler Fakültesi Dergisi*, Cilt 65, Sayı 3, 2010, s. 239-240.
[138] Arnold Joseph Toynbee, *A Study of History*, 5. Cilt, Oxford University Press, 1961, s. 36.
[139] Alexandre Bellemare, *Abd el-Kader: Sa Vie Politique et Militaire*, Éditions Bouchène, Paris, 2003.

Sebele bizzat Londra'ya giderek Güney Afrika'ya karşı İngiltere'den himaye talep etmişlerdir.[140]

ABD ve SSCB, İkinci Dünya Savaşı'ndan iki "en büyük güç" olarak çıkınca Avrupalı güçlerin sömürge imparatorlukları üzerindeki kontrolleri zorlaşmış ve büyük güç statüleri erozyona uğramıştır.[141] Bununla birlikte, Avrupalı sömürgeci güçler, bağımsızlıklarını tanıdıkları devletler üzerinde farklı şekillerde nüfuzlarını devam ettirmeye çalışmışlardır. Bağımlılığa dayalı büyük güç-küçük güç ilişkilerinin dolaylı biçimde devamını ifade eden stratejiler "neokolonyalizm" (yeni sömürgecilik) olarak adlandırılmıştır.[142]

Soğuk Savaş döneminde uluslararası sistemin kutuplaşması ve ittifakların *rebus sic stantibus* yerine *pacta sunt servanda*[143] ilkesine dayanması, küçük güçlerin büyük güçler nezdindeki önemini artırmıştır. Yine de küçük güçlerin bir ittifaka girmesi veya çıkması genel güç dengesi üzerinde büyük çaplı bir değişikliğe yol açmadığı için bu güçlerin hareket serbestisi diğer güçlere nazaran daha fazla olmuştur. Bir büyük gücün yakınında yer almayan ve ne jeopolitik ne jeoekonomik anlamda stratejik bir önem atfedilmeyen küçük güçler, rejim değişikleri sonucu dönem dönem Doğu veya Batı bloğuna yakın bir siyaset izlemişler[144]; birçoğu ise bu tercih

---

[140] Mürsel Bayram, "Afrika Genelinde İstisnaî Bir Devlet: Botsvana", *Adam Akademi*, Cilt 4, Sayı 1, Haziran 2014, s. 77.

[141] Ufuk Tepebaş, *Büyük Güçler ve Afrika: 21. Yüzyılda Çok Boyutlu Afrika Rekabeti*, Tasam Yayınları, İstanbul, 2010, s. 15.

[142] Kwame Nkrumah, *Neo-Colonialism: The Last Stage of Imperialism*, International Publishers, New York, 1965; Vasilii Vasilevich Vakhrushev, *Neocolonialism: Methods and Manoeuvres*, Çev. Katherine Judelson, Progress Publishers, Moskova, 1973.

[143] "Şartlar değişmediği sürece" anlamına gelen *rebus sic stantibus*, antlaşmaların yapıldığı koşullarda köklü bir değişim olması durumunda uygulanmamasına imkân verdiği için gevşek ittifak anlayışını simgelemekte; "ahde vefa" anlamına gelen *pacta sunt servanda* ise tarafların sözlerine sadık kalmalarını vurguladığı için sıkı ittifak sistemlerindeki anlaşma mantığını karakterize etmektedir.

[144] Sweijs, "The Role of Small Powers...", s. 5.

zorunluluğundan kurtulmak adına Bağlantısızlar Hareketi'ne dâhil olmuştur.

Soğuk Savaş'ın sona ermesiyle birlikte sıkı ittifak sisteminin yerini daha gevşek ittifaklar almış; bu arada SSCB'nin yıkılışıyla ABD rakipsiz kaldığı için büyük güç siyasetini karakterize eden "alan kazanma" (*territorial aggrandizement*) yarışı eski motivasyonunu kaybetmiştir. Bu durum birçok bölgede güç boşluğu yaratarak hem yeni güçlerin yükselişine hem de küçük güçler arası rekabete zemin hazırlamıştır. Barbados, İzlanda, Malta, Mauritius, Singapur örneklerinde görüldüğü üzere bu rekabet bazen yukarı yönlü, yani devletlerin gelişmesini destekler nitelikte; Nauru, Vanuatu ve Solomon Adaları örneklerinde görüldüğü gibi bazen de aşağı yönlü, yani rekabet halindeki devletleri gelişme bakımından olumsuz etkileyecek nitelikte bir seyir izlemiştir. Orta ölçekli güçlerinkine benzer bir diplomasi izleyen birinci grup küçük güçler, özellikle ekonomik anlamda rakiplerinden daha iyi konumlara yükselmişler ve siyasal küçüklüğün ekonomik küçüklükle eşdeğer olmadığını göstermişlerdir.[145]

Uluslararası sistemin şekillenmesinde en çok büyük güçler arası ilişkiler etkili olmaktadır. Bu nedenle uluslararası politika teorilerinin kahir ekseriyeti, büyük güçleri dikkate almaktadır. Neorealist kuramın öncüsü sayılan Kenneth Waltz'ın deyimiyle, *"Malezya ve Kosta Rika üzerinden bir uluslararası politika teorisi inşa etmek anlamsızdır. Genel bir uluslararası politika teorisi büyük güçlere*

---

[145] Burada dikkat edilmesi gereken husus, bahsedilen durumun sık olmadığı ve sadece Benin, Burundi, Burkina Faso gibi ne dönemin süper güç rekabeti açısından ne de siyasî ve ekonomik anlamda stratejik bir önemi bulunmayan küçük güçler tarafından tarafından denendiğidir. 1956'da Doğu Avrupa'da yaşanan isyanlara SSCB askeri müdahalesi ve 1968 Çekoslovak darbesi örneklerinde görüleceği üzere dönemin süper güç rekabeti açısından önemli addedilen ülkelerde bu tür geçiş denemeleri son derece sorunlu olmuştur. Bkz. Andrew F. Cooper ve Timothy M. Shaw, "The Diplomacies of Small States at the Start of the Twenty-first Century: How Vulnerable? How Resilient?", *The Diplomacies of Small States: Between Vulnerability and Resilience*, Ed. Andrew F. Cooper ve Timothy M. Shaw, Palgrave Macmillan, Basingstoke, 2009, s. 2.

dayanmak zorundadır".[146] Bu yaklaşım, küçük ve orta ölçekli güç kategorilerinin uluslararası politika açısından kayda değer bir önem arz etmedikleri anlamına gelmemelidir. Zira büyük güç kategorisine girmeyen devletlerin de uluslararası politikanın tamamen etkisiz elemanı olmadıkları, zaman zaman büyük güç siyasetini etkiledikleri, hatta bazı küçük güçlerin büyük güçler arası savaşları tetikleyebilecek etkiler doğurabildikleri görülmektedir.[147] Bu sebeple büyük güçler, sadece diğer büyük güçleri değil, küçük ve orta ölçekli güçleri de tehdit/fırsat kapasiteleri ve jeopolitik/jeoekonomik önemleri oranında dikkate almaktadırlar. Büyük güçlerin küçük ve orta ölçekli güçleri ne oranda dikkate aldıkları ve onlarla nasıl bir ilişki kurdukları ise kimliklerinden (gelişmiş, yükselen, gelişmekte olan, Batılı, Doğulu vb.) ve bu kimlikle bağlantılı güç stratejilerinden (sert güç, yumuşak güç, normatif güç) etkilenmektedir. Netice itibariyle, gelişmiş bir Batılı büyük güç olan İngiltere'nin küçük güç konumundaki Afrika ülkelerine ilgisi ve yaklaşımı ile gelişmekte olan bir Doğulu büyük güç niteliğindeki Çin'in Afrika ülkelerine ilgisi ve yaklaşımı aynı olmayacaktır.[148]

---

[146] Kenneth Waltz, *Theory of International Politics*, Reading, MA, Addison-Wesley, 1979, s. 73.

[147] Buna Sırbistan'ın Birinci Dünya Savaşı'ndaki rolü örnek verilebilir. Bkz. Jonathan Gumz, "The Habsburg Empire, Serbia, and 1914: The Significance of a Sideshow", *1914: Austria-Hungary, the Origins, and the First Year of World War I*, Ed. Günter Bischof ve Ferdinand Karlhofer, University of New Orleans Press, New Orleans, 2014, s. 127-141; Thazha Varkey Paul, *Asymmetric Conflicts: War Initiation by Weaker Powers*, Cambridge University Press, Cambridge, 1994.

[148] Afrika ülkeleri ile üst düzey ilişki kurmak, gelişmekte olan bir Çin açısından önemli iken, gelişmiş bir İngiltere için aynı derecede önem arz etmeyebilir. Bkz. Tom Porteous, *Britain in Africa*, University of KwaZulu-Natal Press, Pietermaritzburg, 2008.

İKİNCİ BÖLÜM

ÇİN DIŞ POLİTİKASI

Çin'in Güç ve Kimlik Özellikleri

Çin kendisini "büyük ülke" (*dàguó*/大国) olarak algılamakta ve bu algı genel olarak dış dünyada da kabul görmektedir.[149] Çin'in büyüklüğünün dayandığı ilk unsur, tarihidir. Çin, dünyanın yaşayan en eski medeniyeti olarak kabul edilmektedir.[150] Çin ulusunun doğum yeri sayılan Sarı Irmak havzasında kökleri milattan önce 15. yüzyıla kadar dayanan egemen bir devlet kültürünün var olduğu ifade edilmektedir.[151] Belli dönemlerde kesintiler olmakla birlikte, Çin devleti tarihte *"sıradan bir ulus devlet gibi değil, sürekli doğal bir olgu gibi var olmuş"* ve *"her çöküşten sonra doğanın değişmez bir kanunu gibi kendini yeniden oluşturmuştur"*.[152]

Çin'in büyüklüğüne dair bir diğer parametre, coğrafyasının büyüklüğüdür. 14 ülke[153] ile 22,457 kilometre kara sınırına ve doğusundaki Pasifik Okyanusu ile 14,500 kilometre kıyı hattına sahip olan Çin, 9.5 milyon kilometreyi aşan karasal alanı ile Rus-

---

[149] Joshua Kurlantzick, "The Belligerents: Meet the Hardliners Who Now Run China's Foreign Policy", *New Republic*, 27 Ocak 2011.

[150] John Makeham, *China: the World's Oldest Living Civilization Revealed*, Thames and Hudson, Londra, 2008.

[151] John Keay, *Çin Tarihi*, Çev. Neşe Kars Tayanç ve Dinç Tayanç, İnkılâp, İstanbul, 2011, s. 37.

[152] Henry Kissinger, *Çin: Dünden Bugüne Yeni Çin*, Çev. Nalân Işık Çeper, Kaknüs Yayınları, İstanbul, 2015, s. 25-27.

[153] Çin; kuzeydoğudan Rusya ve Kuzey Kore, kuzeyden Moğolistan, güneyden Vietnam, Laos, Myanmar, Hindistan, Bhutan ve Nepal, güneybatıdan Pakistan, Afganistan, Tacikistan, Kırgızistan ve Kazakistan ile komşudur. Ülkenin ayrıca Japonya, Güney Kore ve Filipinler ile deniz sınırı bulunmaktadır.

ya'dan sonra dünyanın ikinci en büyük ülkesidir.[154] Ülke toprakları, dağlık alanlardan alüvyal düzlüklere, ormanlık alanlardan çöllere kadar çok çeşitli topografik özellikler göstermektedir. İklim bakımından da yarı arktik iklimden muson iklimine uzanan bir çeşitlilik söz konusudur. Coğrafyasının büyüklüğü ve hemen her özelliği barındırması, Çin'in tarihsel olarak kendisini dünyanın prototipi ve merkezi olarak görmesinde etkili olmuştur.[155]

Çin'i büyük güç yapan unsurların en önemlilerinden birisi de nüfusunun büyüklüğüdür. Tarihsel süreçte uzun müddet istikrarlı bir seyir izleyen Çin nüfusu[156], temelde tarım alanındaki teknik gelişmelere ve yüksek verimliliğe bağlı olarak, 14. yüzyıl sonlarından itibaren hızlı bir artış eğilimi göstermiştir. Ülke nüfusu henüz 18. yüzyılın sonlarında 300 milyona ulaşmış; 19. yüzyılın ortalarında 430 milyonu aşmış; 20. yüzyılın son çeyreğinde ise nihayet 1 milyarı bulmuştur.[157] 2010 yılında yapılan son nüfus sayımına göre Çin, 1 milyar 370 milyonu aşan nüfus büyüklüğü ile dünyanın en kalabalık ülkesi unvanını korumaya devam etmektedir.[158] Çin yönetimi, nüfus artış hızını yavaşlatmak için 1979'dan itibaren "tek çift, tek çocuk" politikası benimsemiş, ayrıca geç ev-

---

[154] Çin, toplam alan bakımından dünyanın üçüncü veya dördüncü büyük ülkesidir. Sıralama; su alanları ile ihtilaflı bölgelerin dâhil edilip edilmemesine göre değişebilmektedir. Bkz. Thomas R. Tregear, *A Geography of China*, Transaction Publishers, New Brunswick ve Londra, 2009, s. xv.

[155] John Fitzpatrick, "The Middle Kingdom, the Middle Sea, and the Geographical Pivot of History", *Review: A Journal of the Fernand Braudel Center*, Cilt 15, Sayı 3, 1992, s. 477-521.

[156] Çin hanedanlarının nüfus sayım kayıtlarına göre, Çin nüfusu bin yıldan daha fazla bir süre istikrarlı bir seyir izleyerek 37 milyon ile 60 milyon arasında değişmiştir. Miladî 2 yılı ile 1393 yılları arasında yapılan 22 nüfus sayımının ortalaması 50 milyondur. Bkz. Judith Banister, "A Brief History of China's Population", *The Population of Modern China*, Ed. Dudley L. Poston ve David Yaukey, Plenum Press, New York ve Londra, 1992, s. 52.

[157] Banister, "A Brief History of China's Population", s. 51-57.

[158] "Communiqué of the National Bureau of Statistics of People's Republic of China on Major Figures of the 2010 Population Census", *National Bureau of Statistics of China*, 28 Nisan 2011.

lenme ve geç çocuk sahibi olmayı teşvik etmiştir.[159] Bu politika doğrultusunda ülkenin nüfus artış hızı yüzde 0.43 seviyesine kadar gerilemiş, ancak bu süreçte nüfusun yaşlanma hızının da arttığı göz önüne alınarak tek çocuk politikası revize edilmiş ve 1 Ocak 2016 itibariyle evli çiftlerin iki çocuk sahibi olabilmesine izin veren düzenleme hayata geçirilmiştir.[160]

Çin'i büyük güç yapan bir diğer önemli unsur, ekonomik büyüklüğüdür. Çin, ekonomisini kademeli olarak liberalleştirdikten sonra, nüfusunun da katkısıyla son 30 yıl zarfında ortalama yüzde 10 oranında büyüme kaydetmiştir.[161] 2010 yılında nominal GSYH bazında ABD'den sonra dünyanın ikinci büyük ekonomisi olmayı başaran Çin, 2013 yılında dünyanın en fazla ihracat yapan ülkesi unvanı ile "tüccar süper güç" (*trading superpower*) olarak anılmaya başlamıştır.[162] IMF ve Dünya Bankası, Çin'in toplam satın alma gücü bakımından 2014 yılında ABD'yi de geçip dünyanın en

---

[159] Nüfus artışını yavaşlatmaya yönelik oto-kontrol mekanizmaları, büyük oranda Malthusçu düşünceye dayalıdır. Malthus'a göre dünya nüfusu geometrik olarak artarken insanların hayatlarını idame ettirebilmeleri için gereken kaynakların aritmetik olarak artması, insanlığı felakete sürükleyecek bir durumdu. Fakat yeni sermaye formasyonu ve teknolojik gelişmelerin nüfus artışını sorun olmaktan çıkardığı, bilakis nüfusun ekonomik gelişmeyi olumlu yönde etkileyen bir faktör olduğu ortaya konulmuştur. Bu durum özellikle Çin gibi, sermaye-yoğun bir ekonomiye geçmekle birlikte emek-yoğun endüstrilerini de muhafaza edebilen ülkeler için geçerlidir. Bkz. Thomas Robert Malthus, ***An Essay on the Principle of Population as it Affects the Future Improvement of Society***, St. Paul's Church-Yard, Londra, 1798; Şahabettin Güneş, "Türkiye'de Nüfus Artışının Ekonomik Büyümeyle İlişkisi Üzerine Ekonometrik Bir Analiz", ***Ankara Üniversitesi SBF Dergisi***, Cilt 60, Sayı 3, 2005, s. 124; Cai Fang, Wang Dewen ve Qu Yue, "Flying Geese within Borders: How China Sustains Its Labor-Intensive Industries?", ***Economic Research Journal***, 2009-9.

[160] Kenneth Rapoza, "China's Aging Population Becoming More of a Problem", ***Forbes***, https://www.forbes.com/sites/kenrapoza/2017/02/21/chinas-aging-population-becoming-more-of-a-problem/#412df809140f, 31 Mart 2017.

[161] Bülent Doğru, "Çin'in Ekonomik Büyüme Reçetesi", ***Çin Ekonomisi: Bir Sosyalist Piyasa Tahlili***, Akademisyen Kitabevi, Ankara, 2016, s. 5-6.

[162] Xiaojun Li, "China as a Trading Superpower", ***China's Geoeconomic Strategy***, Ed. Nicholas Kitchen, London School of Economics, Londra, 2012; Angela Monaghan. "China surpasses US as world's largest trading nation", ***The Guardian***, 26 Mart 2017.

büyük ekonomisi olduğunu duyurmuş ancak Çin millî istatistik bürosu bu iddiaya katılmadıklarını belirtmiştir.[163]

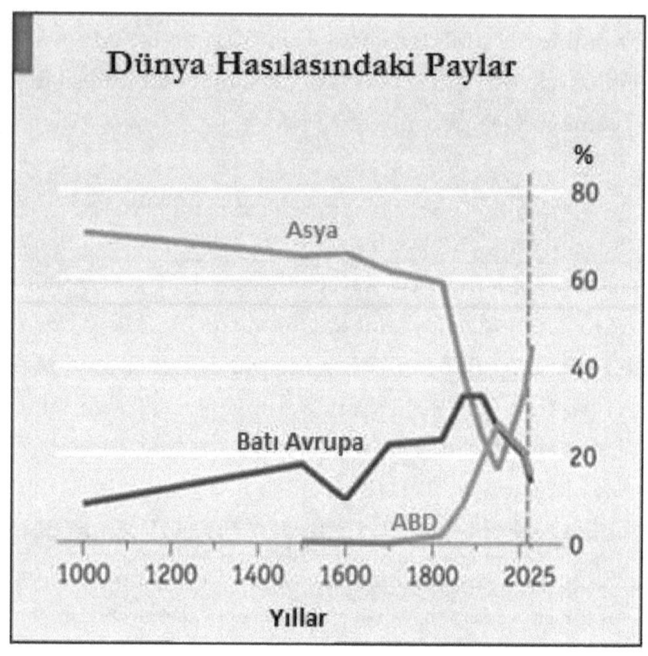

Grafik 1. *Asya, Batı Avrupa ve ABD'nin Dünya Hâsılasındaki Payları*
(Kaynak: The Economist, 2010)

Çin, hâlihazırda dünya hasılasının yüzde 14.6'sını gerçekleştirmektedir ki bu oran, ABD'nin 1900 yılı dünya hasılasındaki payından (yüzde 15.9) daha düşüktür. Dolayısıyla Çin, henüz ABD'nin 1900 yılındaki ekonomik performansına yaklaşmış durumdadır.[164] Bununla birlikte, ABD ve Batı Avrupa'nın dünya hası-

---

[163] Çin yönetimi, ülke ekonomisinin ulaştığı noktayı bildiği halde, "tehdit" olarak algılanmamayı sağlama adına bu tür iddiaları reddetmektedir. Bkz. "China denies being world's No.1 economy", *Xinhua*, http://news.xinhuanet.com/english/china/ 2015-01/20/c_133933504.htm, 26 Mart 2017.
[164] Daniel M. Kliman, "Is China the Fastest-Rising Power in History?", *Foreign Policy*, http://foreignpolicy.com/2014/05/16/, 21 Mart 2017.

lasındaki payında düşüş eğilimi, Çin ve Asya'nın dünya hasılasındaki payında ise artış eğilimi sürmektedir (bkz. Grafik 1).

Çin ekonomisinin en önemli problemlerinden birisi, ihracata dayanması ve taklitçi nitelikte olmasıdır. Çinli firmaların bir strateji olarak düşük maliyeti ön planda tutmaları ve ülkede kurumsal olarak fikrî mülkiyet haklarının korunması hususuna yeterli düzeyde önem verilmemesi, bu durumun ana nedenleri arasında sayılabilir.[165] Çin'in araştırma-geliştirme faaliyetlerine ayırdığı bütçenin giderek arttığı ve ekonomisini daha yenilikçi/inovatif hale getirmeye çalıştığı[166] gözlemlense de bu konuda henüz bölge ülkelerinin (Japonya, Güney Kore ve Singapur) gerisinde kaldığı görülmektedir.[167]

Daha da önemlisi Çin, elde ettiği ekonomik büyüklüğe rağmen, halen gelişmekte olan bir büyük güçtür. Kişi başı nominal GSYH bazında değerlendirildiğinde Çin, 8 bin dolar civarında kalan kişi başı gelir düzeyi ile dünya ülkeleri arasında 75. sıraya kadar giderek Saint Lucia ile Gabon arasında bir yerde konumlanmaktadır. Satın alma gücü paritesi üzerinden hesaplanan kişi başı GSYH bazında ise 84. sırada, Cezayir'in dahi gerisinde kalmaktadır.[168]

Ayrıca, millî gelir ülke geneline dengeli biçimde dağılmamıştır. Batı'da sahil şeridini oluşturan Fujian, Jiangsu, Guangdong ve Zhejiang ülke ortalamasının üstünde kişi başı gelire sahipken Gansu, Guizhou, Tibet, Xinjiang gibi orta ve doğu bölgelerde kişi başı gelir düzeyi ülke ortalamasından çok daha düşüktür. Esasında

---

[165] Connie Zheng ve Bai Xuan Wang, "Innovative or Imitative? Technology Firms in China", *Prometheus: Critical Studies in Innovation*, Cilt 30, Sayı 2, 2012, s. 169-178.

[166] Shang-Jin Wei, Zhuan Xie ve Xiaobo Zhang, "From Made in China to Innovated in China: Necessity, Prospect, and Challenges", *National Bureau of Economic Research Working Paper*, No. 22854, Kasım 2016.

[167] "Research and Development Expenditure % of GDP", *World Bank*, http://data.worldbank.org/indicator/GB.XPD.RSDV.GD.ZS, 28 Mart 2016.

[168] "List of Countries by Projected GDP Per Capita", http://statisticstimes.com/economy/countries-by-projected-gdp-capita.php, 26 Mart 2017.

Çin'in gelir eşitsizliği katsayısı (0.49) ile ABD'ninki (0.41) birbirinden çok farklı değildir ancak ABD'nin kişi başı gelir düzeyi 56 bin dolar civarında olduğu için buradaki gelir eşitsizliği Çin'deki kadar önem arz etmemektedir.[169]

Çin'in 1950'de dünyanın en fakir ülkeleri sıralamasında sondan ikinci olduğu[170] ve dünyanın en kalabalık nüfusunu barındırdığı düşünülürse, mevcut kalkınma düzeyinin her halükârda ciddî bir başarı addedilmesi ve gelir dengesizliği gibi problemlerin doğal karşılanması gerektiği söylenebilir. Burada Çin açısından asıl sorun, eşitsizlik duygusunun toplumsal huzursuzlukları besleme ihtimalidir. Çünkü Çin, büyük oranda homojen bir etnik yapıya sahipmiş gibi görünse de millî bütünleşme düzeyi bakımından zaafları olan bir ülkedir.

Çin sınırları dâhilinde resmî olarak tanınan 56 etnik grup yaşamakta ve bunların 55'i nüfusun yüzde 8'ini oluşturmaktadır. Nüfusun ana unsuru (yüzde 92'si) Han Çinlileridir. Çuanglar, Uygurlar, Huiler, Mançular, Tibetliler, Moğollar diğer önemli etnik gruplardır. Hanlarla akraba olan Huiler ve Türkî halklardan Uygurlar ekseriyetle Müslüman olup toplam nüfusları 20 milyonu aşmaktadır. Ülkede Budistler de azınlık durumundadır. Zira Çin nüfusunun yüzde 52'si herhangi bir dine mensup olmadığını, yüzde 22'si de geleneksel inanışları benimsediğini belirtmektedir.[171] Qing Hanedanlığı döneminde yaşamış Çinli yazar ve düşünür Ku Hung-Ming'e göre, ülkede etkin olan Konfüçyüsçülükte *"dinin*

---

[169] Shannon Tiezzi, "Report: China's 1 Percent Owns 1/3 of Wealth", *The Diplomat*, http://thediplomat.com/2016/01/report-chinas-1-percent-owns-13-of-wealth/, 28 Mart 2017.

[170] O dönem sıralamaya dâhil edilen 82 ülke arasında son sırada Afrika ülkesi Malavi yer alırken Çin de hemen onun önünde 81. sırada yer almıştır. Bkz. Michael Dunford, "Chinese Economic Development and its Social and Institutional Foundations", *The Geographical Transformation of China*, Ed. Michael Dunford ve Weidong Liu, Routledge, New York, 2015, s. 1-2.

[171] "People and Society, China", *CIA World Factbook*, https://www.cia.gov/library/publica-tions/the-world-factbook/geos/ch.html, 28 Mart 2017.

yerini tutabilecek bir felsefî ve ahlakî sistem" bulunduğu için Çin halkı dine ihtiyaç hissetmemektedir[172].

Doğrudan merkezî yönetimin kontrolündeki dört belediye[173] ile 23 vilayete[174] ayrılan Çin'de ayrıca beş özerk bölge[175] bulunmaktadır ki bunlar arasında özellikle Tibet (Xizang) ve Sincan (Xinjiang) Uygur özerk bölgeleri, ayrılıkçı eğilimleri nedeniyle Çin'in deyim yerindeyse "yumuşak karnını" oluşturmaktadırlar. Bu bölgelerde etkin olan etnopolitik ve dinî nitelikli hareketler, merkezî idare açısından iç huzursuzluğun ötesinde bir dış tehdit kaynağı olarak görülmektedir.[176]

Tibet ve Sincan dışında, Çin'in büyük güç statüsünü malul hale getiren en önemli mesele, Tayvan'ın statüsüdür. Nüfusunun yüzde 90'ından fazlası Han Çinlisi olan Tayvan adası, Çin Cumhuriyeti adıyla egemen bir devlet olarak varlık göstermeye çalışmakta; Çin Halk Cumhuriyeti ise bu adayı 23. vilayeti olarak kabul etmektedir. Siyasal ve toplumsal olarak bölünmüş bir Çin algısının oluşmasına neden olan Tayvan sorunu, hem Pekin'in diplomatik gücünün sorgulanmasına neden olmakta, hem de olası bir Çin-Amerikan savaşının kıvılcımlarından biri olarak değerlendirilmektedir.[177]

---

[172] Ku Hung-Ming, **Çin Halkının Zihniyeti**, Çev. Hanife Güven, Doğu Batı Yayınları, Ankara, 2013, s. 48-50.

[173] Pekin, Chongqing, Shanghai, Tianjin

[174] Anhui, Fujian, Gansu, Guangdong, Guizhou, Hainan, Hebei, Heilongjiang, Henan, Hubei, Hunan, Jiangsu, Jiangxi, Jilin, Liaoning, Qinghai, Shaanxi, Shandong, Shanxi, Sichuan, Taiwan, Yunnan, Zhejiang

[175] Guangxi, Nei Mongol (İç Moğolistan), Ningxia, Xinjiang (Sincan) Uygur, Xizang (Tibet)

[176] Jing Yu, "Tibet, Xinjiang, and China's Strong State Complex", *The Diplomat*, http://thediplomat.com/2016/07/tibet-xinjiang-and-chinas-strong-state-complex/, 28 Mart 2017; Franziska Elmer, "Tibet and Xinjiang: Their Fourfold Value to China", *Culture Mandala: Bulletin of the Centre for East-West Cultural and Economic Studies*, Cilt 9, Sayı 2, Sonbahar 2011, s.1-14.

[177] John Franklin Copper, *Playing with Fire: The Looming War with China over Taiwan*, Praeger Security International, Westport, 2006; Ted Galen Carpenter, *America's Coming War with China: A Collision Course over Taiwan*, Palgrave

Çin, bu tarz siyasal ve toplumsal kırılganlıklarını özgün siyasal yapısının istikrarıyla dengelemektedir. Ülke yönetimi, temelde parti-ordu-hükümet üçlüsünden oluşmaktadır. Bunların liderliği 1993'ten bu yana Ulu Önder (*Paramount Leader*) olarak anılan tek bir kişide toplanmıştır. Siyasî karar alma süreçleri oldukça sistematik ve hiyerarşiktir.[178] Liderlik değişiklikleri 5 yılda bir toplanan Ulusal Parti Kongresi'nde belirlenmektedir. Çin Komünist Partisi ve Halk Kurtuluş Ordusu mensuplarından oluşan Merkez Komite üyeleri Politbüro'yu, Politbüro üyeleri de Politbüro Daimî Komitesi üyelerini seçmektedir. Hem parlamento hem de Çin Komünist Partisi'nin tartışma platformu niteliğinde olan Ulusal Halk Kongresi, kanun değişikliği yapma yetkisine sahip Ulusal Halk Kongresi Daimî Komitesi'ni oluşturmakta; onun üzerinde Başbakan, Başbakan Yardımcıları ve Bakanlardan müteşekkil bir Devlet Konseyi yer almaktadır. Devlet Konseyi, Ulusal Halk Kongresi tarafından denetlenmektedir. En kritik karar mercii ise Politbüro Daimî Komitesi'dir. Parti, ordu ve hükümetin iç içe geçtiği bu sistem, şimdiye dek siyasî istikrarsızlık ihtimalini azaltmış görünmektedir ki bu da Çin ölçeğinde bir demografik güç açısından hayatî derece önemlidir. Öte yandan, bu siyasal yapı Çin'in otoriter güç kimliğini pekiştiren bir faktördür.

Macmillan, New York, 2005; Nancy Bernkopf Tucker. *Dangerous Strait: the US-Taiwan-China Crisis*, Columbia University Press, New York, 2005.

[178] Stuart Harris, *Çin Dış Politikası*, Çev. Arslan Yavuz Şir, Matbuat Yayınları, İstanbul, 2014, s. 46-62.

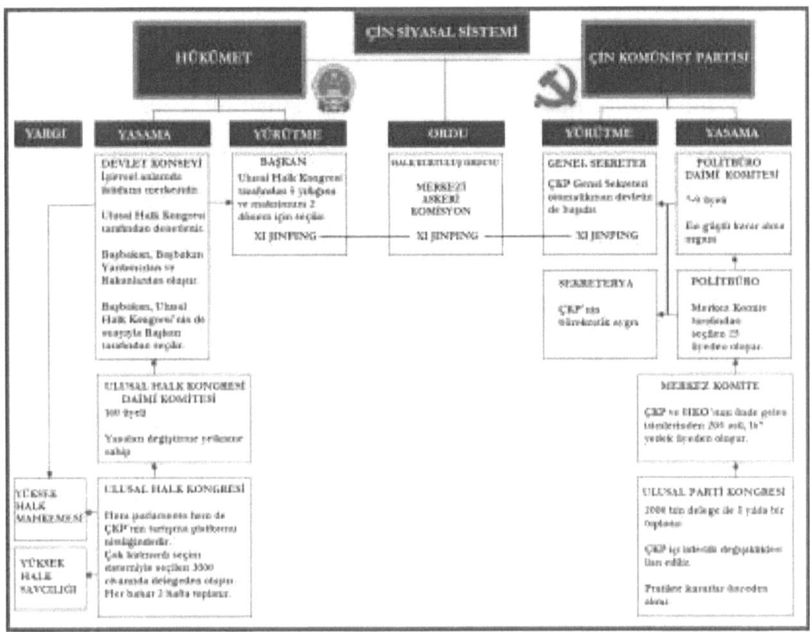

Şekil 3. *Çin'in Siyasal Sistemi (Kaynak: Durden, 2012)*

Diplomatik açıdan, Çin'in Birleşmiş Milletler Güvenlik Konseyi'nde veto hakkına sahip beş daimî üyeden biri olması, büyük güç niteliğinin en kritik unsuru kabul edilebilir. Daimî üyeler, İkinci Dünya Savaşı sonrası dönemin hâkim aktörleri olarak görülmektedir. Ancak Birleşmiş Milletler sisteminin oluşumunda asıl aktörün ABD olduğu, o dönem Çin'in ve diğer güçlerin ABD'ye nazaran edilgen konumda oldukları unutulmamalıdır. Daimî üyelik ve veto hakkı, daha çok ABD'nin bazı dengeleri gözeterek diğer güçlere sağladığı bir yetkidir. Milletler Cemiyeti sistemi, birincil aktör-devletlerin yanında ikincil aktör-devletlerin de yer alması durumunda sistemin daha meşru olabileceğini göstermişti. Bu doğrultuda ABD, Birleşmiş Milletler'in meşruiyetini sağlamak için, aralarındaki ideolojik farklılaşmaya rağmen, SSCB'yi sistem içinde tutmak istemiştir. Savaştan çok büyük tahribatla çıkan İngiltere ve Fransa, savaş sonrası sistemde sorumluluk taşımak bir yana, çeşitli bölgelerdeki sorumluluklarını ABD'ye terk etmeye başlamışlardı. ABD, eski dünyanın bu iki merkez gücünü de kendi yanında ve etkili bir konumda tutmakta yarar görmüştür. 1949'daki Komünist Devrim ile birlikte temsil meşruiyeti tartışılan Milliyetçi Çin (Tayvan) de 1971 yılında Komünist Çin'in üyeliğine kadar ABD tarafından sisteme dâhil edilmiştir.[179] Ülkenin diplomatik açıdan etkin bir güç olmasına imkân tanıyan BMGK daimî üyeliği, her ne kadar hâkim güç konumundaki ABD'nin mülahazalarına dayansa da, Çin'in uluslararası güç dengesinde göz ardı edilmemesi gereken bir yere sahip olduğunun göstergesidir.

Çin'in büyük güç statüsüne dair son ve kritik parametrelerden bir diğeri, askerî gücüdür. Global Firepower endeksine göre Çin, askerî açıdan ABD ve Rusya'nın ardından dünyanın en büyük üçüncü gücü durumundadır.[180] Ülkenin 1989'da 20 milyar dolar olan savunma bütçesi, 2015 yılında 215 milyar dolara çıkmıştır ki bu rakam aynı dönemde Rusya, İngiltere ve Almanya'nın toplam savunma bütçelerinden daha fazladır.[181] 2007'de uzaydaki uydularından birini balistik füzeyle imha etmeyi başaran Çin, ayrıca uçak gemisi ve gemisavar füze teknolojisinde önemli atılımlar gerçekleştirmiştir. Bununla birlikte Çin'in kara, hava ve deniz kuvvetlerinin etkinliği henüz yakın çevresiyle sınırlıdır.[182] Askerî birliklerini dünyanın uzak bölgelerine sevk etme, bunları her koşula uygun teknik araçlarla donatma ve gerektiğinde kendi vatandaşlarının can ve mal güvenliğini sağlamaya dönük denizaşırı operasyonlar gerçekleştirebilme konusunda Çin'in hâlihazırda diğer büyük güçler kadar kabiliyetli olmadığı, ordusunun böyle bir testten geçme-

---

[179] Hüseyin Emiroğlu, "Uluslararası Siyasal Örgütlenme Modeli Oluşumunun Tarihsel Süreci ve Birleşmiş Milletler Örgütü (1941-1990)", *Güvenlik Stratejileri Dergisi*, Cilt 2, Sayı 4, 2006, s. 133.
[180] "Countries Ranked by Military Strength", *Global Firepower*, http://www.global-firepower. com/countries-listing.asp, 27 Mart 2017.
[181] "SIPRI Military Expenditure Database", *Stockholm International Peace Research Institute*, https://www.sipri.org/databases/milex, 21 Mart 2017.
[182] Bonnie S. Glaser ve Matthew P. Funaiole, "5 Common Myths about China's Power", *National Interest*, http://nationalinterest.org/feature/5-common-myths-about-chinas-power-16623, 21 Mart 2017.

diği belirtilmektedir.[183] Bu bakımdan Çin'in henüz küresel çapta etkinlik gösteren bir askerî güç olmadığı söylenebilir.

Çin'in askerî açıdan küresel çapta etkinlik gösterme adına kendi toprakları dışındaki ilk askerî üssü Cibuti'de kuracağı, bu konuda Çin ile Cibuti arasında 10 yıllık bir anlaşma imzalandığı ve kurulacak üsse 10 bin Çin askerinin yerleştirileceği bildirilmiştir.[184] Çinli yetkililer, Cibuti'de devam eden askerî maksatlı inşa faaliyetlerinin olduğunu, ancak bunun Amerikan tarzı bir askerî üsten ziyade "ikmal tesisi" niteliğinde bir yapı olacağını belirtmişlerdir. Bu yöndeki resmî açıklamalara rağmen, Çin'in "donanma süper gücü" (*naval superpower*) olmaya çalıştığı, Cibuti'deki üs ile askerî gücünü küresel ölçekte yayma hedefinin ilk adımlarını attığı yönünde yorumlar yapılmıştır.[185] Bu tür yorumlar, bir yönüyle gerçeği yansıtmakla birlikte, alt metin olarak "sürekli güçlenen bir rakip algısı yaratma" amacı da taşımaktadırlar.

Ele alınan bilgiler ışığında, Çin'in güç ve kimlik özelliklerine ilişkin şu tespitler yapılabilir: Çin, coğrafya, nüfus ve ekonomi bakımından devasa olmakla birlikte, halen gelişmekte olan ülkeler kategorisinde yer alan, toplumsal bütünleşme bakımından kırılgan, siyasal olarak bölünmüş, askerî açıdan gücü henüz yakın çevresiyle sınırlı, dolayısıyla birçok yönden ikincil aktör konumunda olan otoriter bir büyük güçtür. Buna karşın Çin'i "geleceğin süper

---

[183] "İngiltere ordusu Çin ordusundan daha kuvvetli", *Sputnik News*, https://tr. sputniknews.com/turkish.ruvr.ru/2014_01_16/Ingil-tere-ordusu-Chin-ordusu/, 16 Ocak 2014.

[184] "Çin Cibuti'ye Askeri Üs Kuracak", *Dünya Bülteni*, 27 Kasım 2015, http://www.dunyabulteni.net/cin-afrika/, 3 Aralık 2017.

[185] Jeremy Page, "China Builds First Overseas Military Outpost", *The Wall Street Journal*, 19 Ağustos 2016, https://www.wsj.com/articles/china-builds-first-overseas-military-outpost-1471622, 3 Aralık 2017; Simon Tomlinson, "China builds first overseas military base near Ethiopia for ships, helicopters and special forces in quest to become naval superpower", *The Sun*, 22 Ağustos 2016, https://www.the-sun.co.uk/news/, 3 Aralık 2017.

gücü" olarak görmeye yönelik ciddî bir eğilim söz konusudur.[186] Öyle ki 2009 Davos Yaz Forumu'nda dünyanın önde gelen 130 ekonomist ve siyasetçisi arasında yapılan bir araştırmada katılımcıların yüzde 70'i, ABD'nin küresel hâkimiyetinin zayıfladığı; yakın gelecekte en etkili ülkenin Çin olacağı yönünde görüş belirtmiştir. Çin siyasetinde ve kamuoyunda da böyle bir kanaat oluşmaya başlamıştır.[187] Çin'in maddî kabiliyetleri ile bu kabiliyetlere ilişkin ülke içinde ve dışında oluşan algılar, doğal olarak ülkenin dış politika yaklaşımını etkilemektedir. Bu etki, bir sonraki başlıkta ele alınacak olan tarihsel ve kültürel dinamiklerle pekişmektedir.

Çin Dış Politikasının Oluşumu

Çin, uzun bir tarihî devamlılığa dayanan bir devlettir. Ülke, milattan önceki devirlerden 20. yüzyılın ilk çeyreğine kadar imparatorluk hüviyetiyle var olmuştur. İmparatorluk dönemi Çin dış politikasına yön veren en önemli kültürel faktörler; (1) hanedan dinamiği, (2) merkezî devlet anlayışı, (3) hiyerarşik merkez-çevre ilişkisi, (4) mütekabiliyete dayanan haraç sistemi ve (5) Konfüçyüsçü siyasal düşünce olarak sıralanabilir. Bunlar, Çin'in sadece imparatorluk dönemini değil, mevcut dış politikasını ve devlet kimliğini de etkileyen faktörlerdir.

Hanedan dinamiği üzerinden işleyen kadim Çin devlet kültüründe hanedanlardan bazıları yüzlerce yıl, bazıları ise on yıl kadar hüküm sürmüştür. Hanedan geçişleri doğal bir döngü olarak değerlendirilmiştir. Tıpkı gezegenler ve mevsimler gibi hanedanlar da Gök Kubbe'nin kozmik idaresi altında yükselip alçalır-

---

[186] Atilla Sandıklı, "Geleceğin Süpergücü Çin", *Bilge Strateji*, Cilt 1, Sayı 1, Güz 2009; David Jevil, "China: Superpower of the Future", *The Philadelphia Trumpet*, Cilt 27, Sayı 8, Eylül 2016; Shujie Yao,"Can China Really Become The Next Superpower?", *China Policy Institute Briefing Series*, Sayı 21, Nisan 2007.
[187] Hakan Güneş, "Çin Halk Cumhuriyeti Dış Politikası: Dönemler ve Dinamikler", *Dış Politika: Karşılaştırmalı Bir Bakış*, Ed. Faruk Sönmezoğlu ve Özgün Erler Bayır, Der Yayınları, İstanbul, 2014, s. 499.

lardı. Hanedanların yıkılışı, çoğunlukla idarî yozlaşma ve ahlakî çöküşle ilişkilendirilirdi. Bu durumlarda Gök Kubbe, *"dünyevî himayesini daha hak eden bir soya"* yöneltirdi.[188] Hanedanların yıkılışı normal kabul edildiği için devlet geleneği ve kültürü devamlılığını koruyabilmiştir.

Esasen Çin coğrafyasında farklı dönemlerde irili ufaklı birçok hanedan devleti tesis edilmiştir. Fakat bunlar, "rekabet içinde bir arada var olma" (*competitive coexistence*) mantığı ile hareket etmiş ve hemen hepsi "merkez devlet" anlayışını paylaşmıştır. Bu anlayış, her siyasal parçalanmadan sonra birleşme yönünde bir temayüle yol açmıştır. "Orta krallık" olarak da tercüme edilen "merkez devlet" tabiri, Çin'in halen kendisini tanımlarken kullandığı bir ifadedir. Çin'in günümüz Çincesindeki karşılığı, *merkez* veya *orta* anlamına gelen *zhong* ile *ülke, devlet* veya *krallık* anlamlarındaki *guo* kelimelerinin birleşiminden oluşan *Zhongguo*'dur.[189] Doğu Asya devletlerinin çoğunluğu da Çin'i kendini tanımladığı şekliyle, yani *merkez devlet* veya *orta krallık* anlamına gelen *Zhongguo*'nun farklı söyleniş biçimleriyle (örneğin Japonca'da *Chūgoku*, Korece'de *Jungguk*, Vietnamca'da *Trung Quốc*) tanımlamaktadırlar.[190]

---

[188] Bu düşünce, yozlaşmış bir halkın yerini yozlaşmamış bir halkın alacağına dair İslamî anlayışla kısmen benzeşmektedir. Kuran-ı Kerim'de *"Rabbim dilerse sizi gönderip yerinize başka bir topluluk getirir"* (Hud, 57), *"Zulme batmış nice beldelerin bellerini kırdık, onlardan sonra da başka toplumlar yarattık"* (Enbiya, 11) *"Doğuların ve Batıların Rabbine yemin ederim ki onların yerine daha iyilerini getirmeye bizim gücümüz yeter"* (Mearic, 41) ayetleri yer almaktadır.

[189] Bugün çoğu dilde kullanılan "Çin" kelimesi ise Savaşan Devletler Dönemi'nden sonra bu topraklarda ilk birleşmeyi sağlayan Qin Hanedanı'nın adından gelmektedir. Kelime, ilk olarak Sanskritçe, Arapça ve Farsça'ya *Sina, Sîn* (الصين) ve *Çîn* (چین) şeklinde geçmiş; Grekçe ve Latince'ye *Sinai/Thinai* olarak tercüme edilmiş, oradan modern Avrupa dillerine *China/Chine* şeklinde aktarılmıştır. Kelime; Almanca, İngilizce, İspanyolca ve Portekizce'de *China*; Fransızca'da *Chine*; İtalyanca'da *Cina*; İsveçce, Norveççe, Macarca, Yunanca, Boşnakça, Hırvatça ve Sırpça'da *Kina*, Fince'de *Kiina*, Çekçe'de *Čína* şeklindedir.

[190] Geoff Wade, "The Polity of Yelang (夜郎) and the Origins of the Name 'China'", **Sino-Platonic Papers**, No. 188, Mayıs 2009, s. 6.

Çin'de ilk devlet yapılanmasından itibaren hiyerarşik bir merkez-çevre ilişkisi kurulmuştur. Yarı-efsanevî nitelikteki ilk hanedan için kullanılan *Xia* (Şia/Hsia) kelimesi de "has Çinli" olduklarını iddia eden Sarı Irmak havzasının güneyindeki Orta Ova insanlarının kendilerini *di, man, rong* ve *yi* gibi "daha az Çinli" kabul ettikleri çevre halklardan ayırt etmek için kullandıkları bir tabirdi. Daha uzak çevredeki halklar ise, eşit statüde diplomatik ilişki kurulacak birimler olarak değil, hem siyasal hem kültürel olarak Çin'e tâbi olması gereken topluluklardı.[191] Bu anlayış, kısmen Antik Yunan ve Roma devletlerinin kendilerinden uzak topluluklar için kullandıkları barbar tabirine benzemektedir.[192] Ancak burada barbar ile kastedilen, bugünkü sözlüklerde yer aldığı gibi "vahşi", "kaba saba", "şiddet düşkünü" vb. anlamlardan ziyade, güçlü bir merkezî siyasal yapı oluşturamamış kandaş topluluklardır.

Çin, mücavir devletlerle hiyerarşik karşılıklı bağımlılığa dayalı bir ilişki kurmuştur. Bazı Çin hanedanlarının dolaylı olarak yönettiği bağımlı devletçiklerin sayısı, doğrudan idaresi altında olanlardan daha fazla olmuştur.[193] Bağımsızlıktan ayırt edilemeyecek nitelikte bir özerklik[194] ile sembolik olarak Çin merkezî idaresine bağlılıklarını beyan eden devletler, Han hanedanlığı döneminde "haraçgüzar" (*çao gong*) olarak tanımlanmıştır. Haraçgüzar, siyasî ve askerî anlamda kendisinden daha güçlü olan komşusuna haraç adı altında periyodik olarak vergi veren veya değerli hediyeler

---

[191] Keay, *Çin Tarihi*, s. 32.

[192] A. Nuri Yurdusev, "Uluslararası İlişkiler Öncesi", Ed. Atilla Eralp, *Devlet, Sistem ve Kimlik: Uluslararası İlişkilerde Temel Yaklaşımlar*, İletişim Yayınları, İstanbul, 2013, s. 29-30.

[193] Bu durum özellikle Xia'yı takip eden Shang (Şang) Hanedanlığı dönemi için geçerlidir. Shang bu anlamda bir "devletçikler devleti" veya "eşitlerin en eşiti" (*primus inter pares*) gibiydi.

[194] Kissinger, *Çin: Dünden Bugüne Yeni Çin*, s. 115.

gönderen devletleri ifade etmektedir.[195] Çin'in haraç sistemi (*tribu-tary system*), bazı yönleriyle diğer imparatorlukların uyguladığı sistemden farklıdır. Çin, "gök kubbenin vesayeti" (*mandate of hea-ven*) kendisinde olduğu için devletler hiyerarşisinin en tepesinde yer aldığını, bunun "doğal ve ilahî bir hükümranlık" gerektirdiğini iddia ediyordu.[196] Yani Çin'in hiyerarşik üstünlük anlayışı, daha çok manevî/felsefî temellere dayalıydı. Bu bakımdan Çin ile haraç-güzar devletler arasındaki ilişki de Çin'in tek taraflı olarak kazanç elde etmesi üzerine kurulmamıştır. Aksine Çin, manevî üstünlü-ğünü kabul etmeleri karşılığında, haraçgüzar devletlere aynî, nakdî ve askerî yardım yapmayı taahhüt etmiştir.[197] Üstün Çin kültürü tarafından cezbedilen devletler, Çin'in üstünlüğünü kabul ettiklerinin göstergesi olarak Çin takvimini kullanırlar ve hüküm-darları Çin imparatoru tarafından onaylanırdı. Bu devletler, kendi istekleriyle Çin'e haraç getirirlerdi ve bunlar genellikle söz konusu devletin kendi ürettiği şeylerden olurdu. Haraç heyetleri, getirdik-lerinden daha değerli Çin mallarıyla ülkelerine geri dönerlerdi. Haraçgüzar devletler, bu ilişkiyi işbirliklerinin karşılığı olarak düşünmekteydiler. Mesela Moğollar, Çin'e gönderdikleri haraç elçilerinin değerli mallarla geri gönderilmesini, kuzeydeki sınırlar-da güvenliği sağlamalarının bir karşılığı olarak görmekteydiler. Yabancıların haraç getirmesi sayesinde, Çin onların uygarlaşmala-rını ve Çin'e saldırmamalarını sağlamaya çalışmaktaydı. Haraç sistemi, böyle bakıldığında, Çin'i yabancı saldırılarından koruyan bir savunma mekanizması gibi işlemekteydi. Haraçgüzar devletler de saldırıya uğradıklarında Çin'den yardım isteyebilirlerdi.[198] Bu

---

[195] Çincede "haraç" kelimesinin karşılığı olarak kullanılan "gong" (贡) kelimesi, "üste verilen hediye" ile "üste gösterilen takdir ve hürmet" anlamlarını içermekte-dir.

[196] Michael Keeling, *The Mandate of Heaven: the Divine Command and the Natural Order*, T & T Clark, Edinburgh, 1995.

[197] Ceren Ergenç, "Çin'in Yükselişi", *Uluslararası İlişkilere Giriş*, Editör: Şaban Kardaş ve Ali Balcı, Küre Yayınları, İstanbul, 2014, s. 438.

[198] Giray Fidan, *Çin Kaynaklarına Göre 16. Yüzyıl Osmanlı-Çin İlişkileri ve Çin'deki Osmanlı Ateşli Silahları*, Yayımlanmış Doktora Tezi, Ankara Üniversitesi

sistem, Çin'in tarih boyunca büyük-küçük bütün devletlerle ilişkilerini etkilemiştir.

Çin'in haraç sistemini karakterize eden doğal düzen ve hiyerarşi düşüncesi, Konfüçyüsçü felsefe ile desteklenmiştir.[199] Konfüçyüsçülük, kökleri daha eskiye gitmekle birlikte, Büyük Bilgin Konfüçyüs'e (M.Ö. 551-479) izafe edilen dinî, ahlâkî, siyasî, iktisadî vb. düşünce ve uygulamalar bütününü ifade etmektedir.[200] Bazı dönemlerde resmî kült olarak kabul edilen[201] Konfüçyüsçülükte Çin'in hâkimiyet telakkisine* uygun bir hiyerarşik toplumsal-siyasal ilişki mantığı işlenmiştir. Batı'daki eşitlikçi düşüncenin zıddı olan bu klasik Doğu düşüncesinde, oğul-baba, kardeş-ağabey, karı-koca, öğrenci-öğretmen, tebaa-hükümdar, bağımlı-egemen vs. arasında karşılıklı hürmet ve sadakate dayalı doğal bir hiyerarşik düzen vardır. Aynı düşüncede siyasal olarak bir ülkenin dünyadaki gücünü belirleyen ise o ülkenin "kültürel büyüklüğü"dür. "Üst kültürü" temsil eden bir devlet, "ast kültürden" halklar üzerinde doğal bir nüfuz kurabilir, onları kendi kültürüne "asimile" edebilir. Evrenin kültürel merkezi Çin olduğuna göre bu hak doğal olarak Çin'e aittir.[202]

Kadim Çin siyaset felsefesi, Çin'i dünyanın sadece kültürel değil, siyasal merkezi olarak da konumlandırmaktadır. Çin'in nasıl

---

Sosyal Bilimler Enstitüsü Doğu Dilleri ve Edebiyatları Sinoloji Ana Bilim Dalı, Ankara, 2010; John Fairbank, "Tributary Trade and China's Relations with the West", The Far Eastern Quarterly, Cilt 1, Sayı 2, Şubat 1942, s. 129-131.

[199] Keay, *Çin Tarihi*, s. 167.

[200] Ahmet Güç, "Konfüçyüs ve Konfüçyüsçülük", *Uludağ Üniversitesi İlâhiyat Fakültesi Dergisi*, Cilt 10, Sayı 2, 2001, ss. 43-46.

[201] Özellikle Han döneminde devlet politikaları mutlak surette Konfüçyüs klasiklerine gönderme yapılarak müzakere edilirdi. Memuriyete başlayanların ilerlemesinde dahi Konfüçyüs klasikleri dikkate alınmaktaydı.

* "Hâkimiyet telakkisi", bir yönetimin egemenliğini hangi kaynaklara dayandırdığıyla ilgili bir kavramdır. Bkz. Halil İnalcık, "Osmanlılar'da Saltanat Veraseti Usulü ve Türk Hâkimiyet Telakkisiyle İlgisi", *Ankara Üniversitesi Siyasal Bilgiler Fakültesi Dergisi*, Cilt XIV, Sayı 1, Mart 1959, s. 69-94.

[202] Andrew Latham, "The Confucian Continuities of Chinese Geopolitical Discourse", *Macalester International*, Cilt 18, Sayı 27, 2007, s. 245.

bir siyasal merkezi temsil ettiği ise dünya düzeni tipolojileri ile açıklanmaktadır. Filozof Sun Tzu'nun ortaya koyduğu hükümdar tipolojisi bunlardan biridir. Buna göre, dünyada üç tip hükümdar vardır. Birincisi, askerî gücünden bağımsız olarak iktidarını ahlakî ilkelere dayandıran "hakiki hükümdar"; ikincisi, adil olmakla birlikte askerî güç kullanımını önemseyen "hegemonist hükümdar"; üçüncüsü, iktidarı sadece askerî güce dayanan "kudretli hükümdar" tipidir. Uluslararası düzen bu yönetici tiplerine göre değişir. Hakiki hükümdar, ahlakı ve adabı ile "insanları kazanmaya çalışır", diğer devletlerin rızasını gözeten barışçıl ve istikrarlı bir uluslararası düzen kurar. Hegemonist bir hükümdar, güven yoluyla müttefikler edinmeye çalışır fakat bu düzende, biri barış ve istikrardan yararlanan "müttefikler bölgesi", diğeri kaos ve istikrarsızlıkla boğuşan "düşman bölgesi" olmak üzere iki zıt kutup oluşur. Kudretli hükümdar tipi ise sadece askerî güç yoluyla topraklarını genişletmeye odaklanır ki bu da düzensizlik ve karmaşadan başka bir şey getirmez.[203] Buna göre Çin, diğer devletlerin rızasını gözeten barışçıl ve istikrarlı bir uluslararası düzeni temsil etmelidir. Çin'in son dönemde ortaya attığı "Ahenkli Dünya" (*Harmonious World*), "barış içinde bir arada yaşama", "barışçıl gelişme", "barışçıl yükseliş" gibi kavramlaştırmalar, mevcut güç dengesini tehdit etmeme düşüncesinin yanı sıra, kadim Çin siyasal felsefesindeki bu dünya düzeni tipolojisinden de esinlenmektedir.

---

[203] Yan Xuetong, "Xun Zi's Thoughts on International Politics and Their Implications", *Chinese Journal of International Politics*, Cilt 2, Sayı 1, 2008, s. 138-149; Gonca Biltekin, "Özgün Teori İnşası ve Batı-Dışı Uluslararası İlişkiler Teorileri", *Uluslararası İlişkiler Teorileri*, Ed. Ramazan Gözen, İletişim Yayınları, İstanbul, 2014, s. 541-542.

Tablo 1. *Çin Tarihinin Ana Kronolojisi*

M.Ö. 2100-1600	Xia (Şia) Hanedanı	Yarı-efsanevi ilk Çin hanedanı
M.Ö. 1600-1050	Shang (Şang) Hanedanı	Şehirleşme
M.Ö. 1046-256	Zhou (Çu) Hanedanı, Batı Zhou (M.Ö. 1046-771) Doğu Zhou (M.Ö. 771-256)	Bahar ve Hazan Dönemleri (M.Ö. 770-475) Konfüçyüs (M.Ö. 551-479) Savaşan Devletler Dönemi (M.Ö. 475-221)
M.Ö. 221-206	Qin (Çin) Hanedanı	Merkezîleşme
M.Ö. 206-M.S. 220	Han Hanedanı Batı/Erken Han (M.Ö. 206- M.S. 9) Doğu/Geç Han (M.S. 25-220)	İmparatorluk düzeninin tahkimi Konfüçyüsçülüğün Çin devletinin resmî felsefesi haline gelmesi
220-589	Altı Hanedan Dönemi Üç Krallık (220-265) Jin Hanedanı (265-420) Kuzey ve Güney Hanedanları (386-589)	Parçalanma ve istikrarsızlık Budizm'in yayılmaya başlaması

581-618	Sui Hanedanı	Yeniden birleşme
618-906 CE	Tang Hanedanı	Kozmopolitleşme
907-960	Beş Hanedan Dönemi	
960-1279	Song Hanedanı Kuzey Song (960-1127) Güney Song (1127-1279)	Monetizasyon (parasallaşma) Neo-Konfüçyüsçülük
1279-1368	Yuan Hanedanı	Moğol idaresi
1368-1644	Ming Hanedanı	Han idaresinin yeniden tesisi
1644-1912	Qing (Çing) Hanedanı	Mançu idaresi
1912-1949	Cumhuriyet Dönemi	İç savaş ve Japon işgali
1949-....	Çin Halk Cumhuriyeti	Komünist Çin

İmparatorluk Dönemi Çin Dış Politikasının Özellikleri

Çin tarihî kayıtlarında geçen ilk hanedanlık Shang'tır. Shang imparatorları, bağımlı bölgeleri denetlemek için zaman zaman dış seyahatler yapmakla birlikte, genel olarak güvenlikçi ve içe kapalı bir siyaset tercih etmişler; dış tehdit veya doğal afet tehlikesi gibi durumlarda devletin güvende olmadığını düşünerek başkentlerini en az yedi kez başka bir yere taşımışlardır.[204] Çin dış politikasında uzun müddet bu içe kapalı-güvenlikçi zihniyet hâkim olmuştur.

Shang'ın yerini alan Zhou Hanedanı, "ister büyük olsun, ister küçük, olabildiğince çok ülkeyi ya etkisizleştirme ya da himaye altına alma" stratejisini benimsemiştir. Bazı Zhou imparatorları, himaye stratejisini tercih ederek devletin sınırlarını olabildiğince genişletirken bazıları bağımlı bölgeler üzerinde gerektiğinde sert müdahalelerle yeniden egemenlik kurmak ve haraç ilişkisini yeniden düzenlemek istemişlerdir. Bu durum, bağımlı bölgelerde merkeze karşı rahatsızlık uyandırmıştır. Son dönem Zhou imparatorlarının "hayalî saldırı aldatmacalarıyla defalarca kandırdığı bağımlılar", sonunda hanedanı yıkacak şekilde isyan etmişlerdir. Akabinde İlkbahar ve Sonbahar Dönemleri (M.Ö. 770-480) olarak anılan uzun süreli bir otorite boşluğu yaşanmış; onu Savaşan Devletler Dönemi (M.Ö. 481-221) takip etmiştir. Daha önce Zhou'ya bağlı olan bu devletler, sayıca fazla, boyut olarak küçüktüler.[205] Şehir birlikleri niteliğindeki savaşan devletlerin sayısı başlangıçta 148'i bulurken zamanla 3'e kadar düşmüştür. Bu durum, Çin'de modern Avrupa tarihi ile zıt bir eğilime de işaret etmektedir. Avrupa'da imparatorluklar arası savaşlarda büyük devletler parçalanarak küçülürken Çin'de küçük devletler birleşerek merkezî bir imparatorluğa dönüşmüşlerdir.[206] Söz konusu eğilim, yukarıda değinilen "merkez devlet" anlayışı ile bağlantılıdır.

Bugünkü Çin kelimesinin kaynağı olduğu düşünülen Qin Hanedanı, Savaşan Devletler Dönemi'nin son yüzyılında rakiplerinin baş edemeyeceği bir güç haline gelmiş ve "uzak devletlerle ittifak yapıp yakın devletlere saldırma" stratejisi ile bütün ittifakla-

---

[204] Keay, *Çin Tarihi*, s. 49-50.
[205] Mark Lewis, "Political History of the Warring States", *The Cambridge History of Ancient China*, Ed. Michael Loewe ve Edward Shaughnessy, Cambridge University Press, 1999, s. 587-650.
[206] Keay, *Çin Tarihi*, s. 51-65.

ra hükmeden başarılı bir siyaset izlemiştir. Böylelikle dönemin rakip "büyük güçlerini" ortadan kaldıran Qin, M.Ö. 221'de Çin'i merkezî bir imparatorluk olarak birleştirmiştir.[207] Qin imparatorları, Shu gibi bazı uzak komşularıyla yumuşak ilişkiler kurmaya çalışmış, hükümdarlarına armağanlar göndermiş, onlardan gelen armağanları kabul etmiş, ayrıca aralarında küçük çaplı ticareti teşvik etmişlerdir. Sichuan gibi gelir kaynağı olarak gördükleri yerleri ise ilhak etmeye çalışmışlardır. Bu dönemde bugün Çin Seddi olarak bilinen duvarların inşası da kitlesel seferberlik yoluyla hızlandırılmıştır.[208] Çin Seddi, büyük oranda savunma amaçlı olmakla birlikte, bazı bölümlerinin taarruz amaçlı kullanıldığı, ayrıca Qin yönetimin baskılarından dolayı veya daha iyi bir yaşam umuduyla bazı Çinlilerin Hun* topraklarına kaçmasının önüne geçmek için inşa edildiği de ifade edilmektedir.[209]

Qin, iç siyasette son derece totaliter bir anlayış benimsemiş; bu siyaseti tasvip etmeyen merkezkaç unsurların baskısıyla yerini M.Ö. 206'da Han Hanedanlığı'na bırakmak durumunda kalmıştır. Qin'in hükmü kısa sürse de modern Çin tarihine kadar uzanan etkiler bırakmıştır. Çin milliyetçileri, sık sık Qin'in ülkeyi birleştirme başarısına atıf yapmış; Maoistler, Qin'in kitlesel sefer-

---

[207] Fung Yu-Lan, *Çin Felsefesi Tarihi*, Çev. Fuat Aydın, İstanbul Bilgi Üniversitesi Yayınları, İstanbul, 2009, s. 241.

[208] Arthur Waldron, *The Great Wall of China: From History to Myth*, University Press, Cambridge, 1990.

* Hun kelimesi, Çin kaynaklarında Xiongnu (Hsiongnu/Hyungnu) olarak ifade edilmektedir. Az sayıda aykırı görüş olmakla birlikte, Türk tarihi üzerinde çalışan önemli isimlerin çoğunluğu Çin'in Xiongnu olarak adlandırdığı halkın Hunlar olduğu konusunda hemfikirdir. Bkz. Wolfram Eberhard, *Çin'in Şimal Komşuları*, Türk Tarih Kurumu, Ankara 1942; Lev Nikolayeviç Gumilëv, *Hunlar*, Selenge, İstanbul, 2002.

[209] Hunlara Çin Seddi ile ilgili rapor veren bir Çinli general, Hun liderine şöyle bir açıklamada bulunmuştur: *"Büyük Duvar size karşı yapılmış değildir. Ülkemizdeki kötü kişilerin sizin topraklarınıza kaçarak sizlere zarar vermesini önlemek için yapılmıştır. Size bir zarar gelmesini istemediğimiz için bu duvarı yıkmayı düşünmüyoruz. Bu açıklamayı dinleyen Hun lideri, Çinlilere hak verdi ve Hun ulusunu düşündükleri için teşekkür etti"*. Bkz. Bülent Okay, "Çin Seddi'nin Yapılış Nedeni Hakkında Değişik Bir Görüş", *Belleten*, Cilt LVII, Sayı 218, Nisan 1993, s. 153-154.

berlik için uyguladığı mutlakiyetçi yönetimden övgüyle bahsetmiş; Marksistler ise Qin karşıtı ayaklanmaları yücelterek bunları Çin'deki sınıf bilincinin nüvesi olarak görmüşlerdir.[210]

Qin'in yerini alan Han Hanedanlığı, bugün Çin'in ana etnik grubunu nitelemek için kullanılan Han teriminin kaynağıdır. Han döneminde dinamik bir Doğu Asya imparatorluğu kurulmuştur. Bağımlı bölgelerde merkezden atanan kişiler "başbakan" gibi kabul edilmiştir. Qin için olduğu gibi, Han için de en büyük dış tehdit Moğolistan steplerindeki Hun konfederasyonuydu. Han yönetimi, "uygarlığın arıtıcılığından nasibini almamış" bir topluluk olarak gördüğü Hunlarla anlaşma yoluna gitmiştir. Başka bir deyişle, "Hunlar bu dönemde çok güçlü oldukları için Çin zorunlu olarak barışçı bir siyaset izlemiştir".[211] "Kan yoluyla barış" olarak adlandırılan anlaşmalarda Hun devleti, Han ile "kardeş" statüsünde kabul edilmiştir. Hun, Çin ülkesine akınlarını durduracak, buna mukabil Çin imparatorluk ailesinden bir gelin alacak ve Çin'den her yıl ipek, tahıl ve sair gıda maddelerini de armağan olarak kabul edecekti. Bu armağanlar ilk bakışta bir tür "rüşvet" olarak görülebileceği gibi, Hun'un Çin mallarına alıştırılması, daha sonra yavaş yavaş bağımlı hale getirilmesini sağlayacak bir "yatırım" olarak da değerlendirilebilir.[212] Nitekim her anlaşma yenilendiğinde Hun'a verilen "rüşvet" miktarı giderek artmış ancak Han'ın Hun'u Çin mallarına bağımlı kılma politikası meyvelerini vermeye başlamış ve Han pazarları ile Hun pazarları arasındaki ticaret yoğunlaşmıştır. Han'ın bir müddet sonra Hunlara karşı Yüeçilerle ittifak arayışına girmesi, Han-Hun ilişkilerini yeniden topyekün savaşa dönüştürmüş, fakat savaşlar sırasında dahi sınır ticareti durmamış, bilakis daha da canlanmıştır.[213]

---

[210] Keay, *Çin Tarihi*, s. 99-114.
[211] Okay, "Çin Seddi'nin Yapılış Nedeni...", s. 146-147.
[212] Keay, *Çin Tarihi*, s. 129-130.
[213] Sophia-Karin Psarras, "Han and Xiongnu: A Reexamination of Cultural and Political Relations", **Monumenta Serica**, Cilt 52, 2004, s. 37-93.

Han'ın Hun tehdidine karşı ittifak arayışları kapsamında batı bölgelere gönderilen Kâşif Zhang, geri döndüğünde Han'ın dünyada yalnız olmadığını, Han'dan başka "büyük devletlerin" olduğunu haber vermiştir.[214] Zhang'ın keşif gezilerinden sonra Han yönetimi, Asya içlerine doğru genişleme stratejisi izlemiştir. M.Ö. 104 yılında, "ast düzeyde ilişki kurma yönündeki gönülsüzlüğü" yüzünden Fergana'yı cezalandırmak ve buranın safkan atlarını ele geçirmek için büyük çaplı bir askerî sefer düzenlenmiş; sefer başarı ile sonuçlanmış ve komutan Li Guangli, Fergana'dan önüne kattığı üç bin at sürüsüyle, "komşu devletlere Han'ın ne kadar ciddî olduğunu göstererek" ülkesine dönmüştür. Çok geçmeden Orta Asya, Baktriya (Afganistan) ve Part (İran) bölgelerinden Çin'e heyetler gönderilmiş[215] ve haraçgüzar devlet sayısı artmıştır.

Komşu devletlerin birçoğu Çin'in üstünlüğünü kabul etmekle birlikte bazıları Çin hâkimiyetine direnmiştir. Han döneminde Çin'in hâkimiyet altına almakta zorlandığı yerlerin başında bugünkü Vietnam geliyordu. Han ordusu, Vietnam'da merkezî idareye karşı başlatılan ayaklanmayı (Vietnam milliyetçilerine göre, "ezilmiş bir halkın ilk ulusal şahlanışını") zorlukla bastırmıştır. Han yöneticilerine göre, Vietnamlılar "iflah olmaz kabileciliklerini" bir kenara bırakıp barışçıl bir şekilde Çin kültürüne asimile olmalıydılar. Nitekim Kuzey Vietnam, bir sonraki "ulusal şahlanışa" kadar yoğun bir Çinlileştirme sürecinden geçmiştir.[216]

Han'ın Güneydoğu Asya'dan Kore Yarımadası'na, Tibet'ten Avrasya'ya uzanan ticarî ve kültürel genişleme stratejisi zamanla etkinliğini kaybetmiştir. Zira haraçgüzar devlet sayısı artınca merkezden uzak çok sayıda topluluğu yaşatma maliyeti de

---

[214] Gao Jinyuan, "China and Africa: The Development of Relations over Many Centuries", *African Affairs*, Vol. 83, No. 331, Nisan 1984, s. 241.
[215] Keay, *Çin Tarihi*, s. 129-143. Çin'e 166 yılında Roma İmparatorluğu'ndan da bir heyetin geldiği ifade edilmektedir.
[216] Keay, *Çin Tarihi*, s. 170-171.

artmıştır. Bilhassa Gansu'daki ayaklanmadan sonra Çin topraklarında yine uzun müddet parçalı ve istikrarsız bir siyasal yapı hâkim olmuştur. Sui Hanedanı, M.S. 581'de ülkeyi tekrar birleştirmeyi başarmış ancak onun da hükmü uzun sürmemiş, 617'de yıkılarak yerini Tang Hanedanı'na bırakmıştır.[217]

Tang Hanedanlığı döneminde (618-906) Çin'in jeopolitik ekseni, denizyoluyla Güney Asya'ya, Orta Asya üzerinden de Batı'ya doğru yeniden genişleme sürecine girmiştir. Bu dönemde yabancı inanç sistemlerine gösterilen hoşgörü ve yabancı ürünlere duyulan yoğun ilgi, Çin'i daha kozmopolit bir imparatorluğa dönüştürmüştür.[218] Böylece dünyanın diğer yerlerinin Çin hakkındaki bilgisi giderek artarken[219] bir yönüyle Çin devlet kimliğine dair ilk izlenimler de oluşmuş, özellikle Çin'in üretken yapısı kabul görmeye başlamıştır.[220] Üretkenliğin yanı sıra, uzaklık, gizemlilik, kalabalıklık gibi imgeler üzerinden zihinlerde yer etmeye başlayan Çin algısı, "ilk ve en ikna edici Çin yüzyılı" olarak nitelenen 650-750 yılları arasında zirveye çıkmıştır.[221]

---

[217] Sui dönemi hakkında bkz. Arthur F. Wright, *The Sui Dynasty: the Unification of China*, Alfred A. Knopf, New York, 1978.

[218] Mark Edward Lewis, *China's Cosmopolitan Empire: The Tang Dynasty*, Belknap Press of Harvard University Press, Cambridge, 2009.

[219] Örneğin, o dönemde yaşamış olan Bizanslı tarihçi Teofilakt Simokatta, 581'deki siyasal birleşmeden başlayarak 7. yüzyılın başlarına kadarki Çin siyasî tarihini ayrıntılarıyla kaleme almıştır. Bkz. Theophylactus Simocatta, *The History of Theophylact Simocatta: An English Translation with Introduction*, Çev. Michael Whitby ve Mary Whitby, Clarendon Press, Oxford, 1986; Henry Yule, *Cathay and the Way Thither Being a Collection of Medieval Notices of China*, Cilt 1, Hakluyt Society, Londra, 1915, s. 29-31.

[220] Tang'ın ilk dönemleriyle çağdaş olan İslam Peygamberi Hz. Muhammed'in (s.a.v.) sahabelerine "ilim Çin'de de olsa gidip alınız" dediği rivayet edilmektedir. Zayıf bir kaynağa dayandığı belirtilmekle birlikte, temelde bilgi arayışına vurgu yapan bu hadis, Arap Yarımadası'nda Çin'in uzak bilgi üretim merkezlerinden biri olarak görüldüğüne işaret edebilir.

[221] Çin tarihî kayıtlarında söz konusu dönemden övgüyle bahsedilmektedir: "*Issız topraklarda yolculuk yapan tüccar artık haydutlar tarafından soyulmuyordu. Hapishaneler çoğunlukla boştu. Atlar ile sığırlar çayırlara yayılıyordu. Kimse kapısını kilitlemiyordu. Birbiri ardına hasat yapıldığından tahıl fiyatları ucuzlamıştı. Yolculuklarda ülkenin en ıssız*

Çin yüzyılının hemen sonrasında gerçekleşen Talas Muharebesi (751), Çin askerî gücünün test edildiği ve Çin imajının siyasî-askerî manada olumsuz etkilendiği bir kırılma noktasıdır. Maveraünnehir bölgesinde Müslüman Arap akınlarının yoğunlaşması üzerine, bazı Türk beylikleri Çin'den yardım istemiş; Çin de bölgeye 70 bin kişilik bir ordu sevk etmiştir. Sefer sırasında Çin ordusunun Taşkent Beyi Bagatur Tudun'u öldürmesi, bazı Türk beyliklerinin de Abbasîlerden yardım istemesine neden olmuştur. Nitekim bugün Kazakistan-Kırgızistan sınırında yer alan Talas mevkiinde Abbasî-Tibet-Türgiş* ittifakı ile Çin kuvvetleri karşılaşmış ve başlangıçta Çin tarafında yer alan Karlukların karşı ittifaka katılmasının da etkisiyle Çin kuvvetleri mağlup olarak geri çekilmiştir.[222] Bu hezimet, Çin'in batıdaki gücünün nihaî sınırlarını belirlemiştir.

Kara temelli bir güç olan Çin, Song Hanedanlığı döneminde (960-1260), denizci bir güç olmaya yönelik de adımlar atmış ve gemi teknolojisi alanında ciddî bir ilerleme kaydetmiştir. Moğol kökenli Yuan Hanedanlığı (1260-1368), Song döneminden kalma donanma ile iki kez Japonya'yı işgal girişiminde bulunmuş ancak kötü hava koşulları nedeniyle başarılı olamamıştır. Ming Hanedanlığı (1368-1644) dönemine gelindiğinde, teknolojik olarak 150 yıl sonrasının İspanyol donanmasını dahi gölgede bırakan bir Çin filosu kurulmuştur.[223] 1405-1433 yılları arasında bu filoyla gerçekleştirilen 7 deniz seferi Çin tarihinin dönüm noktalarından biridir.

---

köşelerine bile artık kimse erzak taşımıyor, çünkü bunu yol boyunca sağlayabiliyordu. Antik çağlardan beri böyle bir şey yaşanmamıştı". Bkz. Keay, **Çin Tarihi,** s. 233 ve 248.

* Tibet, 618-842 yılları arasında Tibet platosuna hükmeden bir devletti. Türgişler ise 699–766 yılları arasında varlık gösteren Balasagun merkezli bir Türk kağanlığıydı. Bkz. Christopher I. Beckwith, *The Tibetan Empire in Central Asia: A History of the Struggle for Great Power among Tibetans, Turks, Arabs, and Chinese during the Early Middle Ages*, Princeton University Press, Princeton, 1993.

[222] Nesimi Yazıcı, *İlk Türk-İslam Devletleri Tarihi*, Ankara Üniversitesi İlahiyat Fakültesi Dergisi, Ankara, 1992, s. 16-18.

[223] Kissinger, *Çin: Dünden Bugüne Yeni Çin*, s. 29-30.

Zheng He* adlı Müslüman bir amiralin komuta ettiği seferler, Java'dan Basra Körfezi'ne, Kızıldeniz'den Doğu Afrika sahillerine kadar uzanan geniş bir sahayı kapsamıştır (Bkz. Harita 3).

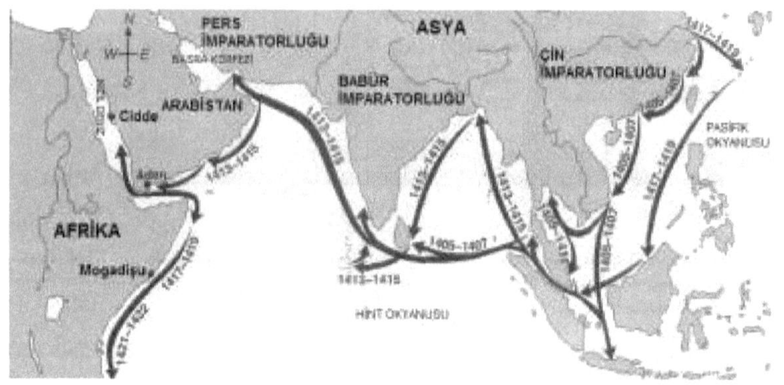

Harita 3. *Zheng He'nin Deniz Seferlerinin Güzergâhı ve Tarihleri*
(Kaynak: Ellis ve Esler, 2006)

Amiral Zheng, her durağında Çin'in ihtişamından söz etmiş, hükümdarlara hediyeler vermiş, onların verdiği hediyeleri (Çin açısından haraçları) kabul etmiş, onları Çin'e seyahat etmeye ve elçi göndermeye davet etmiştir. Zheng, ziyaret ettiği devletlerden Çin'in büyüklüğünü tanımalarını ve Çin merkezli dünya düzeni içinde kendi yerlerini kabul etmelerini istemiş, bunun ötesinde Çin adına herhangi bir toprak veya zenginlik talebinde bulunmamıştır.[224] Kısacası Zheng'in seferleri, yayılmacılık saikiyle değil, Çin gücünün dış dünyaca tanınmasını sağlamak üzere düzenlenmiştir.

---

* Cheng Ho şeklinde de yazılır. Asıl adının Hacı Mahmud Şemseddin olduğu; atalarının Buhara'dan (Özbekistan) göçtüğü; büyük dedesi Seyyid Şemseddin Ömer'in Kubilay Han döneminde Yunnan valisi olarak görev yaptığı ifade edilmektedir. Bkz. Fu Chunjiang, Foo Choo Yen ve Siew Yaw Hoong, *The Great Explorer Cheng Ho: Ambassador of Peace*, Asiapac, Singapur, 2005, s. 6.

[224] Kissinger, *Çin: Dünden Bugüne Yeni Çin*, s. 30; Teobaldo Filesi, *China and Africa in the Middle Ages*, Frank Cass, Londra, 1972; Gerald Segal, "China and Africa", *The Annals of the American Academy of Political and Social Science*, Cilt 519, Ocak 1992, s. 116.

Çin, çevresinde karasal genişleme politikası izlemiş ve topraklarına kattığı bölgelerde asimilasyon uygulamıştır. Fethedilen halkların bir kısmı Çin hâkimiyetine direnç gösterirken birçoğu kendiliğinden Çinlileşmiştir. Çin yönetimini ele geçiren Moğol ve Mançu kökenli hanedanlar dahi zamanla Çinlileşmiştir.[225] Bununla birlikte Çin, Avrupa devletlerinin aksine, uzak memleketlerdeki "barbarları dönüştürme/ uygarlaştırma" gibi bir misyon üstlenmemiş ve böyle bir gerekçeye dayanarak denizaşırı sömürgeler oluşturmamıştır.[226] Çünkü Çin'in ilk hanedandan bu yana devam eden sürekli iç ve dış güvenlik endişesi, yakın çevresiyle sınırlı siyasal ufku ve kendi kendine yeterlilik ilkesine dayalı ekonomik yapısı böyle bir yayılmaya müsait değildi.[227] Nitekim Zheng He'nin seferleri sırasında Çin sarayında yaşanan hizipler arası iktidar mücadelesi, Japon korsanların Çin kıyılarına yönelik saldırıları, muhtemel istilalara karşı başkentin korunmasına öncelik verilmesi ve keşif seferlerinin ülkenin güvenliğine katkı sağlamayıp ağır malî yükler getirdiğinin düşünülmesi gibi sebeplerle deni-

---

[225] Yuan hanedanlığı başlangıçta Moğol gelenekleri ile hükmetmiş fakat kısa süre sonra Çin devlet geleneklerini tatbik etmeye başlamıştır. Kubilay Han bu konuda Çinli bürokrat ve düşünürlerden yardım almıştır. Kubilay Han, Çinlilerin tabiriyle, *"Çin kültürüne iyi ayak uydurabilmiş bir barbar hükümdardı"*. Kubilay sonrası Yuan hükümdarları da Çin devlet geleneklerini benimsemiş ve zaman içinde Çinlileşmişlerdir. Bkz. Keay, *Çin Tarihi*, s. 353.

[226] Kissinger, *Çin: Dünden Bugüne Yeni Çin*, s. 29.

[227] Çin ekonomisi, kendi kendine yeterlilik üzerine kuruluydu. Tarımın yanında ticaretten de istifade edilse de Çin bürokrasisi, bağımsız bir sanayi ve ticaret burjuvazisinin oluşmasına imkân vermemiştir. Bu durum, Konfüçyüsçü değerler sisteminde ticaretin aşağı bir statüye sahip olması ile ilişkilidir. Budizm ve Taoizm'in yayılmasıyla ticaret konusundaki Konfüçyüsçü muhafazakârlık kısmen aşılmıştır. Yuan Hanedanlığı döneminde (1260-1368) yönetimin tüccarları koruyucu bir politika izlemesi ve yollarda güvenliği sağlaması da uzun mesafeli ticaretin gelişmesinde etkili olmuştur. Buna rağmen, tüccarlar genel olarak maddî kazanç peşinde koşan, hiçbir şey üretmeyen "asalaklar" olarak görülmeye devam etmiştir. Bkz. Tevfik Güran, *İktisat Tarihi*, Der Yayınları, İstanbul, 2012, s. 92-93; Nicholas Berry, "China is Not an Imperialist Power", **Strategic Review**, Cilt XXIX, Sayı 1, Kış 2001, s. 4-10; Ursula J. Van Beek, "China's Global Policy and Africa: A Few Implications for the Post-Crisis World", **Politikon**, Cilt 38, Sayı 3, Aralık 2011, s. 390.

zaşırı seferler durdurulmuştur.[228] Bu doğrultuda tersanelerin çoğu kapatılmış, büyük savaş gemilerinin sayısı azaltılmış ve özel ticaret yasağı sıkılaştırılmıştır. Avrupalıların coğrafî keşif hareketlerini başlattığı bir dönemde Çin, yeniden kendisini dış dünyadan tecrit etmiştir.[229] Tecrit siyaseti, İmparatorluk Çin'inin son hükümdar sülalesi olan Mançu kökenli Qing (Çing) Hanedanlığı döneminde (1644-1911) de sürdürülecektir.

Tecrit siyaseti doğrultusunda dünyanın diğer devletleri ile eşit düzeyde ilişki kurmama anlayışının bir göstergesi olarak, Ming ve Qing hanedanlıkları döneminde Çin'e heyet gönderen büyük küçük hemen hemen bütün devletlere haraçgüzar devlet muamelesi yapılmıştır. Osmanlı Devleti de Çin'in haraç sistemi dâhilinde gördüğü ülkeler arasındadır. "Rumi" olarak anılan Osmanlı Devleti, Ming döneminde 19 kez Çin'e heyet ve hediyeler göndermiştir. Bu hediyeler Çin kayıtlarında "Rumi haraç/ hediye* getirdi" şeklinde yazılmıştır. Dahası, Çin imparatorları, "olağanüstü silah" olarak adlandırdıkları bir tüfeğin haricinde, Osmanlı'nın gönderdiği hediyelerle "ilgilenmediklerini" belirtmişlerdir.[230]

---

[228] 17. yüzyıl başlarında deniz aşırı seferler yeniden gündeme gelmişse de Konfüçyüsçü bürokrasinin taassubu nedeniyle gerçekleştirilmesi mümkün olmamıştır. Bkz. Gao Jinyuan, "China and Africa: The Development of Relations over Many Centuries", *African Affairs*, Vol. 83, No. 331, Nisan 1984, s. 246.

[229] Güran, *İktisat Tarihi*, s. 94-95.

* Evvelce belirtildiği üzere, Çince'de "haraç" kelimesinin karşılığı olarak kullanılan "gong" (贡) kelimesi, "hediye", "takdir" ve "hürmet" gibi anlamları içermektedir.

[230] Çinli yöneticiler, Osmanlı'nın gönderdiği aslan, gergedan vb. hediyelerle ilgilenmediklerini belirtmişler ancak Osmanlı tüfeğine ilgi duymuşlar; 1524'te tüfeği getiren elçinin Çin'de kalıp tüfeğin yeniden üretimine nezaret etmesini istemişler, hatta bu elçiyi 40 yıldan daha fazla bir süre sarayın istihbarat teşkilâtında istihdam etmişlerdir. Osmanlı Devleti'nin benzer şekilde Hindistan ve Endonezya'ya da silah ve silah uzmanları gönderdiği bilinmektedir. Bu durumun dönemin büyük güç rekabeti ile bağlantılı olduğu söylenebilir. Japonların Portekizlilerden tüfek aldığı ve bu tüfekleri Çin'e karşı kullandığı da düşünülürse, Osmanlı Devleti'nin Uzak Doğu'da güç dengesini kurabilmek ve Portekizlileri zayıflatmak için özel olarak bu elçiyi bir Osmanlı tüfeğiyle Çin sarayına göndermiş olabileceği ihtimali ortaya çıkmaktadır. Bkz. Giray Fidan, *Çin Kaynaklarına Göre 16. Yüzyıl Osmanlı-Çin İlişkileri ve Çin'deki Osmanlı Ateşli Silahları*, Yayımlanmış Doktora Tezi, Ankara

Çin, kendisi ile ticaret yapmak isteyen Portekiz, İspanya, Hollanda, İngiltere gibi Batılı devletleri de kendisine "barış haracı" getiren devletler gibi görmüştür. Çin yönetimi başlangıçta Batılı tüccarları hoş karşılamış fakat sayılarının giderek artması nedeniyle "kontrolü kaybetmemek" adına bazı ticarî kısıtlamalar getirmiştir. Dışarıdan gelen gemilerin sadece Kanton'da (bugünkü Guangzhou) demirlemeleri ve şehrin dış ticarete mahsus bir bölgesinde sadece Çin hükümetinden dış ticaret ruhsatı olan tüccarlar (*Cohong*) ile ticaret yapmaları istenmiştir. Çin ile ticaret yapan Batılı şirket sayısı arttıkça rekabet zorlaşmıştır. Bunun üzerine İngiliz tüccarlar, Çin'de istedikleri firma ile ticaret yapabilmeleri ve Çin hükümetinin daha fazla limanını ticarete açması için İngiliz hükümeti nezdinde lobi faaliyeti yürütmüşlerdir. Nitekim İngiltere Kralı III. George, 1793'te George Macartney'i Çin'e elçi olarak göndermiştir. Macartney, kendi devletinin haraçgüzar veya vassal konumunda olmadığını göstermek adına, Çin imparatoru karşısında eğilmeyi (*kowtow*) reddetmiş; İngiltere ile Çin arasındaki ilişkileri eşitleyecek karşılıklı daimî büyükelçiliklerin açılmasını ve ticarî ilişkilerin diplomatik eşitlik temelinde yürütülmesini talep etmiştir.[231] Bu talep üzerine Çin İmparatoru Qianlong, İngiltere Kralı'na yazdığı cevabî mektupta, İngiltere'nin "Çin medeniyetinin nimetlerinden pay alma arzusunu" anlayışla karşıladıklarını, ancak diplomatik eşitlik talebinin Çin devlet geleneği açısından kabul edilemez olduğunu, Avrupa'nın çok sayıda milletten oluştuğunu ve her birinin Çin'de temsil edilebilmesine imkân olmadığını, aynı şekilde iki ülke arasında ticareti artırmanın da diğer ülkeler için "kötü örnek" teşkil edeceğini, ayrıca Çin'in dünyanın her yerinden

---

Üniversitesi Sosyal Bilimler Enstitüsü Doğu Dilleri ve Edebiyatları Sinoloji Ana Bilim Dalı, Ankara, 2010.
[231] Morris Rossabi, *A History of China*, Wiley-Blackwell, West Sussex, 2014, s. 290-292.

"haraç" aldığını, İngiltere'nin mallarına en ufak ihtiyaçları olmadığını belirtmiştir.[232]

Çin İmparatoru Qianlong'un İngiltere Kralı III. George'un mektubuna verdiği cevap, Çin merkezli haraç sistemine dayalı hiyerarşik devletlerarası ilişki modeli ile Avrupa merkezli egemen ulus-devletlerarası ilişki modeli arasında bir çatışmanın kaçınılmaz olduğunu gösteriyordu.[233] Bu çatışmanın kıvılcımı, afyon ticareti olacaktır. İngiltere'nin kontrolündeki Hindistan'dan Çin'e afyon tedarik edilmesi, bu tedariğin ülkedeki afyon bağımlılığını artırması üzerine Çin yönetimi, afyon ithalini ve afyon içmeyi yasaklama yoluna gitmiştir. Buna rağmen İngiliz ve Çinli tacirler ülkeye yasa dışı biçimde afyon sokmaya devam etmişlerdir. Nihayet Çin yönetimi, 1839'da İngiliz tacirlerin satmak için getirdikleri afyona el koyup imha etmiştir.[234] Ayrıca Kraliçe Victoria'ya hitaben, İngiltere'nin Çin halkını zehirleyen yasa dışı afyon ticaretine engel olmadığı takdirde, Çin'in de İngiltere'ye çay ve ravent* satmayacağını beyan eden bir mektup gönderilmiştir.[235] İngiliz afyon tacirleri ile gerginliğin devam etmesi üzerine Çin, İngiltere ile ticaretin sonlandırıldığını duyurmuştur. Bu gelişmeler, İngiliz donanmasının Çin kıyılarına sevki ile başlayan Afyon Savaşları'nı (1839-1842 ve 1857-1860) tetiklemiştir. Savaşların her ikisi de İngiltere'nin bariz galibiyetiyle sonuçlanmıştır. 1842'de imzalanan Nanking Antlaşması ile Çin, Hong Kong adasının bir kısmında İngiliz kolonisinin kurulmasını kabul etmiş; Kanton dışında dört limanını

---

[232] Sir Edmund Backhouse ve John Otway Percy Bland, *Annals and Memoirs of the Court of Peking*, Houghton Mifflin, Boston, 1914, s. 322-331.

[233] Çin'i tarih karşısında "durağan bir imparatorluk" olarak niteleyen Peyrefitte, bu durağanlığın Batı ve Doğu "dünyalarının çarpışması" ile değişmeye başladığını ifade etmektedir. Alain Peyrefitte, *L'Empire Immobile ou Le Choc des Mondes*, Librairie Arthéme Fayard, Paris, 1989.

[234] W. Travis Hanes ve Frank Sanello, *Opium Wars: The Addiction of One Empire and the Corruption of Another*, Sourcebooks, Naperville, 2002, s. 45.

* Ravent, Türkçede ışkın olarak da bilinen, karabuğdaygillerden bir bitkidir. Yaprak ve sapları sebze gibi, kökleri ise tıbbî amaçlı kullanılmaktadır.

[235] Rossabi, *A History of China*, s. 294.

daha düşük gümrük tarifeleriyle ticarete açmak zorunda kalmıştır.[236] İngiltere'nin ardından Fransa ve ABD de Çin'den ticarî imtiyazlar elde etmiştir. Bu arada, dinî nitelikli bir hareket olarak ortaya çıkıp sonrasında merkezî yönetime karşı geniş katılımlı bir siyasal mukavemete dönüşen Taiping Ayaklanması, İngiltere ve Fransa'nın müdahalesiyle sona erdirilebilmiştir. Bu ülkeler, yardımlarına mukabil daha önceki imtiyazlarını genişletmek istemiş ve Çin hükümetinin bunu reddetmesi üzerine 1857'de yeniden Çin'e saldırmışlardır. Ertesi yıl İngiltere ve Fransa ile Çin hükümeti arasında imzalanan Tianjin (*Tientsin*) Antlaşması ile 11 liman daha dış ticarete açılmıştır. Akabinde ABD ve Rusya da Çin'den benzer nitelikte antlaşmalar kotarmıştır.[237] Daha önce dünya üzerindeki hemen hemen hiçbir devleti kendisi ile eşit statüde görmeyen[238] Çin, böylelikle eşit dahi olmayan şartlarda anlaşmalar imzalamak durumunda kalmıştır. Daha önce hayranlık duyulan Çin medeniyeti "aşağılanmış" ve ülkenin güç algısı hem içte hem dışta büyük bir darbe almıştır. Bu aşağılanmanın yarattığı siyasal psikoloji, Çin'in iç ve dış politikasında, özellikle de Batı ile ilişkilerinde travmatik bir iz bırakmıştır.[239]

Her şeye rağmen Çin, modernleşme konusunda müstağnî tavrını korumuştur. Dünya tarihine yön veren kâğıt, matbaa, pusula ve barutun icadı, 11. yüzyıldan itibaren otarşik* kırsal topluluk biçimlerinden kopuş ve 16. yüzyıldan itibaren ekonominin ticarete dayandırılma süreci, Çin'de kendinden menkul (*sui generis*) bir

---

[236] Dennis Abrams, *The Treaty of Nanking*, Chelsea House, New York, 2011.

[237] Fahir Armaoğlu, *19. Yüzyıl Siyasî Tarihi*, Türk Tarih Kurumu Yayınları, Ankara, 1999, s. 745-751.

[238] Burada Hun ve Timur imparatorluklarını istisna kabul etmek gerekir. Çin'in güçlü oldukları dönemlerde Hun ve Timur devletlerini kendisi ile "eşit egemenler" olarak görmek zorunda kaldığı belirtilmektedir. Bkz. Rajkai Zsombor Tibor, *The Timurid Empire and The Ming China: Theories and Approaches Concerning the Relations of the Two Empires*, Doktori Disszertáció, Eötvös Lorand University, 2007, s. 94.

[239] Klaus Mühlhahn, *The Limits of Empire: New Perspectives on Imperialism in Modern China*, Lit, Zürih, 2008, s. 3.

* Ekonomik gereksinimlerini kendi kendine karşılayabilen

modernite algısı yaratmıştı.[240] Batılı ülkelerin meydan okumalarına karşı Qing hanedanı etkili bildiriler kaleme alıp Çin'in güçlenmesi ve teknolojik kapasitesini geliştirmesi gerektiğinden söz etmişse de Konfüçyüsçü elitler, *"Batı standartlarında modernleşmenin Çin kimliğine zarar vereceğine ve bu benzersiz mirası terk etmeyi hiçbir şeyin haklı gösteremeyeceğine"* inanmışlardır.[241] Çinli siyasetçilerin önemli bir kısmı, Batı karşısında güçlü olmak için Batı kültürünü benimsemek gerekmediğini, Batı'nın silahları ile silahlanmanın yeterli olacağını düşünmüşlerdir.[242]

Çin'in durumu, kısmen Osmanlı'ya benzemektedir.[243] Osmanlı'nın son dönemlerine atfen "Türklerin zayıflaması" üzerine bir yazı kaleme alıp rapor halinde İmparator Guangxu'ya sunan Kang You Wei, dünya ülkeleri arasında Osmanlı'nın hem eski usul bir imparatorluk olması hem küresel konumu itibariyle Çin'e en fazla benzeyen ülke olduğunu belirtmiş; Çin'in de Avrupalılar nezdinde "Doğu'nun Osmanlısı" olduğunu hatırlatmıştır.[244] Nitekim *"Avrupa karşında hâlâ tarıma ve eski yapılara bağlı olan Osmanlı"*[245] gibi Çin de gelenekçilikten* kopamayışı nedeniyle güç kaybı-

---

[240] Michael Dillon, *Modernleşen Çin'in Tarihi*, İletişim Yayınları, İstanbul, 2016, s. 13.

[241] Kissinger, *Çin: Dünden Bugüne Yeni Çin*, s. 89.

[242] Rossabi, *A History of China*, s. 298.

[243] Osmanlı Devleti, bir bölümüyle Avrupalı olduğu için, Çin kadar dışa kapalı bir devlet olmamış, hatta 18.-19. yüzyıllarda Avrupa sistemine dâhil olmuştur. Çin ise coğrafî konumu itibariyle dışa kapalılığını 19. yüzyıla kadar sürdürebilmiştir. Her iki devletin ortak noktası, gelenekçilikten kopamayışlarıdır. Bkz. Oral Sander, *Siyasi Tarih: İlk Çağlardan 1918'e*, İmge Kitabevi, Ankara, 2009, s. 271.

[244] Kang Youwei, 进呈突厥消弱记序 (*Türklerin Zayıflaması Üzerine Notlar*), 1895'den aktaran Giray Fidan, *Çin'den Görünen Osmanlı: Çinli Düşünür Kang You Wei'in Türk Seyahatnamesi*, Yeditepe Yayınları, İstanbul, 2013, s. 15-22; Z. Hale Eroğlu Sağer, "Çin ve Osmanlı'da Meşruiyetçi Düşünce ve Milliyetçiliğin Doğuşu: Karşılaştırmalı Bir İnceleme", *Dîvân İlmî Araştırmalar*, Sayı 20, 2006/1, s. 274.

[245] Taha Akyol, "Yalan Söyleyen Tarih", *Hürriyet*, 22 Ekim 2016.

* *"Gelenekçilik, sosyal ve iktisadî ilişkilerde yavaş yavaş oluşan dengeleri, eğilimleri mümkün olduğu ölçüde muhafaza etme, değişme eğilimlerini engelleme ve herhangi bir değişme ortaya çıktığı takdirde tekrar eski dengeye dönmek üzere değişmeyi ortadan kaldırma iradesinin hâkim olmasıdır".* Bkz. Mehmet Genç, "Osmanlı İktisadî Dünya Görüşünün

na uğramış ve 20. yüzyıla "Asya'nın hasta adamı" olarak girmiştir.[246] Siyasî güç kaybı, ekonomik alandaki gerileme ile paralel bir seyir izlemiş; Çin'in 1750'de yüzde 33 olan dünya hâsılasındaki payı 20. yüzyılın ilk çeyreğinde yüzde 3'e kadar gerilemiştir.[247]

Qing sarayı, "yabancı güçler" karşısında ülkenin bağımsızlığını korumada yetersiz kalmış ve 1898'deki Boksör Ayaklanması ile halkın bu konudaki hayal kırıklığı gün yüzüne çıkmıştır. Ayaklanma ancak İngiltere, Fransa, Almanya, İtalya, Avusturya-Macaristan, Rusya, Japonya ve ABD'nin müdahalesiyle bastırılabilmiştir. Bu ülkeler yardımlarına karşılık Çin'den yine "eşitsiz anlaşmalar" elde etmişlerdir. Yabancıların dayatmalarına sürekli olarak boyun eğmek zorunda kalan bir hanedan, artık Gök Kubbenin İradesi'ni temsil edemezdi. Nihayet Mencius'un "haklı devrim"* düşüncesini hayata geçiren Xinhai Devrimi (1911) ile Çin'in imparatorluk dönemi sona erdirilmiştir.[248]

İlkeleri", *İstanbul Üniversitesi Edebiyat Fakültesi Sosyoloji Dergisi*, Cilt 3, Sayı 1, 1989, s. 180.

[246] Hung-Ming, *Çin Halkının Zihniyeti*, s. 10.

[247] Michael Dunford, "Chinese Economic Development and Its Social and Institutional Foundations", *The Geographical Transformation of China*, Routledge, New York, 2015, s. 1-2; Paul Bairoch, "International Industrialization Levels from 1750 to 1980", *Journal of European Economic History*, Cilt 11, Sayı 2, Güz 1982.

* M.Ö. 372-289 yılları arasında yaşamış olan Konfüçyüsçü düşünür Mencius'a (Mengzi) göre, *"bir hükümdar, kendisini iyi bir lider haline getiren ahlakî niteliklerini kaybederse, insanlar devrim yapma hususunda ahlakî bir hakka sahip olurlar. Hükümdar ideal olarak yapması gerekeni yapmıyorsa, o artık ahlaken hükümdar değildir. Bu durumda onun öldürülmesi de bir hükümdar öldürme suçu değildir."* Yu-Lan'a göre Çin'de bu düşünce hem Xinhai Devrimi'nin hem daha önceki hanedan yıkılışlarının meşrulaştırılmasında etkili olmuştur. Aquinumlu Thomas ve John Locke da "devrim hakkı" (*right to revolution/rebellion*) üzerine Mencius'unkine benzer düşünceler ortaya atmışlardır. Bkz. Yu-Lan, *Çin Felsefesi Tarihi*, s.102.

[248] Xiaowei Zheng, *The Politics of Rights and the 1911 Revolution in China*, Stanford University Press, Palo Alto, 2017; Zhang Kaiyuan, "The 1911 Revolution and Seize the Hour, Seize the Day", *China's Republican Revolution*, Ed. Shinkichi Etō ve Harold Zvi Schiffrin, University of Tokyo Press, Tokyo, 1994, s. 82.

Cumhuriyet Dönemi Çin Dış Politikasının Özellikleri

1912'de milliyetçi Sun Yat-sen liderliğinde cumhuriyet ilan edilmekle birlikte Milliyetçiler ile Komünistler arasında 1949'a kadar sürecek bir otorite mücadelesi yaşanmıştır. Bu dönemde Çin, ne kendisini savunabilecek ne de geleneksel diplomasisini yürütebilecek araçlara sahipti. Birinci Dünya Savaşı'ndan yorgun çıkan ve ABD'nin estirdiği self-determinasyon rüzgârından etkilenen Avrupa devletleri de Çin'deki nüfuz sahalarını genişletmek bir yana, mevcut durumlarını dahi güçlükle koruyabilecek haldeydiler. Bu konjonktürde Çin'in toprak bütünlüğüne yönelik yeni bir tehdit olarak beliren Japonya'yı askerî olarak dengeleyebilecek bir ülke de bulunmadığı için Çin topraklarının önemli bir bölümü Japonya tarafından işgal edilmiştir. ABD yönetimi, Çan Kay Şek liderliğindeki Milliyetçiler ile Mao Zedong öncülüğündeki Komünistleri Japon işgaline karşı işbirliği yapmaya zorlasa da bu mümkün olmamış; Japon işgali ancak Japonya'nın İkinci Dünya Savaşı'nda mağlup edilmesiyle son bulmuştur. Çin'in bir kısmını kontrol edebilmesine rağmen milliyetçi lider Çan Kay Şek, ABD'nin savaş dönemi müttefiki olarak ön plana çıkmıştır. Savaş sonrasında uluslararası sistemi şekillendirme gücüne sahip bir devlet olmadığı halde Çin, BMGK'da veto hakkı tanınan Beş Büyük'ler arasına dâhil edilmiştir.[249] İkinci Dünya Savaşı sonrasında patlak veren iç savaş 1949'da Komünistlerin galibiyetiyle neticelenince Milliyetçiler, Tayvan adasına çekilerek buradan Çin'i temsil etmeyi sürdürmüşlerdir. Böylelikle Tayvan'da Çin Cumhuriyeti, anakarada Çin Halk Cumhuriyeti olmak üzere iki Çin ortaya çıkmıştır.

Çin Halk Cumhuriyeti'nin dış politikası Soğuk Savaş döneminde büyük ölçüde kişisel bir görüntü arz etmiştir. 1949 sonrasında Çin anakarasında Mao Zedong liderliğinde etkili bir merkezî idare tesis edilirken Çin devlet kimliği radikal bir değişime uğra-

---

[249] Kissinger, *Çin: Dünden Bugüne Yeni Çin*, s. 123-126.

mıştır. Çin tarihinde hiçbir hükümdar Çin toplumunun değerler sistemini topyekûn alaşağı etmeyi önermemiş, bilakis kadim öğretileri tasdik ederek kendilerini meşrulaştırmaya çalışmışlardı. Mao ise tamamen yeni ve radikal bir ideolojik yönelimle Çin geleneklerinden kopan ilk lider olmuştur. İmparator Qin Shi Huang dönemindeki (M.Ö. 247-210) anti-Konfüçyüsçü totaliter yaklaşım ile Marksist felsefeyi sentezleyen Mao, bunu yaparken "aşağılanma yüzyılının" yarattığı siyasal psikolojiyi motivasyon unsuru olarak kullanmıştır. Mao döneminde "sürekli devrim" sloganıyla hayata geçirilen İleriye Doğru Büyük Adım (1958-1961) ve Büyük Proleter Kültür Devrimi (1966-1976) gibi topyekûn seferberlik hareketleri, milyonlarca insanın ölümüne yol açmasına rağmen, uluslararası anti-emperyalist hareketler içinde Maoist ideolojiyi benimseyen siyasî parti ve grupların oluşmasına zemin hazırlamıştır.[250]   Bu yönüyle Çin, ilk kez farklı bir kimlikle ideoloji ihraç eden bir devlete dönüşmüştür.

Devlet kimliğindeki değişimin yarattığı dinamizm, ülkenin güç statüsünü de etkilemiştir. 19. yüzyılın ikinci yarısı ile 20. yüzyılın ilk yarısını kapsayan 100 yıllık süreçte ülkenin dünyadaki diğer birçok devleti yıkabilecek felaketlerle karşılaştığı ve güçlükle ayakta kalabildiği düşünülürse, Mao döneminde Çin'in yeniden ayağa kalktığı ve kayda değer bir gelişme kaydettiği söylenebilir. Örneğin, Mao'nun öldüğü 1976 yılında Çin, yörüngeye uydu yerleştirebilen roketler fırlatabiliyor, nükleer üretim yapabiliyor, jet uçaklar ihraç ediyor, traktör ve kamyon üretebiliyordu.[251] Kennedy'nin ifadesiyle, *"Asyalı devin nihayet harekete geçtiği ve oynamayı amaçladığı Büyük Güç rolü için yeterli ekonomik temeli inşa etmeye kararlı olduğu"* görülüyordu.[252]

---

[250] Dillon, *Modernleşen Çin'in Tarihi*, s. 13; Kissinger, *Çin: Dünden Bugüne Yeni Çin*, s. 132-133 ve 234; Güneş, "Çin Halk Cumhuriyeti Dış Politikası...", s. 495.
[251] Ahmet Faruk Özsoylu, *Çin: Bir Devin Uyanışı*, Nobel Kitabevi, Ankara, 2006, s. 14.
[252] Paul Kennedy, *Büyük Güçlerin Yükseliş ve Çöküşleri*, s. 497.

Enkaz halinde devraldığı bir ülkeyi rakip iç hizipler, düşman süper güçler, kararsız Üçüncü Dünya ülkeleri ve kuşkucu komşular arasında ustalıkla yöneten[253] Mao, başlangıçta SSCB'ye atfen "tek tarafa yaslanma" siyaseti izlemiştir. ABD ile SSCB'nin İkinci Dünya Savaşı sırasında Almanya ve Japonya'ya karşı oluşturdukları ittifakın savaş sonrasında çökmesi ve devamında ABD'nin Asya-Pasifik bölgesinde giderek etkinliğini artırması, Çin ile SSCB'yi ortak tehdit algılamasına dayalı bir işbirliğine sevk etmiştir. 1950'de Kuzey Kore lideri Kim İl Sung'un Stalin ve Mao ile görüştükten sonra BM/ABD kontrolündeki Güney Kore'ye saldırması, Amerikan-Sovyet kamplaşmasını gün yüzüne çıkaran ilk sıcak çatışmayı beraberinde getirmiştir. Yanı başında ABD'nin nüfuzu altına girecek bir devletin (Güney Kore) teşekkül etmesinden endişe duyan Çin, savaş öncesi dönemde Amerikan-Sovyet nüfuz sahalarının sınırını belirten 38. enlemin geçilmesi halinde savaşa gireceğini ilan etmiştir. Büyük çoğunluğu Amerikan askerlerinden oluşan BM birliklerinin bu uyarıyı dikkate almayarak ilerlemeye devam etmeleri üzerine Çin, Kuzey Kore lehine aktif olarak savaşa dâhil olmuştur. Gönüllülerden oluşan Çin ordusu, birçok Amerikan/BM birliğini savaş dışı bırakmayı başarmıştır. ABD'nin takviye birlikler sevk etmesiyle Kore yarımadasındaki savaş, Kuzey Kore ile Güney Kore arasındaki bir savaştan Çin ile ABD arasındaki bir savaşa dönüşmüştür. İki tarafın yenişemediği Kore Savaşı, Çin açısından önemli sonuçlar doğurmuştur. Savaştan önce Tayvan'ın düşmesi an meselesi iken savaştan sonra ABD, Tayvan'ı ÇHC'ye karşı askerî ve ekonomik bir denge unsuru olarak güçlendirme stratejisini izlemiştir. Tayvan'ın Çin Cumhuriyeti adıyla BMGK'da Çin'i temsil etmesi sağlanırken ÇHC uluslararası alanda izole edilmeye çalışılmıştır.[254] ABD, özellikle Japonya ve Hindistan üzerinden ÇHC'yi çevreleme stratejisi izlemiştir.

---

[253] Kissinger, *Çin: Dünden Bugüne Yeni Çin*, s. 393.
[254] Hüseyin Emiroğlu, "Change in the Chinese Foreign Policy", *Journal of Modern Science*, Sayı 1/16, Ocak-Mart 2013, s. 267-268.

Bu arada 1953'te Josef Stalin'in ölmesi, onun yerine geçen Nikita Kruşçev'in de 1964'te istifaya zorlanması Çin-Sovyet ilişkilerini olumsuz etkilemiştir. Mao, ya Stalin gibi kendisinin de ölümünden sonra suçlanabileceği ya da Kruşçev gibi ölmeden önce iktidardan uzaklaştırılabileceği endişesine kapılmıştır.[255] Mao, Stalin dönemine ilişkin eleştirilerin (*de-Stalinizasyon*) aslında kendisine yönelik eleştiriler olduğunu düşünüyor; Kruşçev'in savunduğu komünist ve kapitalist ulusların barış içinde bir arada yaşaması fikrini Sovyetler'in artık uluslararası alanda komünizmin bayraktarlığını yapmaktan vazgeçtiği şeklinde yorumluyordu.[256] Ayrıca Çin ile Hindistan arasında savaşa varan sınır anlaşmazlıklarında SSCB'nin Çin'i desteklememesi, muhtemel bir Çin-Amerikan savaşında da Moskova'nın Pekin'i destekleyeceğinin garanti olmadığı anlamına geliyordu. Büyük oranda bu tarz bireysel algılamalara dayanan ve Çin Komünist Partisi ile Sovyet Komünist Partisi arasında karşılıklı atışmalarla derinleşen ideolojik ayrışma, Çin-Sovyet ilişkilerini dostluktan düşmanlığa dönüştürmüştür.[257] Böylelikle tek tarafa yaslanma politikasını terk eden Çin, söylemsel olarak ne Amerikan emperyalizmi ne de Sovyet revizyonizmi ile uzlaşmamayı ilke edinen bir politika benimsemiş, ancak yakın tehdit durumundaki revizyonist SSCB'yi uzak tehdit durumundaki emperyalist ABD ile dengelemede yarar görmüştür. ABD'nin de değişen uluslararası koşulları ve Çin'in artan güç statüsünü göz önüne alarak yeni bir denge arayışı doğrultusunda Çin'i izole etme politikasından vazgeçmesi, bu politika değişikliğiyle bağlantılı olarak Çin'in 1971'de BMGK daimî üyeliğini Tayvan'dan devralmasının sağlanması, aynı yıl Amerikan Ulusal Güvenlik Danışmanı Henry Kissinger'ın Çin'de Başbakan Zhou Enlai ile temaslarda bulunması, ertesi yıl bizzat ABD Başkanı Richard Nixon'ın Çin'e gelerek Mao Zedong ile görüşmesi, Çin-Amerikan ilişkilerinde 23

---

[255] Keay, *Çin Tarihi*, s. 509.
[256] Emiroğlu, "Change in the Chinese Foreign Policy", s. 269.
[257] Lorenz M. Lüthi, *The Sino-Soviet Split: Cold War in the Communist World*, Princeton University Press, Princeton, 2008, s. 162-163.

yıllık alenî düşmanlığın yerini "yüzeysel bir dostluğun" almasına neden olmuştur.[258]

Çin'in SSCB'ye karşı ABD ile kurduğu yarı-ittifak, Deng Xiaoping (Şaoping) döneminde kademeli bir ekonomik reform ve kapitalistleşme sürecini beraberinde getirmiştir.[259] Deng, Tayvan'la barışçıl biçimde birleşme ve ekonomik modernleşme konularına öncelik vermiş; bunun için Çin'in artık ideolojik mülahazalardan uzaklaşması, anti-hegemonist bir siyaset izlemekle birlikte sosyalizmin bayraktarlığını yapmaması, Üçüncü Dünya'nın lideri olmaya çalışmaması, çatışmadan ve yeni düşmanlar yaratmaktan kaçınması, pozisyonunu koruması, kapasitesini gizleyip düşük profil sergilemesi gerektiğini savunmuştur. Deng, Mao dönemindeki gibi uluslararası normları reddetmek yerine pragmatist temelde uluslararası sistemle bütünleşmeyi, beraberindeki sorumluluk ve yükümlülükleri kabul etmeden büyük güçlere özgü hak ve imtiyazlardan faydalanmayı amaçlamış, bunda büyük ölçüde de başarılı olmuştur.[260]

Deng dönemindeki statükocu dış politikanın ana saiki, ülkenin modernleşmesi için uygun koşulları sağlamaktı. Başbakan Zhou Enlai, 1963'te Mao'nun onayıyla tarım, sanayi, millî savunma ve bilim-teknoloji alanlarının modernizasyonunu öngören bir program hazırlamış ancak etkili olmamıştı. Mao'nun halefi Hua Guofeng de ekonomik reform taraftarı bir politika izleyerek kendi programını ortaya koymuş ancak bu programlar Mao döneminin ideolojik kısıtlamalarını aşamamıştı. Hua'nın halefi Deng, Çin tarihinin en etkili reform programını hayata geçirmiştir.[261] Çin ekonomisini daha rekabetçi hale getirmeyi amaçlayan Deng, siyasî istik-

---

[258] Yan Xuetong, "The Instability of China-US Relations", *The Chinese Journal of International Politics*, Cilt 3, Sayı 3, 2010, s. 263-275.

[259] Hakan Güneş, "Çin Halk Cumhuriyeti Dış Politikası...", s. 488.

[260] Emiroğlu, "Change in the Chinese Foreign Policy", s. 272-275.

[261] Stuart Harris, *Çin Dış Politikası*, Çev. Arslan Yavuz Şir, Matbuat Yayınları, İstanbul, 2014, s. 37.

rarı bozmaksızın Çin'i dışa açmayı başarmıştır. Deng'in göreve geldiği 1978'den itibaren uygulamaya konan ve kapsadığı alanlara atfen Dört Modernizasyon veya Dört Alanda Modernleşme olarak adlandırılan reform programının belirleyici özelliği tedricî, diğer bir değişle yavaş yavaş, kademe kademe olmasıdır. Reform programı kapsamında alınan kararlar hiçbir zaman bütün Çin'de uygulanmamış, önce pilot bölgelerde, daha sonra diğer bölgelerde uygulanmıştır. Dış dünyaya açılma önce Çin'in doğusundaki sahil bölgelerinde gerçekleşmiş, daha sonra diğer bölgelere yayılmıştır. Böylelikle, şok terapi gibi radikal programlar uygulayan ancak kısa süre sonra ekonomik krizler yaşayan diğer Doğu Bloğu ülkelerinin aksine, Çin'de ekonomik modernleşme süreci zamana yayıldığı için bu tür kriz boyutuna varan olumsuzluklar yaşanmamıştır.[262]

Deng'in bu süreçte örnek aldığı ilk model Singapur'du. Nüfusunun büyük çoğunluğu Çinlilerden oluşan ve dünyanın en önemli ticarî üslerinden biri olmayı başaran Singapur, dışa açık bir sosyoekonomik yapıya sahip olmakla birlikte, otoriter biçimde idare edilmekteydi. Dolayısıyla Singapur, ekonomik refah arttığı sürece, otoriter bir idarenin sorun teşkil etmediğini gösteren bir örnekti.[263] Deng'in Singapur haricinde örnek aldığı bir diğer ülke de Japonya idi. Japonya, hem nüfus ve kapasite olarak Çin'e daha yakındı hem de devlet öncülüğünde modernleşen ilk Asya ülkesiydi.[264] Singapur ve Japonya örnekleri Çin koşullarına uyarlanmış; bu doğrultuda kamu iktisadî teşebbüslerinin sayısı artırılmış; kont-

---

[262] Özsoylu, *Çin: Bir Devin Uyanışı*, s. 50; Hansjörg Herr, "Transformationsprozesse und deformierte Finanzmärkte: Die VR China im Vergleich mit mittel- und osteuropäische Transformationsländern", *Osteuropa Wirtschaft*, Cilt 45, Sayı 2, 2000, s. 140-164.

[263] Selçuk Çolakoğlu, "Ejder'in Uzun Yürüyüşü: Çin'in Dönüşüm Hikâyesi", *Analist*, Yıl 1, Sayı 5, Temmuz 2011, s. 24; Rıdvan Karluk, "Singapur", *Dünya Siyasetinde Doğu Asya*, Ed. İsmail Ermağan, Nobel Akademik, Ankara, 2016, s. 255-175.

[264] Murat Yülek, "Kalkınma Tartışmalarında Japon Modelinin Yükselişi, Düşüşü ve Tekrar Yükselişi", *Doğu Asya'nın Politik Ekonomisi: Japonya, Çin ve Güney Kore'de Kalkınma, Siyaset ve Jeostrateji*, Editör K. Ali Akkemik ve Sadık Ünay, Boğaziçi Üniversitesi Yayınevi, İstanbul, 2015, s. 132-162.

rollü biçimde piyasa ekonomisinin uygulandığı özel ekonomik bölgelerde yabancı sermayenin girişi için gerekli şartlar oluşturulmuş; ihracata dayalı üretim teknolojilerini geliştirme ve Batı piyasalarına eklemlenmeyi mümkün kılacak uygulamalar hayata geçirilmiştir.[265] Ekonomik reformlar devam ederken, siyasî alanda mevcut muhalefet ortadan kaldırılmış ve yeni muhalefet odaklarının oluşması önlenmeye çalışılmıştır. Böylelikle, "Çin modeli" olarak adlandırılan, ekonomik olarak dışa açık ama siyaseten tek elden yönetilen bir sistem teşekkül etmiştir.[266] Çin'in mevcut devlet kimliği de büyük oranda bu otoriter kalkınmacı* model üzerinden biçimlenmiştir.

Reformlar sayesinde Çin, hızlı ve yoğun biçimde doğrudan yabancı sermaye çekmeye başlamıştır. 1980'lerin ikinci yarısında Doğu Bloku ve SSCB'nin düşüş eğilimi, Çin'i daha etkin bir ekonomik güç haline getirmiştir. Artan ticaret hacmi ve 1990'lı yıllarda dünyanın her yerinden katlanarak gelen yabancı sermaye akımı, Çin'de büyük bir yatırım patlamasına yol açmıştır.[267] Ekonomik gücün devamlılığı için hammadde tedariğinin güvence altına alınması ve ülke içinde biriken sermayenin ülke dışında değerlendirilmesi gerekmiştir. Çin hükümeti bu doğrultuda Şili'den Kanada'ya, Myanmar'dan Nijerya'ya kadar çok geniş bir coğrafî yelpazede dış yatırım yapmaya yönelmiştir.[268]

---

[265] Güneş, "Çin Halk Cumhuriyeti Dış Politikası...", s. 499.

[266] Çolakoğlu, "Ejder'in Uzun Yürüyüşü: Çin'in Dönüşüm Hikâyesi", s. 25.

* Otoriter kalkınmacı anlayışa göre, *"adil bir bölüşümü sağlamak, demokratik bir devlet ve toplum yapısına ulaşmaktan daha ahlakidir. Bugünkü demokrasi çığırtkanlığı temelde ABD'nin otoriter yollarla hızla kalkınan ekonomileri demokrasinin yaratacağı iç gerilimlerle zayıflatma çabasıdır. Adil bölüşüme giden yol belli konjonktürlerde demokratik süreçlerle elele gitse de demokrasi adil bölüşümü değil üretim yetersizliğini doğurur."* Bkz. Esat Arslan, "Otoriter Kalkınmacılık", *Radikal*, 18 Eylül 2003.

[267] Shang-Jin Wei, "Foreign Direct Investment in China: Sources and Consequences", *Financial Deregulation and Integration in East Asia*, Cilt 5, Ed. Takatoshi Ito ve Anne O. Krueger, University of Chicago Press, 1996, s. 77 – 105.

[268] Arif Koşar, "Çin'in Afrika istilası", *Özgürlük Dünyası*, Sayı 241, Mayıs 2013.

Aynı dönemde reform politikalarının başarısız olduğu Sovyetler Birliği ve Yugoslavya bunun bedelini dağılarak öderken, Doğu Avrupa'daki diğer reform hareketleri de sosyalist rejimlerin tasfiyesiyle sonuçlanırken Çin, istikrarını büyük ölçüde muhafaza ederek Soğuk Savaş sonrası döneme geçiş yapabilmiştir. Tabii, bu geçiş tamamen yumuşak biçimde gerçekleşmemiştir. 1989 yılında, özel gazetelere yönelik yayın yasağı ile fikir hürriyeti önündeki engellerin kaldırılması, eğitime ayrılan kaynakların artırılması, başarısız hükümet yöneticilerinin demokratik seçimler yoluyla değiştirilmesi gibi taleplerle Pekin'in Tiananmen Meydanı'nda başlayan, daha sonra 341 şehre yayılan gösteriler düzenlenmiştir.[269] Tiananmen'de dile getirilen taleplerle Varşova, Prag ve Budapeşte'de talep edilenler hemen hemen aynı olsa da bu benzerlik sonuca yansımamış; gösteriler 4 Temmuz 1989'da kanlı bir şekilde bastırılmıştır.[270] Tiananmen sonrasında muhalif siyasî gruplara yönelik ayrıca bir tasfiye gerçekleştirilmemiş ve ekonomik reformların yanında siyasî alanda da bazı reformlar gündeme gelmiştir. Bu kapsamda Parti (ÇKP) ile Hükümet işleri birbirinden ayrılmış ve ÇKP ile birlikte Çin siyasal sisteminin kilit aktörlerinden olan Halk Kurtuluş Ordusu'nun (HKO) sistemdeki etkisi azaltılmıştır.[271]

---

[269] Kissinger, *Çin: Dünden Bugüne Yeni Çin*, s. 497.

[270] Çolakoğlu, "Ejder'in Uzun Yürüyüşü: Çin'in Dönüşüm Hikâyesi", s. 26; Öğütçü, *Yükselen Asya*, s. 68; Peter Li, Marjorie H. Li, Steven Mark, *Culture and Politics in China: An Anatomy of Tiananmen Square*, Transaction Publishers, New Brunswick, 1991; James A. R. Miles, *The Legacy of Tiananmen: China in Disarray*, University of Michigan Press, 1997, s. 3; Ray Huang, *China: A Macro History*, M. E. Sharpe, New York ve Londra, 1997, s. 303-305.

[271] Ordunun ekonomik açıdan kendi kendine yetebilmesi için 1950'li yıllardan itibaren HKO, başta emlak sektörü olmak üzere çok sayıda şirkete sahip olmuştu. Bu şirketlerin yönetiminde genelde emekli askerler bulunuyordu. Ordunun sahip olduğu bu şirketlerde yolsuzluğun arttığı ve ordu mensuplarının ÇKP'ye olan sadakatinin azaldığı düşüncesiyle 1990'lı yıllarda HKO'nun sahipliğindeki şirketler tasfiye edilmeye başlanmıştır. 2000'li yılların başına gelindiğinde HKO ile bağlantılı bütün şirketler ya kapatılmış ya da devredilmiştir. Böylelikle ordunun dekomersiyalizasyon (*decommercialisation*) süreci önemli ölçüde tamamlanmıştır. Bkz. Çolakoğlu, "Ejder'in Uzun Yürüyüşü: Çin'in Dönüşüm Hikâyesi", s. 28; Xiaobing Li, *A*

Deng döneminde[272] genel olarak barışçıl bir dış politika izleyen Çin, bu politikasını 1990'lı yılların başında da sürdürmüştür. İlk etapta, elde edebileceğinden daha azına razı olarak, Rusya, Kazakistan, Kırgızistan, Tacikistan, Laos ve Vietnam'la sınır ihtilaflarını çözüme kavuşturmuştur. Çatışmacı yaklaşımdan yine kaçınmakla birlikte, 1990'lı yılların ortalarından itibaren Çin'in daha özgüvenli ve bölgesel-küresel meselelere yönelik daha yapıcı bir tutum benimsediği görülmektedir. Ülkenin uluslararası sisteme eklemlenip uluslararası kurum, kural ve normları kabullenme eğilimi güçlenmiş; bu doğrultuda ikili ilişkilerinin sayısını ve yoğunluğunu artırmış, çeşitli ticaret ve güvenlik anlaşmaları ile çok taraflı örgütlere katılmıştır. Bu süre zarfında Çin dış politikası giderek kişilere bağlı olmaktan çıkıp kurumsallaşırken[273] ülkenin siyasal ufku da genişlemiş, dünyanın hemen her bölgesinde siyasî-ticarî etkinliğini artırmış, ayrıca BM barış gücü operasyonlarına katılarak sorumlu bir devlet imajı oluşturmaya çalışmıştır. Böylelikle Çin, eskiden olduğu gibi kendisini "sömürgeciliğin kurbanı gelişmekte olan bir ülke" olarak görmek yerine, çıkarları ve sorumlulukları giderek çeşitlenen bir "yükselen güç" olarak takdim et-

---

History of the Modern Chinese Army, University Press of Kentucky, 2007; Keay, *Çin Tarihi*, s. 511.

[272] Deng, ölene (1997) kadar Çin'in liderliğini elinde bulundurmakla birlikte 1989 sonlarında aktif siyaseti bıraktığını açıklamıştır. Bkz. Michael Dillon, *Deng Xiaoping: The Man Who Made Modern China*, I. B. Tauris, Londra ve New York, 2015, s. xii.

[273] Çin dış politikasındaki kurumsallaşma, Çin siyasal sistemi ile paralel biçimde gelişmiştir. Deng sonrasında Çin siyasal yapısının kişilere bağımlı olmadan da başarılı bir şekilde sürdürülebileceği görülmüştür. Jiang Zemin, 2002'de ÇKP Merkez Komitesi Genel Sekreterliğini ve Devlet Başkanlığını Hu Jintao'ya devrederken Hu da aynı şekilde görevini 2012'de Xi Jinping'e devretmiştir. Bunlar, Çin'deki devlet yapısının kurumsallaştığının göstergeleridir. Demokratik bir işleyiş olmaksızın en üstten en alta kadar tüm siyasî ve idarî kadroların istikrarlı bir şekilde el değiştirmesi Çin'in siyasal sisteminin hem başarısını hem de kendine özgülüğünü ortaya koymaktadır. Bkz. Çolakoğlu, "Ejder'in Uzun Yürüyüşü: Çin'in Dönüşüm Hikâyesi", s. 27; Andrew J. Nathan ve Bruce Gilley, *China's New Rulers: The Secret Files*, NYREV, New York, 2002.

meye başlamıştır.[274] Bu perspektif değişimi, Çin milliyetçiliğindeki yükselişle desteklenmiştir. Çinli yöneticiler, milliyetçiliği kontrollü biçimde yükselterek kapitalistleşmenin halk tabanında yarattığı kimlik krizini aşmaya çalışmışlar ve istikrarlı biçimde güçlenen, kalkınan, istihdam oranı ve gelir düzeyi sürekli artan bir ülkenin vatandaşı olmayı Çin halkının yeni gurur kaynağı olarak lanse etmişlerdir.[275]

Çin'in 2008 malî krizi sırasında Batılı devletlerden daha iyi bir sınav vermesi ve 1970'lerin sonundan itibaren devam eden istikrarlı ekonomik büyüme performansı sayesinde 2010'da Japonya'yı geçerek dünyanın ikinci büyük ekonomisi konumuna yükselmesi, Çin hükümetini daha iddialı bir dış politikaya yöneltmiştir. Batılı devletlerin "güçten düştüğü", küresel güç dengesinin yavaş yavaş kendi lehine değişmeye başladığı yönünde bir algıyla hareket eden Çin, özellikle toprak bütünlüğü ve egemenliğiyle ilgili eylemlere daha keskin karşılıklar vermeye başlamıştır. Örneğin, Amerikan Kongresi'nde Tayvan'a silah satışı gündeme geldiğinde Çin Dışişleri Bakanlığı, Tayvan'a silah satan Amerikan firmalarına yaptırım uygulamaktan söz etmiştir.[276] Tibet konusunda da daha önce çatışmacı bir üslup kullanmaktan kaçınan Çin, ABD Başkanı Obama'nın Tibet'in ruhanî lideri Dalai Lama ile görüşmesini eleştirerek *"kimse Çin'in çıkarlarına zarar verecek bir acı reçeteyi yutmasını beklemesin"* şeklinde bir karşılık vermiştir. Aynı şekilde Danimarka Başbakanı'nın Dalai Lama ile görüşmesi üzerine Çin yönetimi, Danimarka ile ilişkilerini askıya almış, Danimarka hükümeti Tibet'in bağımsızlığına karşı çıktıklarını, Dalai Lama konu-

---

[274] Evan S. Medeiros ve M. Taylor Fravel, "China's New Diplomacy", *Foreign Affairs*, Cilt 82, Sayı 6, Kasım/Aralık 2003, s. 22-23; Emiroğlu, "Change in the Chinese Foreign Policy", s. 276.

[275] Çağdaş Üngör, "Çin'de Ulusal Kimliğin Dönüşümü ve Milliyetçilik Söylemi", *Geleceğin Süper Gücü Çin: Uzakdoğu'daki Entegrasyonlar ve Şangay İşbirliği Örgütü*, Tasam, İstanbul, 2005, s. 52.

[276] John Pomfret, "U.S. sells weapons to Taiwan, angering China", *Washington Post*, 30 Ocak 2010.

sunda bundan böyle Pekin'in tepkisini dikkate alacaklarını açıkladıktan sonra ilişkiler yeniden başlatılmıştır.[277]

Güç göstergelerindeki hızlı değişimle birlikte, Çin'in çıkar alanlarına yönelik tehditleri bertaraf etme konusunda giderek daha özgüvenli bir aktör gibi davranması, ABD yönetiminin Çin politikasında da değişime neden olmuştur. ABD yönetimi, önceki dönemlerde Ortadoğu'nun istikrarına ve ABD'nin çıkarları üzerindeki etkisine odaklanılırken Asya-nın öneminin gözardı edildiğini belirtmiştir.[278] Nitekim Oba-ma dönemi ABD Dışişleri Bakanı Hillary Clinton, ilk dış gezisini Şubat 2009'da ABD'nin geleneksel Avrupalı müttefikleri yerine, Japonya, Endonezya, Güney Kore ve Çin'e yapmıştır. Aynı yıl ABD Başkanı Obama da Japonya, Singapur, Çin ve Güney Kore'yi kapsayan Asya-Pasifik gezisiyle ABD'nin Asya'ya geri dönüşünün sinyallerini vermiştir. "Stratejik yeniden dengeleme" (*strategic rebalancing*) olarak nitelenen politika kapsamında ABD, 2020 yılına kadar silahlı kuvvetlerinin yüzde 60'ını Asya-Pasifik'e kaydıracağını duyurmuştur. ABD yönetimi, Asya-Pasifik'te sürdürdüğü stratejik yeniden dengeleme politikasının Çin'e yönelik olmadığını vurgulasa da bu politikanın doğrudan Çin'e yöneldiği kanaati ağır basmıştır.[279]

Çin'in yeni dış politika yaklaşımı, Batılı devletler ile zaman zaman gerilimlere yol açabilecek eylem ve söylemleri beraberinde getirmiştir. Örneğin, Kopenhag'daki iklim değişikliği anlaşması ile ilgili itirazlarını dile getiren Çin, benzer şekilde İran ve Sudan gibi Amerikan çıkarlarıyla bağdaşmayan ülkelere yönelik uluslararası yaptırımlar konusunda çekincelerini açıkça ifade etmiş, bu gibi

---

[277] Suisheng Zhao, "Chinese Foreign Policy as a Rising Power to find its Rightful Place", *Perceptions*, Cilt XVIII, Sayı 1, 2013, s. 105.

[278] Hillary Clinton, "America's Pacific Century", *Foreign Policy*, http:// foreignpolicy.com/2011/10/11/americas-pacific-century/, 11 Ekim 2011.

[279] Erkin Ekrem, "2030: ABD Hegemonyasının Çöküşü ve Çin", *Stratejik Düşünce Enstitüsü*, http://www.sde.org.tr/tr/authordetail/2030-abd-hegemonyasinin-cokusu -ve-cin/1210, 10 Mayıs 2017.

konularda Rusya ile birlikte Birleşmiş Milletler Güvenlik Konse-
yi'nde önceki dönemlere nazaran daha fazla veto yetkisini kullan-
mış; dahası, G-20 zirvesi için Çin'e gelen ABD Başkanı Obama'yı
protokollere uygun biçimde karşılamamanın[280] yaratacağı diplo-
matik gerilimi göze almıştır. Söz konusu gerginliklerden bir kısmı
uzlaşma ile sonuçlanmışsa da Çin'in bundan böyle düşük profilli
bir dış politika izlemeyeceği anlaşılmıştır.[281] Çinli yöneticiler, karşı-
lıklı ilke ve çıkarların daha fazla gözetileceği "yeni tip bir büyük
güç ilişkisine" ihtiyaç duyulduğundan söz etmişlerdir. Çin Devlet
Başkanı Xi Jinpin'in Çin-Amerikan ilişkilerine atfen önerdiği "yeni
tip büyük güç ilişkileri" dört ilkeye dayalıdır. Bunlar; çatışmadan
kaçınma, cepheleşmeme, karşılıklı saygı ve kazan-kazan ilkesine
dayalı bir işbirliğidir.[282]

Çin'in ekonomik ve askerî güç statüsündeki yükselişe da-
yanarak dış politik söylemlerinin tonunu yükseltmesi, ABD'nin
uluslararası sistemdeki hâkim konumunu dengeleyecek alternatif
güç merkezlerinin oluşumuna dair tartışmaları yeniden gündeme
getirmiştir. Söz konusu tartışmalarda alternatif güç merkezi olarak
Asya-Pasifik bölgesi ön plana çıkmaktadır. Kennedy'nin 1987 gibi
erken bir tarihte öngördüğü üzere, *"günümüzün global eğilimlerden
biri olan Pasifik bölgesinin yükselişi sürecektir"* çünkü bu yükseliş

---

[280] Eylül 2016'daki G-20 Zirvesi için Çin'e giden ABD Başkanı Barack Obama'nın
uçağına kırmızı halı serili merdiven yanaştırılmamış ve Obama uçağın her zaman
kullanılan kapısından değil de daha aşağıda bulunan kapısından inmek zorunda
kalmıştır. Bir Beyaz Saray görevlisinin Çinli bir yetkiliye protokolün olması gerekti-
ği gibi uygulanmadığını söylemesi üzerine Çinli yetkili "burası bizim ülkemiz"
şeklinde bir cevap vermiştir. Çinli yetkililerin ABD Başkanı'nı kasten bu şekilde
karşıladıkları dile getirilmiştir. Bkz. "ABD Başkanı Obama'ya Çin'de tartışmalı
karşılama", *NTV Haber*, http://www.ntv.com.tr/dunya/abd-baskani-obamaya-cinde-
tartismali-karsilama, 4 Eylül 2016.
[281] Suisheng Zhao, "Chinese Foreign Policy as a Rising Power to find its Rightful
Place", *Perceptions*, Cilt XVIII, Sayı 1, 2013, s. 103-107; Katrin Bennhold, "As China
Rises, Conflict With West Rises Too", *New York Times*, 27 Ocak 2010.
[282] Joseph Y. S. Cheng, "Xi Jinping's New Model of Major Power Relationships for
Sino-American Relations", *Journal of Comparative Asian Development*, Cilt 15,
Sayı 2, 2016, s. 226-254.

eğilimi çok geniş bir bölgesel tabana oturmaktadır.[283] Çin ile birlikte Japonya, Güney Kore, Hindistan, Endonezya, Malezya gibi Asya-Pasifik ülkelerinin dünya ekonomisinde kayda değer konumlar elde etmesi ve bölgelerin dünya hâsılasındaki paylarına bakıldığında Asya'nın yeniden 1000 yıl önceki üstün konumuna yükselmeye başlaması, bölgesel ve küresel güç dağılımında değişime yol açabilecek gelişmeler olarak yorumlanmaktadır. Buna göre, dünya ekonomisinde liderliğin Atlantik'ten Asya-Pasifik'e kayması ile Batı'nın beş asırdır süregelen üstünlüğü sona erecek ve geçmişte olduğu gibi Çin merkezli bir dünya düzeni oluşacaktır.[284]

Bu tür analizler karşısında Çin, ihtiyatlı davranmayı sürdürmekte, barışçıl ve işbirlikçi bir büyük güç olacağının altını çizerek yükselişinin tehdit olarak algılanmamasına azami özen göstermektedir. Çinli yöneticiler, ABD ile birlikte daha fazla uluslararası sorumluluk almaları yönündeki taleplere de temkinli yaklaşmakta ve büyük güç olsa dahi Çin'in halen gelişmekte olan bir ülke konumunda olduğuna vurgu yapmaktadırlar.[285] Bu tavrıyla Çin, "küresel önemi olan bir güç" gibi davranmasına ve kendisine bu şekilde muamele edilmesini istemesine rağmen, henüz ABD gibi bir "küresel güç" rolü üstlenmeye ne madden ne manen hazır olmadığı yönünde bir mesaj vermekte[286]; böylece, gelişmekte olan

---

[283] Kennedy, *Büyük Güçlerin Yükseliş ve Çöküşleri*, s. 520-521.

[284] Sadık Ünay ve Fazıl Kayıkçı, "Küresel Ekonomi Politik Sistemde BRICS ve Doğu Asya", *Doğu Asya'nın Politik Ekonomisi: Japonya, Çin ve Güney Kore'de Kalkınma, Siyaset ve Jeostrateji*, Ed. K. Ali Akkemik ve Sadık Ünay, Boğaziçi Üniversitesi Yayınevi, İstanbul, 2015, s. 17.

[285] Suisheng Zhao, "Core Interesets and Great Power Responsibilites: The Evolving Pattern of China's Foreing Policy", *China and the International System: Becoming a World Power*, Ed. Xiaoming Huang ve Robert G. Patman, Routledge, Londra ve New York, 2013, s. 32-56.

[286] Zhao, "Chinese Foreign Policy as a Rising Power to Find Its Rightful Place", s. 121-122; Harris, *Çin Dış Politikası*, s. 21.

ülke kimliği ile büyük güç statüsü arasındaki dengeyi korumaya çalışmaktadır.[287]

---

[287] Luo Jianbo, "负责任的大国：中国的身份和国际责任" (Gelişmekte Olan Sorumlu Büyük Güç: Çin'in Kimliği ve Uluslararası Sorumlulukları), 西亚非洲 (*Batı Asya ve Afrika*), Sayı 5, Yıl 2014, s. 45.

ÜÇÜNCÜ BÖLÜM

AFRİKA DEVLETLERİNİN DIŞ POLİTİKALARI

Afrika'nın Güç ve Kimlik Özellikleri

Afrika, 30 milyon kilometre kareyi aşan yüzölçümü ve 1 milyar 200 bini bulan nüfusu ile Asya'dan sonra dünyanın ikinci büyük kıtasıdır. Atlas Okyanusu ile Hint Okyanusu arasında kalan Afrika topraklarından hem kuzey ve güney yarımküreleri ayıran Ekvator çizgisi, hem de doğu ve batı yarımküreleri ayıran Greenwich meridyeni geçmektedir. Afrika coğrafyasında büyük çöllerden geniş savanlara, sık ormanlardan dağlık arazilere uzanan bir çeşitlilik söz konusudur. Bununla beraber, kıta topraklarının yaklaşık dörtte üçü tropikal iklim kuşağında yer almaktadır.[288]

Akdeniz'den Atlas Okyanusu'na geçişi sağlayan Cebelitarık Boğazı, Akdeniz ile Kızıldeniz'i birbirine bağlayan Süveyş Kanalı ve Kızıldeniz ile Hint Okyanusu arasında bağlantı sağlayan Babülmendeb Boğazı, kıtanın en önemli jeostratejik noktaları olarak sayılabilir. Bu noktalar, sırasıyla Fas, Mısır ve Cibuti'yi stratejik açıdan önemli devletler yapmakta, ancak bu noktalar üzerindeki kontrol kapasiteleri sınırlı olduğu için sayılan devletlerin coğrafî konumlarını istedikleri ölçüde güç unsuruna dönüştürmeleri mümkün olmamaktadır.

Afrika ülkelerini güçlü kılabilecek en önemli unsur, ekonomik coğrafya özellikleridir. Afrika toprakları, hem tarımsal üretim hem de maden endüstrisi açısından değerlidir. Kıta, tarımsal üretim açısından en başta kakao, kahve, pamuk ve tahıl; kıymetli madenler bakımından ise demir, bakır, kurşun, manganez, kobalt,

---

[288] Ramazan Özey, *Afrika Coğrafyası*, Aktif Yayınları, İstanbul, 2009, s. 4-6.

krom, vanadyum, fosfat, uranyum, altın ve elmas yönünden zengindir. Dünya genelinde fosfatın yüzde 50'den fazlası, altının yüzde 70'i, kobaltın yüzde 77'si, pırlanta üretiminin yüzde 90'ı Afrika ülkelerinden karşılanmaktadır. Enerji kaynakları açısından bakıldığında ise Afrika, dünya petrol rezervlerinin yüzde 9.5'ini, doğal gaz rezervlerinin yüzde 8.2'sini barındırmaktadır.[289] Bunlar, yüksek oranlar değildir, ancak fosil yakıt tüketimleri hızla artan Çin ve Hindistan gibi gelişmekte olan güçler açısından Afrika, ABD'nin kontrolündeki Orta Doğu'ya alternatif bir enerji tedarik merkezi olarak değerlendirilmektedir. Kaynak zenginliği, bu zenginliğe ihtiyaç duyan ülkeler karşısında Afrika ülkelerini potansiyel olarak güçlü kılmaktadır. Fakat çoğu Afrika ülkesinin bu potansiyelden yararlanamadığı bilinmektedir. Petrol ve doğal kaynak ihracatı, her ne kadar Afrika ülkelerinin ekonomik büyümesini desteklese de söz konusu büyüme, henüz ekonomik ve insanî gelişmeye tahvil edilebilmiş değildir.[290] Bu duruma neden olan faktörlerin başında "kaynak laneti" (*resource curse*) gelmektedir. Kaynak zengini ülkelerin sahip olduğu kaynağın gücüne yaslanarak diğer sektörlerde üretememesi, rekabet edememesi ve uluslararası piyasalardaki fiyat oynaklığı nedeniyle gelirlerinin istikrarsızlaşması, kaynak laneti olarak tanımlanan paradoksu beraberinde getirmiştir. Bu paradoksa eşlik eden siyasal ve toplumsal istikrarsızlık faktör-

---

[289] Afrika'da petrol ve doğalgaz üretiminde önde gelen ülkeler, Nijerya, Cezayir, Libya, Angola, Mısır, Sudan, Ekvator Ginesi, Gabon ve Kongo'dur. Bkz. Özey, *Afrika Coğrafyası*, s. 103-108.

[290] Gelişmiş bir ülkede, ekonomik büyümenin yanında, millî gelirin dengeli dağılımı, bölgelerin dengeli gelişimi, sağlık ve eğitim gibi hizmetlerin herkese tatmin edici derecede sunulması, bilgi ve iletişim teknolojisinin yaygınlaştırılması, sosyal ve kültürel altyapının iyileştirilmesi, insan haklarının geliştirilmesi gibi siyasal, toplumsal, kültürel vb. gelişmelerin de sağlanması gerekmektedir. Afrika ülkelerinde modern anlamda bir yapısal değişimin söz konusu olmadığı, kaynak ve gelir eşitsizliğinin devam ettiği, dolayısıyla bu ülkelerin henüz premodern bir büyüme evresinde oldukları söylenebilir. Bkz. Mürsel Bayram, "Afrika Genelinde İstisnaî Bir Devlet: Botsvana", *Adam Akademi Sosyal Bilimler Dergisi*, Cilt 4, Sayı 1, Haziran 2014, s. 81.

lerinin[291] de etkisiyle doğal kaynaklar, bazı Afrika ülkelerinin güçlenmek yerine daha da güçsüzleşmesine neden olmuştur. Bu durum sadece Afrika ülkeleri için geçerli değildir. İhracatları en az 60 oranında petrol ve doğal gaza dayanan ülkeler, paradoksal biçimde ya istikrarsızlaşmakta ya da otoriterleşmektedir.[292]

Bazı Afrika devletleri, büyük oranda doğal kaynak zenginliği sayesinde, önemli Avrupa devletlerini geride bırakabilecek bir ekonomik büyüklüğe sahiptir. Dünyanın 22. büyük ekonomisi olan Nijerya 568 milyar dolarlık GSYH ile Polonya'nın önünde; 33. büyük ekonomi olan Güney Afrika 349 milyar dolarlık GSYH ile Danimarka'nın önünde; 39. büyük ekonomi olan Mısır 282 milyar dolarlık GSYH ile Finlandiya'nın önünde; 49. büyük ekonomi olan Cezayir 213 milyar dolarlık GSYH ile Katar'ın önünde; 58. büyük ekonomi olan Angola 146 milyar dolarlık GSYH ile Macaristan'ın önünde yer almaktadır.[293]

---

[291] Söz konusu istikrarsızlık faktörlerinin başında iç savaşlar gelmektedir. Az gelişmiş ülkelerde doğal kaynakların bolluğu durumunda bu kaynakları kontrol etme hırsı ile hareket eden gruplar ortaya çıkabilmekte; kaynakların kıt olması veya kaynaklardan elde edilen gelirin eşit dağılmaması durumunda ise bu adaletsizliğin giderilmesine yönelik şikâyetler gündeme gelebilmektedir. Özellikle ani zenginleşme kaynağına kavuşan bir ekonomide mevcut üretim faktörlerinin diğer üretim alanlarından çekilip yeni kaynağa yönelmesi sonucunda toplam üretimin azalması, ekonomik şikâyetlere yol açabilmektedir. Bu şikâyetler, bir çatışmanın başlatılma veya sürdürülme gerekçesi olabilmekte ve bilhassa üretici bölgelerde ayrılıkçı hareketleri tetikleyebilmektedir. Bununla birlikte, büyük ölçekli etnik ayaklanmaların çoğunlukla güçlü kimliğe sahip gruplarda ortaya çıktığı; ekonomik şikâyetlerin etnik grupların örgütlenmesi açısından teşvik edici unsurları oluşturduğu belirtilmelidir. Bkz. Mürsel Bayram, Ömür Toker ve Halil Özcan Özdemir, "Ekonomik Gelişme-Etnik Çatışma İlişkisine Dair Nitel Bir Analiz", *Barış Araştırmaları ve Çatışma Çözümleri Dergisi*, Cilt 4, Sayı 2, 2016, s. 6.
[292] Stewart M. Patrick, "Why Natural Resources Are a Curse on Developing Countries and How to Fix It", *The Atlantic*, 30 Nisan 2012; Michael Roll, "Demokratie statt Ressourcenfluch: Ein neues Modell für ölreiche Entwicklungsländer", *FES Perspective*, Berlin, 2012, s. 1-5; Stefan Peters, "Erdöl, Rente und Politik: Vom Ressourcenfluch zur Rentengesellschaft", *Welt Trends: Zeitschrift für Internationale Politik*, Yıl 22, Sayı 97, Temmuz-Ağustos 2014, s. 62-70.
[293] "GDP and its breakdown at current prices in US Dollars", *United Nations Statistics Division*, Aralık 2016.

Bununla birlikte, Afrika devletlerinin sadece 5'i (Seyşeller, Mauritius, Cezayir, Tunus, Libya) yüksek insanî gelişme düzeyinde; 13'ü (Botsvana, Gabon, Mısır, Güney Afrika Cumhuriyeti, Cabo Verde, Fas, Namibya, Kongo, Ekvator Ginesi, Gana, Zambiya, Sao Tome ve Principe, Kenya) orta insanî gelişme düzeyinde; geri kalan 36 ülke düşük insanî gelişme düzeyinde yer almaktadır. Esasen Asya'dan üç[294], Pasifik'ten iki ülke[295] haricinde düşük insanî gelişme kategorisinin tamamını Afrika ülkeleri oluşturmaktadır.[296]

Düşük insanî gelişme kategorisinde yer alan Afrika ülkeleri, dünyanın en az gelişmiş ülkeleri (EAGÜ) olarak değerlendirilmektedirler. En az gelişmiş ülkeler, Birleşmiş Milletlerin 1971'de yaptığı bir tanımlamadır. Bir ülkenin EAGÜ sayılabilmesi için, nüfusunun 75 milyonu geçmemesi, kişi başı yıllık millî gelirinin üç senelik ortalamasının 900 doların altında olması, ekonomisinin çeşitlilik arz etmemesi, beslenme, sağlık, ortalama ömür, okuryazarlık gibi insanî gelişme göstergelerinin dünya ortalamasının çok altında olması gibi kriterler dikkate alınmaktadır. EAGÜ'lerin 33'ü Afrika, 8'i Asya, 5'i Pasifik, 1'i Karayipler'de yer almaktadır.[297] Bu ülkeler dünya nüfusunun yaklaşık yüzde 11'ini oluşturmakta, ancak dünya üretiminin sadece yüzde 0.5'ini temsil etmektedirler.[298]

---

[294] Afganistan, Suriye, Yemen

[295] Papua Yeni Gine, Solomon Adaları

[296] United Nations Development Programme, *Human Developmen Report 2016: Human Development for Everyone*, New York, 2016.

[297] Bu ülkeler, alfabetik olarak, Afganistan, Angola, Bangladeş, Benin, Bhutan, Burkina Faso, Burundi, Cibuti, Çad, Eritre, Etiyopya, Gambiya, Gine, Gine-Bissau, Güney Sudan, Haiti, Kiribati, Kamboçya, Komorlar, Kongo Demokratik Cumhuriyeti, Laos, Lesotho, Liberya, Madagaskar, Malavi, Mali, Moritanya, Mozambik, Myanmar, Nepal, Nijer, Orta Afrika Cumhuriyeti, Ruanda, Sao Tome ve Principe, Senegal, Sierra Leone, Solomon Adaları, Somali, Sudan, Timor-Leste (Doğu Timor), Togo,
Tuvalu, Uganda, Tanzanya, Vanuatu, Yemen ve Zambiya'dır.

[298] "En Az Gelişmiş Ülkeler", *Türkiye Cumhuriyeti Dışişleri Bakanlığı*, http://www.mfa.gov.tr/en-az-gelismis-ulkeler.tr.mfa, 18 Aralık 2016.

Afrika ülkelerinin ekonomik potansiyelleri ile refah düzeylerinin çelişmesini açıklayan birden fazla faktör vardır. Bunlarda birisi, hızlı nüfus artışıdır. Gelişme göstergeleri açısından beklenen düzeye ulaşamayan Afrika, nüfus artış hızı söz konusu olduğunda dünya ortalamasının üzerine çıkmaktadır (bkz. Tablo 2). 2050'de sadece Nijerya'nın ABD nüfusunu geçeceği[299] ve 21. yüzyılın sonlarında dünya nüfusu durağanlaşırken[300] Afrika nüfusunun 2100 sonrasında dahi artmaya devam edeceği tahmin edilmektedir. Bugün dünya nüfusunun yüzde 15'ine ev sahipliği yapan kıtanın 2100 yılında dünya nüfusunun yüzde 25'ini oluşturacağı, aynı süreçte Avrupa'nın dünya nüfusundaki payının yüzde 12'den yüzde 6'ya gerileyeceği öngörülmektedir.[301]

---

[299] Claire Provost, "Nigeria expected to have larger population than US by 2050", *The Guardian*, 13 Haziran 2013.

[300] Wolfgang Lutz, Warren Sanderson ve Sergei Scherbov, "The End of World Population Growth", *Nature*, Sayı 412, Ağustos 2001, s. 543-545.

[301] Dünyada en genç nüfus ortalamasına sahip olan ülkeler sırasıyla Nijer (15,1), Uganda (15,5), Mali (16), Malavi (16,3) ve Zambiya (17); en yaşlı ülkeler ise sırasıyla Almanya (46,1), Japonya (46,1), İtalya (44,5) ve Avusturya'dır (44,3). Demografi uzmanı Sauvy, bu eğilime dayanarak Avrupa'nın "yaşlılıktan ölmeye" başlayacağını öngörmüştür. Ona göre, *"bombadan korkmayınız, tehlike başka yönden geliyor; yakında yaşamla dolup taşan bir Güney ile yaşlanan bir Avrupa arasındaki zıtlık dayanılmaz olacak"*, o zaman Güney kaçınılmaz olarak Kuzey'e doğru taşacak ve *"Asya'nın bu küçük burnu, Avrupa yavaş yavaş batacak"*. Bkz. Alfred Sauvy, *Avrupa Batacak: 30 Yıl Sonra Kuzey-Güney*, Çev. Şennur Karakurt, Endülüs Yayınları, İstanbul, 1991; United Nations Department of Economic and Social Affairs Population Division, *World Population to 2300*, New York, 2004, s. 29-32; Hasan Öztürk ve Hatice Eke, *Gelecek Vadeden Kıta: Afrika*, Bilge Adamlar Kurulu Raporu, No: 70, Aralık 2015, s. 3.

Tablo 2. *Bazı Göstergeler Açısından Dünya ve Afrika Ortalaması*
(Kaynak: Dünya Bankası, 2016)

	Dünya Ortalaması	Afrika Ortalaması
Nüfus artış oranı	% 1,1	% 2,7
Kişi başına düşen yıllık ortalama gelir	10.178 $	1.350 $
Ortalama yaşam süresi	71 yıl	56 yıl
İlköğretimi tamamlama oranı	% 91	% 69
Düzenli su kaynağına ulaşabilen nüfus oranı	% 89	% 64
Düzenli sağlık hizmetine ulaşabilen nüfus oranı	% 64	% 30
Kişi başına enerji tüketimi (kg petrol eşdeğeri)	1.890	681
Kişi başına elektrik tüketimi (kW saat)	3.044	535
Gayrısafi hâsıla (milyar $)	72.496	1.290

Ülkelerin nüfus artış hızı ile fakirleşme oranları arasında doğrudan bir ilişki tespit edilmektedir.[302] Ancak bu ilişki, belli koşullara bağlıdır, çünkü nüfus artışı, potansiyel bir güç unsuru olarak ekonomik büyümeyi doğrudan etkileyen bir faktör de olabilmektedir. Yeterli nüfus büyüklüğüne sahip ülkeler, kaynak kullanımlarını çeşitlendirdikleri takdirde ölçek ekonomilerinden daha iyi istifade edebilmektedirler. Böylece nüfus büyüklüğü ile gelir düzeyleri arasında pozitif bir ilişki ortaya çıkmaktadır. Söz konusu ilişkiyi belirleyen en önemli faktör ise nüfusun kalitesidir. Bir ülkede bireylerin eğitimli ve nitelikli olma oranlarına bağlı olarak

---

[302] N. Gregory Mankiw, David Romer ve David N. Weil, "A Contribution to the Empirics of Economic Growth", *The Quarterly Journal of Economics*, Mayıs 1992, s. 407-437.

üretkenlik ve ekonomik büyüme oranlarında artış gözlenmektedir.[303] Ne var ki çoğu Afrika devleti, kaynak kullanımlarını çeşitlendirme ve nüfuslarının kalitesini artırma konusunda henüz yeterli şartları sağlayamamıştır. Bu durum, nüfus artış hızı ile fakirleşme oranı arasındaki ilişkinin sürdürülmesine ve ekonomik büyüklük gibi nüfus büyüklüğünün de etkili bir güç unsuruna dönüştürülememesine neden olmaktadır.

Bir devlet, ekonomik ve demografik büyüklüğünü teknolojik ve endüstriyel kapasite ile birleştirdiğinde potansiyel olarak güçlü bir ordu kurabilir. Afrika'da bunu sağlayabilen devlet sayısı sınırlıdır. Genellikle bölgesel güç olarak tanımlanabilecek devletler, askerî açıdan kıta ortalamasının üzerinde bir güç elde etmişlerdir. Global Firepower askerî güç endeksinde Afrika'nın en güçlü ilk beş devleti Mısır, Cezayir, Etiyopya, Nijerya ve Güney Afrika olarak sıralanmaktadır.[304] Mısır 10. sırada İtalya'nın önünde; Cezayir 25. sırada Kanada'nın önünde; Etiyopya 41. sırada Romanya'nın önünde; Nijerya 43. sırada Venezuela'nın önünde; Güney Afrika 54. sırada Şili'nin önünde yer almaktadır.[305] Bu endeks oluşturulurken ülkelerin toplam nüfusu, toplam muvazzaf asker sayısı, askerlik hizmetine elverişli insan gücü, her yıl askerlik çağına ulaşan insan gücü; sahip olduğu silah sayısı, teknolojisi ve çeşitliliği; yıllık savunma bütçesi, döviz ve altın rezervi, satın alma gücü paritesi, toplam dış borcu; yüzölçümü, kara, hava ve deniz ulaşım ağı, enerji ve tabii kaynak rezervi, üretimi, tüketimi vb. 50'den fazla

---

[303] Lisa Feng Yung Chen, "Africa's Trade with China: Good for Growth?", *Stanford University International Policy Studies*, Haziran 2007, s. 13-14.

[304] "African Countries Ranked by Military Power (2017)", *Global Firepower*, http://www.globalfirepower.com/countries-listing-africa.asp, 26 Ağustos 2017.

[305] "2017 Military Strength Ranking", *Global Firepower*, http://www.globalfirepower.com/ countries-listing.asp, 26 Ağustos 2017. İtalya ve Kanada gibi devletlerin askerî açıdan gerçekten Afrika devletlerinin gerisinde olup olmadıkları bir yana, ne Afrika devletlerinin söz konusu devletlerden daha güçlü olduklarına dair bir iddiaları, ne de diğer uluslararası aktörlerin Afrika'yı böyle bir güçlü devletler topluluğu olarak görme eğilimi vardır ki bu da askerî gücün sadece potansiyel güç unsurlarına değil, aynı zamanda karşılıklı inşaya da dayandığını göstermektedir.

faktör hesaba katılmaktadır. Bir faktörün çıkarılması veya yenisinin eklenmesi durumunda sıralama değişebilir. Ayrıca, sahada test edilmediği müddetçe askerî gücün gerçekçi bir ölçümünü yapmak zordur. Dolayısıyla söz konusu endeks, Afrika ülkelerinin gerçek askerî gücünden ziyade potansiyel olarak sahip olduğu güce ilişkin bir fikir vermesi bakımından önemlidir.

Birinci Bölümde değinildiği üzere, bir devletin potansiyel olarak sahip olduğu coğrafî, demografik, ekonomik, askerî vb. kapasiteyi etkili biçimde kullanabilmesi, istikrarlı bir siyasî yapıya ve diplomasisinin kalitesine bağlıdır.[306] Afrika kıtasında istikrarlı bir siyasî yapıya sahip olup iyi yönetişim (*good governance*) endekslerinde ilk sıralarda yer alan devletler (Mauritius, Cabo Verde, Botsvana, Seyşeller), kapasitelerini görece etkili biçimde değerlendirebilmişlerdir. Bunlar haricindeki çoğu Afrika devleti (örn. Kongo Demokratik Cumhuriyeti, Sierra Leone ve Somali) ise kurumsallaşmamış devlet yapısı, rutinleşen askerî darbeler, şiddetli etnik-dinsel çatışmalar, kötü yönetişim, dış müdahale gibi faktörler nedeniyle anokratik* bir siyasî yapıya evrilmişlerdir. Bu yapı, haliyle var olan kapasitenin kullanılmasına engel olmuştur.

---

[306] Hans J. Morgenthau, **Politics among Nations: the Struggle for Power and Peace**, Alfred A. Knopf, New York, 1948, s. 80-105.

* *Adem-i iktidar* anlamına gelen *anokrasi* (*anocracy*), demokrasi ile otokrasi arasında kalan siyasal sistemleri nitelemektedir. Anokrasilerin en temel dört karakteristiği; kurumsallaşmamış bir devlet yapısı, neredeyse kronikleşmiş bir siyasal istikrarsızlık, ideolojisiz veya yüzeysel bir ideolojiye dayanan iç ve dış politikadır. Anokrasiler, demokratik ülkelere özgü kurumlara ve siyasal özelliklere sahip olsalar da, bu kurumlar ve özellikler onları gerçek anlamda "demokratik" kılacak ölçüde güçlü değildir. Bu durum, çoğunlukla imparatorluk tarzı güçlü bir merkezî siyasal yapının dağılması sırasında merkezkaç unsur olarak ortaya çıkan ve sonrasında yeni bir güçlü merkezî siyasal yapı oluşturamayıp eski bağımlılık ilişkilerini farklı şekillerde devam ettirmek zorunda kalan devletlerde görülmektedir. Osmanlı İmparatorluğu, Avrupa devletlerinin sömürge imparatorlukları, SSCB ve Yugoslavya'nın dağılması sonucu kurulan devletlerin önemli bir kısmında anokrasi ortaya çıkmıştır. Bunlar, genellikle dünya siyasetinde ve ekonomisinde marjinal etkiye sahip olan küçük güçler olmuştur. Kavram hakkında bkz. Norman Schofield ve Maria Gallego, "La Modelización de la Política: Autocracia y Anocracia", **Nuevo Institucionalismo:**

Afrika devletlerinin potansiyellerini kullanabilme düzeylerindeki farklılıklar, kimlik özellikleriyle açıklanabilir. Kimliğin birincil bileşeni durumundaki beşerî coğrafya özelliklerine bakıldığında, Afrika'nın etnik, dilsel ve dinsel olarak birçok çeşitliliği barındırdığı görülmektedir. Genel hatlarıyla bir tasnif yapılacak olursa, Afrika'yı beş etnolengüstik gruba ayırmak mümkündür. Söz konusu gruplar; Afro-Asyatik, Nil-Sahra, Nijer-Kongo, Hoisan ve Avustronezya gruplarıdır [307]. Bunların yanında, farklı zamanlarda ve farklı saiklerle Avrupa, Çin, Hindistan ve Lübnan'dan göç edip kıtanın çeşitli bölgelerine yerleşen gruplar vardır. Dinsel olarak ise kıta nüfusunun yaklaşık yarısı Müslüman, yarısı Hıristiyandır. Ayrıca *animist* (canlıcı) olarak tabir edilen yerel inanışlar da yaygındır.

Sayılan özellikler, Afrika devletlerinin kimliklerine kısmen yansımıştır. Kuzey Afrika ülkelerinin iç ve dış politikalarında değişen oranlarda Arap-Müslüman kimliğinin etkileri gözlemlenirken kıtada sadece Etiyopya'nın Hıristiyanlığı devlet kimliğinin parçası haline getirdiği dikkat çekmektedir.[308] Avrupalı yerleşimcilerin yoğun olduğu Güney Afrika ve Rodezya (sonradan Zimbabve) bir dönem için beyaz ırkın üstünlüğüne dayalı bir siyaset izlemişlerdir. Bunların dışındaki Afrika ülkeleri, nüfuslarının yapısına dayalı bir devlet kimliği ile ön plana çıkmamıştır. Kwame

---

Gobernanza, Económica y Políticas Públicas, Ed. Xosé Carlos Arias ve Gonzalo Caballero, Centro de Investigaciones Sociológicas, Madrid, 2013, s. 181-204.

[307] Bu gruplar içinde en kalabalık olanlar şu şekilde sıralanabilir: Afro-Asyatik grupta Arap, Berberî, Hevsa, Habeş (Amhar ve Tigrinye), Somali; Bantu'nun da geniş bir altgrup olarak dâhil olduğu Nijer-Kongo grubunda Svahili, Yoruba, İgbo, Şona, Zulu, Fula, Lingala, Rundi, Sotho, Tsvana; Nil-Sahra grubunda Luo, Kanuri, Kalenjin, Zarma, Dinka, Lugbara, Masai, Fur; Orta ve Güney Pasifik adalarından (Endonezya, Melanezya, Mikronezya, Polinezya) gelenleri ifade eden Avustronezya grubunda ise Madagaskar'ın ana etnik grubu olan Malgaşlar yer almaktadır.

[308] Hıristiyanlık, 4. yüzyıldan itibaren Etiyopya (eski adıyla Habeşistan) tarihinde kritik bir rol oynamıştır. 5. yüzyılda Aksum Krallığı'nı kuran Hıristiyanlar, başta İskenderiye'deki Ortodoks Kıptî Kilisesi olmak üzere, Hıristiyan dünyasından aldıkları destekle ülke siyasetinin belirleyicisi olmuşlardır. Bkz. Davut Dursun, "Etiyopya", *İslam Ansiklopedisi*, Cilt 11, TDV, 1995, s. 490.

Nkrumah liderliğindeki Gana, Afrikalı kimliğini vurgulamış ancak bunu bir devlet kimliğinden ziyade devletler üstü bir kıtasal kimlik olarak tasarlamıştır.

Kimlik, tek taraflı değil, karşılıklı olarak inşa edilmektedir. Bu nedenle Afrika devletlerinin kendilerini tanımlama biçimlerinin yanında diğer aktörlerin onları nasıl gördüğüne de bakmak gerekmektedir. Sahra'nın kuzeyi genel olarak Orta Doğu coğrafyasına dâhil edilirken güneyinde kalan kısım, bugünkü Afrika algısını oluşturan, siyahî halkların yoğunlukta olduğu bir bölgedir. Coğrafî, demografik, ekonomik, kültürel farklılıklar ihtiva eden 54 devletin[309] yer aldığı bir kıtayı tek bir aktör gibi değerlendirmek analitik açıdan sorunlu olsa da uluslararası politikada Afrika'nın kolektif bir aktör gibi algılanma eğilimi ağır basmaktadır. Afrika'nın hemen hemen tamamının Avrupalı devletlerce sömürgeleştirilmiş olması, çoğu devletin ekonomik olarak az gelişmiş, siyasal olarak istikrarsız bir görüntü sergilemesi, kıtayı ortak temalar üzerinden bir bütün olarak ele alma eğilimine yol açan nedenlerdendir. Söz konusu eğilimin nedenlerinden birisi de Afrika Birliği

---

[309] Afrika'da Birleşmiş Milletler'e üye devlet sayısı 54'tür. Afrika Birliği'ne üye devlet sayısı ise 55'tir. Afrika Birliği'ne üye olup BM üyesi olmayan Batı Sahra (resmî adıyla Sahra Arap Demokratik Cumhuriyeti), 1976'da Fas'tan bağımsızlığını ilan etmiş ve 70'den fazla devlet tarafından tanınmış, ancak Fas'ın burayı ilhak edip kendi toprağı kabul etmesi nedeniyle birçok devlet Batı Sahra'yı tanıma kararını geri çekmiştir. Bu nedenle Batı Sahra'nın statüsü tartışmalıdır. 1991'de Somali'den bağımsızlığını ilan eden Somaliland da bir devlet olabilmek için gerekli görülen insan, toprak ve egemenlik şartlarını sağlamasına rağmen hiçbir devlet tarafından tanınmadığı için Afrika'daki toplam devlet sayısına dâhil edilmemektedir. Bununla birlikte, tanınmanın devlet olma şartları arasında yer almadığını belirtmek gerekir. Devlet, "bir ülke üzerinde yaşayan insan topluluğunun üstün bir iktidara tâbi olmak suretiyle oluşturduğu varlık" şeklinde tanımlanmaktadır. Bu bakımdan Afrika'daki devlet sayısı bakış açılarına 54 ile 56 arasında değişebilmektedir. Bkz. *The Legal Issues Involved in the Western Sahara Dispute: The Principle of Self-Determination and the Legal Claims of Morocco*, Committee on the United Nations, New York, 2012, s.3-98; *Somaliland Statehood, Recognition and the Ongoing Dialogue with Somalia*, Social Research and Development Institute, Hargeisa, 2013, s. iv-76; Kemal Gözler, *Devletin Genel Teorisi*, Ekin Kitabevi, Bursa, 2007, s.4-5.

örgütüdür.[310] Afrika Birliği, kıta devletleri arasında gevşek de olsa bir bütünleşme sağlamakta, bu da kıtaya ilişkin kolektif aktörlük algısını pekiştirmektedir. Bu bağlamda Afrika genellikle üç şekilde ele alınmaktadır: (1) Afrika Birliği tarafından temsil edilen "kolektif bir uluslararası aktör", (2) ortak bir tarihi paylaşan "devletler topluluğu", (3) hem Afrikalıların hem Afrikalı olmayanların uluslararası politikada kıtayı tanımlamak için kullandıkları "mecazî/metaforik bir coğrafya".[311]

Afrika'nın benzer özelliklere sahip bir coğrafya şeklinde mecazlaşması, kıtanın siyasî olarak da bir bütün olarak algılanmasını ve uluslararası platformlarda potansiyel olarak bütüncül bir güç gibi görülmesini sağlamaktadır. Bu algı kıtanın kimliğini güçlendirse de kıta devletlerinin kimliklerini baskılamaktadır. Kıta devletleri, sömürgeci dönemde sistemleştirilen bağımlılık ilişkilerinin de etkisiyle, ne siyasal ne ekonomik olarak ön plana çıkamayan veya olumsuzluklarla gündeme gelen "mâdun"[312] devletlere dönüşmektedirler. Mevcut yapısal güç ilişkileri devam ettiği süre-

---

[310] 1963'te kurulan Afrika Birliği Örgütü (*Organization of African Unity*), 2002'de Afrika Birliği'ne (*African Union*) dönüşmüştür.

[311] Brendan Vickers, "Africa and the Rising Powers: Bargaining for the Marginalized Many", *International Affairs*, Cilt 89, Sayı 3, 2013, s. 674.

[312] İngilizce "subaltern" kelimesinin karşılığı olarak kullanılan "mâdun", Arapça "aşağıdakiler /alttakiler" anlamına gelmektedir. Gramsci tarafından kavramsallaştırılan mâdun, "hegemonya" altındaki kitlelerin tamamını ifade etmektedir. Mâdunların aktörlükleri, "negatif bir bilinç" ile inşa edilmektedir. Başka bir deyişle, mâdunlar, hâkim gücün alametlerini kendilerine mal ederek mâduniyetlerinin emarelerini ortadan kaldırmaya çalışmakta ve bunu yaparken negatif olarak inşa edilmiş bir tasarıma dâhil olmaktadırlar. Böyle bir tasarıma dayanan iktidar perspektifinin öğeleri de hâkim otorite yapısından ödünç alınmaktadır. Bunun en iyi örneği ulus-devlet yapısıdır. Bkz. El Habib Louai, "Retracing the Concept of the Subaltern from Gramsci to Spivak: Historical Developments and New Applications", *African Journal of History and Culture*, Cilt 4, Sayı 1, Ocak 2012, s. 4-8; Boğaç A. Ergene, "Maduniyet Okulu, Post-Kolonyal Eleştiri ve Tarihte Bilgi-Özne Sorunu: Osmanlı Tarihçiliği için Yeni Dersler mi?", *Toplum ve Bilim*, Sayı 83, Kış 1999-2000, s. 34; Necmi Erdoğan, 'Devleti 'İdare Etmek': Maduniyet ve Düzenbazlık', *Toplum ve Bilim*, Sayı 83, Kış 1999-2000, s. 10; Serhat Afacan, "Çevirmenin Önsözü", *Devlet ve Maduniyet: Türkiye ve İran'da Modernleşme, Toplum ve Devlet*, Der, Touraj Atabaki, 2010.

ce, mâdun aktörler otomatik olarak daha dezavantajlı konumda olmaya devam edeceklerdir.

Afrika'yı mâdun konuma getiren koşulların hem kıtada hem kıta dışında kanıksanması, kalıp yargılar (stereotipler) üzerinden imaj oluşturmayı daha kolay kılmaktadır. Halen Afrika denildiğinde genel olarak ilkel, durağan/üretmeyen, egzotik bir coğrafya akla gelmektedir.[313] Bu olumsuz imajla bağlantılı olarak kıta, edilgen bir mekân ve sürekli büyük güç mücadelelerine sahne olan doğal bir rekabet sahası şeklinde tasvir edilmektedir. Herhangi bir kıta dışı aktörün Afrika'da nüfuzunu artırmasının uluslararası jeopolitik ve ekonomik bir mücadeleye yol açacağının düşünülmesi de bu stereotipleştirmenin sonuçlarından biridir.

Afrika devletleri, mâduniyetleri nedeniyle uluslararası siyasal ve ekonomik gelişmelerden fazlaca etkilenseler de, bu durum Afrika devletlerinin kısa vadeli çıkarlarını savunma ve bu konuda orijinal çözümler bulabilme imkânlarını bütünüyle ortadan kaldırmamaktadır. Bir sonraki başlıkta görüleceği üzere, Afrika devletleri gerek kendi aralarında gerekse kıta dışı aktörlerle ilişkilerinde tarih boyunca güç ve kimlik özelliklerini yansıtan bir aktörlük ortaya koymuşlardır.

Afrika Devletlerinin Dış Politikalarına Tarihsel Bir Bakış

Afrika kıtası, dünya siyasî tarihini etkileyen önemli güç merkezlerine ev sahipliği yapmıştır. Bununla birlikte, Afrikalı güçlerin dış politikalarını Çin'inki gibi bütüncül bir tarihsel ve kültürel temele dayandırmak zordur. Çünkü kıta üzerindeki her bir güç, farklı tarihsel bağlamlarda özgün davranışlar sergileyebilmiştir. Kimi güçler her halükârda bağımsızlığını ve egemenliğini önemserken, kimisi siyasî, askerî veya ticarî çıkar sağlamak için bağım-

---

[313] Erik Gilbert ve Jonathan T. Reynolds, *Tarihöncesinden Günümüze Dünya Tarihinde Afrika*, Çev. Mehmet Dikkaya, Küre Yayınları, İstanbul, 2016, s. 22-24.

sızlık ve egemenliğinden ödün vermiş, kimisi ise ne egemenliğini ne de çıkarlarını tehdit etmeyecek şekilde denge politikaları izleyebilmiştir. Afrikalı güçlerin dış politikalarını etkileyen birden fazla faktörün var olduğunu dikkate alarak bu güçlerin kendi aralarında ve kıta dışı aktörlerle ilişkilerini bölgesel ve kronolojik temelde bir ayrım ile incelemek daha uygun olacaktır. Afrika siyasî tarihi binlerce yıllık bir geçmişe dayanmakla birlikte, kıtanın mevcut siyasî koşullarını etkileyen en kritik gelişme sömürgeciliktir. Bu nedenle Afrika'nın dış politika kronolojisi, bölgesel ayrımlar da dikkate alınarak sömürgecilik öncesi, sırası ve sonrası şeklinde periyodize edilebilir.

Sömürgecilik Öncesi Dönem

Kıtanın ilk güç merkezleri kuzey bölgesinde gelişmiştir. Mısır, Kartaca, Nubya ve Etiyopya gibi Kuzey Afrika toplumları, milattan önceki devirlerden itibaren kalıcı tarım ve şehir yerleşimleri inşa ederek bölgenin kaynaklarına hükmeden güçlü bir merkezî devlet geleneği oluşturmuşlardır. Bu toplumlar, Akdeniz, Kızıldeniz ve Hint Okyanusu üzerinden Güney Avrupa ve Güneybatı Asya toplumları ile etkileşimde bulunmuşlardır. Özellikle modern Batı medeniyetinin temellerini oluşturan kadim Yunan kültürü üzerinde güçlü bir Mısır etkisinin olduğu bilinmektedir.[314] Mısır, Kadim Çin gibi kültürel üstünlüğü ile "fatihlerini fethedebilmiştir". Örneğin, nasıl Çin tahtını ele geçiren Moğollar zamanla Çinlileşmişse Mısır'ı ele geçiren Hiksoslar da zamanla Mısırlılaşmışlardır.[315]

Bugünkü Tunus'un bulunduğu bölgede Fenikeliler tarafından kurulan Kartaca, M.Ö. birinci binyılın ikinci yarısında Batı Akdeniz'e hükmetmiş ve Roma'nın başkentini işgal edecek kadar

---

[314] Martin Bernal, *Black Athena: Afroasiatic Roots of Classical Civilization*, Cilt I, Rutgers University Press, New Brunswick, 1987.
[315] Gilbert ve Reynolds, *Dünya Tarihinde Afrika*, s. 127-128.

güçlenmiştir. Kartaca, deniz ticaretine önem vermekle birlikte, Batı Afrika'nın içlerine de keşifler düzenlemiş; güney bölgelerden altın ve fildişi ticareti yaparak Sahra ötesi ticarete katılmıştır. Kartaca'nın Roma hâkimiyetine geçişinden[316] sonra da büyük oranda Gana devleti aracılığıyla bu ticaret devam etmiş, hatta Kartaca'da Batı Afrika'dan gelen altın için bir darphane kurulmuştur.[317]

Modern Sudan devletinin kuzeyindeki Nubya bölgesinde ortaya çıkan Kerma devleti, kendi metallerini üretebilen zengin ve gelişmiş bir medeniyet inşa etmiştir. Kerma, Hiksos hanedanı ile ittifak yaparak bir süreliğine Yukarı Mısır'ı işgal etmiştir. Kerma yıkıldıktan sonra onun yerini alan Kuş Devleti, Mısır gibi firavun ünvanlı hükümdarlar tarafından yönetilmiş ve bu devlet, M.Ö. 730 yılında Teb şehrini ele geçirecek kadar güç kazanmıştır. Asurluların gelişine kadar yaklaşık 50 yıl Mısır'ı ve tüm Nil Vadisi'ni siyahî Kuş firavunları yönetmiştir.[318] Kuş yıkıldıktan sonra aynı bölgede kurulan Meroe devleti, hem demir, altın ve fildişi gibi malların uzun mesafe ticaretini yapma hem de demirden silahlar üretme becerisi ile bölgede dikkate alınması gereken bir güç haline gelmiştir. Meroe özellikle Roma ile ilişkiler kurmuştur. M.S. üçüncü yüzyılda komşu Aksum'un etkili bir bölgesel güç olarak yükselişi ile Meroe zayıflayıp yıkılmıştır.[319]

Kuzeydoğu Afrika'da Habeşistan olarak anılan dağlık coğrafyada bir tür ticaret şehirleri konfederasyonu olarak kurulan Hıristiyan Aksum devleti, Afrika'nın en büyük liman şehirlerinden

---

[316] Roma İmparatorluğu, 146 yılında Berberî Numidyalıların yardımıyla Kartaca'yı mağlup edebilmiştir. Bkz. Brian Todd Carey, Joshua B. Allfree ve John Cairns, *Hannibal's Last Battle: Zama and the Fall of Carthage*, Pen & Sword Military, Barnsley, 2007, s.110.
[317] Gilbert ve Reynolds, *Dünya Tarihinde Afrika*, s. 128-133.
[318] Bu konu hakkında müstakil eserler telif edilmiştir. Örneğin bkz. Donald B. Redford, *From Slave to Pharaoh: The Black Experience of Ancient Egypt*, John Hopkins University Press, Baltimore, 2004; Robert Morkot, *The Black Pharaohs: Egypt's Nubian Rulers*, Rubicon Press, London, 2000.
[319] László Török, *The Kingdom of Kush: Handbook of the Napatan-Meroitic Civilization*, Koninklijke Brill, Leiden, 1997, s. 448.

birini inşa edip Kızıldeniz üzerinden Arabistan yarımadası ve Hint Okyanusu üzerinden alt kıta ile yaptığı ticaret sayesinde hızla büyüyüp güçlenmiştir. Güney Arabistan'daki devletleri vergiye bağlayan Aksum, bölgede kendi madeni parasını basan ilk devletlerden biridir. Ulaştığı ekonomik ve kültürel güç, Aksum'u bölgenin çekim merkezi haline getirmiştir.[320] Bilindiği gibi Arap yarımadasında İslam'ın yayılmaya başladığı dönemde Aksum, ilk Müslümanlar için de bir sığınak olmuştur.[321]

Aksum'un kuzeybatısında, bugünkü Sudan sınırları içinde hüküm süren Hıristiyan Nubya krallıkları ise İslam Devleti'nin bu bölgede genişlemesine uzun müddet izin vermemişlerdir. Güçlenen Müslümanlar, Mısır'ı fethettikten sonra Nil Nehri üzerinden Afrika'nın içlerine doğru genişlemeye çalışmışlar, ancak 641 ve 651 yıllarında Dongola'da Nubyalılar tarafından mağlup edilmişlerdir. Genişleyen İslam Devleti için nadir bir vaka olarak Müslümanlar, Nubya'nın meşruiyetini ve bağımsızlığını tanımak durumunda kalmışlardır.[322]

Benzer şekilde Kuzey Afrika'daki Berberîler de İslam orduları karşısında uzun süre direniş göstermişlerdir. Kâhine lakaplı bir kadın liderin öncülüğündeki Berberîler, Bizans kuvvetlerinin de desteğiyle Emevî güçlerini 8. yüzyılın başlarına kadar bölgeden uzak tutmuşlardır.[323] Berberîler sonradan Müslümanlığı kabul

---

[320] David W Phillipson, *Ancient Ethiopia: Aksum, Its Antecedents and Successors*, British Museum Press, Londra, 1998.

[321] Müslümanların Habeşistan'a hicretlerinden önce de Arap yarımadasındaki halklarla Aksum arasında ilişkiler mevcuttu. Bkz. Levent Öztürk, *İlk Hicret Habeşistan*, Siyer Yayınları, İstanbul 2015, s. 9.

[322] Gilbert ve Reynolds, *Dünya Tarihinde Afrika*, s. 127-128; Derek A. Welsby, *The Medieval Kingdoms of Nubia: Pagans, Christians and Muslims along the Middle Nile*, British Museum Press, Londra, 2002.

[323] El Hadji Ravane M'Baye, "The Islamization of Africa", *The Spread of Islam Throughout the World*, Ed. Idriss El Hareir ve Ravane M'Baye, Unesco Publishing, Paris, 2011, s. 309-311.

etseler de Araplaşmaya direnmişler ve zaman zaman çeşitli gerek-
çelerle ayaklanmışlardır.[324]

Abbasîler döneminde büyük nüfuslar halinde Kuzey Afri-
ka'ya göç eden Şii ve Harici gruplar, hem ticaretle uğraşarak Sah-
ra'nın güney bölgelerine İslam'ın girişini sağlamışlar, hem de ken-
di devlet geleneklerini buraya taşımışlardır. Özellikle Şiiler, kısa
süre içinde Abbasî egemenliğine meydan okuyup Kuzey Afrika
kıyılarına hükmeden bir devlet (Fatımî Hilafeti) kuracak kadar
güçlenmişlerdir. Bu süreçte Endülüs Emevîleri ile Abbasî ve Fa-
tımîler arasındaki rekabet, bölgeye yansımıştır. Senhâce Berberîle-
ri, Fatımîlerin vassalı olurken Zenâte Berberîleri tam tersine Fa-
tımîlere karşı Abbasîlerin yanında yer almıştır. İran asıllı Abdur-
rahman bin Rüstem tarafından kurulan bölgenin ilk Müslüman
kabile konfederasyonu niteliğindeki Rüstemî Devleti (762-909) ise
Abbasîlere karşı Endülüs Emevîleri ile ittifak halinde olmuştur.[325]
Cezayir merkezli Rüstemîler, aynı zamanda Fas'taki İdrisîler ve
Tunus'taki Ağlebîler ile rekabet etmiştir. Rüstemî, İdrisî ve Ağlebî
devletleri (sonra sırasıyla Abdulvadî, Hafsî ve Merinî devletlerine
dönüşeceklerdir) arasındaki rekabet, bugünkü Cezayir, Fas ve
Tunus devletleri arasındaki jeopolitik rekabetin de tarihî temelleri-
ni oluşturmaktadır.[326]

Murabıt ve Muvahhidler[*] döneminde görece siyasal bir-
leşmenin sağlandığı Kuzeybatı Afrika, 16. yüzyılın başlarından

---

[324] Nâsırüddin Sâidûnî, "Cezayir", *İslam Ansiklopedisi*, Cilt 7, TDV, 1993, s. 485.

[325] Nadir Özkuyumcu, "Rüstemîler", *İslam Ansiklopedisi*, Cilt 35, 2008, s. 295.

[326] Phillip Chiviges Naylor ve Alf Andrew Heggoy, **Historical Dictionary of Alge-
ria**, Scarecrow Press, Lanham, 1994, s. 8.

[*] Kurucu kabileye (Lemtûne) atfen Devletü'l-Lemtûniyye olarak da adlandırılan
Murabıtlar, 1056-1147 arasında Kuzey Afrika, Endülüs ve Balear adalarında hüküm
süren Berberî hânedanıdır. Hanedanın adı, Abdullah bin Yâsîn'in Senegal Nehri
üzerindeki bir adada inşa ettirdiği askerî amaçlı müstahkem yapıdan (*ribat*) gelmek-
tedir. Muvahhidler de hemen hemen aynı bölgede 1130-1269 yılları arasında hüküm
süren bir diğer Berberî hanedanıdır. Muvahhid Devleti, Murâbıtlar'ın yanlış bul-
dukları bazı dinî uygulamaları durdurmak amacıyla yeni bir ıslah hareketinin
temsilcisi olarak ortaya çıkmıştır. Bkz. İsmail Yiğit, "Murabıtlar", **İslam Ansiklope-**

itibaren Osmanlı ile Avrupa devletleri arasındaki egemenlik mücadelesine sahne olmuştur. Kuzey Afrika kıyılarını ele geçirmek isteyen İspanya başlangıçta Cezayir'deki Abduvadîler ile Tunus'taki Hafsîlerin desteğini alsa da yerel siyasî liderler, Osmanlı ile ittifak yapmayı daha avantajlı bulmuşlardır. Osmanlı egemenliğini kabul eden Cezayir, Tunus ve Trablusgarp (Libya) bölgeleri, Garp Ocakları olarak anılan yarı-bağımsız bir statü ile idare edilmiştir. Bu ocaklar, hem iç işlerinde, hem diğer devletlerle ilişkilerinde bir dereceye kadar özerk hareket etmişlerdir.[327]

1517'den itibaren Osmanlı idaresine yine sembolik biçimde bağlı olan Mısır'ın Mehmed Ali Paşa'nın valiliği döneminde (1805-1849) Avrupa tarzı modern bir ordu inşa ederek neredeyse Osmanlı payitahtını ele geçirebilecek bir güce ulaştığı bilinmektedir. Osmanlı, dönemin büyük güçlerinden yardım alarak Mehmed Ali Paşa tehdidini bertaraf edebilmiştir.[328] Osmanlı ile anlaşarak Mısır'da kendi hanedanını tesis eden Mehmed Ali Paşa, sembolik Osmanlı egemenliğinin Süveyş'ten Aden Körfezi'ne, oradan da Sudan ve Uganda içlerine kadar genişletilmesini sağlamıştır.[329]

Afrika'nın kuzeybatı köşesini tutan Fas ise egemenliği büyük ölçüde sembolik kalacak olmasına rağmen Osmanlı Devleti'ne

---

disi, Cilt 31, TDV, 2006, s. 152-155; Mehmet Özdemir, "Muvahhidler", *İslam Ansiklopedisi*, Cilt 31, TDV, 2006, s. 410-412.

[327] Başbakanlık Devlet Arşivleri Genel Müdürlüğü Osmanlı Arşivi Daire Başkanlığı, *Osmanlı Belgelerinde Cezayir*, Yayın Nu: 115, Ankara, 2010, s. v.

[328] Şinasi Altundağ, *Kavalalı Mehmed Ali Paşa İsyanı: Mısır Meselesi, 1831-1841*, Türk Tarih Kurumu, Ankara, 1988, s. 166.

[329] 19. yüzyılın ikinci yarısında Mısır'ın giderek İngiltere'nin nüfuz sahasına girdiğini belirtmek gerekir. Orhonlu'ya göre, 1869 yılında Süveyş Kanalı'nın açılmasıyla "İngilizler Kızıldeniz ve Aden körfezinin rakip bir devlet eline geçmesini istemediler; diplomatik bir karmaşıklığa da yol açmamak için Mısır'ın bu bölgelere yayılıp yerleşmesine müsamaha edildi; bu suretle bu yerleri ileride ele geçirmek için Mısır bir sıçrama tahtası olarak kullanıldı". Bkz. Cengiz Orhonlu, *Osmanlı İmparatorluğu'nun Güney Siyaseti: Habeş Eyaleti*, Türk Tarih Kurumu Yayınları, Ankara, 1996, s. 149. Mısır hıdivliğinin Afrika içlerine genişlemesi hakkında bkz. Mekki Shibeika, "The Expansionist Movement of Khedive Ismail to the Lakes", *Sudan in Africa*, Ed. Yusuf Fadl Hassan, University of Khartoum Press, Hartum, 1971.

tâbi olmayı reddetmiştir. İspanya'nın desteğiyle bölgedeki Osmanlı genişlemesini sınırlayan Fas, aynı dönemde Fransa ve Portekiz'in işgal girişimlerini de boşa çıkarmayı başarmıştır. Bu durum, 16. yüzyıl Avrupa ordularının özellikle kara savaşında Fas ordusundan teknolojik anlamda daha üstün olmadıklarını göstermektedir. Ayrıca, Faslı yöneticilerin dönemin rakip büyük güçleri karşısında diplomatik manevra kabiliyeti geliştirmiş olduğu anlaşılmaktadır. Fas, zamanla bu kabiliyetini daha uzak coğrafyalar ile de temas kurmaya yöneltmiştir. Danimarka, İngiltere, İsveç ve Fransa ile imzaladığı ticaret anlaşmaları ile dış ilişkilerini çeşitlendirmeye çalışan Fas sultanı Sidi Muhammed bin Abdullah, 1777'de Fas limanlarına Amerikan bayrağı taşıyan gemilerin de serbestçe girebileceğini beyan etmiş, böylece Amerika Birleşik Devletleri'nin bağımsızlığını tanıyan ilk devlet başkanı olarak tarihe geçmiştir.[330] Sidi Muhammed, ABD'nin yanı sıra, İstanbul'a da hediyeler ve elçiler göndererek Osmanlı ile ilişkilerini iyi tutmaya çalışmıştır.[331]

Kuzey Afrika'nın hinterlandındaki devletler de Osmanlı ile ilişki kurmayı önemsemişlerdir. Bunların başında, Çad Gölü çevresine hükmeden Bornu devleti gelmektedir. Merkezini Bornu'ya taşımadan önce Kanem adıyla bilinen bu devletin Osmanlı ile diplomatik ilişkileri, İdris Alooma'nın hüküm sürdüğü döneme (1571-1603) dayanmaktadır. Sultan Alooma, Padişah Üçüncü Murad ile ateşli silah temini ve Kıran kalesi üzerindeki hak talepleri hakkında yazışmalarda bulunmuştur.[332] Yazışmalar üzerine İstanbul'dan

---

[330] ABD Başkanı George Washington, Sidi Muhammed'e teşekkürlerini ifade eden ve iki ülke arasında daimî dostluk kurulmasını öneren bir mektup göndermiştir. Bkz. İbrahim Ceran, *Fas Tarihi*, Türk Tarih Kurumu Yayınları, Ankara, 2012, s. 778; Mohamed Sellak, *United States-Moroccon Relations*, Air University, Alabama, 1991, s. 1-6.

[331] Ceran, *Fas Tarihi*, s. 775-777.

[332] Bornu sultanı, Osmanlı'nın ele geçirdiği Fizan'daki Kıran (Goran) kalesinin kendilerine verilmesini talep etmiş, ancak Üçüncü Murad bu talebi geri çevirmiştir. Bkz. *Mühimme Defterleri*, No. 30, s. 212, Hüküm No. 494'ten aktaran Numan Hazar, *Küreselleşme Sürecinde Afrika ve Türkiye-Afrika İlişkileri*, USAK Yayınları, Ankara, 2013, s. 126.

Bornu'ya bir elçi gönderilmiştir. Ancak Osmanlı ile Bornu arasındaki ilk temaslar, olumlu bir ortamda gerçekleşmemiştir. Osmanlı padişahı, Bornu sultanı ile eşit konumda olma fikrini kabul etmemiş; ayrıca Bornu'nun talep ettiği ateşli silahları sağlamak için Osmanlı egemenliğinin kabulünü şart koşmuştur. Bornu, Osmanlı'ya tâbi olmayı reddetmekle birlikte, ticarî kanallar üzerinden Osmanlı ile diplomatik temaslarını sürdürmüştür. Sahra ötesi altın ticaretinin geçiş güzergâhında bulunan Bornu, kendisi için kuzeye açılan kapı niteliğindeki Fizan'ın Osmanlı egemenliği altında bulunması nedeniyle Osmanlı ile diplomatik teamüller dâhilinde dostane ilişkiler geliştirmeye özen göstermiştir. 19. yüzyılda Osmanlı'nın yanı sıra İngiltere ve Fransa'nın da bölgede nüfuz mücadelesine girişmesi[333] üzerine, dinî kimlikleri ile ön plana çıkan Bornu sultanları Şehu Ömer ve Şehu Haşim, Osmanlı Halifesi'ne bağlılığı tercih etmişler ve bu bağlılık, bugün Nijerya sınırları içerisinde kalan Kukawa şehrinde Osmanlı bayrağı dalgalandırılarak sembolize edilmiştir.[334]

Batı Afrika'ya gelince, buradaki savanlarda imparatorluk tarzı siyasal örgütlenme geliştirebilen devletler, Sahraaltı Afrika ile Kuzey Afrika arasında altın, tuz, tahıl, hurma, sığır derisi, kola, bakır, fildişi gibi malların ticaretine aracılık etmişlerdir. Bu süreçte özellikle Gana devleti, büyüklüğü ve zenginliği ile dikkat çekmiştir. Fakat Gana ile Kuzey Afrika'nın Müslüman devletleri arasındaki ilişkiler her zaman barışçıl olmamıştır. Gana'nın 11. yüzyılın başlarında görece stratejik bir konumda bulunan Avdağust şehrini ele geçirerek Sahra ötesi ticaret üzerindeki kontrolünü artırması, Kuzeybatı Afrika'da hüküm süren Murabıt Devleti ile çatışmaya neden olmuştur. Murabıtların Avdağust'u ve dolayısıyla Sahra

---

[333] Bkz Abdurrahman Çaycı, *Büyük Sahra'da Türk-Fransız Rekabeti (1858-1911)*, Türk Tarih Kurumu, Ankara, 1995.
[334] Ali Kyari Benî Şeyh, "19. Yüzyılda Osmanlı-Bornu Münasebetleri", *İstanbul Medeniyet Üniversitesi Siyasal Bilgiler Fakültesi Dergisi*, Cilt 1, Sayı 2, 2016, s. 35-66.

ötesi ticaretin kontrolünü ele geçirmeleri, Gana'nın giderek zayıf-layıp nihayet 13. yüzyılda yıkılmasına zemin hazırlamıştır.[335]

Bölgesel güç konumundaki Gana'nın düşüşünden sonra Batı Afrika savanında güç boşluğu oluşmuştur. Bu boşluktan ya-rarlanan Sundiata, batıda Atlantik sahilinden doğuda Gao'ya ka-dar uzanan geniş bir bölgede Mali İmparatorluğu'nu kurmuştur. Altın madenciliği, tahıl yetiştiriciliği, hayvansal üretim, balıkçılık ve su aygırı avcılığı gibi çeşitli ekonomik kaynaklara sahip olan Mali, aynı zamanda bölgenin altın ve tuz ticaretini kontrol altına alıp sınırlarına giren ve sınırlarından çıkan bütün ürünleri vergi-lendirmiş; bu sayede oldukça zengin ve güçlü bir devlet olarak sivrilmiştir. Mali'nin zenginliğine dair bir anekdot olarak, 1324-1325 yıllarında 100 deve yükü altın ve 60 bin kişilik bir kervan ile hac yolculuğuna çıkan Mali Sultanı Mansa Musa'nın İskenderi-ye'de altın fiyatlarını düşürüp emtia fiyatlarında ani artışa yol açacak kadar altın dağıttığı nakledilmektedir.[336] Öyle ki kervanın yol açtığı enflasyondan kurtulmak yıllar almıştır. O sırada İsken-deriye'de bulunan Venedikli tüccarların Avrupa'ya döndüklerinde bu hadiseyi nakletmeleri, Avrupa'da Sahraaltı Afrika'nın zengin-liklerine karşı ilgiyi artırmıştır.[337]

Mali, 15. yüzyılın ikinci yarısında Tuareg saldırıları ile za-yıflamış ve giderek bölgenin ekonomik kaynakları üzerindeki kontrolünü kaybetmiştir. Daha önce Mali'ye tâbi olan Songhay, Mali'nin zayıflaması sonucunda bağımsız bir güç olarak ortaya çıkmıştır. Songhay, süvarilerden oluşan kara gücü ve nehirlerde faaliyet gösteren kanolardan müteşekkil donanma gücü ile bölge-

---

[335] James A. Miller, "Trading through Islam: The Interconnections of Sijimasa, Gha-na and the Almoravid Movement", *North Africa, Islam and the Mediterranean World: From the Almoravids to the Algerian War*, Ed. Julia Clancy-Smith, Frank Cass, Londra, 2001, s. 44.

[336] David C. Conrad, *Empires of Medieval West Africa: Ghana, Mali, and Songhay*, Chelsea House, New York, 2010, s. 47.

[337] Gilbert ve Reynolds, *Dünya Tarihinde Afrika*, s. 176-178.

sinde etkili bir genişleme politikası izleyebilmiştir.[338] Songhay'ın genişlemesi, 16. yüzyıl sonlarında kendisinden daha güçlü bir bölgesel rakibin ortaya çıkışına kadar sürmüştür. Portekiz gibi Avrupa ordularını mağlup edebilecek bir askerî güce ulaşan Fas merkezli Sa'dî hanedanı, Songhay'ın kendisine tabi olmasını istemiş, fakat Songhay yönetimi Sa'dîlere tabiyeti kabul etmemiştir. Songhay-Sa'dî mücadelesi askerî bir karşılaşma ile neticelenmiştir. Avrupa menşeli ateşli silahlara sahip olan Sa'dî ordusu, kendilerinden sayıca çok üstün olan, ancak ateşli silah yerine kılıç, ok ve mızrak kullanan Songhay kuvvetlerini 1591'de ağır bir yenilgiye uğratmıştır. Böylece Batı Afrika savanının neredeyse tamamı, Sa'dîlerin kontrolüne girmiştir.[339]

Batı Afrika savanının güneyinde kıyıya yakın bölgelerdeki devletlerin birçoğu ise Avrupalı devletlerle köle ve silah ticareti konusunda işbirliği içinde olmuşlardır. Özellikle Dahomey, Oyo ve Asante devletleri, köle ticareti sayesinde güç kazanmışlar ve bu ticaretten elde ettikleri geliri kaybetmemek adına birbirleriyle kıyasıya mücadele etmişlerdir. Dahomey, köle ticaretinden elde ettiği geliri, daha çok ateşli silah temin etmek için kullanmış; böylece hem rakipleri karşısında gücünü artırmış, hem de otoritesini daha merkezî hale getirmiştir. Oyo ise köle ticaretinden elde ettiği gelirle, ateşli silahlar yerine atlı birliklerden oluşan güçlü bir ordu kurmaya çalışmıştır. Süvari gücü sayesinde Oyo, birçok komşu şehir devletine üstünlük sağlamıştır. Dahomey ve Oyo, yakaladıkları kölelerin tamamını köle tacirlerine satmamıştır. Bu devletler, giderek büyüyen ordularını besleyebilecek ürünlerin yetiştirilmesi için

---

[338] Songhay, sadece genişleme siyaseti ile ilgilenmeyip Mali'nin başlattığı bilim ve eğitim alanındaki yatırımları da sürdürmüştür. 16. yüzyılda sadece Timbuktu şehrinde 150'den fazla okulun bulunduğu belirtilmektedir. Bkz. Gilbert ve Reynolds, *Dünya Tarihinde Afrika*, s. 183; Ayrıca bkz. Philip Koslow, *Songhay: The Empire Builders*, Chelsea House, New York, 1995; Abd al-Rahman ibn Abd Allah Sa'di, *Timbuktu and the Songhay Empire*, Çev. John O Hunwick, Brill, Leiden, 2003.
[339] Ceran, *Fas Tarihi*, s. 581-589.

plantasyonlar* kurup burada köle işgücünden yararlanmışlardır. 1701 yılında bugünkü Gana'nın bulunduğu yerde kurulan Asante devleti de başlangıçta altın ticaretinden gelir sağlarken Amerika kıtalarında işgücü talebinin artması üzerine köle ticaretine yönelmiştir. Yaklaşık üç milyon nüfusa hükmeden Asante, kendisine bağlı (*vassal*) devletlerden vergi olarak köle almış; bunların bir kısmını Transatlantik köle tacirlerine satarken bir kısmını da kendi altın madenlerinde ve plantasyonlarda çalıştırmıştır.[340]

Afrika'nın orta bölümlerinde Batı Afrika'daki gibi imparatorluk düzeyinde devletler kurulmamıştır. Bu bölgelerde sık ormanlar, geniş nüfusları besleyebilecek nitelikte bir tarıma izin vermediği için devlet düzeyinde siyasal sistemler daha nadir görülmüştür. Buradaki devletler, sınırlı bir alanda varlık göstermekle birlikte, dış ilişkilerinde, özellikle de Avrupalı devletlerle ilişkilerinde pragmatist hareket etmişlerdir. Avrupalı güçlerle temas kuran ilk Sahraaltı Afrika devletlerinden birisi, bugünkü Kongo De-

---

* Plantasyon, ticarî veya sınaî amaçlı olarak kullanılan büyük ölçekli tarımsal alan ve işletmelerdir. Plantasyonlarda özellikle kahve, kauçuk, kakao, şeker kamışı, pamuk, sisal gibi ürünler yetiştirilir.

[340] 300 yıldan fazla bir süreyi kapsayan ve tahminen 60 milyon Afrikalıyı yurdundan eden Transatlantik köle ticareti, bu ticarete katılan Afrika devletlerinin ve başta ABD ve İngiltere olmak üzere Batılı devletlerin gelişmesine doğrudan katkı yaparken Afrika genelinde tahripkâr etkiler doğurmuştur. Bu etki özellikle demografik alanda hissedilmiştir. Dünyanın diğer yerlerinde modern nüfus patlamasının başlangıcı kabul edilen 1750 yılında Afrika nüfusu artmak bir yana, durağanlaşmıştır. Bkz. Gilbert ve Reynolds, *Dünya Tarihinde Afrika*, s. 300-305; Ataöv, *Emperyalizmin Afrika Sömürüsü*, s. 26; Melinda Elder, *The Slave Trade and the Economic Development of 18th Century Lancaster*, Halifax, 1992; James A. Rawley, *London, Metropolis of the Slave Trade*, University of Missouri Press, Columbia, 2003; Nick Hazlewood, *The Queen's Slave Trader: John Hawkyns, Elizabeth I, and the Trafficking in Human Souls*, Harper Collins, New York, 2005; Babacar M'baye, "The Economic, Political, and Social Impact of the Atlantic Slave Trade on Africa, *The European Legacy*, Cilt 11, Sayı 6, 2006, s. 607-622; Baskın Oran, *Azgelişmiş Ülke Milliyetçiliği*, s. 84; Patrick Manning, *Slavery and African Life: Occidential, Oriental and African Slave Trades*, Cambridge University Press, Londra, 1990; Paul Tiyambe Zeleza, *A Modern Economic History of Africa: The Nineteenth Century*, East African Educational Publishers, Nairobi ve Kampala, 1997, s. 56; Nathan Nunn,"The Long Term Effects of Africa's Slave Trades", *The Quarterly Journal of Economics*, Şubat 2008, s. 139–176.

mokratik Cumhuriyeti'nin güneybatı bölümü ile Angola'nın kuzeybatı bölümüne hükmeden Kongo Krallığı'dır.[341] Bölgesinde kendisine rakip olabilecek güçler karşısında askerî ve siyasî üstünlük elde etmeye çalışan Kongo Kralı Nzinga Nkuwu, 1482'de Ekvator'u geçerek Kongo'ya ulaşan Portekiz heyetini[342] oldukça sıcak karşılamıştır. Kral Nzinga, Kongo kraliyet ailesinden dört soyluyu Portekiz'e göndermiş; bunlar, Lizbon sarayında üç yıl Portekiz dili ve Hıristiyan ilahiyatı üzerine eğitim almışlardır. Hıristiyanlığı kabul edip Birinci João adını alan Nzinga, Lizbon'a bir heyet daha göndermiş ve Portekiz'in Avrupa kültürü ve teknolojileri konusunda eğitim verebilecek uzmanlar göndermesini talep etmiştir. Portekiz, kısa süre içinde Kongo'ya Nzinga'nın taleplerine cevap verebilecek üç gemi sevk etmiştir. Nzinga Nkuwu, daha sonra oğlu Nzinga Mbemba'yı Portekiz'e göndermiş; Lizbon'da ruhban eğitimine tabi tutulan Mbemba, Birinci Afonso adıyla Kongo tahtına geçmiştir.[343] Kongo Krallığı, Portekiz ile işbirliği sayesinde bölgesindeki gücünü genişletmiş ve otoritesini tehdit eden isyanları daha kolay biçimde bastırmıştır. Bir süre Kongo üzerindeki Portekiz nüfuzunu sınırlamaya çalışanlar ile bu nüfuzu benimseyenler arasında bir iç savaş yaşansa da Portekiz ile işbirliğini savunan Afonso taraftarları galip gelmiştir. Böylelikle Kongo, bölgesel güç siyasetinde daha etkin olmak için askerî, siyasî ve ticarî çıkar sağlama düşüncesiyle Avrupalı devletlerle işbirliğini bu denli önemseyip benimseyen ilk Sahraaltı Afrika devleti olmuştur.[344]

17. yüzyılın başlarında Kongo'nun güneyindeki devletlerin Portekiz tarafından istila edilmesi sürecinde, Kasanje devleti Por-

---

[341] Fahir Armaoğlu, *19. Yüzyıl Siyasî Tarihi (1789-1914)*, Türk Tarih Kurumu, Ankara, 1999, s. 418.

[342] Hem Afrika ve Asya'nın zenginliklerine ulaşmak, hem de Kuzey Afrika'daki Müslüman devletlere karşı üstünlük sağlamasına yardımcı olabilecek bir müttefik bulmak için keşif faaliyetlerine girişen Portekiz, 15. yüzyılın ikinci yarısında Batı Afrika kıyılarına keşif seferleri düzenlemişti.

[343] John Thornton, "Early Kongo-Portuguese Relations: A New Interpretation", *History in Africa*, Cilt 8, 1981, s. 183-204.

[344] Gilbert ve Reynolds, *Dünya Tarihinde Afrika*, s. 281-282.

tekiz ile ittifak yaparak Ndongo devletini zayıflatmıştır. Komşu Matamba devletine sığınan Ndongo kraliçesi Njinga Mbandi ise bölgedeki Portekiz nüfuzuna meydan okumaya başlayan Hollandalılarla ittifak kurmaya çalışmıştır. Portekiz'in Brezilya'dan takviye birlikler getirerek Hollandalıları yenilgiye uğratmaları üzerine Kraliçe Njinga, devletinin bağımsızlığını korumak için Portekizlilerle anlaşma yoluna gitmiştir. Njinga, Hıristiyan misyonerlerin girişine izin vermekle kalmayıp köle ticaretine de aktif biçimde katılmayı kabul etmiştir.[345]

Doğu Afrika'ya gelince, burada imparatorluk tarzı devletler yerine, Svahili adlı şehir devletleri hüküm sürmüştür. Tüccar medeniyeti olan bu şehir devletleri, savaştan çok refaha önem vermişler; askerî açıdan zayıf olmalarına rağmen deniz ticaretinin hâkimiyeti için birbirleriyle rekabet etmişlerdir. Bugünkü Somali'nin güneyinden Mozambik'in kuzeyine kadar uzanan Svahili şehirleri, Çin ile Akdeniz ve Hint Okyanusu arasındaki deniz ticaretine aktif biçimde katılarak farklı kökenlerden tüccarların uğrak yerlerinden biri olmuşlardır. Miladî birinci yüzyıl gibi erken bir tarihten itibaren Doğu Afrika'dan Güneybatı, Güney ve Güneydoğu Asya'ya altın, fildişi, amber, pirinç, kereste ihraç edilmiş; ticareti yapılan ürünler çeşitlendikçe bölgede hammadde tedariğinin ötesinde demir, pamuklu kumaş ve tekne üretimi gibi dönemi itibariyle önemli bir endüstri de gelişmiştir. Ticarî hareketlilikten kaynaklanan zenginlik ve kozmopolitleşme sonucunda, 1400 yılına gelindiğinde evini Çin çömlekleriyle süsleyip Çin ipeği giyebilen bir Svahili soylu sınıfı oluşmuştur.[346]

---

345 Afrika siyasî tarihinin en önemli kadın karakterlerinden olan Njinga Mbandi, babasının ölümünden sonra kral olan kardeşi Ngola Mbandi tarafından 1624'te Portekizli vali Dom João Correia de Sousa ile barış görüşmeleri yürütmek için elçi olarak görevlendirilmiş ve bu görüşmede dönemi itibariyle oldukça etkili bir müzakere kabiliyeti göstermiştir. Bkz. Adriana Balducci ve Sylvia Serbin, *Njinga Mbandi: Queen of Ndongo and Matamba*, Unesco, Paris, 2014, s. 7.
346 Afrika kıtasının genel refah seviyesi, uzun bir süre dünyanın diğer bölgeleri ile mukayese edilebilecek ölçüde olmuştur. İktisadî regresyon analizlerine göre, Afri-

Doğu Afrika, 15. yüzyıl sonlarından itibaren sırasıyla Portekiz, Osmanlı, Umman ve İngiltere'nin nüfuz mücadelesi ile karşı karşıya kalmıştır. İlk olarak Portekizli kâşifler buraya gelmiştir. Vasco da Gama'nın Svahili şehirlerini ziyareti sırasında Malindi ile Mombasa savaş halindeydi. Malindi sultanı, Portekiz savaş gemilerini bir fırsat olarak görmüş ve Mombasa ile savaşında Portekiz'den yardım almıştır. Portekizliler, bu yardımları karşılığında Malindi'den kendilerini Hindistan'a götürecek bir kılavuz talep etmişler ve Malindili kılavuzun yardımıyla Hindistan'ın Kalküta limanına ulaşmışlardır. Portekizliler, Hindistan'ın Goa ve Diu limanlarını kontrol altına aldıktan sonra yeniden Doğu Afrika'ya yönelip burada Zengibar limanına yerleşmişler ve bölgenin en önemli medeniyet merkezleri durumundaki şehirleri (Kilve, Mombasa ve Sofala) yağmalayıp ele geçirmişlerdir. 1600 yılına gelindiğinde Svahili şehirlerinin birçoğunda Portekiz kaleleri inşa edilmiştir. Hint Okyanusu'nda ticaret yapmak isteyen gemiler, Portekiz tarafından kontrol edilen belli limanlardan *kartaz* adlı izin belgelerini almaya mecbur edilmişse de Hintli ve Afrikalı tüccarlar Portekiz kontrolünü aşmanın yollarını bulmuşlardır. Çünkü Portekiz'in Hint Okyanusu gibi büyük bir deniz sahasının tamamını kontrol edebilecek sayıda gemisi yoktu.[347] Bununla birlikte, Portekizlilerin Hint Okyanusu'ndaki faaliyetleri Kızıldeniz yoluyla yapılan ticareti olumsuz etkilemekteydi. Mısır'ı fethettikten sonra Kızıldeniz'in güvenliğini sağlamak için Süveyş'te bir deniz üssü kuran Osmanlı Devleti, bu olumsuz etkiyi yok etmek için Portekiz

---

ka'da kişi başı gelir düzeyi 11. yüzyılda Batı Avrupa'dan daha fazla; 11. ve 16. yüzyıllar arasında ise Kuzey Amerika ile aynı seviyedeydi. Bu zenginlik, daha çok kıtanın doğu ve kuzey bölümlerindeki ekonomik faaliyetlere dayanmıştır. Bkz. Güran, *İktisat Tarihi*, s. 3; Janet L. Abu-Lughod, *Before European Hegemony: The World System, A.D. 1250-1350*, Oxford University Press, New York, 1989.

[347] Ayrıca, Portekiz ve 16. yüzyıl Avrupa devletlerinin birçoğu, Afrikalıların veya Asyalıların satın almak isteyebileceği bir şey üretmiyordu. Dolayısıyla Portekiz, Hint Okyanusu'na kıyı coğrafyalarda üretilen malların ticaretini yapmanın ötesinde bir ekonomik avantaj elde edebilecek durumda değildi. Bu nedenle Portekizlilerin kontrollerini devam ettirebilmek için zaman zaman Afrikalı ve Asyalı tüccarlardan borç almaları gerekmiştir.

ile mücadele etmiştir. Osmanlı'nın Portekiz etkisini sonlandırmaya yönelik ilk teşebbüsleri başarısız olmuşsa da Portekiz'in bölgedeki kontrolünün zayıflamasından yararlanan Osmanlı kuvvetleri, 17. yüzyıl başlarında bugünkü Eritre, Cibuti ve Somali kıyılarını[348] kontrol ederek Portekiz'i daha güneye itmeyi başarmıştır.[349]

17. yüzyılın sonlarına doğru yeni bir deniz gücü olarak etkisini hissettiren Umman Sultanlığı, Portekiz'i daha da güneye, bugünkü Mozambik kıyılarına inmeye zorlamıştır. Mombasa ve Malindi (Kenya) halkı, Portekizlilerin bu şehirlere atadığı kukla yönetimden kurtulmak için Umman Sultanlığı'ndan yardım istemiş; Umman bu talebe yanıt vererek Doğu Afrika kıyılarında neredeyse 200 yıldır devam eden Portekiz hâkimiyetini sona erdirmiştir. Umman Sultanlığı, 18. yüzyılın ortalarında Umman'dan Doğu Afrika'ya göçü teşvik etmiştir. Tanzanya açıklarındaki Zengibar (Zanzibar) adasında saray inşa ettiren Umman Sultanı Seyyid Said, 1839 yılında radikal bir kararla Umman'ın başkentini Maskat'tan Zengibar'a taşımıştır. Böylelikle yirmi yıl boyunca Zengibar Umman'dan değil, Umman Zengibar'dan yönetilmiştir. Bu dönemde, başta ABD'den olmak üzere çok sayıda firma, fildişi ve karanfil ticareti için Zengibar'da ofis açarken arka planda İngiltere'nin bölgedeki siyasî nüfuzunun arttığı görülmüştür. Arabistan yarımadasından yönetildiği dönemde Vahhabi tehdidine karşı İngiltere'nin müttefikliğini talep etmiş bulunan Umman yönetimi, böylece yavaş yavaş İngiliz nüfuzu altına girmiştir. Umman'ın iç işlerine Seyyid Said'in halefini belirleyecek kadar müdahale edebilen İngiltere, 1850'de Zengibar ile Maskat'ı Bû Said hanedanı ara-

---

[348] Buralar, Osmanlı Devleti'nin Habeş Eyaleti'ni oluşturacaktır. Bkz. Cengiz Orhonlu, *Osmanlı İmparatorluğu'nun Güney Siyaseti: Habeş Eyaleti*, Türk Tarih Kurumu Yayınları, Ankara, 1996.

[349] Ertuğrul Önalp, "Portekiz Kaynaklarına Göre Sefer Reis'in Hint Okyanusu'ndaki Faaliyetleri (1550-1565)", *Ankara Üniversitesi Osmanlı Tarihi Araştırma ve Uygulama Merkezi Dergisi*, Sayı 25, Bahar 2009, s. 210; Ahmet Kavas, *Osmanlı-Afrika İlişkileri*, Kitabevi Yayınları, İstanbul, 2011, s. 371.

sında paylaştırarak Umman Sultanlığı'nı iki başlı hale getirmiş ve nihayet 1890'da Zengibar'ı resmî mandası ilan etmiştir.[350]

Doğu Afrika'da uzun mesafeli ticaretten elde edilen bu refah, kıtanın daha iç ve güney bölgelerini de dolaylı biçimde etkilemiştir. Modern Zimbabve devletinin bulunduğu yerde keşfedilen büyük taş surlar, burada kamu binalarının inşası için büyük ölçekte işgücü çalıştırabilecek nitelikte bir merkezî devletin varlığına işaret etmektedir. Bu taş surları inşa ettiren Büyük Zimbabve Devleti, başlangıçta sığır yetiştiriciliğinden gelir sağlarken, 1250-1350 yılları arasında Svahili şehir devletleri aracılığıyla altın ticaretine dâhil olarak güç ve refah seviyesini göreceli olarak artırmıştır. Büyük Zimbabve Devleti'nin hüküm sürdüğü yerlerde keşfedilen seramik ve cam eserler, bölge toplumlarının çeşitli yollardan Çin ve Hint ekonomileri ile bağlantılı olduklarını göstermektedir.[351]

Kıtanın en güneyine inildiğinde, burada büyükbaş hayvan yetiştiriciliği yapan Hoihoi (Khoikhoi) halkı ile avcı-toplayıcı San halkı yaşamaktaydı. Hoihoiler, büyük devletler yerine adem-i merkeziyetçi şeflik tarzı küçük devletler kurmuştu. Sanların siyasal örgütlenmeleri, Hoihoilerinkinden de küçük ve daha adem-i merkeziyetçiydi. Burası, büyük ölçekli Avrupa yerleşiminin gerçekleştiği ilk bölge olmuştur. Önce Hollandalılar, daha sonra İngilizler bölgeye ilgi duymuştur. Hollanda Doğu Hindistan Şirketi'nin 1652 yılında ikmal garnizonu olarak tesis ettiği yer, zamanla Cape Town

---

[350] Zengibar'daki Umman idaresi, İngiltere'nin himayesinde şeklen 1964'e kadar devam etmiştir. Bkz. Gilbert ve Reynolds, *Dünya Tarihinde Afrika*, s. 354-368; Arye Oded, "The Omani Sultanate in Zanzibar and East Africa: Historical, Political, Economic and Religious Aspects", *RIMA Historical Papers*, Cilt 5, Sayı 2, Nisan 2017.

[351] Gilbert ve Reynolds, *Dünya Tarihinde Afrika*, s. 191-205; Mark Horton ve John Middleton, *The Swahili: The Social Landscape of a Mercantile Society*, Blackwell, Oxford, 2000; Ali Mazrui, *Afrikalılar: Üç Farklı Kültürel Miras*, İnsan Yayınları, İstanbul, 1992; Michael N. Pearson, *Port Cities and Intruders: The Swahili Coast, India, and Portugal in the Early Modern Era*, Johns Hopkins University Press, Baltimore, 1998; Randall L. Pouwels, *The African and Middle Eastern World, 600-1500*, Oxford University Press, Oxford ve New York, 2005.

şehrine dönüşmüş ve Hollandalılar Cape Town'dan çıkıp daha iç bölgelerde tarım ve hayvancılık yapmaya başlamışlardır. Otlatma alanlarını elinden aldıkları halklarla Hollandalılar arasında çatışmalar yaşanmıştır. Bazı Hoihoiler ise Hollandalılarla evlenerek Hollandalı-Hoihoi karışımı Grikua adlı melez bir nüfusun oluşmasına sebebiyet vermişlerdir. Bunun yanında, Endonezya, Malezya, Hindistan ve Çin'den işçi olarak getirilen önemli sayıda bir Asyalı nüfus oluşmuştur.[352]

Ümit Burnu hinterlandında göçebe çobanlık yapan Hollandalılar (Boerler), silahları ve atları sayesinde yerli halklar üzerinde üstünlük sağlamaya başlamışlardır. Toprakları ellerinden alınıp Hollandalıların hizmetinde çalışan Hoihoiler, böylelikle bağımsız bir halk olmaktan çıkmışlardır. Bantu kökenli Kosa (Xhosa), Sotho, Tsvana ve Herero halkları ise Hoihoi'ye nazaran çok daha yoğun nüfuslu, yerleşik ve siyasî olarak merkezîleşmiş devletler kurmuştu. Bunların bir kısmı askerî olarak da güçlüydü çünkü bu halklar demir gereç ve silah yapabilmekteydi. Özellikle

---

[352] Osmanlı Devleti, İngiltere'nin de talebini dikkate alarak, buradaki Malezya ve Hindistan kökenli Müslümanlar arasındaki ihtilafları çözmek için Bağdat müderrislerinden Kürt kökenli din bilgini Ebubekir Efendi'yi buraya göndermiştir. *"Ümit Burnu 1805 yılından itibaren İngiliz hâkimiyetindedir. Burada yaşayan Hindistan ve Malezya asıllı Müslümanlar, kendi aralarında anlaşmazlığa düşmüşlerdir. Anlaşmazlığın nedeni İslami kuralların uygulanmasındaki ciddi farklılıklardır. Meselenin çatışmadan çıkıp iç savaşa dönüşeceğinden endişe eden Müslümanlar bir komisyon oluşturarak 1862'de Osmanlı Fahri Konsolosu ile birlikte İngiliz valisine giderler. İngiltere Krallığı aracılığıyla dünya Müslümanlarının lideri olarak gördükleri Osmanlı Devleti'nden İslam'ı asli şekliyle anlatıp aralarındaki anlaşmazlığı giderecek bir din âlimi talebinde bulunurlar. Bunun üzerine Kraliçe Victoria, Sultan Abdülaziz'den Cape Town'a bir müftü göndermesini ister. Abdulaziz'in bu iş için görevlendirdiği Ebubekir Efendi'yi davet eden İngilizler bölgede Osmanlı nüfuzunu arttıracağı endişesiyle kendisini bir otele yerleştirerek gizlemeye çalışsa da gazetelerin gelişini duyurmasıyla kentin her tarafından Müslümanlar otele akın ederler. Müslümanların arasındaki ayrılığı gidermek üzere Halife Abdülaziz tarafından gönderildiği haberi büyük heyecan yaratmıştır. Ebubekir Efendi 29 Ağustos 1880 tarihinde, arkasında pek çok cami, okul ve İslami bir anlayış bırakarak 20 yıla yakın görev yaptığı Cape Town'da vefat etti".* Bkz. Abdulkadir Konuksever, "Ebubekir Efendi'nin İzinde", *AlJazeera*, 24 Ekim 2014; Ömer Lütfi, ***Ümid Burnu Seyahatnamesi***, İstanbul, 1292 (1876); Ahmet Uçar, ***Unutulmayan Miras: Güney Afrika'da Osmanlılar***, Çamlıca, İstanbul, 2008.

Ndebele ve Zulu devletleri Hollandalı yerleşimcilere meydan okuyabilmiştir. Zulu Kralı Dingane, 1830'larda Hollandalıların gözünü korkutmak için 6 bin kadar savaşçı ile geçit töreni yapmıştır. Bu gücüyle Zulu, uzun süre Avrupalı yerleşimcilerin saldırılarını püskürtmüştür. Kosalar, ateşli silah kullanımında ustalaşarak uzun süre bağımsızlıklarını korumuşlar ve İngiliz Cape sömürgesinin bir kısmını işgal edecek kadar güçlenmişlerdir. Mzilikazi liderliğindeki Ndebele devleti, melez Grikualar da dâhil olmak üzere hemen her etnik kökenden insanı devlet görevlerine getirerek görece kozmopolit bir güç haline gelmiş, ancak Avrupalı saldırılarına karşı Kosa ve Zulu kadar dirençli olamayıp kuzeye doğru sürülmüştür. Bugünkü Lesotho devletinin kurucusu olan Moşuşu (Moshoeshoe) ise Kosa, Ndebele ve Zulu'dan farklı olarak Avrupalılarla diplomatik ilişkiler kurabilmiştir. Moşuşu, misyonerleri başkentine kabul ederek onlar vasıtasıyla Avrupalılardan at, tüfek ve muhtelif ticarî mallar temin etmiştir. Moşuşu din olarak Hristiyanlığı kabul etmemekle birlikte misyonerlerin kendisine saygı duymasını sağlamıştır. Misyonerlerin Moşuşu hakkındaki olumlu görüşleri, zamanla İngiliz hükümetinin desteğine dönüşmüştür. Böylece Güney Afrika'daki diğer Bantu devletleri çökerken Moşuşu'nunki ayakta kalabilmiştir.[353]

Çöken Bantu devletlerinin üzerine 1854'te Oranj Devleti (*Oranje-Vrystaat*) ile Güney Afrika Cumhuriyeti (*Zuid-Afrikaanse Republiek*) kurulmuş, İngiltere de bu devletleri tanımıştır. Ancak 1880'lerde bölgede altın ve elmas madenleri keşfedilince İngilizce konuşan yabancılar (*Uitlander*) bu Boer cumhuriyetlerine akın etmiştir. İngiltere, Boer cumhuriyetlerinin hükümetlerine Uitlanderların haklarını korumaları yönünde baskı yapmıştır.[354] Boer-İngiliz

---

[353] Elizabeth A. Eldredge, *A South African Kingdom: The Pursuit of Security in Nineteenth Century Lesotho*, Cambridge University Press, Cambridge, 1993; Max du Preez, "The Socrates of Africa and His Student: A Case Study of Pre-Colonial African Leadership", *Leadership*, Cilt 8, Sayı 1, 2012, s. 7-15.
[354] Gilbert ve Reynolds, *Dünya Tarihinde Afrika*, s. 373-400.

rekabeti, birincisi 1880-1881, ikincisi 1899-1902 yıllarında olmak üzere iki savaşa yol açmıştır. Savaşlar, Boer cumhuriyetlerinin yıkılıp İngiltere hâkimiyetinde bir Güney Afrika Birliği'nin (1910-1961) kurulması ile sonuçlanmıştır. Böylelikle kıta üzerindeki Avrupa nüfuzu pekişmiştir.

Sömürgecilik Dönemi

19. yüzyılın ikinci yarısından önce bazı Afrika devletleri, Avrupa devletlerini mağlup edebilecek güce ulaşabilmekteydi. Örneğin, beş bin kişilik bir tüfekli piyade kuvveti bulunan Asante, 1824'te İngiliz kuvvetlerini yenilgiye uğratmayı başarmıştı. Ancak 1872 yılındaki savaşta, İngiltere Asante'yi yenmekle kalmayıp başkentleri Kumasi'yi de yakıp yağmalamıştır.[355] Bu durum, Avrupa devletleri ile Afrika devletleri arasındaki görece güç dengesinin 19. yüzyılın ikinci yarısında net biçimde ortadan kalktığını göstermektedir.

Yalnızca Afrika'da değil, dünya genelinde güç dengesinin Avrupa devletleri lehine değişmesi, üç temel faktörle açıklanabilir: buharlı gemiler, makineli tüfekler ve *kinin*. Silah yönünden güçlendirilmiş demir gövdeli buharlı gemiler, sadece açık denizlerde değil, nehir ve göl sistemleri üzerinde de hareket kabiliyetleri olduğu için, Afrika'nın iç bölgelerinde Avrupa nüfuzunun derinleşmesini sağlamıştır. İngiltere'nin Afyon Savaşları'nda Çin'e boyun eğdirmesini kolaylaştıran en kritik unsurlardan birisi de daha önce Avrupa savaş gemilerinin giremediği sığ nehir kanallarında Çin filosunu mağlup eden Nemesis adlı buharlı gemi idi. Avrupa devletlerinin Asya ve Afrika devletleri karşısındaki üstünlüklerinin bir diğer kaynağı, makineli tüfeklerdir. Afrika devletleri, uzun zamandır Avrupalılardan ateşli silah alabilmekteydi. Bunlar Avrupa-

---

355 Asante ile İngiltere dört kez savaşmıştır. Bkz. Bruce Vandervort, "Anglo-Asante Wars (1823–1831, 1863–1864, 1873–1874, 1896, 1900)", *The Encyclopedia of War*, 31 Ağustos 2017.

lılarınkinden daha düşük kalitede olsa da savaş alanında asimetrik ölçüde bir güç dengesizliğine yol açmamaktaydı. 19. yüzyılın ikinci yarısında Avrupa'da öldürme kapasitesi yüksek yeni silahlar üretilmiş ve bunlar planlı biçimde Afrika devletlerine satılmamıştır. Özellikle bir dolduruşta seri atış imkânı veren makineli tüfekler, Avrupalı güçlerin Afrikalı güçler karşısında daha rahat askerî üstünlük sağlamalarında etkili olmuştur.[356] Avrupalı güçlerin üstünlüğüne katkısı olan üçüncü unsur, *kinin* maddesidir. Avrupalılar, sıtma ve sarıhumma gibi hastalıklara Afrikalılar kadar bağışık olmadıkları için keşif faaliyetleri sırasında çok sayıda Avrupalı hayatını kaybetmiştir. Kınakına ağacının kabuğundan elde edilen ve bu tür hastalıkları önleme amaçlı olarak kullanılan kinin maddesinin 19. yüzyılın ikinci yarısında kısa sürede çok miktarda üretilmesi, ticaret, keşif veya işgal için Afrika'ya giden Avrupalıların hastalık maliyetlerini azaltmıştır. Avrupalılar temel olarak bu üç alandaki üstünlükleri sayesinde Afrikalılarla aralarındaki güç dengesini kendi lehlerine ve radikal biçimde değiştirerek kıta üzerinde sömürgecilik faaliyetlerini yoğunlaştırmışlardır.[357]

19. yüzyılın ikinci yarısında Avrupa'da hızlanan sanayileşme süreci için gerekli hammaddeleri temin etmek ve oluşan üretim fazlasını dağıtabilmek için yeni pazarlara ihtiyaç duyulmuş, buna bağlı olarak Avrupa devletleri yeni topraklar elde etme yarışına girmişti. Toprakların paylaşımı konusunda kendi aralarında çıkabilecek çatışmaları önlemek için Berlin'de bir araya gelen Avrupa devletleri, buradaki konferanstan (1884-1885) sonra Afrika'yı nüfuz sahalarına ayırmışlar ve iki ülke (Habeşistan ve Liberya)

---

[356] Bir dolduruşta seri atış imkânı veren (mükerrer atışlı) mekanizmasıyla Amerikan Winchester tüfeği, özellikle "Batı'yı kazandıran silah" olarak anılmıştır. Bkz. Vlademir Çelik, "Winchester 150 yaşında", **Armi e Tiro Tabanca ve Tüfek Dergisi**, Sayı 33, Mart-Nisan 2016.

[357] Gilbert ve Reynolds, **Dünya Tarihinde Afrika**, s. 404-412.

hariç olmak üzere kıtanın tamamını 1914'e kadar kontrol altına almışlardır.[358]

Sokoto ve Zengibar gibi devletli toplumların bulunduğu yerlerin kontrolü nispeten kolay olurken, Tiv ve İgbo gibi devletsiz toplumların bulunduğu yerler zorlukla istila edilebilmiştir, çünkü siyasî birlik halindeki toplumlar savaş yoluyla bir defada mağlup edilirken siyasî olarak bölünmüş yapıların bastırılması çok daha fazla zaman ve çaba gerektirmiştir. Devletli toplumlar da sömürgeci devletler karşısında direnmiş, ancak yukarıda izah edildiği üzere Avrupa devletlerinin askerî üstünlüğü çoğu yerde etkili bir direnişe izin vermemiştir. Örneğin Sudan, yaklaşık 10 yıl İngiliz-Mısır idaresine dirense de Omdurman Muharebesi'nde (1898) makineli tüfek ve toplarla donatılan İngiliz-Mısır ordusu sadece 40 kayıp verirken Sudan ordusu 11 bin askerini kaybederek teslim olmak zorunda kalmıştır.[359] Benzer şekilde, Doğu Afrika'daki Hehe halkı, ateşli silah yerine mızrak kullandıkları halde 1891'de 300'den fazla Alman askerini püskürtmüş ve yedi yıl kadar Alman işgalini önlemişlerdir. 1898'de ilkinden daha güçlü ve kalabalık bir Alman ordusu karşısında Hehe halkı nihaî olarak direnç gösterememiş; yine de Hehe lideri Mkwawa, teslim olmak yerine kendisini öldürmeyi yeğlemiştir.[360]

Anlaşılacağı üzere, her Afrika toplumu sömürgeci güçler karşısında kayıtsız şartsız teslim olmamıştır. Elbette rakiplerine

---

[358] Fahir Armaoğlu, *19. Yüzyıl Siyasî Tarihi (1789-1914)*, Türk Tarih Kurumu, Ankara, 1999, s. 417-420; Crawford Young, "The Heritage of Colonialism", *Africa in World Politcs: Reforming Political Order*, Ed. John W. Harbeson ve Donald Rothchild, Westview Press, Boulder, 2009, s. 19; Peter Wickins, *An Economic History of Africa from the Earliest Times to Partition*, Oxford University Press, Cape Town, 1981; Basil Davidson, *Modern Africa: A Social and Political History*, Longman, Londra ve New York, 1989, s. 4.

[359] Omdurman Muharebesi hakkında bkz. Donald F. Featherstone, *Omdurman 1898: Kitchener's Victory in the Sudan*, Praeger, Westport, 2005.

[360] Alison Redmayne, "Mkwawa and the Hehe Wars", *The Journal of African History*, Cilt 9, Sayı 3, 1968, s. 409-436.

karşı üstünlük elde etme ve daha fazla çıkar sağlama düşüncesiyle veya güçsüzlüğünü en baştan kabullenmek suretiyle sömürgeci güçlerle uzlaşmayı tercih eden, hatta doğrudan sömürgeci bir gücün himayesini talep eden Afrika devletleri de vardır. Örneğin, bugünkü Botsvana topraklarında Bantu kökenli Tsvanalar tarafından kurulan kabile devleti düzeyindeki orta-sınıf krallıklar (özellikle Ngwato ve Ngwaketse), bölgelerindeki bakır madenlerini ve Kalahari'deki avcılığı kontrol altına alarak güçlenmişler, ancak 19. yüzyılın ortalarında Hollanda kökenli Boerlerin yayılmacı faaliyetleri ile karşı karşıya kalmışlardır. O dönemde Tsvanalar arasında faaliyet yürüten İngiliz misyonerler, Boer tehdidine karşı İngiliz desteğine başvurulmasını tavsiye etmiş; birçok Tsvana lideri de bu tavsiyeye uyarak İngiltere'den himaye (*protectorate*) talebinde bulunmuştur.[361]

Güç ve kimlik özelliklerini kullanma konusunda mâhir bir Afrika devleti olan Habeşistan (şimdiki Etiyopya), Afrika'da Avrupa sömürgeciliğinin kaçınılmaz olmadığını gösteren tek örnektir. Hıristiyan kimliğinden ve köklü devlet tecrübesinden yararlanarak Avrupalı güçler arasındaki rekabeti kendi lehine değerlendirebilen Habeşistan, Avrupa devletlerinden modern silahlar temin edebilmesi ve dağlık coğrafyasının doğal bir kale işlevi görmesi nedeniyle etkili bir savunma gücü oluşturabilmiştir. Nitekim 1896 tarihli Habeşistan-İtalya Savaşı'nda Habeşistan ordusu yaklaşık yüzde 10 oranında bir kayıpla İtalya karşısında galip gelmeyi başarmıştır.[362] 1934-1936 yıllarında yeniden Habeşistan'ı işgal girişiminde bulunan İtalya, bu sefer motorlu taşımacılık ve havacılık teknolojisi ile

---

[361] Çoğu kgosi (Tsvana devleti lideri) İngiliz himayesini gönüllü olarak kabul ederken bazıları içişlerine müdahale edilmemesi şartıyla kabul etmiş, az sayıdaki kgosi ise herhangi bir himayeye ihtiyaç duymadıklarını ilan etmiştir. Bkz. Ernest Bruce Iwan-Müller, *Lord Milner and South Africa*, W. Heinemann, Londra, 1902, s. 136; Monageng Mogalakwe, "Botswana: An African Miracle or a Case of Mistaken Identity," *Pula: Botswana Journal of African Studies*, Cilt 17, Sayı 1, 2003, s. 85-93; Martin Meredith, *Diamonds, Gold, and War: The British, the Boers, and the Making of South Africa*, Public Affairs, New York, 2007, s. 139.
[362] Gilbert ve Reynolds, *Dünya Tarihinde Afrika*, s. 413-430.

arazi engelini aşıp yer yer zehirli gaz kullanarak[363] bu ülkeyi işgal etmiştir. Habeşistan İmparatoru Haile Selassie, Osmanlı ordusunda önemli kahramanlıklar göstermiş olan Mehmed Vehib Paşa'yı Habeş Orduları Başkomutanı olarak tayin etmişse[364] de başkent Addis Ababa'nın düşüşüne engel olamamıştır. İmparator Selassie, Mayıs 1936'da Milletler Cemiyeti'nin merkezi Cenevre'ye giderek bu yeni "hükümetler hükümetinden" yardım çağrısında bulunmuş[365], ancak Milletler Cemiyeti işgali kınama ve İtalya'ya ekonomik yaptırım kararı almanın ötesinde bir girişimde bulunmamıştır.[366] İtalya'nın İkinci Dünya Savaşı'ndan mağlup ayrılmasıyla sona eren Habeşistan'ın işgali, Afrika genelinde hem siyasal hem toplumsal düzeyde sömürgecilik karşıtı hareketlere ivme kazandıran bir gelişme olmuştur.

Ortak din veya dil gibi birleştirici unsurlara sahip olmayan Afrika'da, *"sömürülmenin sıkıntısını hep birlikte çekmiş olma durumu"*, milliyetçi uyanış için ortak payda teşkil etmiştir.[367] Bu bağlamda Birinci Dünya Savaşı'ndan sonra kıtada bağımsızlık yönünde bir bilinç oluşmaya başlamış ve yer yer sömürgeciliğe karşı direnişler organize edilmiştir. Dekolonizasyon (sömürgecilikten kurtuluş) süreci, uluslararası sistemin yapısındaki değişimle de desteklenmiştir. Zira İkinci Dünya Savaşı'ndan sonra ABD ve SSCB tarafın-

---

[363] Pierluigi Romeo di Colloredo, "La verità sui gas italiani nella guerra d'Etiopia: In che misura usammo davvero le armi chimiche per conquistare l'impero negli anni trenta", **Storia in Rete**, Sayı 67, Mayıs 2011, s. 22-29.

[364] Başbakanlık Cumhuriyet Arşivi, A:IV-16-6, D: 65, F1-12, 22 Haziran 1935'den aktaran Yüksel Nizamoglu, "İtalya-Habesistan Savaşı, Vehip Paşa ve Türkiye", **Gaziosmanpaşa Üniversitesi Sosyal Bilimler Araştırmaları Dergisi**, Sayı 12, 2011, s. 270-289.

[365] **Discours prononcé par Sa Majesté Haylé Sélassié Ier, empereur d'Éthiopie, à l'Assemblée de la Société des Nations, à la session de juin-juillet 1936.** League of Nations Archive, United Nations Office at Geneva Library, https://www.wdl.org/en/item/11602/, 14 Eylül 2017.

[366] Hugh Robert Wilson, **For Want of a Nail: The Failure of the League of Nations in Ethiopia**, Vantage Press, New York, 1959, s. 1-96.

[367] Baskın Oran, **Azgelişmiş Ülke Milliyetçiliği: Kara Afrika Modeli**, Bilgi Yayınevi, Ankara, 1997, s. 163.

dan temsil edilen iki kutuplu bir yapı ortaya çıkmış; bu yapı, Avrupalı devletlerin "güçten düşmesi" ile sonuçlanmış ve sömürge imparatorlukları üzerindeki kontrollerini zorlaştırmıştır.[368] İstisnaî olarak Portekiz, sömürgelerindeki yeraltı zenginliklerinin işletme haklarını uluslararası tekellere bırakarak bu tekellerin mensup olduğu ülkelerin desteğiyle 1970'li yılların ortalarına kadar kıtada varlık göstermeye devam etmiştir.[369] 1990'da Namibya'nın Güney Afrika'dan bağımsız olmasıyla dekolonizasyon süreci tamamlanmıştır. Bu anlamda sömürgecilik, bir Avrupa devletinin bir Afrika toprağından çekilmesiyle değil, bir Afrika devletinin başka bir Afrika toprağından çekilmesiyle sona ermiştir. Tabii, Güney Afrika'nın beyaz üstünlüğüne dayalı apartheid siyasetiyle ırkçı Avrupa devletlerinin kopyası niteliğinde olduğunu belirtmek gerekir.

Sömürgecilik Sonrası Dönem

Sömürgecilik ile Afrika, birdenbire kendini ileri bir sanayi toplumunun idaresine tâbi bulmuş ve kısa bir zaman diliminde köklü değişimlere maruz kalmıştır.[370] Diğer bir deyişle, Avrupa'nın 700 yılda yaşadığı dönüşümü Afrika 100 yıldan az bir süre içinde yaşamaya zorlanmıştır.[371] Bu dönemde sömürgeciler tarafından kullanılan asimetrik güç, yoğun bir akültürasyona neden olmuştur. Kimi toplumlar bir Avrupalıdan ayırt edilemeyecek ölçüde asimile olmuş, kimisi melezleşmiş, kimisi kendi değerlerini bir dereceye kadar korumaya devam etmiştir. Yoğun akültürasyon, doğal olarak yeni devletlerin iç ve dış politikalarını da etkilemiştir.

---

[368] Ufuk Tepebaş, *Büyük Güçler ve Afrika: 21. Yüzyılda Çok Boyutlu Afrika Rekabeti*, Tasam Yayınları, İstanbul, 2010, s. 15.

[369] Oran, *Azgelişmiş Ülke Milliyetçiliği*, s. 256.

[370] Sömürgeci dönemde toprak ticarîleşmiş; para ekonomisine geçilmiş ve maaşlı yeni bir sınıf ortaya çıkmıştır. Bkz. A. Adu Boahen, *General History of Africa, Volume VII: Africa Under Colonial Domination, 1880-1935*, Unesco, California, 1990, s. 331-332.

[371] Oran, *Azgelişmiş Ülke Milliyetçiliği*, s. 78.

Sömürgeci dönemin sona ermesi (*dekolonizasyon*), tam bağımsızlaşmayı değil, sömürgeciliğin farklı biçimlerde devamını (*neokolonyalizm*) getirmiştir. Çoğu Afrika devleti, askerî, siyasî, iktisadî ve kültürel manada sömürgecilerinden kopamamıştır. Yeni rejimlerin önemli bir kısmı, eğitim veya asimilasyon yoluyla "evrimleşip" Avrupalı değerleri benimsemiş olan yerli Afrikalıların elinde olmuştur. Bunlar genelde şehirlerde yaşayan, sömürge idaresi altındaki memur kadrolarında hizmet veren, Fransızca, İngilizce, Portekizce vs. konuşan kişilerdir. Söz konusu elitler, haliyle hem sömürge döneminde, hem de sömürge sonrası dönemde daha fazla siyasî ve iktisadî ayrıcalık sahibi olmuşlardır.[372] Sömürge yönetimleri ile teşrik-i mesailerinden dolayı "işbirlikçi" olarak nitelenen Afrikalı elitler, sömürgeciliği derhal sona erdirip kendi kültürel normlarını önceleyen bağımsız devletler kurmak yerine, sömürge yapıları içinde çalışıp sömürgecilerin ideolojilerinden yararlanmayı tercih etmişlerdir. Bağımsızlık tanınan devletlerin yönetimine çoğunlukla bu elitler geldiği için ilk başlarda Afrika, bağımsız ve kurumsal bir dış politika izleyemeyen bağımlı devletler topluluğu izlenimi vermiştir.[373]

Sömürgecilik sonrasında, kıtanın sosyopolitik gerçeklikleriyle uyuşmayan yapay bir ulus-devletleşme ortaya çıkmıştır. Örneğin, sömürgecilik öncesi dönemde Mali İmparatorluğu dâhilinde yaşayan 11 milyon nüfuslu Mandinka halkı, bugün 11 devlette (Gambiya, Gine, Mali, Sierra Leone, Fildişi Sahili, Senegal, Burkina Faso, Liberya, Gine Bissau, Nijer, Moritanya) yaşamakta ve bu ülkelerin hiçbirinde nüfusun çoğunluğunu teşkil etmemektedir. Afrika ülkelerinde bağımsızlık sonrası etnik çatışmaların ve bölgesel mücadelelerin temel sebeplerinden birisi, bu tarz yapay sınır-

---

[372] Mark Dike DeLancey, Rebecca Mbuh ve Mark W. Delancey, *Historical Dictionary of the Republic of Cameroon,* Scarecrow Press, 2010, s.160.
[373] Gilbert ve Reynolds, *Dünya Tarihinde Afrika,* s. 503-507.

lardır.[374] Yapay sınırların neden olduğu sorunlar, bu tür devletlerin dış politikadan ziyade iç politika sorunları ile ilgilenmelerini gerektirmiştir.

Sömürgecilik sonrası Afrika devletleri, sınırları dâhilinde güçlü bir merkezî siyasal yapı tesis edememişlerdir. Bunun temel nedeni, sömürgeci dönemdeki "dolaylı yönetim" (*indirect rule*) uygulamaları ile iki başlı otorite yapısına izin verilmiş olmasıdır. "Adem-i merkezîleştirilmiş despotizm" (*decentralized despotism*) olarak tanımlanan bu yapıda bir tarafta medenî hukuk ile yönetilen merkezî devlet, diğer tarafta geleneksel hukuk ile yönetilen yerel devlet ve yerli otoriteler var olmuştur.[375] Söz konusu yapı, Afrika devletlerinin siyasetinde etkili olmaya devam etmektedir. Örneğin Kamerun'da bir milletvekili aynı zamanda kabile reisi olabilmektedir. Gana örneğinde olduğu gibi hem devlet başkanı hem kral bulunan Afrika ülkeleri vardır.[376] İki başlı otorite yapıları, haliyle tutarlı bir dış politika yaklaşımını engellemiştir.

Afrika devletlerinin etkin bir dış politika izlemesini zorlaştıran bir diğer unsur, bu devletlerin katı ittifak sistemlerinin geçerli olduğu bir uluslararası yapıda bağımsızlıklarını kazanmış olmala-

---

[374] Rafik İsmayılov, "Sahra Altı Afrika'nın Gelişme Özellikleri ve Fırsatlar", **Sahra Altı Afrika**, Editörler: Ahmet Kavas ve Ufuk Tepebaş, Tasam Yayınları, İstanbul, 2007, s. 69; Oran, **Azgelişmiş Ülke Milliyetçiliği** s. 245-246; Benjamin Miller, **States, Nations, and the Great Powers: The Sources of Regional War and Peace**, Cambridge University Press, Cambridge, 2007, s. 116.

[375] Mahmood Mamdani, **Citizen and Subject: Contemporary Africa and the Legacy of Late Colonialism**, Princeton University Press, Princeton, 1996; Evren Balta, "Afrika'daki Savaşlara Karşılaştırmalı Bir Bakış", **Birikim**, Sayı 175-176, Kasım-Aralık 2003.

[376] Gana, cumhuriyet idaresiyle yönetilen bir ulus-devlettir. Ancak bugünkü Gana topraklarında 1697'de kurulan Kumasi merkezli Asante Krallığı da nominal olarak varlığını sürdürmektedir. Otumfuo Osei Tutu, 1999'dan beri Asantehene (Asante Kralı) ünvanını taşımaktadır. Bkz. Jarvis L. Hargrove, **The Political Economy of the Interior Gold Coast: The Asante and the Era of Legitimate Trading, 1807–1875**, Lexington Books, Londra, 2015, s. 66; **Küresel Rekabetin Merkezindeki Afrika'da Kalkınma Dinamikleri**, Uluslararası Afrika Konferansı Sonuç Raporu, Rapor No. 001, Temmuz 2015, s. 21.

rıdır. İkinci Dünya Savaşı'nın ardından ABD ve SSCB arasındaki siyasî ve ideolojik rekabetin ürünü olan Soğuk Savaş, uluslararası sistemi dönüştürerek çift kutuplu bir yapının ortaya çıkmasına yol açmıştı. Yeni yapıda devletler güvenlik kaygıları, tehdit algıları, ideolojik yönelimleri, siyasal ve ekonomik yapıları doğrultusunda ittifak arayışı içerisine girmişlerdir. Afrika, diğer kıta ve bölgelere göre ikincil önemde olmakla birlikte, dönemin süper güç rekabetinin dışında kalamamıştır.[377] Botsvana, Fas, Güney Afrika Cumhuriyeti, Kenya, Liberya, Senegal, Somali ve Zaire (sonradan Kongo Demokratik Cumhuriyeti); ABD yanlısı blokta yer alırken Angola, Benin, Cezayir, Etiyopya, Gana, Gine, Gine Bissau, Kongo, Madagaskar, Mali, Mozambik ve Libya; SSCB yanlısı bloğa yakın olmuşlardır. Diğer Afrika ülkeleri ise Üçüncü Blok olarak anılan ve kuruluşunda Gana ile Mali'nin de kendi ölçeklerinde rol üstlendiği Bağlantısızlar Hareketi'ne (*Non-Aligned Movement*) katılmıştır.[378] Yeni bağımsızlıklarına kavuşmuş olan Afrika devletlerinin önemli bir kısmı, Amerikan-Sovyet kutuplaşmasının yarattığı gerilimin zaten kırılgan durumda olan siyasal yapılarına zarar vereceği endişesiyle egemenlik ve ekonomik gelişme konularına öncelik vermişler, bu nedenle bağlantısız kalmayı yeğlemişlerdir. Ne var ki katılımcı devletlerin siyasal yapılarının istikrarsızlığı ve dış politika tercihlerindeki farklılıklar, Bağlantısızlar'ın uluslararası politikadaki etkisini azaltmıştır.[379]

---

[377] Elizabeth Schmidt, *Foreign Intervention in Africa: From the Cold War to the War on Terror*, Cambridge University Press, Cambridge, 2013, s. 26; Mürsel Bayram, "Angola İç Savaşının Ana Aktörleri ve Uluslararası Ramifikasyonları, *Ordu Üniversitesi Sosyal Bilimler Araştırmaları Dergisi*, Sayı 15, Temmuz 2016.

[378] Bandung Konferansı (1955) ile temelleri atılıp 1961 Belgrad Konferansı sonrasında teşkilatlanan Bağlantısızlar Hareketi'ne Josip Broz Tito (Yugoslavya), Cemal Abdünnasır (Mısır), Jawaharlal Nehru (Hindistan), Ahmed Sukarno (Endonezya) ve Kwame Nkrumah (Gana) öncülük etmiştir. Bkz. Guy Arnold, *The A to Z of the Non-Aligned Movement and Third World*, Scarecrow Press, Plymouth, 2006, s. 199-209.

[379] "Bağlantısızlar Hareketi", *Akademik Perspektif*, http://akademikperspektif.com/2013/07/03/baglantisizlar-hareketi/, 3 Temmuz 2013.

Çoğu Afrika devleti, bağımsızlık sonrasında askerî darbe silsileleri ile istikrarsızlaşmıştır. Afrika devletlerinde genellikle istikrarsızlık dönemlerinden sonra ideolojik siyasete geçilmiştir. Bu durumlarda muhtemelen ideolojinin istikrar ve bütünleşme yönünde bir işlev görmesi umulmuştur. Böyle bir işlev görmeye en yakın ideoloji olarak ise çoğunlukla Marksizm ve türevleri tercih edilmiştir. Örneğin, bir Batı Afrika ülkesi olan Benin'de 1963-1972 yılları arasında gerçekleşen darbe ve darbe teşebbüsleri ülkeyi siyasal kaosa sürüklemiş, bu ortamda yine darbe ile iktidara gelen Mathieu Kerekou, ilk iş olarak Marksizm'i ülkenin resmî ideolojisi ilan etmiş; bu yolla hem siyasal istikrarsızlığı ortadan kaldırmayı hem de istikrarsızlığı körükleyen kabileci-bölgeci siyaseti yeni bir ideoloji etrafında birleştirmeyi amaçlamıştır.[380] Bu durum, Afrika'da ideolojilerin genel olarak pragmatist bir mantıkla ele alındığını göstermektedir.

Kayda değer ekonomik ve askerî güçleri olmayan, siyasal yapıları istikrarsız olan, bağlantısızlık politikası izlemeye çalışan devletler, Soğuk Savaş döneminde sık sık diplomatik ilişkilerini kesme davranışı göstermişlerdir (bkz. Tablo 3). Bunun sebepleri arasında ikili ilişkilerdeki gerilimler, egemenlik ihlali düşüncesi, belli bir konudaki bölgesel dayanışma sayılabilir. Nitekim 1967-1973 arasında 31 Afrika ülkesi, Müslüman-Arap devletlerle dayanışma adına kolektif bir tepki olarak İsrail'le diplomatik ilişkilerini kesmiştir.[381] Bunların haricinde, mevcut malî yardım kaynaklarını değiştirerek rakip kaynaklardan daha fazla yardım alma düşüncesi de diplomatik ilişkilerin kesilmesinde etkili olmuştur. Afrika dev-

---

[380] Benin'de 29 yıl cumhurbaşkanlığı yapan Kerekou, şartlara göre Marksizm'den liberalizme, Hıristiyanlıktan İslam'a, yerelcilikten milliyetçiliğe geçiş yapmış, bu bakımdan tam manasıyla pragmatist bir siyasetçi profili çizerek kendisinin de benimsediği "bukalemun" lakabını ziyadesiyle hak etmiştir.

[381] Afrika devletlerinin İsrail ile ilişkilerini kesmelerinde Arap devletlerinin malî destek taahhütlerinin de etkili olduğu belirtilmektedir. Bkz. Benyamin Neuberger, *Israel's Relations with the Third World (1948–2008)*, S. Daniel Abraham Center, Tel Aviv, 2009, s. 18-19.

letlerinin zaman zaman Çin Halk Cumhuriyeti ile Tayvan arasındaki diplomatik tercihlerini değiştirmeleri bu duruma örnektir. Bununla birlikte, Afrikalı küçük güçler, süper güçlere karşı diplomatik tepki verme konusunda dikkatli olmuşlardır. 1967'de ABD ile diplomatik ilişkilerini kesen devletler, daha çok Arap-Müslüman kimlikleriyle ön plana çıkan Mısır, Sudan, Cezayir ve Moritanya'dır. Afrika devletlerinin diplomatik ilişkilerini kesmek suretiyle göstermiş oldukları tepkilerin genellikle kısa süreli olduğu; bu davranışlarıyla ekonomik açıdan belli kazanımlar elde etseler de siyasî açıdan önemlerini hissettirme ve ilgili devlete mesaj verme dışında sonuç alıcı nitelikte bir etki doğuramadıkları görülmüştür.[382]

---

[382] Susan Aurelia Gitelson, "Why do Small States Break Diplomatic Relations with Outside Powers?: Lessons from the African Experience", *International Studies Quarterly*, Cilt 18, Sayı 4, Aralık 1974, s. 451-484.

Tablo 3. *Soğuk Savaş Döneminde Kıta Dışı Güçlerle Diplomatik İlişkilerini Bir Süreliğine Kesen Afrika Devletleri*

İlişki Kesilen Devlet	*İlişkiyi Kesen Devlet*
ABD	Zanzibar (1960), Mısır, Cezayir, Sudan, Moritanya (1967)
SSCB	Kongo/Leopoldville (1960), Fildişi Sahili (1969)
Fransa	Nijerya (1960), Gine (1965)
İngiltere	Somali (1963), Kongo/Leopoldville, Gana, Gine, Mali, Moritanya, Tanzanya (1965)
Belçika	Kongo/Brazzaville, Gana (1960)
Portekiz	Senegal (1961), Mali (1962), Etiyopya, Gine, Kenya, Madagaskar (1963), Kongo/Leopoldville (1965), Kongo/ Brazzaville (1966)
Batı Almanya	Gine (1971)
Doğu Almanya	Kongo/Leopoldville (1961), Gana (1966)
Çekoslovakya	Kongo/Leopoldville (1960)
Bulgaristan	Kongo/Leopoldville (1969)
Komünist Çin	Burundi (1965), Orta Afrika Cumhuriyeti, Dahomey, Gana (1966)
Milliyetçi Çin	Senegal (1964), Kamerun, Sierra Leone, Togo (1971), Madagaskar, Zaire (1972), Dahomey (1973)
İsrail	Kongo/Leopoldville (1960), Gine (1967), Uganda, Çad (1972), Kongo/Brazzaville, Nijer, Mali, Burundi, Togo, Zaire, Ruanda, Dahomey, Yukarı Volta, Kamerun, Ekvator Ginesi, Tanzanya, Madagaskar, Orta Afrika Cumhuriyeti, Etiyopya, Nijerya, Gambiya, Zambiya, Sierra Leone, Gana, Senegal, Gabon, Kenya, Liberya, Fildişi Sahili, Botsvana (1973)

Birinci Bölümde detaylandırıldığı üzere, küçük güçler, uluslararası yapısal değişimlere hızlı biçimde ayak uydurabilmektedirler. Bu bağlamda 1980'li yılların sonlarından itibaren Afrika'da ekonomik liberalleşme ve çok partili demokrasiye geçiş eğiliminde artış gözlenmiştir.[383] Daha önce sosyalist rejimlerin hâkim olduğu Benin, Gine, Kongo, Etiyopya, Angola, Mozambik de dış destek alabilmek için Sovyet kalkınma modelinden vazgeçerek neoliberal politikalara yeşil ışık yakmışlardır.[384] Bu süreçte IMF ve Dünya Bankası tarafından koordine edilen yapısal uyum (*structural adjustment*) programları[385], beklenenin aksine düşük gelirli ülkelerde toplam dış borcun GSMH'ye oranını artırıp ekonominin büyüme hızını düşürmüştür.[386] Sahraaltı Afrika'nın büyüme hızı 1970'li yıllarda yüzde 3,6 iken yapısal uyum programlarının uygulandığı 1990'lı yıllarda bu oran yüzde 2,6'ya gerilemiştir.[387]

Yapısal uyum programları Afrika'nın birçok bölgesinde "fakirliği" daha da derinleştirmiş; Nijerya, Somali, Burundi, Ruanda gibi ülkelerde ortaya çıkan etnik çatışmalar da bu fakirleşmeden

---

[383] Rukhsana A. Siddiqui, *Subsaharan Africa in the 1990s: Challenges to Democracy and Development*, Praeger Publishers, Westport, 1997, s. xi.

[384] Ataöv, *Emperyalizmin Afrika Sömürüsü*, s. 81.

[385] İkinci Dünya Savaşı'ndan sonra uluslararası ekonomik sistemde 30 yıldır devam eden büyüme-refah ilişkisi, 1970'li yıllarda ortaya çıkan enflasyon ve stagflasyon ile son bulmuştur. Gelişmiş ülkeler, oluşan krizi kontrol edebilmek için neo-liberal politikalar uygulamaya başlamıştır. Gelişmekte olan ülkeler ise IMF ve Dünya Bankası aracılığıyla yapısal uyum programlarına yöneltilmiştir. Bkz. Sevim Akdemir, "Yapısal Uyum Programlarının ve Uygulamalarının Değerlendirilmesi", *Küreselleşme, Emek Süreçleri ve Yapısal Uyum*, Ed. Ahmet Alpay Dikmen, İmaj Yayıncılık, Ankara, 2002, s. 45.

[386] Dış borç konusunda Kuzey Afrika ile Sahraaltı Afrika farklı bir seyir izlemiştir. 1990 yılında Kuzey Afrika'nın GSMH payı bazında dış borcu yüzde 45.7, Sahra-altı Afrika'nın ise yüzde 63 iken, 2000 yılında, Kuzey Afrika'nınki yüzde 31.2'ye düşmüş, ancak Sahra-altı Afrika'nın rakamı yüzde 66.1'e yükselmiştir. Bkz. Feride Doğaner Gönel, "Görünmeyen Kıta Afrika'nın Sürdürülebilirliği Üzerine...", *Birikim*, Sayı 175-176, Kasım-Aralık 2003.

[387] Akdemir, "Yapısal Uyum Programlarının ve Uygulamalarının Değerlendirilmesi", s. 64.

beslenmiştir.[388] Dünya Bankası ve IMF'nin önerdiği koşullar, kıtada toplumsal dokunun tahrip olmasına, dolayısıyla savaşlara zemin hazırlarken aynı zamanda bu koşullardan etkilenen ülkeleri uluslararası sermayeye ve onu temsil eden güçlere daha bağımlı hale getirmiştir.[389]

Süper güç rekabetinin etkisini yitirmeye başlaması, Afrika'ya olan ilgiyi de azaltmıştır. İlgisini ülke içi problemlere yöneltmiş bulunan SSCB, 1980'li yılların ortalarından itibaren Afrika'daki faaliyetlerini minimize etmiştir.[390] Batı ittifakının lideri konumundaki ABD ise İkinci Dünya Savaşı'ndan sonra dekolonizasyon yönünde bir baskı oluşturarak Avrupa'nın Afrika üzerindeki nüfuzunu sona erdirmekle meşgul olmuş, bunun haricinde kıta ile fazlaca ilgilenmemiştir. Afrika ülkeleri bağımsız olduktan sonra ABD, Sovyet nüfuzunu engellemeye dönük müdahalelerde bulunmuştur. SSCB çökünce Afrika'da ABD ile rekabet edecek bir ülke de kalmamış, böylece ABD'nin kıtaya ilgisi yeniden alt düzeye inmiştir.[391] Buradan hareketle, büyük güçlerin Afrika kıtasına

---

[388] Yapısal uyum ve deregülasyon programları, Afrika'da şiddet politikalarını iki düzeyde etkilemiştir: *"(1) Yapısal uyum politikaları işgücü piyasalarını yeniden biçimlendirerek, kırdan kentte göçü hızlandırdı. Bu süreç kent ve kır arasındaki bölüşüm ilişkilerini kentin lehine yeniden düzenlerken, kırsal toplulukların giderek daha çok yoksullaşmasına ve kaynaklardan daha az faydalanmasına yol açtı. Aynı zamanda hızlı göç, kentlerdeki eşitsizliği de arttırdı. Yoksulluk, sosyal parçalanma, geleneksel denetim ve ahlâk mekanizmalarının kırılması örgütlere savaşmak için gereken insan malzemesini sağladı. (2) Bu ekonomik ve politik yeniden yapılanma süreci var olan elitlerin meşrûiyet zeminini ve finansman kaynaklarını farklılaştırdı. Aynı zamanda yatırımları daha çok kayıtdışı sektörde olan yeni bir ekonomik elit de yarattı. Bu yeni elitler var olan politik yapının kendi çıkarlarını yeterince temsil etmediğini düşündükleri oranda var olan rejimle çatışmaya girdiler."* Bkz. Evren Balta, "Afrika'daki Savaşlara Karşılaştırmalı Bir Bakış", **Birikim**, Sayı 175-176, Kasım-Aralık 2003.

[389] Silvia Federici, "Savaş, Küreselleşme ve Yeniden Yapılanma", **Yeni Yüzyılda Afrika: Güvenlik, Siyaset, Ekonomi**, Ed. Bülent Aras, Kenan Dağcı, Hasan Selçuk, Tasam Yayınları, İstanbul, 2005, s. 159-161.

[390] Christopher Clapham, **Africa and the International System: The Politics of State Survival**, Cambridge University Press, Cambridge, 1996, s. 159.

[391] Buğra Sarı, "Amerikan Ulusal Çıkarları ve Afrika", **Ankara Üniversitesi Afrika Çalışmaları Dergisi**, Cilt 1, Sayı 2, Bahar 2012, s. 95-96.

ilgisi, genel olarak rakip güçlerin ilgileri ölçüsünde artmış veya azalmıştır denilebilir.

ABD'nin ve SSCB sonrası Rusya'nın Afrika'daki faaliyetlerini asgari düzeye indirerek bir güç boşluğu oluşturmaları, kıtada yeni aktörlerin varlık göstermesine imkân vermiştir. Bu doğrultuda 2000'li yılların başlarından itibaren Çin, Hindistan, Türkiye, Brezilya, Güney Kore, Singapur, İran, Malezya, Endonezya gibi ağırlıklı olarak Asyalı aktörlerin Afrika ülkeleriyle ilişkilerinde yoğunlaşma gözlenmiştir. Bu durum, Afrika ülkelerinin askerî, siyasî ve ekonomik güç göstergelerinde görece pozitif bir değişimi beraberinde getirmiştir. Batı-dışı aktörlerin sunduğu yeni işbirliği paradigması, Afrika devletlerine dış ilişkilerini yeniden yapılandırma, diplomatik manevra kabiliyetlerini artırma, ekonomilerini güçlendirme, ticaret ortaklarını çeşitlendirme, daha önce Batılı devletlerin öne sürdüğü koşullardan daha esnek ve stratejik biçimde dünya siyasetine-ekonomisine entegre olma fırsatı sunmuştur.[392]

Yeni aktörler arasında özellikle Çin'in kıta genelinde faaliyetlerini artırmasına paralel olarak, Batılı aktörler karşısında nispeten daha iddialı dış politika izleyen ve ekonomileri dünya ortalamasının üstünde büyüyen Afrika ülkelerinin sayısında artış gözlenmiştir.[393] 2001-2010 döneminde dünyanın en hızlı büyüyen 10 ekonomisinden 6'sı Afrika'da yer almış ve 2007-2009 ekonomik krizlerine rağmen Afrika'nın dünya hâsılasındaki payı önceki dönemlere nazaran artmıştır.[394] Bu gelişme, Çin-Afrika ilişkilerinin

---

[392] Brendan Vickers, "Africa and the Rising Powers: Bargaining for the Marginalized Many", *International Affairs*, Cilt 89, Sayı 3, 2013, s. 673–693.

[393] Ahmet Kavas, "İç Savaşlardan Bütünleşme Hareketlerine ve Kalkınma Hamlelerine Afrika'nın Yeniden Dönüşümü," *Avrasya Etüdleri*, Yıl 17, Sayı 40, 2011-2, s. 27-28.

[394] Ufuk Tepebaş, ***Dönüşüm Sürecindeki Sahra Altı Afrika: Kalkınma, Güvenlik ve Ortaklık***, Tasam Yayınları, İstanbul, 2013, s. 15; Serhat Orakçı, "Afrika'da Küresel Rekabet ve Türkiye", *Avrasya Etüdleri*, Yıl 17, Sayı 40, 2011-2, s. 75-77; Oliver Au-

Batılı aktörlerin kıta ülkeleriyle kurmuş olduğu ilişkiden paradigmatik olarak farklı ve yeni model bir büyük güç-küçük güç ilişkisi olup olmadığı sorusunu gündeme getirmektedir. Dördüncü ve Beşinci Bölümlerde bu sorunun yanıtı aranacaktır.

gust, "A Hopeful Continent", *The Economist*, Special Report: Emerging Africa, 2 Mart 2013.

DÖRDÜNCÜ BÖLÜM

ÇİN-AFRİKA İLİŞKİLERİNİ AÇIKLAYAN FAKTÖR VE DİNAMİKLER

Dönemsel Dinamiklerin Etkisi

Modern ulus-devlet öncesi dönemde bölgeler arası göç ve ticarî hareketliliğe dayalı bir ilişki söz konusuydu. Özellikle ipeği ve porselenleri ile meşhur olan Çin de bu anlamda tarih boyunca dünyanın en önemli ticaret merkezlerinden biri olmuştur.[395] Bugünkü Mısır, Sudan, Etiyopya, Somali, Kenya, Uganda, Tanzanya, Madagaskar ve Zimbabve'de Tang, Song, Yuan ve Ming hanedanlıkları dönemlerine ait Çin mallarına ve paralarına rastlanması, Çin ile Afrika toplumları arasında doğrudan veya dolaylı yollardan ticarî ilişkiler kurulduğunu göstermektedir. Afrika ile Çin arasında aracı olan Arap tacirler, Çin'e çeşitli egzotik ürünler ve köleler götürmüşlerdir. Çin'in Afrika'ya dair ilk izlenimleri bu köleler üzerinden oluşmuştur. *Kunlun* olarak anılan Batı Afrikalı köleler Çin metinlerinde *"halinden şikâyet etmeyen, kaçıp kurtulmaya çalışmayan tuhaf kara derili insanlar"* olarak tasvir edilmiştir.[396]

Tang sarayının askerî yetkililerinden Du Huan'ın 8. yüzyılda gerçekleştirdiği Afrika seyahati, Çin ile Afrika devletleri arasındaki keşif nitelikli ilk temaslardan birisidir. Nubya (Sudan) ve Aksum (Habeşistan) devletlerini ziyaret eden Du Huan, gezisi sırasında tuttuğu kayıtlarda bölge halkının kültürüne dair detaylı

---

[395] Cecelia Alderton, "Early International Trade Relations of China", *The Social Studies*, Cilt 38, Sayı 1, 1947, s. 18-23.

[396] Julie Wilensky, "The Magical *Kunlun* and Devil Slaves: Chinese Perceptions of Dark-Skinned People and Africa before 1500", *Sino-Platonic Papers*, Sayı 122, Temmuz 2002, s. 43.

bilgiler sunmuştur.[397] Benzer şekilde, Song Hanedanlığı döneminin saray görevlilerinden Zhao Rugua, Yabancı Ülkelerin Kayıtları (諸蕃志) adlı eserinde Somali, Mısır ve Madagaskar gibi Afrika memleketleri hakkında bilgiler vermiştir. Yuan Hanedanlığı döneminde Ju Siben adlı bir kartograf, Afrika'nın bugünkü şekline yakın bir harita çizmiş ve bu haritada 35 yer ismini işaretlemiştir.[398]

Modern uluslararası ilişkiler öncesi dönemde Çin ile Afrika devletleri arasındaki ilk ve en önemli diplomatik temas ise 15. yüzyılın ilk yarısında Zheng He'nin kaptanlığında gerçekleşen deniz seferleridir. Zheng He, ikinci bölümde bahsedildiği üzere, ziyaret ettiği devletlerden sadece Çin'in üstünlüğünü tanımalarını talep etmiştir. Bazı Afrika devletleri bu seferlerden sonra Çin'e elçiler göndermiş; ayrıca Kuzey Somali'de bir köye seferlerin anısına Zheng He'nin adı verilmiştir.[399] Seferlerin yayılmacı/sömürgeci maksatla yapılmamış olması ve Çinli elçilerin Afrikalı devlet ricaliyle görüşmeleri sırasında diplomatik nezakete özen göstermeleri, dönemin Afrika toplumları üzerinde olumlu bir etki bırakmıştır. Çin, nasıl geçmişte sömürgeci bir güç olmamışsa bugün de barışçıl temellerde yükselmeye devam edeceğini vurgularken Zheng He'nin seferlerine atıf yapmakta; Batılı devletlerin Afrika'yı sömüren ve küçük düşüren yaklaşımlarından farklı olarak, Çin-Afrika ilişkilerinin pozitif bir tarihsel hafızaya dayandığına dikkat çekmektedir.[400]

---

[397] Wolbert G.C. Smidt, "A Chinese in the Nubian and Abyssinian Kingdoms (8th Century): The Visit of Du Huan to Molin-guo and Laobosa", *Chroniques Yéménites*, Sayı 9, Temmuz 2001.

[398] Jinyuan, "China and Africa: The Development of Relations over Many Centuries", s. 241-244; Melanie Yap ve Dianne Leong Man, *Colour, Confusion and Concessions: The History of the Chinese in South Africa*, Hong Kong University Press, 1996, s. 1-3.

[399] Jinyuan, "China and Africa: The Development of Relations over Many Centuries", s. 245; Gerald Segal, "China and Africa", s. 116.

[400] Tania Branigan, "Zheng He: Messenger of Peace or of Power?", *The Guardian*, , https://www.theguardian.com/world/2010/jul/25/zheng-he-exploration-china, 25 Temmuz 2010.

Çin'in "aşağılanma yüzyılı" olarak gördüğü 19. yüzyıl sonlarından itibaren birçok Çinli, Avrupa devletlerinin Afrika'daki sömürgelerine çalışmaya gitmiştir. Sadece 1904-1907 yılları arasında 70 bin ila 100 bin arasında Çinlinin Güney Afrika'ya götürüldüğü tahmin edilmektedir.[401] Güney Afrika'daki madenlerde, Mauritius ve Madagaskar'daki plantasyonlarda, Tanzanya'daki demiryolu inşaatlarında çok sayıda Çinli işçi çalışmıştır. Halen Afrika'da bu Çinli işçilerin torunlarına rastlamak mümkündür. Bunların dışında, Avatva ile Şangalar gibi Çin kökenli olduklarını iddia eden topluluklar vardır.[402]

Çin ile Afrika ülkeleri arasındaki modern siyasî ve ekonomik ilişkilerin temelleri ise Soğuk Savaş döneminde atılmıştır. Soğuk Savaş'ın başlarında Moskova'ya yakın bir siyaset izleyen Pekin, Bağlantısızlar Hareketi üzerinden Üçüncü Dünya ülkeleri ile yakınlaşma fırsatı yakalamıştır. Çinli yetkililer Bandung Konferansı'nda (1955) Etiyopya, Gana, Liberya, Libya, Mısır ve Sudanlı temsilcilerle özel görüşmeler yapmışlardır.[403] Kıtadaki ilk diplomatik ilişkisini Bandung'u müteakiben Mısır'la kuran Çin, siyasî diyaloğun gelişmesine paralel olarak kıtanın diğer ülkeleriyle de diplomatik temaslarını yoğunlaştırmıştır. Başbakan Zhou Enlai, 1963-64 yıllarında 10 Afrika ülkesini ziyaret etmiş, bu ülkelerdeki konuşmalarında hem Bağlantısızlar Hareketi'nin ilkelerini, hem de Çin'in o dönemki ideolojik yönelimini yansıtan bir söylem kullanmıştır. Zhou, Çin ile Afrika ülkelerinin anti-emperyalist mücadele tecrübesi konusunda ortaklaştıklarını belirtmiş; "yoksul dostlar" tabiri ile Çin'in de Afrika ülkeleri gibi henüz gelişmekte olan ülke kategorisinde yer aldığına işaret etmiş; bununla birlikte, sık sık

---

[401] Kinfu Adisu, "The Impact of Chinese Investment in Africa", *International Journal of Business and Management*, Cilt 5, No 9, Eylül 2010, s. 3; Jinyuan, "China and Africa: The Development of Relations over Many Centuries", s. 247.

[402] Alex Perry, "A Chinese Color War", *Time*, 1 Ağustos 2008; "In Search of Chinese Descendants in Kenya", *China Central Television (CCTV)*, 3 Ağustos 2012.

[403] David H. Shinn ve Joshua Eisenman, *China and Africa: A Century of Engagement*, University of Pennsylvania Press, Pennsylvania, 2012, s. 33.

Çin'in nüfusuna ve yüzölçümüne atıf yaparak ülkenin "büyük güç" konumunu vurgulamayı ihmal etmemiştir.[404]

Çin, 1954 tarihinde Hindistan ile arasındaki anlaşmada da yer verdiği Barış İçinde Bir Arada Yaşamanın Beş İlkesi'ni Afrika devletleri ile ilişkilerini kapsayacak şekilde yeniden formüle etmiştir. Söz konusu beş ilke; birbirlerinin toprak bütünlüğüne ve egemenliğine saygı, karşılıklı saldırmazlık, birbirlerinin iç işlerine karışmama, eşitlik, karşılıklı fayda ve barış içinde bir arada yaşama ilkeleridir.[405] Buna göre Çin'in Afrika'daki temel hedefi; Afrikalıların bağımsızlıklarını kazanıp sömürgeciliğe, emperyalizme ve hegemonizme karşı millî egemenliklerini koruma yolundaki mücadelelerini desteklemek; Afrika ülkeleriyle eşitlik, karşılıklı fayda ve işbirliği temelinde ilişkiler kurup geliştirmek; bu ülkelere Çin'in kabiliyetleri ölçüsünde maddî ve teknik destek sağlamak; barış, tarafsızlık ve bağlantısızlık politikası izleyen hükümetleri desteklemek; Afrika ülkeleri arasındaki ihtilafların barışçıl müzakereler yoluyla çözümünü savunmak; Afrika dayanışmasını ve yabancı güçlerin müdahalelerine karşı muhalefeti yükseltmek; Afrika ülkelerinin milli ekonomilerini geliştirme çabalarını ve yeni bir küresel ekonomik düzen arayışlarını desteklemektir.[406]

Çin, Soğuk Savaşın ilk döneminde Afrika'da Maoist düşünceye yakın kabul ettiği bütün grupları sadece söylemleriyle değil, silah yardımı yapmak suretiyle de desteklemiştir. Stalin sonrası dönemde Çin-Sovyet ilişkileri giderek dostluktan düşmanlığa evrilmiş ve bu düşmanlık 1969'da 400 bin Sovyet askerinin Çin sınırına sevk edilmesine varacak kadar ciddileşmiştir. Çin, bu tarihten sonra Afrika'daki devrimci hareketleri desteklerken seçici

---

[404] Robert A. Scalapino, "On the Trail of Chou En-Lai in Africa", *Rand Corporation Research Memorandum*, Unites States Air Force Project, No. 4061, Nisan 1964, s. 2-3.
[405] "Agreement (with exchange of notes) on trade and intercourse between Tibet Region of China and India. Signed at Peking, on 29 April 1954", *United Nations Treaty Series*, Cilt 299, No. 4307, 1958, s. 70.
[406] Jinyuan, "China and Africa...", s. 248.

davranmıştır. Bundan böyle Afrika'da sadece "Amerikan emperya-
lizmi" ile değil, "Sovyet revizyonizmi" ile de mücadele eden[407],
hatta Sovyet sosyal emperyalizmini Amerikan emperyalizminden
daha tehlikeli gören Çin[408], MPLA* gibi Sovyet yanlısı olduğunu
düşündüğü birçok gruptan desteğini çekmiş; Zaire gibi anti-
Sovyetist olarak gördüğü devletleri aynı zamanda açıkça Batı yan-
lısı olmalarına bakmaksızın desteklemiştir.[409] Kısacası Afrika,
Çin'in SSCB ile çatışan ilkelerini sınama alanı olmuştur.

Çin'in Afrika ülkelerine yönelik ideolojik nitelikli yardım
ve yatırımlarının ana saiklerinden birisi de BM'deki "haklı konu-
munu" elde etme konusunda Üçüncü Dünya ülkelerinin desteğini
almaktı. Çin'in bu konumunu 1971'de büyük oranda ABD'nin
desteğiyle elde ettiği bilinmektedir. BM'deki oylamada 26 Afrika
ülkesinin de Pekin'in üyeliğinden yana oy kullanması, hem Çin'in
o zamana kadarki yardım ve yatırımlarının olumlu etkisi hem de
küçük devletlerin uluslararası politikada daha güçlü olan tarafta
yer alma eğilimi ile açıklanabilir.[410] BM üyeliğinden sonra Çin Halk
Cumhuriyeti ile diplomatik ilişki kuran Afrika ülkelerinin sayısı
hızla artmış ve sadece 1974'te 9 Afrikalı devlet başkanı Çin'i ziya-
ret etmiştir.[411]

1974'de Zambiya Devlet Başkanı Kenneth Kaunda'nın Pe-
kin ziyareti sırasında Mao, Üç Dünya Tezini ortaya atmıştır. Buna

---

[407] Cheng ve Shi, "China's Africa Policy in the Post Cold War Era", s. 89; Yun Sun,
Africa in China's Foreign Policy, John L. Thornton China Center and Africa Growth
Initiative, Nisan 2014, s. 3-4.
[408] Hsinhua Correspondent, "Soviet Social-Imperialism: The Most Dangerous Source
of War", *Peking Review*, Cilt 19, Sayı 5, Haziran 1976, s. 9-13.
* Movimento Popular de Libertação de Angola (Angola Halk Kurtuluş Hareketi)
[409] Segal, "China and Africa...", s. 117; Alaba Ogunsanwo, *China's Policy in Africa,
1958–71*, Cambridge University Press, Cambridge, 1974.
[410] Yun, *Africa in China's Foreign Policy*, s. 4.
[411] 1970'li yıllarda Çin ile ilişki kuran Afrika ülkeleri: Ekvator Ginesi (1970), Etiyop-
ya (1970), Nijerya (1971), Kamerun (1971), Sierra Leone (1971), Ruanda (1971), Sene-
gal (1971), Moritus (1972), Togo (1972), Madagaskar (1972), Çad (1972), Gine Bissau
(1974), Gabon (1974), Nijer (1974), Botsvana (1975), Mozambik (1975), Komor Ada-
ları (1975), Yeşil Burun Adaları (1976), Seyşeller (1976).

göre, *"ABD ve SSCB Birinci Dünya'ya; Japonya, Avrupa ve Kanada İkinci Dünya'ya; Japonya haricindeki Asya ile Afrika ve Latin Amerika'nın tamamı ise Üçüncü Dünya'ya aittir."*[412] Çin ile Afrika'nın aynı dünyaya mensup olduğunu vurgulayan Mao'nun Üçüncü Dünya ülkeleri ile ortaklaşmayı artırma adına önerdiği deniz yatağındaki kaynaklara erişim, zengin dünyanın ticaret bariyerlerini kaldırması, gelişmiş ülkelerin gelişmekte olan ülke ekonomilerini yeniden yapılandırmaya yardımcı olması gibi ilkelere dayanan Yeni Uluslararası Ekonomik Düzen[413], o dönemde hemen hemen bütün Afrika ülkelerinin de dış politika gündemi arasında yer almıştır.[414]

Çin, reel kişi başı GSYH bakımından Sahraaltı Afrika ülkelerinden daha iyi durumda olmamasına rağmen fakir Afrika ülkelerine yardım etmeyi bir müddet daha sürdürmüş, hatta Darüsselam (Tanzanya) ile Kapiri Mposhi'yi (Zambiya) birbirine bağlayan 1860 km uzunluğundaki Tanzam Demiryolu* gibi maliyeti nedeniyle diğer devletlerin üstlenmekten kaçındığı bir projeyi finanse edebilmiştir. Çin'in o dönemde Afrika'daki "yumuşak gücünün" simgesi haline gelen Tanzam demiryolu, diğer büyük güçlerin etkisiz kaldığı durumlarda Çin'in bu tarz sembolik projelerle kıtadaki etkisini artırabileceğini göstermiştir.[415]

---

[412] Jiang An, "Mao Zedong's Three Worlds Theory: Political Considerations and Value for the Times", *Social Sciences in China*, Cilt 34, Sayı 1, 2013, s. 35-57.

[413] Declaration for the Establishment of a New International Economic Order, *United Nations General Assembly Document*, A/RES/S-6/3201, 1 Mayıs 1974.

[414] Deng Xiaoping de benzer şekilde uluslararası ekonomide değişimi zorlamak için gelişmekte olan ülkelerin yeni emtia kartelleri oluşturması gerektiğinden söz etmiştir. Bkz. Jinyuan, "China and Africa...", s. 249.

* Tazara veya Uhuru olarak da anılır.

[415] Filip de Beule ve Daniel Van den Bulcke, "China's Opening up from Shenzhen to Sudan", Ed. Meine Pieter van Dijk, *The New Presence of China in Africa*, Amsterdam University Press, Amsterdam, 2009, s. 31; Joseph Y. S. Cheng ve Huangao Shi, "China's Africa Policy in the Post Cold War Era", *Journal of Contemporary Asia*, Cilt 39, No 1, Şubat 2009, s. 88; Richard Seymour Hall ve Hugh Peyman, *The Great Uhuru Railway: China's Showpiece in Africa*, Gollancz, Londra, 1977; Jamie Monson, *Africa's Freedom Railway: How a Chinese Development Project Changed Lives and Livelihoods in Tanzania*, Indiana University Press, Bloomington, 2009.

1978'den itibaren uluslararası piyasa ekonomisine yönelik tutumunu gözden geçirerek tedricî bir ekonomik reform ve dışa açılma programı uygulayan Çin, bu arada Washington ve Moskova ile arasındaki gerilimleri azaltmış olduğu için Afrika politikasını yeni konjonktüre adapte etmiş; Afrika'daki "devrimci mücadelelere" verdiği desteği hızla azaltmış; sıcak çatışmalar karşısında net pozisyon almaktan çekinmiş; Afrika ülkelerinden gelen birçok yardım ve proje talebini de geri çevirmiştir.[416] 1982-83 yıllarında Afrika turuna çıkan Başbakan Zhao Ziyang, konuşmalarında kıtanın sorunlarından yine iki süper gücü sorumlu tutmakla birlikte, önceki dönemlere nazaran daha mutedil bir üslup kullanmıştır.[417]

Çin'in ideolojik angajmandan uzaklaşıp kendi gelişmesine odaklanması Afrika ülkeleri ile ekonomik temelli ve daha pragmatist bir ilişki biçimi kurulmasını gerektirmiştir. 1976-1988 döneminde Çin'den Afrika'ya yapılan yardımlar gerilerken Çin-Afrika ticaret hacmi 300 milyon dolardan 2,2 milyar dolara çıkmıştır.[418] Bu ciddî bir artış gibi görünse de Afrika'nın modernleşme konusunda yeterince ilerleme sağlayamaması ve Çin ile ticaret yapacak temellerden yoksun olması, esasında ticarî ilişkilerde istenilen düzeyde bir artışa imkân vermemiştir. Öyle ki Çin'in o dönemde sadece Hollanda ile ticareti bütün Afrika ile yaptığı ticaretten 30 kat daha fazlaydı.[419]

1980'li yıllarda daha pragmatist bir dış politika yaklaşımı benimseyerek Afrika'ya ilgisini alt düzeye indiren Çin, 1989'da yüzlerce göstericinin hayatını kaybettiği Tiananmen Meydanı olaylarından sonra Batı dünyasından gelen yoğun baskılar karşısında kendisine müzahir bir koalisyon oluşturmak için yeniden Üçüncü

---

[416] Cheng ve Shi, "China's Africa Policy in the Post Cold War Era", s. 90.
[417] Segal, "China and Africa", s. 121.
[418] Cheng ve Shi, "China's Africa Policy in the Post Cold War Era", s. 90; İsmail Ermağan ve Giray Fidan, "Çin'in Afrika Politikası", Ed. İsmail Ermağan, **Dünya Siyasetinde Afrika 1**, Ankara, Nobel Kitabevi, 2014, s. 55.
[419] Segal, "China and Africa", s. 122.

Dünya'ya ihtiyaç duymuştur.[420] Uluslararası örgütlerdeki sayısal ağırlıkları nedeniyle Çin'in bu stratejisine hizmet etmeye en yakın aktörler Afrika ülkeleriydi. Kendileri de anti-demokratlıkla suçlanan birçok Afrikalı siyasî elit, Batı dünyasının Çin karşıtı tutumunu insan hakları ve demokrasi söylemlerine dayanan "yeni bir emperyalist müdahale biçimi" olarak değerlendirmeyi tercih etmişlerdir. Nitekim o dönemde Çin'in diplomatik ilişki kurduğu 137 ülkeden sadece 20'si Tiananmen'deki katliama olumsuz tepki göstermiş ve Afrika'nın yanı sıra birçok Asya ve Latin Amerika ülkesi de Birleşmiş Milletler'de Çin'in insan hakkı ihlallerini gündeme getirmeye yönelik girişimlerin bloke edilmesini sağlamışlardır.[421] Böylelikle, Çin gibi otoriter büyük güçler için küçük güçlerin kritik birer diplomatik payanda işlevi görebilecekleri anlaşılmıştır.

Soğuk Savaş sona erdikten sonra hem ABD ve Avrupa'nın hem Rusya Federasyonu'nun Afrika'ya atfettiği önem azalmıştır. Oluşan güç boşluğu, Çin'in kıtadaki faaliyetlerini artırabilmesi için uygun bir ortam sağlamıştır.[422] Bu dönemde siyasî ve ideolojik nitelikli süper güç rekabetinin ortadan kalkmış olması, ekonomi ağırlıklı ilişkilere daha fazla imkân tanımış, dolayısıyla genel olarak sermayenin uluslararasılaşma hızı artmış ve dünya ticaret

---

[420] Ray Huang, *China: A Macro History*, M. E. Sharpe, New York ve Londra, 1997, s. 303-305; Denis M. Tull, "China's Engagement in Africa: Scope, Significance, and Consequences", Ed. John W. Harbeson ve Donald Rotchild, *Africa in World Politics: Reforming Political Order*, Westview Press, Boulder, 2009, s. 324-325; Ahmed Bahşi, بررسی سیاستها راهبردها و اهداف چین در قاره افريقا (Çin'in Afrika Kıtasına Yönelik Politika, Strateji ve Hedeflerinin Analizi), فصلنامه ژئوپوليتيك (*Faslnâme-i Jeopolitik*), Yıl 10, Sayı 2, s. 99-136.

[421] Segal, "China and Africa", s. 123; Cheng ve Shi, "China's Africa Policy...", s. 91; Ian Taylor, "The All-Weather Friend: Sino-African Interaction in the Twenty-First Century", **Africa in International Politics: External Involvement on the Continent**, Editör: Ian Taylor ve Paul Williams, Routledge, Londra ve New York, 2004, s. 85-86.

[422] Degterev Denis Andreyeviç, "Китайская экспансия в Африку: «свято место пусто не бывает»?" (Çin'in Afrika'ya Yayılması: Kutsal Mekân Hiç Boş Kalmaz mı/Tabiat Boşluk Kabul Etmez mi?), *Азия и Африка сегодня (Aziya i Afrika Segodniya)*, No 2, 2005, s. 35.

hacmi yükselişe geçmiştir.[423] Bu yükseliş paralelinde 1990'lı yıllarda Çin ile Afrika devletleri arasındaki ticarî ilişkiler yoğunlaşmış; 1990 yılında 930 milyon dolar olan Çin-Afrika ticaret hacmi, 1999 yılında 6,48 milyar dolara çıkmıştır.[424] 2001 yılında Dünya Ticaret Örgütü'ne üye olan Çin, bu üyeliğin avantajlarını da kullanarak Afrika üzerinde çok hızlı bir ekonomik nüfuz stratejisine yönelmiş ve 2003'te İngiltere'yi, 2006'da Fransa'yı, 2009'da ABD'yi geride bırakarak Afrika'nın en büyük ticaret ortağı haline gelmeyi başarmıştır.[425] Nitekim 2000 yılında 10 milyar dolar civarında olan Çin-Afrika ticaret hacmi, 2015 yılında 300 milyar dolara yaklaşmıştır.[426] Bu hızlı ekonomik nüfuz stratejisi, aşağıda açıklanacağı üzere, Çin ile Afrika devletleri arasında siyasî, askerî ve kültürel alanlarda da yoğun bir işbirliğinin geliştirilmesine imkân vermiştir.

Alternatif Denge Arayışlarının Etkisi

1991 yılında patlak veren Körfez Savaşı, yeni tek kutuplu hegemonik uluslararası düzende ABD'nin küresel ve bölgesel hâkimiyetini pekiştirmek için askerî operasyonlara girişmekten çekinmeyeceğini göstermiştir.[427] Çin yönetimi, Irak'ın akıbetini Üçüncü Dünya ülkeleri nezdinde ortak bir rahatsızlık kaynağı olarak yansıtmaya çalışmış ve 1990'lı yılların ortalarından itibaren

---

[423] Cemil Boyraz, "Küresel Üretim, Ticaret ve Finans", *Küresel Siyasete Giriş: Uluslararası İlişkilerde Kavramlar, Teoriler, Süreçler*, Ed. Evren Balta, İletişim, İstanbul, 2014, s. 415-416; Ian Taylor, "China's Oil Diplomacy in Africa", *International Affairs*, Cilt 82, No 5, 2006, s. 937.

[424] Yüksel, *Çin Halk Cumhuriyeti-Afrika İlişkileri: Sudan Örneği*, s. 57.

[425] Ermağan ve Fidan, "Çin'in Afrika Politikası", s. 54-55; Marek Hanusch, "African Perspectives on China–Africa: Modelling Popular Perceptions and Their Economic and Political Determinants", *Oxford Development Studies*, Cilt 4, Sayı 4, 2012, s. 492.

[426] "China-Africa trade approaches $300 billion in 2015", *China Daily*, http://www. chinadaily.com.cn/business/2015-11/10/content_22417707.htm, 11 Kasım 2015.

[427] Batuhan Köroğlu, "Yükselen Çin'in Ortadoğu Politikaları", *Akademik Perspektif*, http:// akademikperspektif.com/2014/09/08/yukselen-cinin-ortadogu-politikalari/, 8 Eylül 2014.

hegemonizme karşı ihtiyatlı da olsa bir tutum geliştirmiştir.[428] Çin, bu bağlamda 1994'te iki temel dış politika hedefinden söz etmiştir: Birincisi, hegemonist güç siyasetine karşı çıkarak dünya barışını korumak; ikincisi, yeni bir uluslararası siyasal-ekonomik düzen kurmaktır. Birinci hedef, Amerikan hegemonyasını azaltırken Çin'in ekonomik güç olma hedefini sekteye uğratabilecek bir askerî çatışmadan kaçınma stratejisine dayanmaktadır. İkinci hedef ise hâlihazırda ABD'nin öncülüğünü yaptığı küresel hegemonik düzene karşı bazı ülkelerin duymuş olduğu "rahatsızlıktan" yararlanarak küresel gücün kendi çıkarlarına daha uygun biçimde yeniden dağılımını sağlamaktır. Çin'in İran, Venezuela ve Sudan gibi Amerikan çıkarlarıyla bağdaşmayan ülkelerle yakın ilişkiler geliştirmesi, ekonomik ihtiyaçların ötesinde böyle bir siyasî hedefe de dayanmaktadır.[429]

ABD'nin 2001'de Afganistan'a gerçekleştirdiği müdahale ile hegemonyasını Çin sınırlarına dayandırması, 2003 yılında Irak'ı işgal ederek tek taraflı davranabilme kabiliyetini bir kez daha kanıtlaması ve buradaki petrol kaynaklarını kontrol etmek suretiyle rakip büyük güçlerin kendisine muhtaç olmasını sağlaması[430],

---

[428] Segal, "China and Africa", s. 125; Tull, "China's Engagement in Africa...", s. 325; Philip Snow, "China and Africa: Consensus and Camouflage", *Chinese Foreign Policy: Theory and Practice*, Ed. Thomas Robinson ve David Shambaugh, Oxford University Press, Oxford, 1995, s. 30–69.

[429] Zbigniew Brzezinski, *Büyük Stranç Tahtası*, Çev. Ertuğrul Dikbaş ve Ergun Kocabıyık, Sabah Yayınları, İstanbul, 1998, s. 27-28; Aytaç Yüksel, *Çin Halk Cumhuriyeti-Afrika İlişkileri: Sudan Örneği*, Harp Akademileri Komutanlığı Stratejik Araştırmalar Enstitüsü, 2014, s. 46.

[430] ABD'nin Irak'a petrol için müdahale ettiğini ve buradaki petrolü sadece kendisi için istediğini düşünmek olayı fazla basite indirgemek anlamına gelir. Zira ABD, bütün büyük Batılı güçler arasında Orta Doğu petrollerine en az bağımlı olan ülkedir. Orta Doğu petrollerine asıl bağımlı olan ülkeler Çin, Hindistan, Japonya ve Avrupa ülkeleridir. O halde ABD'nin asıl amacı, dünyanın en zengin petrol bölgelerini ele geçirip petrolü rakiplerine karşı koz olarak kullanmaktır. Dünyanın temel enerji arz ve ulaşım coğrafyaları üzerinde askerî üsler kurarak Çin, Rusya, Hindistan gibi dünya siyasetinde söz sahibi olma potansiyeli taşıyan ülkelere karşı "önleyici savaşlar" ihdas eden ABD, böylelikle stratejik rakiplerinin petrole ulaşmak için kendisine bağımlı kalmasını sağlamaktadır. Bkz. Samir Amin, *Liberal Virüs: Sürekli Savaş ve Dünyanın Amerikanlaştırılması*, Mak Yayınları, Ankara, 2004; Mürsel

Çin'in diplomatik önceliklerini değiştirerek bu hegemonik yükselişe ilişkin daha etkili bir tutum geliştirmeye itmiştir.[431] Çin, bu müdahalelerden sonra Üçüncü Dünya ülkeleri ile ilişkilerini yoğunlaştırıp "hegemonizme ve militarizme karşı daha fazla yumuşak diplomasi" ilkesini benimsemiştir.[432]

Yumuşak diplomasi ile kastedilen, yumuşak güç kapasitesinin artırılması ve yumuşak dengeleme (*soft balancing*) stratejilerinin uygulanmasıdır. ABD'nin geleneksel askerî stratejilerle dengelenmesi zor bir süper güç olması, sert dengeleme (*hard balancing*) tedbirlerinin yerine, askerî nitelikli olmayan yumuşak dengeleme stratejilerini gündeme getirmiştir. Yumuşak dengeleme, doğrudan rakibin askerî üstünlüğüne meydan okumadan, uluslararası örgütler veya kuruluşlar aracılığıyla, diplomatik düzenlemeler ve ekonomik işbirlikleri yoluyla rakibin tek taraflı politika izlemesini önlemek şeklinde gerçekleşmektedir. Çin'in bu doğrultuda ekonomi ağırlıklı işbirlikleri üzerinden küresel nüfuz sahasını genişletmesi, ABD'yi tahrik etmeden Amerikan hegemonyasının altını oymak anlamına gelebilir. Bu tür yumuşak dengeleme stratejileri, ABD'nin görece düşüş eğiliminde bir güç gibi algılanmasına neden olabilir ve birçok küçük güç, konjonktürel olarak yükselen başka bir büyük gücü "geleceğin dalgası" gibi görerek onun "peşinden gitme" (*bandwagoning*) eğilimi gösterebilir.[433]

Yumuşak dengeleme kapsamında Çin, özellikle mevcut uluslararası ekonomik düzeni kendi çıkarlarına daha uygun hale

---

Bayram, "Enerjeopolitik Müdahaleler ve Afrika'daki İç Savaşlar: Nijerya, Angola ve Sudan Örnekleri", *Kırıkkale Üniversitesi Sosyal Bilimler Dergisi*, Cilt 7, Sayı 1, 2017, s. 223.

[431] Joseph Tse-Hei Lee,"中國的第三世界政策與地緣政治策略" (Çin'in Üçüncü Dünya Politikası), 香港社會科學學報 (*Hong Kong Sosyal Bilimler Dergisi*), No. 36, İlkbahar-Yaz 2009, s.139-161.

[432] Ramón Tamames, "China en Rápido Crecimiento: Política Económica Exterior y Relaciones con África", *África, la Nueva Frontera China*, Ed. Guillermo Martínez ve Christopher Burkes, Casa Asia y Casa África, Barcelona, 2010, s. 29.

[433] Robert A. Pape, "Soft Balancing Against the United States", *International Security*, Vol. 30, No. 1, Yaz 2005, s. 9-10.

getirecek şekilde "içeriden değişiklikler" yapabilmek için Afrika ülkelerinin desteğini önemsemektedir.[434] Gelişmiş ülkelerin koymuş olduğu uluslararası ticaret bariyerleri konusunda Çin ve Afrika devletlerinin şikâyetlerinin benzeştiği ve bunları bertaraf etmek için ortak davranabildikleri görülmektedir. Nitekim 2005 yılında Dünya Ticaret Örgütü'nde tarım ürünlerinin ticaretiyle ilgili müzakereler sırasında Çin ile Afrika devletleri ortak hareket etmiş, bunun sonucunda gelişmiş ülkeler tarım ürünlerine uygulanan ihracat sübvansiyonlarını kaldırmayı kabul etmişlerdir.[435]

Afrika ülkeleri, bu şekilde Çin'in Batılı güçlerle ilişkilerini dengelemesine yardımcı olurken Çin de Afrika ülkelerinin diğer güçlerle ilişkilerinde denge unsuru olmaktadır.[436] Amerikalı diplomat Shinn, ABD Senatosu'ndaki konuşmasında, Etiyopya, Gana, Kenya ve Güney Afrika gibi ABD ile iyi ilişkiler içinde olan Afrika ülkelerinin dahi kıtadaki Çin nüfuzuna bağlı olarak *"ABD'nin tavsiyelerine uyma konusunda artık daha seçici davranabildiklerine"* dikkat çekmiştir.[437] Gerçekten de Çin varlığı, Afrika ülkelerinin ABD ve Avrupa ülkeleri karşısında pazarlık güçlerini artırmış görünmektedir. Örneğin, Nijer Devlet Başkanı Mamadou Tandja, ülkesindeki uranyum kaynaklarının çıkarılıp işletilmesi konusunda Fransız Areva şirketi ile yapılan fiyat pazarlıkları sırasında "elini güçlendirmek" için Çin kartını öne sürmüş[438], neticede Areva hem daha

---

[434] Corkin, Afrika ülkelerinin desteğiyle Çin'in tarihsel hasımı konumundaki Japonya'nın BMGK daimî üyeliğini de engelleyebileceğini iddia etmektedir. Japonya'nın dışında Almanya, Hindistan ve Brezilya'dan da BMGK daimî üyeliği konusunda talepler gündeme gelmektedir. BM sisteminde böyle bir reformun sadece Genel Kurul oylaması ile halledilemeyecek kadar zor bir süreç olduğunu belirtmek gerekir. Bkz. Corkin, "China's Strategic Investments in Africa", s. 135.
[435] Tom Iggulden, "WTO members agree to lift agricultural subsidies", http://www. abc.net.au/pm/ content/2005/s1534471.htm, 19 Aralık 2005.
[436] Wenping, "The Balancing Act of China's Africa Policy", s. 27.
[437] David H. Shinn, "China's Growing Role in Africa: Implications for U.S. Policy", *Hearing Held by Senate Committee on Foreign Relations Subcommittee on African Affairs*, 1 Kasım 2011, s. 6-8.
[438] Fuad Ferhavi, *Afrika'da Küresel Rekabet: Mali Krizi*, USAK, Rapor No: 13-03, Nisan 2013, s. 37.

yüksek bir fiyat vermek durumunda kalmış hem de uranyum kaynakları üzerindeki tekelini kaybetmiştir.[439] Aynı şekilde, Kongo Demokratik Cumhuriyeti, Çin'in alternatif yardım ve yatırım paketine dayanarak, daha önce Batılı firmalarla yapmış olduğu 60 madencilik sözleşmesini yeniden müzakereye açmıştır.[440] Bir diğer örnek olan Angola da Çin'in yatırım teklifini gerekçe göstererek IMF'nin koşullu borç teklifini reddetmiştir.[441] Bununla beraber, Afrikalı aktörlerin diplomatik manevra kabiliyetlerindeki artış sadece Batılı güçlere değil, Çin'in kendisine de yönelebilmektedir. Kongo Demokratik Cumhuriyeti, Batılı şirketlerle anlaşmalarını yeniden müzakere ederken Çin ile maden işletme alanında yaptığı anlaşmalarda ortak mülkiyet hakkı (*co-ownership*) elde etmiş; Angola da Çin ile yaptığı anlaşmalarda, yerli sermayenin ülke dışına kaçmasını önleme ve yerli istihdama kontenjan ayırma gibi maddeler ekletmiştir.[442]

Verilen örneklerden, Afrikalı küçük güçlerin kıtadaki Çin varlığını alternatif bir denge unsuru olarak değerlendirdikleri, bu sayede eski sömürgeci güçler karşısında yeni biçimlerde aktörlük özellikleri sergileyebildikleri ve daha etkili müzakere stratejileri geliştirdikleri anlaşılmaktadır.[443] Diplomatik manevra kabiliyetindeki artış, haliyle Çin'e karşı da kullanılabilmektedir. Afrikalı bir

---

[439] Jean-Michel Bezat, "Areva perd son monopole sur l'uranium du Niger", *Le Monde*, http://www.lemonde.fr/economie/article/2007/08/04/areva-perd-son-monopole-sur-l-uranium-du-niger, 4 Ağustos 2007.

[440] Vickers, s. 678.

[441] Meiner Pieter van Dijk, "The Impact of the Chinese in Other African Countries and Sectors", *The New Presence of China in Africa*, Ed. Meine Pieter van Dijk, Amsterdam University Press, 2009, s. 158.

[442] Marcus Power ve Ana C. Alves, *China and Angola: A Marriage of Convenience?*, Fahamu Books, Oxford, 2012; Lucy Corkin, *Uncovering African Agency: Angola's Management of China's Credit Lines* Ashgate, Farnham, 2013.

[443] Brendan Vickers, "Africa and the Rising Powers: Bargaining for the Marginalized Many", *International Affairs*, Cilt 89, Sayı 3, 2013, s. 676.

diplomat, *"neden diye sormayı, nasıl diye sormayı, daha da önemlisi, 'hayır' demeyi öğrendik"* cümlesiyle bu durumu özetlemektedir.[444]

Devlet Kimliklerinin Etkisi

Çin ile Afrika devletlerinin yönetsel kimlikleri büyük oranda benzeşmektedir. Çin, otoriter tek-parti sistemi ile yönetilen bir ülkedir. Afrika'da demokratikleşme yönünde önemli ilerlemeler kaydedilmişse de henüz çoğu ülkede kurumsallaşmış bir demokratik idare tarzı oluşmamıştır. Bu durum, hem Çin'de, hem Afrika ülkelerinde iç politika sorunlarının uluslararasılaşmasına neden olabilmektedir.

Bu bağlamda Çin'i Afrika'ya yönelten faktörlerden birisi, otoriter devlet kimliğine bağlı olarak, ülke içindeki insan hakkı ihlalleri üzerinden kendisine karşı daimî bir cephenin veya uluslararası izolasyonun oluşmasını engelleme düşüncesidir.[445] Birleşmiş Milletler Güvenlik Konseyi'nin veto yetkisine sahip beş daimî üyesinden biri olması Çin'i başlı başına bir diplomatik güç yapmakla birlikte, BM üyelerinin yüzde 28'ini oluşturan 54 Afrika ülkesi de BM Genel Kurulu'nda ve komisyonlarda önemli bir destek unsuru olabilmektedir. Yönetim anlayışları Çin'inkine benzeyen bazı Afrika ülkeleri, özellikle BM İnsan Hakları Komisyonu'nda Çin'in insan hakları ihlallerinin kınanması yönündeki çabaların boşa çıka-

---

[444] Öyle ki 1990'lı yılların sonunda bazı Doğu ve Güneydoğu Asya devletlerinin Batı'ya meydan okumasını ifade etmek için kullanılan *"Hayır Diyebilen Asya"* sloganı, yerini *"Hayır Diyebilen Afrika"* sloganına bırakmıştır. Bkz. Donna Lee, "Global Trade Governance and the Challenges of African Activism in the Doha Development Agenda Negotiations", **Global Society**, Cilt 26, Sayı 1, 2012, s. 93; François Lafarge, "La Chine, une puissance Africaine", **Perspectives Chinoises**, Sayı 90, Temmuz-Ağustos 2005, s. 9; Chris Alden, "Leveraging the Dragon: Toward An Africa That Can Say No", **Yale Global**, 25 Haziran 2015, http://yaleglobal.yale.edu/content/leveraging-dragon-toward-africa-can-say-no, 3 Aralık 2017.
[445] Dirk Shmidt ve Sebastian Heilmann, **Außenpolitik und Außenwirtschaft der Volksrepublik China**, Springer, Wiesbaden, 2012, s. 19.

rılmasında önemli rol oynamışlardır.[446] 2004 öncesinde Batılı ülkelerce, Çin'in insan hakları siciline ilişkin olarak BM İnsan Hakları Komisyonu'na 11 öneri sunulmuş; Komisyon'daki 53 koltuktan 15'ini işgal eden Afrika devletleri bu önerilerin sonuçsuz kalmasını sağlamışlardır.[447] 2006'da İnsan Hakları Komisyonu'nun yerini almak üzere kurulan BM İnsan Hakları Konseyi'nde de Afrika ülkeleri, ortalama yüzde 80 oranında Çin ile aynı yönde oy kullanmışlardır. Bunlar arasında, Mısır, Mali, Güney Afrika, Cezayir, Fas ve Tunus'un Çin ile aynı yönde oy kullanma oranı yüzde 90'ın üzerindedir.[448]

Özellikle insan hakkı ihlalleri ve uluslararası terörizme destek vermek gibi nedenlerle uluslararası yaptırımlara maruz kalan Afrika ülkeleri, kıtadaki Çin varlığını önemsemektedir. Bu ülkeler, Çin vasıtasıyla izolasyonlarını hafifletmiş olmaktadırlar. Bu durum, en iyi Zimbabve ve Sudan üzerinden örneklenebilir.

Zimbabve Hükümeti, siyasî şiddet, insan hakkı ihlalleri, mülkiyet haklarının ihlali ve hukukun üstünlüğü ilkesine riayet etmeme gibi sebeplerle, 2000 ile 2003 yılları arasında, ABD, İngiltere, Kanada, Avustralya ve Avrupa Birliği'nin yaptırımlarına maruz kalmıştır. Yaptırımlar, temelde arazi tahsis yasasından kaynaklanmaktadır. 1990'lı yılların sonunda Avrupa kökenli beyaz azınlığa ait toprakların müsadere edilmesi zaten tartışmalara yol açmışken Robert Mugabe yönetimindeki Zimbabve Hükümeti, arazi mülkiyetinde etnik dengesizliği ortadan kaldırma gerekçesiyle 2000 yılında siyahî vatandaşların toprak edinimini yasallaştırdığını

---

[446] Tull, "China's Engagement in Africa...", s. 331.

[447] Wenping, "The Balancing Act of China's Africa Policy", s. 27.

[448] Çin ile aynı yönde oy kullanma oranı yüzde 90'ı geçen ülkeler, sırasıyla Küba (yüzde 100), Mısır (yüzde 100), Rusya (yüzde 99), Sri Lanka (yüzde 97), Mali (yüzde 97), Güney Afrika (yüzde 96), Azerbaycan (yüzde 96), Pakistan (yüzde 95), Nikaragua (yüzde 93), Cezayir (yüzde 92), Fas (yüzde 92), Tunus (yüzde 92), Endonezya (yüzde 91) ve Bolivya'dır (yüzde 91). Bkz. Sonya Sceats ve Shaun Breslin, *China and the International Human Rights System,* Chatham House Royal Institute of International Affairs, Londra, 2012, s. 21.

duyurmuştur.[449] Batılı devletler büyük oranda bu gelişme üzerinden Mugabe rejimine yaptırım uygulamayı tercih ederken Çin yönetimi tam aksine Zimbabve'de 9 milyon dolara mal olan bir hükümet sarayı inşa etmiş; Zimbabve ordusuna uçak, ağır vasıta araç ve elektronik ekipman temin etmiştir.[450]

Diğer bir örnek olan Sudan'da Ömer Hasan Ahmed El-Beşir öncülüğünde gerçekleşen 30 Haziran 1989 darbesinden sonra El-Kaide, Hamas, Hizbullah, Hizb ul-İslâmî, Hizb ul-Mücahidîn, En-Nahda, İslâmî Selamet Cephesi, Cemaat el-İslâmî vb. örgütler Sudan topraklarında faaliyet göstermeye başlamıştır.[451] Bu faaliyetlerle terör örgütlerine kucak açtığı gerekçesiyle Sudan, 18 Ağustos 1993'te ABD Dışişleri tarafından "teröre destek veren ülkeler listesi"ne dâhil edilmiş; akabinde IMF ve Dünya Bankası, Sudan'a yönelik kredilerini askıya almıştır. Birleşmiş Milletler Güvenlik Konseyi'nin 1996'da Sudan'a yönelik yaptırım kararından sonra ABD de Sudan'a tek taraflı ekonomik yaptırım uygulama kararı almıştır.[452]

Bu süreçte ABD ve Kanada merkezli petrol şirketleri Sudan'dan çekilmek zorunda kalmış ve onların imtiyaz sahibi olduğu petrol sahalarının önemli bir bölümünü Çin Milli Petrol Şirketi (CNPC) devralmıştır. Sudan'ın uluslararası izolasyona maruz kaldığı dönemde Çin, Sudan'ın günlük tüketimini karşılayacak kapa-

---

[449] Heather Chingono, "Zimbabwe Sanctions: An Analysis of the Lingo Guiding the Perceptions of the Sanctioners and the Sanctionees", *African Journal of Political Science and International Relations*, Cilt 4, Sayı 2, Şubat 2010, s. 66-67; Abiodun Alao, *Mugabe and the Politics of Security in Zimbabwe*, McGill-Queen's University Press, Montreal, 2012.

[450] Ramón Tamames, "China en Rápido Crecimiento: Política Económica Exterior y Relaciones con África", *África, la Nueva Frontera China*, Ed. Guillermo Martínez ve Christopher Burke, Casa Asia, Barselona, 2013, s. 31.

[451] Robert Collins, *A History of Modern Sudan*, Cambridge University Press, Cambridge, 2008, s. 183-197.

[452] David Hoile, *Farce Majeure: The Clinton Administration's Sudan Policy 1993–2000*, European Sudanese Public Affairs Council, Londra, 2000, s.18; Karl R. De-Rouen ve Uk Heo, *Civil Wars of the World: Major Conflicts since World War II*, ABC-CLIO, California, 2007, s. 740.

sitede bir rafineri ile Güney Sudan'dan Kızıl Deniz'e uzanan bir petrol boru hattı inşa etmiştir. Boru hattının inşasıyla günlük tüketimden çok daha fazla petrol pompalanmaya başlayınca Sudan 1999-2000 döneminde ilk defa dış ticaret fazlası vermiş ve ekonomisi yüzde 6 büyüme kaydetmiştir. Bu gelişme, Körfez ülkeleri başta olmak üzere birçok Arap ve Asya ülkesinden de sermaye akışını beraberinde getirmiştir. 2000 ile 2006 yılları arasında Sudan'a yapılan doğrudan yabancı yatırım miktarı 128 milyon dolardan 2.3 milyar dolara fırlamıştır. Ülkenin petrol üreticisi haline gelmesi ve OPEC'te gözlemci statü elde etmesi ile eşzamanlı olarak İngiltere tekrar büyükelçiliğini faal hale getirmiş; ABD de 1996'dan bu yana kapalı olan büyükelçiliğini 2000 yılında tekrar açmış ve Sudanlı diplomatlara yönelik seyahat yasağını kaldırmıştır.[453] Başka bir ifadeyle, Sudan petrol piyasasında Çin'in etkinliğini artırması ile Sudan'a yönelik uluslararası izolasyonların gevşemesi aynı döneme rastlamıştır.[454]

Ne var ki bu rahatlama kısa sürmüştür. Darfur bölgesindeki insanî kriz nedeniyle Sudan rejimi yeniden uluslararası tepkilerin odağı haline gelmiştir. Sudan hükümeti, büyük oranda Çin sayesinde, uluslararası izolasyon çabalarından daha az etkilenmiştir. Çin, iç işlerine karışmama ilkesine atıfla, *"Sudan'daki durumun Sudan'ın iç işi olduğunu"* vurgulamış ve Sudan hükümetini baskı altında tutmaya yönelik birçok BMGK karar tasarısının yumuşatılmasını sağlamıştır.[455] Çin, özellikle Sudan'ın petrol sektörünü etkileyebilecek ekonomik tedbirler getirilmesine, Sudan ordusuna yönelik silah ambargosu uygulanmasına ve Sudan hükümetinin rızası olmadan Darfur'a BM birliklerinin konuşlandırılmasına iti-

---

[453] Collins, *A History of Modern Sudan*, s.229-253.

[454] Mürsel Bayram, "Sudan'ın Etnopolitik Sorunlarını Besleyen Faktörlerin Tarihsel Bir Analizi", *Tarihin Peşinde*, Sayı 16, 2016, s. 210-211.

[455] Jonathan Holslag, "China's Diplomatic Manoeuvring on the Darfur Question", *Journal of Contemporary China*, Cilt 17, Sayı 54, Ocak 2008; Robert Cryer, "Sudan, Resolution 1593, and International Criminal Justice", *Leiden Journal of International Law*, Cilt 19, Sayı 1, 2006, s. 195-222.

raz etmiştir.[456] Darfur'daki Afrika Birliği misyonunun yerini BM misyonuna bırakması fikrini ABD ve Avrupa Birliği şartsız desteklerken Çin, Sudan hükümetinin rızası alınmak şartıyla kabul etmiştir. Çin, Sudan hükümetini bu konuda ikna etmeye çalışmış, ancak Sudan hükümeti itirazına devam edince ABD yönetimi Çin ve Sudan'a yönelik baskılarını artırmıştır.[457] 2008'de Çin'de yapılacak olimpiyatları "soykırım olimpiyatları" olarak boykot etme çağrıları ve İngiltere ile ABD'nin Sudan'a yönelik ilave tedbirler alma tehditleri, Sudan'ı ikna etme sürecinde Çin'i daha aktif bir rol üstlenmeye zorlamıştır. Çin Devlet Başkanı Yardımcısı Zeng Qinghong, Sudanlı yetkililerle görüşerek Darfur'a BM birliklerinin konuşlanması konusundaki düşüncelerini iletirken bu fikri *"kabul edip etmeyi Sudan hükümetine bıraktıklarını, kesinlikle bir dayatmada bulunmadıklarını"* eklemiştir. Neticede Çin, ilk defa egemen bir devletin topraklarına BM birliklerinin konuşlandırılması konusunda bir hükümeti ikna etmiş[458], ancak bunu yaparken daha sorumlu bir büyük güç imajı oluşturma çabası ile Sudan'daki çıkarları arasında iyi bir denge kurmuştur.[459] En önemlisi Çin, Sudan Hükümeti ile yeni ekonomik ve askerî anlaşmalar imzalayarak El-Beşir rejiminin bekasına esaslı bir katkı sağlamıştır.[460]

---

[456] 1970'lerde Bileşmiş Milletler barış gücü operasyonlarına karşı çıkan ve katılmayan Çin, 1980'lerde bu operasyonlara katılmayı yine reddetmekle birlikte muhalif tavrını yumuşatmış; 1990'larda ise hem desteklemeye hem katılmaya başlamış, ancak müdahale edilecek devletin rızasının alınması gerektiğini savunmuştur. Bkz. Yeshi Choeden, "China's Stance on UN Peacekeeping Operations: Changing Priorities of Foreign Policy", *China Report*, Cilt 41, Sayı 1, 2005, s. 39-59.

[457] Holslag, "China's Diplomatic Manoeuvring on the Darfur Question", s.76-78.

[458] Courtney J. Fung, "What Explains China's Deployment to UN Peacekeeping Operations?", *International Relations of the Asia Pacific*, Cilt 16, Sayı 3, 2016, s. 409-441.

[459] Zhang Chun, "中国在非洲的负责任的大国表现"(Çin'in Afrika'daki Sorumlu Büyük Güç Performansı), 西亚非洲 (*Batı Asya ve Afrika*), Sayı 5, Yıl 2014, s. 46-61.

[460] Batılı devletlerin Darfur Sorunu'na yaklaşımları, genel olarak sorunun uluslararasılaşmasını sağlama, "soykırım" nitelemesini tercih ederek Sudan Hükümeti'ni uluslararası hukuk açısından sorumlu tutma, Uluslararası Ceza Mahkemesi'nin Sudan Cumhurbaşkanı Ömer El-Beşir hakkındaki tutuklama kararını destekleme, Sudan Hükümeti'ni olabildiğince yalnızlaştırma ve yaptırım uygulamakla tehdit

Sudan ve Zimbabve dışında; komşularıyla sorun yaşayan, varlığına yönelik çeşitli iç ve dış tehditler hisseden, kısacası kendi ölçeklerinde dengeleme stratejisine ihtiyaç duyan Afrika devletleri de Çin ile ilişkilerini kullanarak ekonomik ve askerî kapasitelerini artırabilmektedir. Özellikle Çad ve Ekvator Ginesi gibi otoriter nitelikli rejimlerle yönetilen Afrika ülkeleri, Çin'in varlığından güç alarak hem komşuları hem de kıta-dışı aktörler karşısında görece otonom hareket edebilmektedir. Bununla birlikte, Botsvana, Mauritius ve Seyşeller gibi öteden beri Batı yanlısı olan, minimal düzeyde de olsa liberal demokrasiyle yönetilen, dolayısıyla rejimlerini konsolide etmek için Çin nüfuzundan yararlanmaya ihtiyaç duymayan ve zaten belli bir ekonomik gelişme düzeyini yakalamış olan ülkeler de Çin varlığını önemsemekte ve Çin ile ilişkilerini "eşitler arası ilişki" olarak nitelemektedirler.[461] Bu durum, Çin'in sadece otoriter yapıdaki devletler nezdinde değil, demokratik nite-

---

etme, merkezî hükümet ile çatışan örgütlerin liderlerinin Avrupa'da ikamet edip örgütlerini buradan yönetmelerine izin verme gibi doğrudan Sudan yönetimini hedef alan sert tedbirleri içermiştir. Çin'in Darfur Sorunu'na yaklaşımında öne çıkan davranış kalıbı ise *"büyük güçlerle çatışmadan kaçınma"* ve *"küçük güçlerin/devletlerin otonomisine saygı duyma"* şeklinde özetlenebilir. Çin, BMGK'da Sudan'la ilgili oylamalarda daimî üyelik statüsünün getirdiği en önemli silah olan veto yetkisini kullanmak yerine çekimser kalarak kararların geçmesini sağlamış, böylece yerleşik büyük güçleri doğrudan karşısına almamıştır. Bununla birlikte Çin, Sudan'daki yatırımlarını büyüterek BMGK'nın öngördüğü ekonomik tedbirlerin olumsuz etkilerini sahada dengelemiştir. İnsanî müdahale konusunda ise Sudan Hükümeti'nin rızasının alınmasını şart koşan Çin, böylelikle en temel Vestfalyen ilke olan egemenlik hakkına saygı duyulması hususunu güçlü biçimde vurgulama fırsatı bulmuştur. Çin'in Sudan'da izlediği stratejinin bir benzerini Suriye'de gözlemlemek mümkündür. Çin'in Suriye ile ilişkileri, Sudan ile ilişkileri kadar yakın olmasa da, Rusya ve İran ile birlikte Çin de Suriye Hükümeti'nin yanında yer almaktadır. Çin, burada da iç işlerine karışmama ilkesine vurgu yapmakta ve askerî çözümden ziyade siyasî çözümü savunduğunu ifade etmektedir. Çin'in egemenlik, toprak bütünlüğü ve iç işlerine karışmama konusundaki bu hassasiyeti, kendisinin de Tayvan, Tibet ve Şincan sorunları nedeniyle etnopolitik açıdan görece kırılgan bir devlet olması ile bağlantılıdır. Bkz. Mürsel Bayram, "Çin'in Darfur Politikası", *Bölgesel Araştırmalar Dergisi*, Cilt 1, Sayı 3, Aralık 2017.
[461] Eberhard Sandschneider, *Globale Rivalen: Chinas unheimlicher Aufstieg und Die Ohnmacht des Westens*, Münih, Carl Hanser Verlag, 2007, s. 205.

liklere sahip devletler nezdinde de görece pozitif bir kimlik inşa edebildiğini göstermektedir.

Tayvan Meselesinin Etkisi

Çin'in Afrika'ya yönelmesinde büyük güç statüsünü malûl hale getiren sorunlar etkili olmaktadır. Bunların başında egemenlik ve toprak bütünlüğü meseleleri gelmektedir. Tayvan'ın tartışmalı statüsü nedeniyle Çin'in siyasal olarak bölünmüş görünümünün devam ettiği bilinmektedir. Bu bağlamda Çin'in küçük devletlerle ilişkilerinde Tayvan'ın diplomatik olarak tanınmasına engel olma hedefi daima önemini korumuştur.

Çin'in güç kimliği kısmında değinildiği üzere, İkinci Dünya Savaşı sonrasında Komünistler ile Milliyetçiler arasındaki iç savaşı 1949'da Mao Zedong önderliğindeki Çin Komünist Partisi taraftarları kazanmış; mağlubiyetlerinden sonra Tayvan (Formoza) adasına geçmek/kaçmak zorunda kalan Çan Kay-şek liderliğindeki Çin Milliyetçi Partisi taraftarları, 1912 yılında Çin anakarasında kurulmuş olan Çin Cumhuriyeti'nin bundan böyle Tayvan'dan varlığını sürdüreceğini duyurmuşlardır. Anakaradaki Çin Halk Cumhuriyeti hükümeti ise Tayvan'ı kendi idaresine tâbi bir vilayet olarak görmeye devam etmiş ve Tek Çin politikası doğrultusunda, Tayvan'ı tanıyan devletlerle ilişki kurmayı reddetmiştir.[462]

Çin ile Tayvan arasındaki bu rekabet, Afrikalı küçük güçlerce birçok kez suiistimal edilmiştir. Örneğin Batı Afrika ülkesi Senegal, 1964'te Tayvan'la ilişkilerini sonlandırıp 1969'da yeniden başlatmış, Çin'in BM üyeliğine bağlı olarak 1971'de Tayvan yerine Çin'i tanımış, 1996 yılı başlarında, üstelik Çin Başbakan Yardımcısı'nın ziyaretinden birkaç hafta sonra, Çin ile ilişkilerini kesip ye-

---

[462] Gabe T. Wang, *China and the Taiwan Issue: Impending War at Taiwan Strait*, University Press of America, Lanham, 2006, s. 172-193.

niden Tayvan'ı tanıdığını açıklamış[463]; değişen "küresel jeopolitik konjonktürü" göz önüne alarak 9 yıl sonra bir kez daha Tayvan'la ilişkilerini sona erdirip yeniden Çin'i tanıma kararı almıştır.[464] Orta Afrika Cumhuriyeti de Senegal gibi 1962'den bu yana beş defa Çin'i, beş defa Tayvan'ı tanımıştır. Benin, Burkina Faso, Çad, Gambiya, Lesotho, Liberya ve Nijer de en az bir defa diplomatik tanıma tercihini değiştiren Afrika ülkeleri arasındadır. Afrika ülkelerinin Çin ile Tayvan arasındaki bu gel-gitleri, genellikle taraflardan birinden diplomatik tanıma karşılığında daha fazla ekonomik yardım alma veya alamamalarıyla ilgilidir ki buna "satılık statü" demek mümkündür.[465]

ABD'nin 1979'da Tayvan ile diplomatik ilişkilerini kesip Çin'i tanıması, Tayvan'ın etkisini giderek azaltmışsa da Tayvan'ın diplomatik olarak marjinalleşmesini hızlandıran asıl gelişme, 1990'lı yılların sonundan itibaren Çin'in ekonomik gücünü artırarak Afrika ülkelerine Tayvan'dan daha cazip teklifler sunabilecek duruma gelmesidir.[466] Nitekim Tayvan 1997'de 10 Afrika ülkesi ile diplomatik ilişki tesis etmiş durumdayken, 1998'de Gine Bissau ve Orta Afrika Cumhuriyeti, 2003'te Liberya, 2005'te Senegal, 2006'da Çad, 2008'de Malavi, 2013'te Gambiya ve son olarak 2016'da Sao Tome ve Principe, Taipei ile ilişkilerini kesip Pekin'i tercih etmiş; böylece Tayvan'ın diplomatik ilişki kurduğu Afrika ülkelerinin sayısı ikiye (Burkina Faso, Svaziland) kadar düşmüştür.[467] Bu ülke-

---

[463] Richard J. Payne ve Cassandra R. Veney, "China's Post-Cold War African Policy", *Asian Survey*, Cilt 38, Sayı 9, Eylül 1998, s. 872.

[464] Senegal Dışişleri Bakanlığı'nın ifadesiyle, *"Cumhurbaşkanı Abdoulaye Wade tarafından alınan bu tarihî karar, küresel jeopolitik konjonktüre ilişkin objektif ve derin bir analizin sonucudur."* Bkz. "Senegal picks China over Taiwan", *BBC*, 26 Ekim 2005, http://news.bbc.co.uk/2/hi/asia-pacific/437 7818.stm, 10 Mayıs 2017.

[465] Timothy S. Rich, "Status for Sale: Taiwan and the Competition for Diplomatic Recognition", *Issues & Studies*, Cilt 45, Sayı 4, Aralık 2009, s. 159-188.

[466] He Wenping, "The Balancing Act of China's Africa Policy", *China Security*, Cilt 3, Sayı 3, Yaz 2007, s. 24.

[467] Dan Large ve Shiuh-Shen Chien, "China Rising in Africa: Whither Taiwan?", *Fifth Conference of the European Association of Taiwan Studies*, Charles Univer-

ler de Çin'in "cazibesine dayanamayarak" Tayvan ile diplomatik ilişkilerini koparma sinyalleri vermeye başlamıştır. Burkina Faso Dışişleri Bakanı Alpha Barry, Çinli yetkililerin Tayvan yerine Çin'i tanımaları karşılığında Burkina Faso'ya 50 milyar dolarlık yardım teklifinde bulunduklarını, buna rağmen Tayvan'ı tanımaya devam edeceklerini belirterek Tayvan yönetimine "mesaj" vermiştir.[468] Krallıkla yönetilen küçük Güney Afrika ülkesi Svaziland da Tayvan'la ilişkilerinin güçlü olduğunu teyit etmekle birlikte, ülkenin en etkili gazetelerinden *Times of Swaziland*'da Taipei yerine Pekin ile ilişki kurmanın ülke çıkarına daha fazla hizmet edeceği ifade edilmiş ve hükümete Tayvan'ı tanımaktan vazgeçmesi yönünde bir çağrı yapılmıştır.[469]

Sonuç olarak Çin, ekonomik gücü arttıkça, Tayvan'ı tanıyan devlet sayısının azalmasını sağlamıştır.[470] Afrika ülkelerinin Çin'in bu amacına ulaşmasında önemli bir katkı sağladığı doğrudur, ancak küçük devletlerin değişen güç dengesine göre hareket ettikleri göz önüne alınırsa, Çin'in bu hususta Afrika ülkelerine ilanihaye güvenemeyeceği de bir vakıadır.

---

sity, Prag, 18-20 Nisan 2008, s. 8; "China resumes ties with São Tomé, which turned away from Taiwan", *New York Times*, 26 Aralık 2016.

[468] Pauline Bax, Simon Gongo ve Lungile Dlamini, "Chinese Billions Fail to Sway Taiwan's Last Two Allies in Africa", *Bloomberg*, 25 Ocak 2017, https://www.bloomberg.com/politics/articles/2017-01-24/chinese-billions-fail-to-sway-taiwan-s-last-two-allies-in-africa, 11 Mayıs 2017; "Taiwan thanks African ally for rejecting diplomatic advances from Beijing", *South China Morning Post*, http://www.scmp.com/news/china/diplomacy-defence/article/, 26 Ocak 2017.

[469] Mduduzi Ginindza, "Let's Leave Taiwan", *Times of Swaziland*, 21 Kasım 2013.

[470] Hâlihazırda Tayvan'ı tanıyan 21 devlet vardır: Belize, Burkina Faso, Dominik Cumhuriyeti, El Salvador, Guatemala, Haiti, Honduras, Kiribati, Marshall Adaları, Nauru, Nikaragua, Palau, Panama, Paraguay, Solomon Adaları, Saint Lucia, Saint Kitts ve Nevis, Saint Vincent ve Grenadinler, Svaziland, Tuvalu, Vatikan. Bununla birlikte, Tayvan'ın kendisini tanıyan-tanımayan 70'den fazla ülkede temsilciliği bulunmaktadır.

Enerji ve Gıda Güvenliği Meselelerinin Etkisi

Çin, ulaştığı ekonomik güce rağmen, henüz modernizasyonunu tamamlamış değildir. 1970'li yılların sonundan itibaren hızlı ve istikrarlı bir ekonomik büyüme kaydeden Çin, sanayileşmesini devam ettirebilmek için başta petrol olmak üzere boksit, kobalt, uranyum gibi kaynaklara ihtiyaç duymakta; bu kaynaklar ise Afrika'da bol miktarda (örneğin, dünya boksit rezervinin yaklaşık dörtte biri Gine'de, kobalt rezervlerinin yarısından fazlası Kongo Demokratik Cumhuriyeti ve Zambiya'da) bulunmaktadır.[471]

1993'te net petrol ithalatçısı haline gelen Çin, Orta Doğu'daki petrol kaynakları ve bu kaynakların dünya ticaretine açılma noktaları ABD'nin kontrolünde olduğu için, petrol sağladığı kaynakları çeşitlendirme ihtiyacı hissetmiş; dolayısıyla, diğer ülkelerin girmekten çekindiği Nijerya ve Sudan gibi siyasî ve ekonomik riskler taşıyan pazarları da enerji talep edebileceği kaynaklar olarak değerlendirmiştir.[472] Dahası Çin, 2013 yılı itibariyle ABD'yi geçerek dünyanın en büyük petrol ithalatçısı durumuna gelmiştir. ABD, 2004-2013 döneminde Afrika'dan ithal ettiği petrol miktarını yüzde 70 oranında azaltırken tam tersine Çin'in Afrika'dan ithal ettiği petrol miktarı artmıştır. ABD, bu süreçte iç üretimini ortalama yüzde 33 oranında artırmış ve daha fazla doğal gaz kullanımına yönelmiştir. 2000-2010 döneminde Çin de yurtiçi ham petrol üretim kapasitesini yüzde 25.5 artırmış, fakat aynı dönemde ülkenin petrol tüketimi yüzde 94.5 artmıştır. Yani, ABD yurtiçi petrol tüketimiyle üretimini dengelerken Çin üretim-tüketim dengesini

---

[471] Lawrence Mhandara, Charity Manyeruke ve Eve Nyamba, "Debating China's New Role in Africa's Political Economy", *African-East Asian Affairs*, Sayı 2, Haziran, 2013, s. 87.

[472] M. İnanç Özekmekçi, "Türkiye'nin Doğu Sınırında Yeni Bir Güç: Çin", *Boğaziçi Üniversitesi-TÜSİAD Dış Politika Forumu*, Mayıs 2013, http://dispolitikaforumu. com/wp-content/ uploads/2013/05/cin.pdf, 8 Mayıs 2017, s. 2; Hakan Ayduk, *Dünya Enerji Politikaları ve Rusya, Çin, ABD Rekabeti*, Yayımlanmamış Yüksek Lisans Tezi, İstanbul Ticaret Üniversitesi, Sosyal Bilimler Enstitüsü, 2007, s. 49.

sağlayamamıştır.[473] Ülkenin enerji talebinin artmaya devam edeceği ve 2030'lu yıllarda dünyanın en büyük petrol tüketicisi olacağı tahmin edilmektedir.[474] Çin'in hâlihazırda ihtiyaç duyduğu petrolün yüzde 23'ünü Afrika'dan temin ettiği ve Afrika'da henüz keşfedilmemiş petrol rezervlerinin olduğu dikkate alınırsa, Çin'in ekonomik olarak daha güçlü bir aktör olabilmek için Afrika devletleri ile işbirliğini sürdüreceği söylenebilir.[475]

Çin'i Afrika'ya yönelten bir diğer önemli faktör, nüfus büyüklüğü nedeniyle Çin'i hassas bir güç haline getiren gıda güvenliği sorunudur. Çin devlet radyosunun 28 Ocak 2016 tarihli yayınında konuşan Devlet Başkanı Xi Jinping, ülkedeki gıda güvenliği sorununun "ciddiyetini koruduğunu" belirtmiştir. Çin, dünyadaki ekili toprakların yüzde 7'si ile dünya nüfusunun yüzde 22'sini doyurmak zorunda olan bir ülkedir. Nüfusun artmaya devam etmesi, beslenme alışkanlıklarının değişmesi ve kentleşmenin hızlanmasıyla birlikte ülkede gıdaya olan talep de artmaktadır. Buna karşın, sanayi faaliyetleri nedeniyle toprak ve su kirliliği oranlarının standartların çok üzerine çıkması, dünya ticaretinde yaşanacak radikal değişimlerin gıda fiyatlarında radikal artışlara yol açabilecek olması, Çin'de gıda güvenliğini önemli bir sorun haline getirmektedir. Bu yöndeki endişeler, Çin'i dünyanın ekilmemiş ancak ekilebilir arazilerinin yüzde 60'ına ev sahipliği yapan Afrika'da toprak alımlarına itmiştir.[476] Çünkü 20. yüzyıl boyunca modern tarım teknikleri ve kimyevî gübre kullanımı nedeniyle Asya, Av-

---

[473] Cynthia Foreso, Wen Jin Yuan ve Anton C. Yang, "Africa's Crude Petroleum Exports Declined Due to a Shrinking U.S. Market", **United States International Trade Commission Executive Briefing on Trade**, Temmuz 2015, s. 1-2.

[474] **World Energy Outlook 2014**; Christopher Alessi ve Beina Xu, "China in Africa", **CFR Backgrounders**, http://www.cfr.org/china/china-africa/p9557, 27 Nisan 2015.

[475] Meine Pieter van Dijk, "Objectives of and Instruments for China's New Presence in Africa", **The New Presence of China in Africa**, Amsterdam University Press, 2009, s. 11-12.

[476] Ömer Özkaya, "Çin'in Korkusu", **Güneş**, 27 Mart 2016; Jianzhai Wu, Jianhua Zhang, Shengwei Wang, Fantao Kong, "Assessment of Food Security in China: A New Perspective Based on Production-Consumption Coordination", **Sustainability**, Cilt 8, Sayı 183, 2016, s. 1-14.

rupa ve hatta Amerika topraklarından eskisi kadar verim alınamamaktadır. Afrika'nın bakir toprakları ise üretim kalitesi açısından halen paha biçilmez bir değere sahiptir. Bu nedenle sadece Çin değil, Amerika Birleşik Devletleri, Almanya, Belçika, Danimarka, Fransa, İngiltere, İspanya, İsrail, İtalya, Kanada, Norveç, Japonya, Güney Kore, Birleşik Arap Emirlikleri, Suudi Arabistan, Katar ve Türkiye gibi ülkeler de son dönemde sistemli olarak, ya satın alma ya da uzun süreli kiralama yöntemiyle Afrika'nın verimli toprakları ile ilgilenmeye başlamışlardır.[477]

Çin'in sadece Kongo Demokratik Cumhuriyeti ve Zambiya'da 4.8 milyon hektar arazi kiraladığı ileri sürülmekle[478] birlikte, doğal kaynak ve çevrebilim uzmanı Chris Arsenault'ya göre, Çin'in Afrika'daki diğer faaliyetleri gibi bu konu da abartılmaktadır. Zira 1987-2014 döneminde Çin ile Afrika ülkeleri arasında tarım arazisi satın alma veya kiralamaya ilişkin 60 anlaşma yapılmış, ancak bunların 38'inin hayata geçmiştir. Dolayısıyla Çin, anlaşmalarda yer aldığı gibi Afrika'da milyonlarca hektar değil, sadece 240 bin hektar arazi satın almış veya kiralamıştır.[479] Çin, Afri-

---

[477] *"Birleşmiş Milletler Gıda ve Tarım Örgütü ile OECD raporlarına göre önümüzdeki 10 yıl içinde gıda fiyatlarında yüzde 40'a varan artışlar olacak; özellikle 2020 yılından sonra dünya nüfusundaki hızlı artış, hane başına düşen gıda harcamasını yüzde 30 artıracaktır. Gıda arzı, kalıcı problemlere yol açarken tarım ürünlerinin yakıt üretiminde kullanılması gıda krizini derinleştirecektir. Bu gelişmelerden etkilenmek istemeyen gelişmiş ülkeler, çareyi yurtdışında uzun süreli toprak kiralama veya satın almakta bulmaktadır. Kara Kıta'da bu yolla el değiştiren toprak miktarının, 47 ila 56 milyon hektar arasında olduğu tahmin ediliyor. Afrika'dan en fazla toprak alan ülkelerin başında İngiltere, ABD ve Çin geliyor. Kongo ve Sudan ise en fazla toprak kiraya veren ülkeler. Kongo, yüzölçümünün dörtte birine tekabül eden 8,1 milyon hektar tarım arazisini kiraya vermiş durumda. Türkiye de Sudan'da 99 yıllığına 500 bin hektar alan kiraladı. Beyaz Nil Nehri kenarında yer alan arazilerde, sebze ve meyve başta olmak üzere çeşitli tarım ürünleri yetiştirilecek."* Bkz. "Dünya Afrika'da toprak kiralama yarışında", ***African Business Life***, http://african-businesslife.com/dunya-afrika%27da-toprak-kiralama-yarisinda,ID_272.html, 9 Mayıs 2017.
[478] Ahmet Kavas, "Afrika'nın Verimli Arazilerinin Yabancı Yatırımcılarca Sahiplenilmesinde Gıda Güvenliği ve Biyoyakıt Faktörünün Önemi", ***Adam Akademi***, Cilt 4, Sayı 1, Haziran 2014, s. 1-10.
[479] Chris Arsenault, "Chinese firms buy, lease far less African farmland than thought", ***Reuters***, http://uk.reuters.com/article/uk-africa-food-china-id, 9 Mayıs 2017.

ka'nın yanı sıra Avustralya, Rusya, Ukrayna ve Balkan ülkelerinde de büyük miktarlarda arazi kiralamakta, fakat buradakiler Afrika'daki kadar gündeme gelmemektedir.[480]

Enerji ve gıda güvenliği, Çin Komünist Partisi iktidarının konsolidasyonunu ilgilendiren sorunlardır. Çin'de henüz rejime yönelik tabandan tehditlerin güçlü olmadığı; medya ve eğitimin de etkisiyle ÇKP iktidarına halk desteğinin yüksek olduğu dikkat çekmektedir.[481] ÇKP'nin 1989'dan bu yana ülkede toplumsal ve siyasal istikrarı koruduğu, refah seviyesini yükselttiği ve Çin'in uluslararası statüsünü güçlendirdiği yönünde bir algı mevcuttur.[482] Bu algıda istikrarlı ekonomik büyümenin ciddî bir payı vardır, çünkü uzun vadeli ekonomik büyüme, istatistikî olarak bir siyasî partinin iktidarda kalma süresini uzatmaktadır.[483]

Artan ekonomik refah kendine daha fazla güvenen bir iç ve dış politika yaratırken enerji ve gıda güvenliğinden kaynaklanan problemlerle ekonomik göstergelerde yaşanacak ciddî bir gerileme, sosyal patlamalara zemin hazırlayıp rejimin bekasını olumsuz etkileyebilir.[484] Çin'in bütün siyasî risklerine rağmen Afri-

---

[480] Eylül 2013'te Çinli bir firmanın Ukrayna'da 3 milyon hektar arazi kiraladığı duyurulmuştur. Bu, Belçika büyüklüğündeki bir alana tekabül etmektedir. Bkz. Alex Spillius, "China to rent five per cent of Ukraine", *The Telegraph*, 24 Eylül 2013.

[481] Gökten, *Çin Yüzyılını Anlamak: Afyon Savaşlarından Bugüne Çin'in Dönüşümü*, s. 21; John James Kennedy, "Maintaining Popular Support for the Chinese Communist Regime: The Influence of Education and the State-Controlled Media", *Political Studies*, Cilt 57, No 3, 2009, s. 517-536.

[482] ÇKP, Çin halkını ideolojik olarak etkilemekten uzaklaşmışsa da hala güçlü konumda bulunmaktadır. Her şeyden önce partinin yerini alabilecek bir seçenek bulunmamakta ve partinin devrilmesi halinde oluşabilecek karmaşa ortamından çekinilmektedir. Halk ile ÇKP arasında, partinin siyasî hâkimiyeti sorgulanmamak kaydıyla, ekonomik özgürlüklerin artırılmasına ilişkin zımnî bir anlaşma var gibidir. Bkz. "Ülke Örnekleri ile Kalkınma ve Sanayileşme Modelleri", *TMMOB Sanayi Kongresi*, Ankara, 2007, s. 41; Harris, *Çin Dış Politikası*, s. 14.

[483] Bu konuda bir analiz için bkz. Mürsel Bayram, "Afrika Genelinde İstisnaî Bir Devlet: Botsvana", *Adam Akademi Sosyal Bilimler Dergisi*, Cilt 4, Sayı 1, Haziran 2014, s. 83.

[484] R. Kutay Karaca, "Çin'in Değişen Enerji Stratejisinin Dış Politikasına Etkileri (1990-2010)", *Uluslararası İlişkiler*, Cilt 9, Sayı 33, Bahar 2012, s. 93-118.

ka'daki doğal kaynak zengini ülkelerle iyi ilişkiler geliştirerek enerji kaynağı ve tarım ürünü ihracatına ağırlık vermesinin altında yatan temel nedenlerden birisi budur.

Üretim Kapasitesi ve Ekonomik Güç Asimetrisinin Etkisi

Çin-Afrika ilişkileri, Çin'in "tüccar süper güç" konumuyla bağlantılı olarak ticarî karakteri ağır basan bir ilişki görünümündedir. Afrika ülkelerinin ticaret ortakları incelendiğinde, 24 Afrika ülkesinin ithalatında, 12 ülkenin ihracatında, 9 ülkenin hem ithalatında hem ihracatında ilk sırada Çin yer almaktadır. Ekonomi-politik[*] açıdan bakılırsa, bu durum ülkenin muazzam üretim kapasitesi ile bağlantılı aşırı üretim (*overproduction*) ve aşırı birikim (*overaccumulation*) yapısının doğal bir sonucu olarak değerlendirilebilir. Çünkü aşırı üretim ve birikim, başka coğrafyalarda yeni pazarlar, yeni kaynaklar, yeni üretim kapasiteleri ve yeni istihdam imkânları yaratmayı gerektirmektedir.[485]

Çin iç piyasasında aşırı üretime bağlı olarak rekabetin artması, buna karşın talebin sınırlı olması, Çinli teşebbüslerin kâr marjını baskılamaktadır. Bilhassa elektrikli ev aletleri ve hafif sanayi mamulleri alanında bu baskı daha fazla hissedilmektedir. Endüstriyel üretim konusunda henüz yeterli gelişme kaydedememiş olan Afrika'da ise tam tersine elektromekanik ürünlere yoğun bir talep söz konusudur. Bu nedenle Çin'den Afrika'ya ihraç edilen malların yarıdan fazlasını elektromekanik cihazlar ile diğer orta ve

---

[*] Siyasal iktisat olarak da ifade edilen ekonomi-politik, temelde siyaset-ekonomi ilişkisine dayanır. *"Siyasal güç arttıkça ekonomik güç artmakta; ekonomik güç de beraberinde siyasal gücü gerektirmektedir. İşte dünyada siyasal alanın en önemli temsilcisi devlet ile ekonomik alanın en önemli temsilcisi olan piyasanın karşılıklı etkileşimi "siyasal iktisadı" meydana getirmektedir."* Bkz. Murat Gül, "Birleşmiş Milletler İklim Konseyi'nin Felaket Senaryosu ve Uluslararası Siyasal İktisat", **The Journal of Academic Social Science Studies**, Sayı 28, Güz 2014, s. 161.

[485] Kerem Gökten, **Çin Yüzyılını Anlamak: Afyon Savaşlarından Bugüne Çin'in Dönüşümü**, Ankara, NotaBene Yayınları, 2012, s. 339.

ileri teknoloji ürünler teşkil etmektedir.[486] Böylece Çin ülke içinde biriken sermayeyi yeniden ülke dışında değerlendirmiş olmaktadır.[487]

Ulusal sermayenin yeniden değerlendirilme sürecine katkı sunan Çinli şirketler, rekabet şartlarının daha zor olması ve olumsuz marka imajları nedeniyle gelişmiş ülke pazarlarında farklı isimler/lisanslar altında varlık göstermekte, ancak Afrikalı tüketiciler markadan ziyade fiyatı önemsediği için Çin firmaları Afrika pazarlarında kendi markalarıyla yer alabilmektedir.[488]

Çin-Afrika ilişkileri, üretim yapısı ve kapasitesi açısından birbirini tamamlayıcı bir büyük güç-küçük güç ilişkisi görünümünde olmakla birlikte, ekonomik güç asimetrisi dikkate alındığında, söz konusu ilişki Çin ve Afrika devletleri açısından farklı anlamlar ifade edebilmektedir. Açmak gerekirse, Çin'in sadece 2015 yılında Afrika ülkelerinde hayata geçirdiği finansal projelerin sözleşme değeri 55 milyar doları aşmış[489]; aynı yıl Çin-Afrika ticareti 300 milyar dolara yaklaşmıştır.[490] Bu rakamlar, "tüccar süper güç" konumundaki Çin açısından çok büyük değerler ifade etmemektedir. Çünkü Çin'in Afrika ile ticareti, küresel ticaretinin yüzde 5'ini, Afrika'daki yatırımları ise dünya genelindeki yatırımlarının

---

[486] Wenping, "The Balancing Act of China's Africa Policy", s. 26.

[487] Arif Koşar, "Çin'in Afrika istilası", *Özgürlük Dünyası*, Sayı 241, Mayıs 2013; Van Dijk, "Objectives of and Instruments for China's New Presence in Africa", s. 12; Ersin Dedekoca, *Ekonomi-Politik Pencereden ABD-Çin İlişkileri: Eski Dünyaya Yeni Düzen*, Barış Kitap, Ankara, 2011, s. 185-193.

[488] Lucy Corkin, "China's Strategic Infrastructural Investments in Africa", *China's New Role in Africa and the South: A Search for a New Perspective*, Ed. Dorothy-Grace Guerrero ve Firoze Manji, Fahamu Books, Nairobi, Oxford, Bangkok, 2008, s. 136.

[489]"2015 Business Review XII: China-Africa Trade and Economic Cooperation Starts", *Ministry of Commerce (MOFCOM)*, http://english.mofcom.gov.cn/sys/print.shtml?/zt_businessview20 15/news/, 30 Eylül 2016.

[490] "China-Africa trade approaches \$300 billion in 2015", *China Daily*, 10 Kasım 2015, http://www.chinadaily.com.cn/business/2015-11/10/content_22417707.htm, 3 Aralık 2017.

sadece yüzde 3'ünü oluşturmaktadır.[491] Afrika ülkeleri açısından
ise bu rakamlar tam tersi büyüklükte bir etkiye sahiptir. Örneğin,
2008 yılında Çin ile Kongo Demokratik Cumhuriyeti arasında mü-
zakere edilen 9 milyar dolar değerindeki kredi anlaşması, miktar
olarak Kongo'nun o yılki toplam GSYH'sine tekabül ettiği için,
ülkede "yüzyılın anlaşması" olarak nitelenmiştir. Aynı şekilde Çin
Kalkınma Bankası'nın 2011 yılında Gana'ya 3 milyar dolar değe-
rinde kredi sağlayacağı açıklanınca, Ganalı analistler bu kredinin
Gana GSYH'sinin yüzde 10'u kadar olduğunu belirterek Çin'in
sağladığı desteğin görece büyüklüğüne işaret etmişlerdir.[492]

Dolayısıyla Çin-Afrika ilişkileri, ekonomik olarak Çin'den
çok Afrika ülkeleri açısından önemlidir. Şöyle ki Afrika ülkelerinin
yirmi birinci yüzyılın ilk çeyreğinde yakalamış olduğu yıllık orta-
lama yüzde 5 oranındaki ekonomik büyümenin en önemli motoru
dış ticarettir ve Çin, Afrika'nın en büyük ticaret ortağı olarak kıta
ülkelerinin ekonomik büyümesinde kilit rol oynamaktadır. Dün-
yanın en fazla mal tüketen ülkelerinden biri olan Çin'in ithalat
hacminin artması, çarpan etkisiyle ticaret yaptığı ülkelerin ekono-
milerine doğrudan katkı sağlamaktadır.[493] Grafik 2'ye bakıldığın-
da, 1990-2005 döneminde Afrika ülkelerinin Çin ile ticaretlerinin
GSYH'lerindeki büyüme ile doğru orantılı olduğu görülecektir.
Çin ekonomisinin büyümesi, Afrika ülkelerinde başta petrol olmak
üzere, mineral, metal, kereste gibi ana ihracat mallarına olan talebi
artırmıştır.[494] Drummond ve Liu'nun analizine göre, Çin'in yurtiçi
yatırım büyümesindeki yüzde 1'lik bir artış, Sahraaltı Afrika ülke-
lerinin ihracat büyümelerinde ortalama yüzde 0,6 oranında bir

---

[491] Sun, *Africa in China's Foreign Policy*, s. 2.
[492] Sun, *Africa in China's Foreign Policy*, s. 15-16.
[493] Gizem Akbulut ve Hümeyra Uğurlu, "Yükselen Güç: Çin Ekonomisi-Dış Ticare-
tine Genel Bir Bakış", Editör: Bülent Doğru, *Çin Ekonomisi: Bir Sosyalist Piyasa
Tahlili*, Akademisyen, Ankara, 2016, s. 74.
[494] Lisa Feng Yung Chen, "Africa's Trade with China: Good for Growth?", *Stanford
University International Policy Studies*, Haziran 2007, s. 4.

artışa tekabül etmektedir. Bu oran, petrol ihracatçısı ülkeler için yüzde 0,8'e çıkmaktadır.[495]

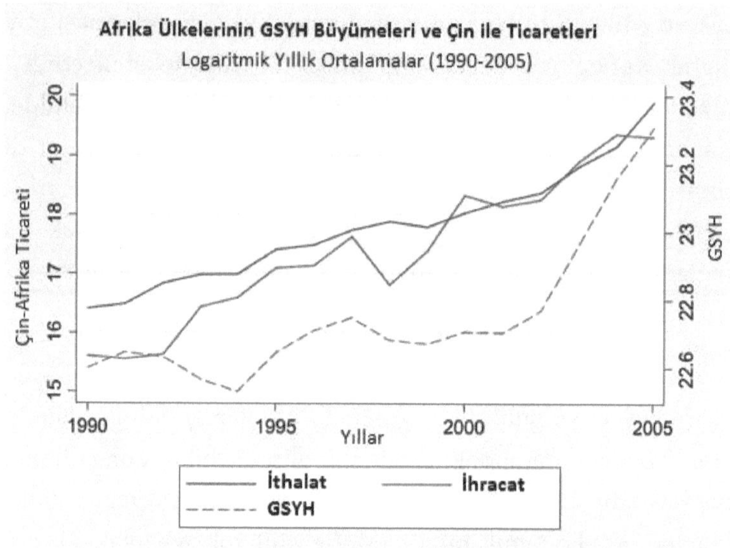

Grafik 2. *Afrika Ülkelerinin GSYH Büyümeleri ve Çin ile Ticaretleri*
(Kaynak: WDI ve UNCOMTRADE)

Öte yandan, ekonomik güç asimetrisi, ikili ticarî ilişkilerde güç bakımından küçük olan tarafı dezavantajlı duruma da getirebilmektedir. Nitekim Çin'in rekabet edilemeyecek kadar güçlü olması, bazı Afrika ülkelerini olumsuz yönde etkilemiştir. Çin ile Afrika ülkeleri arasında ihracat benzerliği sınırlıdır, fakat mukayeseli üstünlük analizlerine göre Çin'in Burkina Faso, Etiyopya, Kenya ve Mali ile deri sektöründe, Lesotho ve Malavi ile giyim eşyası sektöründe, Tanzanya ile tekstil sektöründe rekabetinin olumsuz yönde etkili olduğu görülmüştür.[496] Çin varlığına bağlı olarak Mı-

---

[495] Paulo Drummond ve Estelle Xue Liu, "Africa's Rising Exposure to China: How Large Are Spillovers Through Trade?", *IMF Working Paper*, WP/13/250, Kasım 2013.

[496] Andrea Goldstein, Nicolas Pinaud, Helmut Reisen, Xiaobao Chen, "The Rise of China and India- What's in it for Africa?", *Development Center Studies*, OECD, 2006.

sır ve Malavi'nin tekstilde; Tunus'un makine ve teçhizat sektöründe; Kenya'nın plastik sanayiinde pazar payı küçülmüştür.[497] Ucuz Çin ürünlerinin Afrika pazarlarına girmesi ile birçok yerli imalatçı ve işletme, Çin ürünleriyle rekabet edemedikleri için kapanmış, haliyle pek çok kişi işinden olmuştur. Sadece Nijerya'da Çin'in tekstil ihracatı nedeniyle 250 bin tekstil işçisinin işten çıkarıldığı belirtilmektedir.[498]

Çin-Afrika ticaretinde en kazançlı ülkeler, petrol ve doğal kaynak ihraç eden gibi ülkeler (örn. Angola, Sudan, Gabon, Zambiya); en çok kaybedenler, petrol ithal edip tekstil ihraç eden veya petrol ithal edip başta kahve olmak üzere tarım ürünü ihraç eden ülkeler (örn. Mauritius, Madagaskar, Etiyopya, Kenya, Malavi, Zimbabve); hem kazanan hem kaybeden ülkeler ise metal ve pamuk yönünden kaynak zengini olmakla birlikte petrol ithal eden ülkelerdir (örn. Botsvana, Orta Afrika Cumhuriyeti, Mali, Burkina Faso).[499] Burada kastedilen kazanç-kayıp, sıfır toplamlı bir durum olmayıp dış ticaret açığı[500] bağlamında bir Afrika ülkesinin diğer bir Afrika ülkesine nazaran kazancı veya kaybıdır. Bir devlet, diğer bir devlete nazaran bir alanda kaybederken diğer bir alanda daha kazançlı çıkabilmektedir. Dolayısıyla ikili ticarî ilişkilerde esas olan tamamlayıcılıktır. Çin'in Afrika devletleri ile ticareti ve Afrika'daki yatırımları arasında üç alanda tamamlayıcılık mevcuttur: (1) pamuk-tekstil-giyim eşyası tedarik zincirinde dikey tamamlayıcılık,

---

[497] S. Mehdi Shafaeddin, "The Impact of China's Accession to WTO on the Exports of Developing Countries", *United Nations Conference on Trade and Development Discussion Paper*, No. 160, Haziran 2002.

[498] Yalın Alpay, "Çin Afrika'da Ne Yapıyor", *Stratejik Araştırmalar Dergisi*, Sayı 14, 2009, s. 7-16.

[499] Ali Zafar, "The Growing Relationship between China and Sub-Saharan Africa: Macroeconomic, Trade, Investment, and Aid Links", *The World Bank Research Observer*, Cilt 22, Sayı 1, Bahar 2007.

[500] Çin-Afrika ticareti kıta geneli itibariyle dengeli olmakla birlikte, Çin'e petrol ve doğal kaynak ihraç eden ülkeler 2000-2010 arası dönemde dış ticaret fazlası vermiş; kaynak ihraç etmeyen ülkeler ise dış ticaret açığı vermiştir. Bkz. Joshua Eisenman, "China–Africa Trade Patterns: Causes and Consequences", *Journal of Contemporary China*, Cilt 21, No 77, Eylül 2012, s. 806.

(2) doğal kaynak ihracatında yukarı yönlü hareket, (3) yükselen yeni aktarma merkezleri (*hub*) ile endüstri içi ticarette yoğunlaşma.[501]

Tamamlayıcılığa önem verip toplam faydaya odaklanan Afrika devletlerinin Çin ile ticaretin risklerini genel olarak doğal bir süreç olarak karşıladıkları görülmektedir. Örneğin, Etiyopya Başbakanı Meles Zenawi, Çin'in Afrika'ya ihraç ettiği düşük fiyatlı, düşük kaliteli ürünlerin olumsuz etkilerine yönelik eleştirilere karşı çıkmıştır. Ona göre, "*Afrikalı üreticiler küresel piyasalarda rekabet edemedikleri müddetçe Çin ürünleri daha popüler olmaya devam edecektir. Bunun adı küreselleşmedir*".[502]

Zenawi'nin yorumu, Çin ile ticaretin olumsuz etkilerinin daha ziyade Afrika ülkelerinin ekonomik yapısı ile bağlantılı olduğuna işaret etmekte ve söz konusu olumsuz etkileri ele alıp ortadan kaldırma konusunda Afrika ülkelerinin aktörlük kabiliyetlerinin önemini ortaya koymaktadır. Örneğin, Nijerya'daki gibi, 2004'te Çin'den Güney Afrika Cumhuriyeti'ne yapılan toplam ihracatın yüzde 80'ini tekstil ve giyim eşyası oluşturunca ülkede birçok tekstil fabrikası kapanmış ve 25 bin kişi işsiz kalmıştır. Afrika'nın en etkili bölgesel güçlerinden olan ve Çin ile BRICS içinde yer alan Güney Afrika, Çin'den yapılan ithalatın yerli imalat üzerindeki olumsuz etkilerini müzakere edebilmiş ve Çin, 2006'da Güney Afrika'ya yapacağı toplam tekstil ürünü ihracatına kota koyma kararı almıştır. Fakat Güney Afrika'nın küçük ülkelerinden Lesotho aynı olumsuz koşullardan etkilendiği halde büyük komşusu Güney Afrika gibi müzakere yoluyla olumsuzlukları bertaraf edebilme başarısını gösterememiş, Çin'in kendiliğinden bu koşul-

---

[501] Harry G. Broadman, *Africa's Silk Road: China and India's New Economic Frontier*, World Bank, 2007; Lisa Feng Yung Chen, "Africa's Trade with China: Good for Growth?", *Stanford University International Policy Studies*, Haziran 2007, s. 6-9.
[502] *Africa-BRICS Cooperation: Implications for Growth, Employment and Structural Transformation in Africa*, United Nations Economic Commission for Africa, Addis Ababa, 2013, s. 32.

ları düzeltmesini beklemiştir.[503] Bu bakımdan Afrika ülkelerinin Çin ile işbirliğinden yararlanabilme düzeyleri, ekonomik potansiyellerine ve diplomatik kabiliyetlerine göre değişebilmektedir. Nasıl Çin'in bir Afrika politikası varsa, Afrika devletlerinin de bir "Çin politikası" olmalıdır.[504] İkili ilişkilerdeki ekonomik güç asimetrisinin olumsuz etkileri ancak bu şekilde ortadan kaldırılabilir.

---

[503] Wenping, "The Balancing Act of China's Africa Policy", s. 26.
[504] Ian Taylor, "Las Crecientes Relaciones entre China y África: Deshilando las Implicaciones", *África, la Nueva Frontera China*, Ed. Guillermo Martínez ve Christopher Burkes, Casa Asia y Casa África, Barcelona, 2010, s. 135.

BEŞİNCİ BÖLÜM

ÇİN-AFRİKA İLİŞKİLERİNİN NİTELİĞİ

Çin ile Afrika Devletleri Arasındaki İşbirliği Alanları

Çin ile Afrika devletleri arasındaki ilişkinin niteliğini anlamak için öncelikle temel işbirliği alanlarının neler olduğunu ortaya koymak gerekmektedir. Çin ile Afrika devletleri arasındaki temel işbirliği alanları, Çin-Afrika İşbirliği Forumu (ÇAİF) kapsamında yayınlanan eylem planları üzerinden yorumlanabilir. Pekin ile diplomatik ilişki tesis etmiş olan 50 Afrika devletinin[505] katılımıyla 2000 yılında hayata geçirilen ÇAİF, ilişkilerin kurumsallaşması ve olgunlaşması açısından önemli bir mekanizma işlevi görmüştür. Üç yılda bir gerçekleşen ÇAİF toplantıları, Soğuk Savaş döneminin siyaset ve ideoloji odaklı Üçüncü Dünya toplantılarından farklı olarak, ekonomik ve ticarî ilişkilere ağırlık vermiştir.[506] Bu doğrultuda fahrî başkanlığını Çin Dış Ticaret ve Ekonomik İşbirliği Bakanı Xi Guangsheng'in üstlendiği ilk ÇAİF Bakanlar Konferansı'nda, öncelikli gündem maddeleri olarak yeni bir siyasî ve ekonomik düzenin nasıl tesis ve teşvik edilebileceği tartışılmış; "yeni şartlar" altında Çin ile Afrika devletleri arasında karşılıklı faydaya dayalı "yeni tip bir ortaklığın" nasıl kurulup güçlendirilebileceği üzerinde durulmuştur. Toplantı sonrasında kabul edilen Pekin Deklarasyonu'nda, dünyada halen zengin Kuzey ile fakir Güney arasında muazzam bir farkın var olduğu; bu sistemik adaletsizlik ve eşitsiz-

---

[505] Angola, Benin, Botsvana, Burundi, Cabo Verde (Yeşil Burun), Çad, Cezayir, Cibuti, Ekvator Ginesi, Eritre, Etiyopya, Fas, Gabon, Gana, Gine Bissau, Gine, Güney Afrika, Güney Sudan, Kamerun, Kenya, Komorlar Birliği, Kongo Cumhuriyeti, Kongo Demokratik Cumhuriyeti, Kotdivuar (Fildişi Sahili), Lesotho, Liberya, Libya, Madagaskar, Malavi, Mali, Mısır, Moritanya, Mauritius, Mozambik, Namibya, Nijer, Nijerya, Orta Afrika Cumhuriyeti, Ruanda, Senegal, Seyşeller, Sierra Leone, Somali, Sudan, Tanzanya, Togo, Tunus, Uganda, Zambiya, Zimbabve.
[506] Cheng ve Shi, "China's Africa Policy in the Post Cold War Era", s. 92.

liğin hem Güney ülkelerinin gelişmesini engellediği hem de uluslararası barış ve güvenlik için tehdit oluşturduğu; uluslararası ilişkilerin demokratikleşmesi ve gelişmekte olan ülkelerin uluslararası karar-alma süreçlerine daha etkin biçimde katılabilmeleri için daha adil ve eşitlikçi bir uluslararası siyasal-ekonomik düzenin elzem olduğu vurgulanmıştır. Bu kapsamda Afrika'nın Birleşmiş Milletler Güvenlik Konseyi'nde hak ettiği yeri alması, ayrıca her ülkenin kendi toplumsal sistemini ve kalkınma modelini kendisinin belirlemesi gibi hususlara değinilmiştir. Deklarasyonun son bölümünde ise Çin ile Afrika devletlerinin işbirliği yapacağı 10 alan belirlenmiştir. Bunlar; ekonomi, ticaret, finans, tarım, sağlık, bilim-teknoloji, kültür, eğitim, insan kaynakları, ulaşım, çevre ve turizm şeklinde sıralanmıştır.[507]

İkinci ÇAİF Bakanlar Konferansı, yine çok sayıda ülkeden devlet başkanı, başbakan ve bakan düzeyinde 70'den fazla temsilcinin katılımıyla 15-16 Aralık 2003 tarihinde Etiyopya'nın başkenti Addis Ababa'da gerçekleştirilmiştir. Toplantının ardından açıklanan Addis Ababa Eylem Planı'nda (2004-2006), ilk ÇAİF Bakanlar Konferansı'ndan sonra taraflar arasında üst düzey ziyaretlerin sıklaştığı, bunun da siyasî diyaloğu giderek güçlendirdiği vurgulanmıştır. Çin ile Afrika devletlerinin millî egemenlik, toprak bütünlüğü ve iç işlerine karışmama ilkesi gibi "ortak çıkarlarını" korumak için çoktaraflı platformlarda karşılıklı olarak birbirlerini destekledikleri, bu bağlamda uluslararası ilişkilerde daha fazla "ortak pozisyon" almaya başladıkları dile getirilmiştir. BMGK'nın daimî üyelerinden biri olarak Çin'in BM'de ve diğer uluslararası platformlarda "daima Afrika ülkelerinin yanında yer alacağı", Afrika ülkelerinin Dünya Ticaret Örgütü'ne üyelik çabalarını destekleyeceği konusunda hemfikir olunduğu belirtilmiştir. Bunlara ek olarak, atılacak somut adımlar kapsamında;

---

[507] "Beijing Declaration of the Forum on China-Africa Cooperation", *FOCAC Archives*, http:// www.focac.org/eng/ltda/dyjbzjhy/DOC12009/t606 796.htm, 16 Aralık 2016.

- Ulaşım, iletişim, enerji, su temini, elektrik gibi temel alanlara yönelik altyapı yatırımlarında Çinli teşebbüslerin daha aktif rol alması
- Afrika'dan Çin'e tarımsal ürün ihracının artırılması
- Afrika ülkelerinin Çin pazarına erişimini kolaylaştırmak için bazı mallara sıfır gümrük tarifesinin uygulanması
- Çin-Afrika Ortak Sanayi ve Ticaret Odası'nın faaliyete geçirilmesi
- Daha önce 31 Afrika ülkesiyle imzalanan borç yapılandırma protokollerine ek olarak, Afrika ülkelerine ait 10,5 milyar yuan değerindeki borcun silinmesi
- Çin'in Afrika'ya yönelik kalkınma yardımlarını devam ettirmesi
- Kıtadaki doğal kaynakların araştırılıp kullanılması konusunda Çin'in aktif bir rol üstlenmesi ve enerji alanındaki yatırımlarını artırması
- İlk ÇAİF konferansından sonra kurulan Afrika İnsan Kaynaklarını Geliştirme Fonu'na Çin'in malî desteğini artırması ve bu fon aracılığıyla farklı alanlardan 10 bin Afrikalı personelin meslekî eğitime tabi tutulması
- Sağlık hizmetleri alanında Çin ile Afrika ülkeleri arasında imzalanan protokoller kapsamında Çin'den Afrika'ya tıbbî ekip ve ekipman gönderiminin devam etmesi
- Çin'den Afrika'ya gelen turist sayısını artırmak adına Mauritius, Zimbabve, Tanzanya, Kenya, Etiyopya, Seyşeller, Tunus ve Zambiya'ya onaylı destinasyon statüsü verilmesi kararlaştırılmıştır.[508]

---

[508] "Forum on China-Africa Cooperation-Addis Ababa Action Plan (2004-2006)", *FOCAC Archives*, http://www.focac.org/eng/ltda/dejbzjhy/DOC22 009/t606801.htm, 6 Ekim 2016.

3-5 Kasım 2006 tarihlerinde Pekin'de 48 Afrika ülkesinden üst düzey katılımla gerçekleştirilen Üçüncü ÇAİF Bakanlar Konferansı'ndan sonra Pekin Zirvesi Deklarasyonu açıklanmış ve burada yine Güney-Güney işbirliği, Kuzey-Güney diyaloğu, Birleşmiş Milletler reformu gibi hususlara değinilmiştir. Ayrıca, Tayvan meselesine atıfla, Afrika ülkelerinin "Tek Çin Politikasına" bağlı kaldıkları ve "Çin'in barışçıl biçimde yeniden birleşmesinden" yana oldukları ifade edilmiştir. Pekin Deklarasyonu'nda işbirliği alanları yeniden tanımlanmış; tarım, altyapı, sanayi, balıkçılık, bilişim teknolojisi, kamu sağlığı ve meslekî eğitime öncelik verileceği belirtilmiştir.[509] Bu alanlara ilişkin öngörüler, Pekin Eylem Planı'nda detaylandırılmıştır. Buna göre;

- Çin'in Afrika ülkelerine yaptığı kalkınma yardımını üç yıl içinde (2006'dan 2009'a kadar) iki katına çıkarması

- Afrika ülkelerine 5 milyar dolar tutarında tercihli kredi sağlanması, bunun 2 milyar dolarlık kısmının ihracata yönelik olması

- En az gelişmiş ve ağır borçlu Afrika ülkelerinin 2005 yılı sonuna kadarki faizsiz devlet borçlarının silinmesi

- Çinli şirketlerin Afrika'ya yatırım yapmalarını teşvik etmek için 5 milyar dolarlık bir Çin-Afrika Kalkınma Fonu'nun kurulması

- Çinli şirketler vasıtasıyla Afrika'da 5 denizaşırı ekonomik ve ticarî işbirliği bölgesinin faaliyete geçirilmesi

- Afrika'dan Çin'e ihraç edilecek gümrük vergisinden muaf kalem sayısının 190'dan 440'a çıkarılması

---

[509] "Declaration of the Beijing Summit Of the Forum on China-Africa Cooperation, 15.11.2006", *FOCAC Archives*, http://www.focac.org/eng/ltda/dscbzjhy/DOC32009/t606841.htm, 7 Ekim 2016.

- Çinli finans kurumlarının Afrika'daki şube sayısını artırması
- Çin'den Afrika'ya 100 tarım uzmanı gönderilmesi
- Kıta genelinde 10 tarımsal teknoloji teşhir merkezi açılması
- Çinli teşebbüslerin Afrika'daki tarımsal yatırımlarını genişletmeleri
- Afrika genelinde 30 hastane inşa edilmesi
- Çin'den Afrika'ya gönderilen doktor ve sağlık çalışanı sayısının artırılması
- Afrika ülkelerine 300 milyon yuan değerinde ilaç temin edilmesi
- Çin'in finansmanıyla Afrika'nın kırsal bölgelerinde 100 okul açılması
- Çin Hükümeti'nin burs verdiği Afrikalı öğrenci sayısının yılda 2 binden 4 bine çıkarılması
- Afrika İnsan Kaynaklarını Geliştirme Fonu kapsamında 15 bin personelin daha meslekî eğitime tâbi tutulması
- Tarımsal biyoteknolojiden radyo televizyon yayıncılığına kadar birçok alanda işbirliği ve teknoloji transferi sağlanması
- Çinli turistler için onaylı destinasyon statüsü verilen Afrika ülkeleri sayısının 8'den 26'ya çıkarılması
- Çin kültürünü tanıtmak ve Çince öğretmek amacıyla çeşitli Afrika ülkelerinde Konfüçyüs Enstitüleri'nin kurulması öngörülmüştür.[510]

Dördüncü ÇAİF Bakanlar Konferansı, 8-9 Kasım 2009 tarihlerinde Mısır'ın Şarm El-Şeyh kentinde düzenlenmiştir. Toplantı sonrasında açıklanan Şarm El-Şeyh Eylem Planı'nda küresel finans

---

[510] "Forum on China-Africa Cooperation Beijing Action Plan (2007-2009)", *FOCAC Archives*, http://www.fmprc.gov.cn/zflt/eng/zyzl/hywj/t280369.htm, 16 Aralık 2016.

krizinin etkilerine değinilmiş; uluslararası ekonomik düzenin daha dengeli hale getirilmesi adına G20 gibi uluslararası ekonomi mekanizmalarının Afrika'yı daha iyi temsil edecek şekilde genişletilmesi önerilmiştir. BM İnsan Hakları Konseyi'nin kurulması desteklenmekle birlikte, insan haklarının "siyasallaştırılmaması", bu konuda hiçbir ülkeye "çifte standart" uygulanmaması gerektiği vurgulanmıştır. 2010-2012 dönemi için atılması planlanan adımlar kısmında ise tarım ve gıda güvenliği konularında işbirliğine öncelik verileceği belirtilmiştir. Bunun yanında;

- Ağır borçlu Afrika ülkelerinin 2009 sonuna kadar olan faizsiz devlet borçlarının silinmesi
- Altyapı yatırımlarını desteklemek üzere Afrika ülkelerine 10 milyar dolar tercihli kredi sağlanması
- En az gelişmiş Afrika ülkelerinden Çin'e ihraç edilen malların yüzde 95'ine gümrük vergisi muafiyeti uygulanması
- Çin tarafından inşa edilen işbirliği bölgelerinde Çinli şirketlerin yatırım yapmalarının teşvik edilmesi
- Afrikalı KOBİ'lerin işbirliği bölgelerine iştirakinin kolaylaştırılması
- Çinli finans kurumlarının Afrikalı KOBİ'lere 1 milyar dolarlık özel kredi temin etmesi
- Çin'den Afrika'ya 50 tarımsal teknoloji ekibi gönderilmesi
- Çin'in Afrika ülkeleri için 2 bin ziraat uzmanı yetiştirmesi
- Afrika'da inşa edilen tarımsal teknoloji teşhir merkezlerinin sayısının 20'ye çıkarılması
- Çin tarafından inşa edilen 30 hastane ve 30 sıtma tedavi merkezine 500 milyon yuan değerinde tıbbi araç-gereç temin edilmesi

- 3 bin Afrikalı doktor ve sağlık çalışanının eğitilmesi
- Afrika'daki hemşire ve ebe yetiştirme projelerine 1,5 milyar dolar katkıda bulunulması
- 50 Çin-Afrika dostluk okulunun açılması
- Afrikalı öğrencilere verilen burs miktarının 5,500'e çıkarılması
- Farklı sektörlerden 20 bin Afrikalı personelin eğitilmesi kararlaştırılmıştır.[511]

Açılışında BM Genel Sekreteri Ban Ki-moon'un da yer aldığı Beşinci ÇAİF Bakanlar Konferansı, 19-20 Temmuz 2012 tarihlerinde Pekin'de gerçekleştirilmiştir. Konferans sonrasında açıklanan eylem planında yine küresel finans krizinin etkilerine atıf yapılmış, daha adil ve kapsayıcı bir uluslararası finans sisteminin tesis edilmesi, Afrika'nın Uluslararası Para Fonu ve Dünya Bankası'nda söz sahibi olması dile getirilmiştir. Ayrıca, bir önceki eylem planındaki gibi, insan hakları mevzuunun siyasallaştırılmaması gerektiğine dikkat çekilmiştir. 2013-2015 dönemi için atılması planlanan adımlar kapsamında;

- Afrika Birliği merkez binasının inşasını finanse eden Çin'in örgüte 600 milyon yuan bağışta bulunması
- Çin-Afrika Kalkınma Fonu bütçesinin 5 milyar dolara çıkarılması
- En az gelişmiş Afrika ülkelerinden Çin'e ihraç edilen malların yüzde 97'sine gümrük vergisi muafiyeti uygulanması
- Çin ile Afrika arasında deniz ve hava yolu ulaşımının güçlendirilmesi

---

[511] "Forum on China-Africa Cooperation Sharm El Sheikh Action Plan (2010-2012)", *FOCAC Archives*, http://www.focac.org/eng/dsjbzjhy/hywj /t6263 87.htm, 16 Aralık 2016.

- Çinli şirketlerin liman ve havalimanı inşalarına yatırım yapmalarının teşvik edilmesi
- Afrika'daki demiryolu ağlarının geliştirilip modernize edilmesi
- 30 bin Afrikalı personelin eğitilmesi
- 18 bin Afrikalı öğrenciye burs verilmesi
- Çin'den Afrika'ya 1,500 sağlık çalışanının gönderilmesi
- Kenya'da faaliyete geçen CCTV Africa'nın desteklenmesi,
- Çinli ve Afrikalı medya kuruluşları arasındaki işbirliğinin artırılması kararlaştırılmıştır.[512]

Son olarak, 3-5 Aralık 2015 tarihlerinde Güney Afrika'nın Johannnesburg şehrinde gerçekleştirilen Altıncı ÇAİF Bakanlar Konferansı'ndan sonra, "Çin-Afrika Birlikte İlerliyor" temalı bir eylem planı açıklanmıştır. Burada ilk olarak Çin Komünist Partisi'nin 18. Kongresi'nde ilan edilen İki Yüzyıllık Hedefler[513] ile Afrika Birliği'nin 50 yıllık eylem planını içeren Gündem 2063[514] hedeflerine değinilmiş; Çin ve Afrika'nın mevcut kalkınma stratejilerinin birbiriyle hayli uyumlu olduğuna dikkat çekilmiştir. 2016-2018 dönemi için atılması planlanan adımlar kapsamında ise;

---

[512] "The Fifth Ministerial Conference of the Forum on China-Africa Cooperation Beijing Action Plan (2013-2015)", *FOCAC Archives*, http://www. focac.org/eng/ltda/dwjbzjjhys/t954620.htm, 16 Aralık 2016.

[513] İki Yüzyıllık Hedefler (*Two Centenary Goals*), Çin Komünist Partisi'nin kuruluşunun 100. yılına tekabül eden 2021'i ve Çin Halk Cumhuriyeti'nin kuruluşunun 100. yılı olan 2049 tarihini kastetmektedir. Buna göre Çin, 2021'e kadar "orta düzeyde bir refah toplumuna" dönüşecek, 2049'da ise "güçlü, demokratik, uygar, uyumlu ve modern bir sosyalist toplum" olacaktır. Bkz. Ding Lu, "China's Two Centenary Goals: Progress and Challenges", *EAI Background Brief*, No. 1072, Ekim 2015.

[514] Pan-Afrikanizm ve Afrika Rönesansı düşüncesi etrafında, kıtada 50 yıl zarfında "pozitif bir sosyoekonomik dönüşümün" sağlanmasını amaçlayan *Gündem 2063* (*Agenda 2063*), "Afrika'nın kaynaklarından bütün Afrikalıların optimum düzeyde yararlanmasını öngören küresel bir strateji" olarak tanımlanmaktadır. Bkz. "About Agenda 2063", *African Union*, http://agenda 2063.au. int/en/about, 10 Ekim 2016.

- Çin'den Afrika'ya tarım uzmanlarından müteşekkil 30 ekibin gönderilmesi
- Tarım teknolojisi ve yönetimi alanında Çin'de eğitim gören Afrikalı personel sayısının artırılması
- Afrika'nın farklı ülkelerinden 100 köyde sulama projelerinin hayata geçirilmesi
- Kıtada özellikle tahıl ve pamuk üretiminde kalitenin ve verimin artırılması için Çinli tarımsal araştırma kuruluşlarınca deneysel çalışmaların yürütülmesi
- Çinli teşebbüslerin Afrika'ya tarım alanında yatırım yapmalarının teşvik edilmesi
- Afrika ülkelerinin tarımsal yatırımlar için uygun koşulları sağlaması
- Çin ile Afrika arasında tarım ürünleri ticaretinin istikrarlı biçimde artırılması
- Çin'in emek-yoğun rekabetçi endüstrilerini Afrika'ya transfer ederek Afrika'nın sanayileşmesine ve ekonomisini çeşitlendirmesine katkı sağlaması
- Endüstri ortaklığı kapsamında 10 milyar dolar bütçeli bir Çin-Afrika üretim kapasitesi işbirliği fonunun kurulması
- Çin'den Afrika'ya sanayileşme politikası konusunda uzman devlet yetkilileri ve danışmanların gönderilmesi
- Çinli işletme ve finans kuruluşlarının kara, hava ve deniz ulaşımı ile elektrik, su temini, bilgi ve iletişim alanlarında, kamu-özel ortaklığı ve yap-işlet-devret benzeri modellerle Afrika'daki altyapı yatırımlarını artırmaları
- Afrika'daki demiryolu ağlarını geliştirmek üzere Çin-Afrika Demiryolu İşbirliği Eylem Planı'nın hazırlanması

- Afrika'da 5 ulaşım üniversitesinin kurulması
- Afrika'daki radyo-televizyon hizmetlerinin Çinli şirketler tarafından dijitalleştirmesi
- Radyo-televizyon yayınlarının daha fazla insana ulaşmasını sağlamak adına 10 bin köyde uydu televizyonu projesinin hayata geçirilmesi
- Akıllı Şehirlerin kurulması
- 21. Yüzyıl İpek Deniz Yolu projesi kapsamında Çin ile Afrika arasında deniz ekonomisi alanında işbirliği geliştirilmesi
- Ortak deniz gözlem istasyonu ve laboratuvarların kurulması
- Çin'in 2014'te 32 milyar dolar olan Afrika'daki doğrudan yatırım stoğunu 2020'de 100 milyar dolara çıkarması
- Denizaşırı özel ekonomik bölgeler ve endüstriyel parkların geliştirilip işletilmesine yönelik desteğin devam etmesi
- Çin'in yatırım yaptığı ülkelerde yerli işçi istihdamını ve teknoloji transferini dikkate alması
- Çin-Afrika ticaret hacminin 2020'de 400 milyar dolara çıkarılması
- Çin'in Afrika'ya 35 milyar dolar imtiyazlı kredi sağlaması
- Çin-Afrika Kalkınma Fonu'nun 5 milyar dolardan 10 milyar dolara çıkarılması
- Afrikalı KOBİ'lere 6 milyar dolar özel kredi sunulması
- Afrika'daki az gelişmiş devletlerin 2015 yılı sonuna kadarki faizsiz devlet borçlarının silinmesi
- 30 bin Afrikalı öğrenciye Çin devlet bursu tahsis edilmesi

- 40 bin Afrikalı personele Çin'de, 200,000 Afrikalı personele de bulundukları yerlerde teknik ve meslekî eğitim verilmesi

- Çin'in Afrika Birliği'ne 60 milyon dolar değerinde askerî yardımda bulunması

- Çin ile Afrika ülkeleri arasında istihbarat paylaşımının sağlanması öngörülmüştür.[515]

ÇAİF eylem planları incelendiğinde, Çin'in Afrika'ya yönelik kapsamlı bir stratejisinin olduğu ve bu yolda belli dönüşümler gerçekleştirdiği görülmektedir: Bunlar, (1) ideolojik angajmandan daha pragmatist bir stratejiye, (2) sınırlı siyasal iletişimden çoklu iletişim kanallarına, (3) tek taraflı ekonomik yardımdan iki tarafın kazanacağı çok boyutlu bir ilişki biçimine geçiş şeklinde özetlenebilir.[516]

Eylem planlarında Çin'in öncelikli olarak dış politika hedeflerini yansıtan bir siyasal söylem geliştirdiği dikkat çekmektedir. Bunlardan en önemlisi, "daha adil ve eşitlikçi yeni bir siyasî ve ekonomik düzen" söylemidir. Çin, mevcut sistemden yararlanmakla birlikte, özellikle insan hakları ve demokratikleşme yönündeki baskıları tehdit olarak algılamakta, bu nedenle insan haklarının siyasallaştırılmaması ve bu konuda hiçbir ülkeye "çifte standart" uygulanmamasını sık sık gündeme getirmektedir. Bu endişeler, Afrika ülkeleri tarafından da büyük oranda paylaşılmaktadır. Çin'in "daha adil ve kapsayıcı bir uluslararası finans sisteminden" söz etmesi, özellikle IMF ve Dünya Bankası'nın yapısını hedef almaktadır ki bu yine kendisi için önemli olduğu kadar Afrika ülkelerine de cazip gelebilecek bir söylemdir. Eylem planlarında geçen "yeni tip bir ortaklık" ifadesi, daha önce Afrika devletleri ile

---

[515] "The Forum on China-Africa Cooperation Johannesburg Action Plan (2016-2018)", *FOCAC Archives*, http://www.focac.org/eng/ltda/dwjbzjjhys_1/t1327961.htm, 16 Aralık 2016.

[516] Li Anshan, "论中国对非洲政策的调适与转变" (Çin'in Afrika Politikasında Uyum ve Dönüşüm), 西亚非洲 (*Batı Asya ve Afrika*), Yıl 2006, Sayı 8.

kurulan ilişki biçimlerinin olumsuzluğuna ve Çin'in işbirliği anlayışı ile Afrika'ya yaklaşımındaki farklılığa bir vurgudur. Her ülkenin kendi toplumsal sistemini ve kalkınma modelini kendisinin belirlemesinden bahsedilmesi ise ilk bakışta devlet egemenliği ve otonomisine işaret ediyor görünse de, Batı modeli siyasal ve ekonomik sistemlerin evrensel olmadığı, pekâlâ Çin modeli bir kalkınmanın da mümkün olduğu mesajını vermektedir. "Çin ve Afrika'nın mevcut kalkınma stratejilerinin birbiriyle uyumlu olduğu" yönündeki tespit, bu mesajı desteklemektedir. Eylem planlarında, bunların yanında, millî egemenlik, toprak bütünlüğü ve iç işlerine karışmama gibi hem Çin hem de Afrika ülkeleri açısından önemli olan "ilkelere" vurgu yapılmıştır. Son olarak Çin, Afrika ülkeleri ile ilişkilerinde "Tek Çin" politikasına sadık kalınması haricinde bir kırmızı çizgisinin olmadığını beyan etmiştir.

Eylem planlarında yer alan işbirliği alanları analiz edildiğinde, tarım, enerji ve ulaşım altyapısı konularına öncelik verildiği dikkat çekmektedir. Kıtanın tarım potansiyelinin geliştirilmesi ve Afrika ülkelerinden Çin'e tarım ürünü ihracatının artırılması, eylem planlarında birçok kez tekrarlanmıştır. Dördüncü Bölümde açıklandığı üzere bu husus, Çin'in gıda güvenliği sorunu ile ilgilidir. Bunun yanında, doğal kaynak ve enerji alanındaki yatırımlar ile kıtanın ulaşım altyapısının geliştirilmesi konuları önemsenmektedir. Hemen her eylem planında, en az gelişmiş Afrika ülkelerinin Çin'e olan faizsiz devlet borçlarının silinmesinden söz edilmiştir. Çin ayrıca Afrika ülkelerine her seferinde miktarı artan biçimde özel, tercihli ve imtiyazlı kredi sağlamayı taahhüt etmiştir. Çin'in meslekî eğitime tâbi tutmayı planladığı Afrikalı personel sayısı, istikrarlı biçimde artarak 10 binden 240 bine kadar çıkmıştır. Aynı şekilde, Çin devlet bursu tahsis edilen Afrikalı öğrenci sayısı yılda 2 binden yılda 30 bine kadar çıkarılmıştır. Afrika'da okul ve hastane inşasına da hemen her eylem planında yer verilmiştir.

Eylem planlarında sözü edilen borç silme, borç erteleme, imtiyazlı kredi sağlama, eğitim, sağlık, ulaşım altyapılarının iyileştirilmesi gibi konular, Çin'in Afrika ülkelerinin temel ihtiyaçlarına hitap eden bir strateji izlediğini göstermektedir. Bu da Çin'in kıtadaki yumuşak gücünü artırması adına önemlidir. Çin'in bu bağlamda Konfüçyüs Enstitüleri ile Afrika'da kültürel olarak da varlık göstermeye başladığı ve başta CCTV olmak üzere çeşitli medya organları ile kıtada pozitif bir imaj inşa etmeye çalıştığı görülmektedir.

Diğer taraftan, 2006 yılında yayınlanan Afrika Politika Belgesi'nde ilk defa askerî işbirliğinden bahsedilmiştir. Metinde, Çin ile Afrika arasında üst düzey askerî ilişkilerin geliştirilmesi, askerî teknoloji alanında işbirliği yapılması, Çin tarafından askerî personel eğitimine devam edilmesi, Afrika ülkelerinin ordu teşekküllerine destek verilmesinden söz edilmiştir.[517] 2015 ÇAİF eylem planında da Çin ile Afrika ülkeleri arasında askerî yardım ve istihbarat paylaşımına değinilmesi, Çin'in kıtadaki güç stratejisinin kapsamını giderek genişlettiğine işaret etmektedir.

Çin'in küresel askerî etkinliğini artırma çabası, 2016'da Doğu Afrika'nın küçük ülkelerinden Cibuti'de uygulamaya konulmuştur. Cibuti, Babülmendeb Boğazı'nı kontrol eden stratejik bir konumda yer almaktadır. Daha önce değinildiği üzere, Çin'in kendi toprakları dışındaki ilk askerî üssü burada kurduğu, bu konuda Çin ile Cibuti arasında 10 yıllık bir anlaşma imzalandığı ve söz konusu üsse 10 bin Çin askerinin yerleştirileceği bildirilmiştir.[518] Cibuti'ye ek olarak, Madagaskar'ın kuzeydoğusundaki ada ülkesi Seyşeller'de de Çin'in bir donanma üssü kurarak Hint Okyanusu'ndaki askerî etkinliğini artırmayı planladığı gündeme geti-

---

[517] "White Paper on China's African Policy, January 2006", *China Report*, Cilt 43, Sayı 3, 2007, s. 383.
[518] "Çin Cibuti'ye Askeri Üs Kuracak", *Dünya Bülteni*, 27 Kasım 2015, http://www.dunyabulteni.net/cin-afrika/, 3 Aralık 2017.

rilmiş[519], ancak henüz bu plan hayata geçirilmiş değildir. Cibuti'de hayata geçirilen, Seyşeller'de ise planlama aşamasında olan yapıların Amerikan tarzı bir askerî üsten ziyade ikmal tesisi niteliğinde olacağı belirtilse de bu yapılar, Çin'in askerî gücünü küresel ölçekte yayma hedefinin ilk adımlarını Afrika kıtası üzerinden atmaya başladığının göstergeleridir.[520]

Yeni-Haraççı Bir İlişki Biçimi Olarak Çin-Afrika İlişkileri

Çin'in politikaları, genellikle Avrupa tarihine özgü kavramlarla açıklanmaya çalışılmaktadır. Buna göre Çin, ekonomide Mençıstırist*, dış ticarette merkantilist*, Afrika politikasında neo-

---

[519] Peter Simpson, "China considers Seychelles military base plan", *The Telegraph*, 13 Aralık 2011, http://www.telegraph.co.uk/news/worldnews/ africaandindianocean/seychelles/8953319, 11 Ekim 2017.

[520] Jeremy Page, "China Builds First Overseas Military Outpost", *The Wall Street Journal*, 19 Ağustos 2016, https://www.wsj.com/articles/china-builds-first-overseas-military-outpost-1471622, 3 Aralık 2017; Simon Tomlinson, "China builds first overseas military base near Ethiopia for ships, helicopters and special forces in quest to become naval superpower", *The Sun*, https://www.thesun.co.uk/news/, 22 Ağustos 2016,.

* Mençıstırizm; Manchester Liberalizmi veya Manchester Kapitalizmi olarak da bilinen Manchester merkezli İngiliz iktisat ekolünü ifade etmektedir. Ekolün taraftarları, serbest ticaretin daha eşitlikçi bir toplum yaratacağını savunmuşlardır. Bkz. Achim Pollert, Bernd Kirchner, Javier Morato Polzin, *Wirtschaft von A bis Z: Grundlagenwissen für Schule und Studium, Beruf und Alltag*, Dudenver-lag, Berlin, 2013.

* "Merkantilizm, Avrupa'da 15. ve 18. yüzyıllarda hâkim olmuş bir iktisadi akımdır. Merkantilizm altın külçesini para olarak ve dış ticareti de bunu elde etmenin bir aracı olarak görmüştür. Altın ve gümüş rezervlerine odaklanılmasının sebebi, bu madenlerin savaş zamanlarındaki önemidir. Paralı askerlerden oluşan ordularda, altın ile ödeme yapılmıştır ve donanmaların da masrafları değerli madenler ile karşılanmıştır. Dönemin karmaşık uluslararası ittifakları da yüksek miktarda para, yani altın transferlerini gerektiriyordu. Yeni bir ekonomik anlayışı temsil eden Merkantilizm teorik olmaktan çok politik bir doktrindir. Bu doktrin üç unsurdan destek almaktadır. Bu unsurlar, güçlü devlet, kıymetli maden stoku ve dış ticarettir. Tabii ki bu üç unsur da birbiri ile ilişkilidir. Dış ticaret ile kıymetli maden stoku arttırılır ve kıymetli maden stokunun yüksekliği de devletin gücü ile doğru orantılıdır. Fransa'da uygulanan merkantilizme "Kolbertizm", İspanya'da uygulanana "Bulyonizm", Almanya ve Avusturya'da uygulananına ise "Kameralizm" denmiştir." Bkz. Hasan Sencer Peker, "Avrupa'da Merkantilist Uygulamalar ve Osmanlı

kolonyalist tarzda hareket etmektedir.[521] Hâlbuki devletlerin dış politikaları diğer devletlerinkiyle belli noktalarda benzeşse de bir devletin dış politikasını etkileyen özgün siyasal-kültürel unsurlar vardır. Bu doğrultuda Çin Devlet Başkanı Xi Jinping, birçok kez Çin'e özgü, Çin'in vizyonunu yansıtan, geçmişteki uygulamalarını ve tecrübesini bir araya getiren, "büyük ülke" rolüne uygun yeni ve farklı bir diplomatik yaklaşım geliştirmekten söz etmiştir.[522] Xi'nin söz ettiği Çin'e özgü diplomatik yaklaşımın çerçevesi, ülkenin imparatorluk dönemi diplomasisini yansıtan haraç sistemi üzerinden çizilebilir.

Esasında haraç sistemi, sadece Çin dış politikasını açıklayan bir sistem olmayıp bazen başka devletlerin davranışlarını örneklerken de kullanılabilecek bir analiz çerçevesi sunmaktadır. Örneğin, Amerikan dış politikası üzerine çalışmalar yürüten Yuen Foong Khong'a göre, ABD şimdiye kadar son derece başarılı bir haraç sistemi ile dünyaya hükmetmektedir. ABD ile ittifak veya ortaklık ilişkisi kuran devletler, askerî himaye ve uluslararası pazarlara erişim imkânı karşılığında ABD ile bir tür haraç ilişkisi kurmuş olmaktadırlar. ABD, kendisine haraç ödeyenlerin güvenliğini ve uysallığını temin ederek onları kendisine sürekli bağımlı tutmakta ve "barbarların" kendisine karşı birleşmesini engellemektedir. [523]

Çin'e özgü bir haraççı uluslararası ilişkiler anlayışının yerleşmesi, Çin'in de ABD gibi küresel ölçekte bir güç olmasına bağlıdır. Böyle bir anlayış, doğal olarak ilk etapta Çin'in çevresinde

---

Ekonomisi İle Bir Karşılaştırma", *Çankırı Karatekin Üniversitesi İİBF Dergisi*, Cilt 5, Sayı 1, 2015, s. 2-3.

[521] Dirk Schmidt ve Sebastian Heilmann, *Außenpolitik und Außenwirtschaft der Volksrepublik China*, Springer VS, Wiesbaden, 2012, s. 11.

[522] Angela Poh ve Mingjiang Li, "A China in Transition: The Rhetoric and Substance of Chinese Foreign Policy under Xi Jinping", *Asian Security*, Mart 2017, s. 1-10.

[523] Yuen Foong Khong, "The American Tributary System", *The Chinese Journal of International Politics*, Cilt 6, 2013, s. 1–47; Taner Yüzgeç, "Yeni Sömürgecilik", *Teknik Güç*, Sayı 123, Nisan 2003, s. 1.

uygulanacaktır. *When China Rules the World: The End of the Western World and the Birth of a New Global Order* adlı kitabın yazarı Martin Jacques'a göre Çin, yeterince ezici bir güce ulaştığında, öncelikle Güneydoğu Asya, daha sonra Orta Asya devletleri ve uzun vadede Avustralya ve Yeni Zelanda ile ilişkilerinde haraççı bir boyut ortaya çıkacaktır. Coğrafî uzaklığa rağmen, aralarındaki muazzam güç dengesizliği nedeniyle, Çin'in başta Afrika'dakiler olmak üzere, dünyanın diğer bölgelerindeki zayıf devletler ile ilişkilerinde de bu yeni-haraççı anlayışın etkisi hissedilecektir.[524]

İkinci Bölümde değinilen Çin'e özgü haraç sistemi, M.Ö. 3. yüzyıldan M.S. 19. yüzyılın ortalarına kadar Çin'in uluslararası ilişkiler perspektifini oluşturan bir sistemdir. Mekanizmaları, kurumları ve idare biçimi zamanla değişmekle birlikte, haraç sistemi Çin'in bölgesel hâkimiyetini destekleyen bir faktör olmuştur. Haraç sisteminin ana unsurları, (1) Çin'in istisnalığı düşüncesi, (2) ticaret-diplomasi birlikteliği, (3) kültürel nüfuz ve (4) pozitif kimlik inşası olarak sıralanabilir.[525]

Haraç sisteminin birinci unsurunu oluşturan Çin'in istisnalığı düşüncesi, Çin merkezli dünya düzenini yansıtmakta ve zorlayıcı olmayan bir diplomatik yaklaşımla Çin'in itibarını ve meşruiyetini koruması ilkesine dayanmaktadır. Çin'in istisnalığı düşüncesi günümüzde de etkisini korumakta, ancak bu düşünce geçmişteki gibi üstünlükçü bir yaklaşım (en azından söylemsel olarak) içermemektedir. Çin, henüz kendisini "büyük ülke" olarak tanımlamakta ve diğer büyük güçlerin tecrübelerini takip etmektedir. 2006'da Çin devlet televizyonu CCTV'de "Büyük Güçlerin Yükselişi" adlı 12 bölümlük bir belgesel yayınlanmış; burada Portekiz, İspanya, Hollanda, İngiltere, Fransa, Almanya, Japonya, Rusya ve

---

[524] Martin Jacques, *Çin Hükmettiğinde Dünyayı Neler Bekliyor: Batı Dünyasının Sonu ve Yeni Bir Küresel Düzenin Doğuşu*, Çev. Sami Oğuz, Akılçelen Kitaplar, Ankara, 2016, s. 580-581.
[525] Su-Yan Pan ve Joe Tin-Yau Lo, "Re-conceptualizing China's Rise as a Global Power: A Neo-Tributary Perspective", *The Pacific Review*, Cilt 30, Sayı 1, 2017, s. 2.

ABD'nin nasıl büyük güç oldukları analiz edilmiştir. Özellikle, bir zamanlar ABD kadar güçlü olan SSCB'nin yumuşak güç kabiliyeti yeterli olmadığı için çöktüğü, dolayısıyla Çin'in hem sert güç, hem yumuşak güç kapasitesini artırması gerektiğinden söz edilmiştir.[526]

Çinli akademisyenler de özellikle ABD'nin küresel güç konumuna yükselişini analiz etmekte, fakat Çin'in kendince bir yol izlemesi gerektiğini vurgulamaktadırlar. Çin dış politikası üzerine etkili çalışmaları bulunan Yan Xuetong'a göre Çin, sadece ABD'yi taklit ederse başarısız olmaya mahkûmdur; nasıl ki ABD dünyaya hükmetmenin bir yolunu bulmuşsa Çin de norm temelli bir küresel güç vizyonu geliştirerek dünyayı yönetmenin yeni ve kendine özgü bir yolunu bulmak zorundadır.[527]

Çin yönetimi, kendisinin özgün bir büyük güç olduğunu ve farklı bir uluslararası ilişkiler anlayışına sahip olduğunu birçok kez dile getirmiştir. Çin Devlet Başkanı Xi Jinping'in "Çin tarzı büyük güç diplomasisi" ve "yeni tip uluslararası ilişkiler" olarak tanımladığı yaklaşımlar, Çin istisnacılığını ve Çin merkezli dünya algısını yansıtmaktadır. Çin'in uluslararası ilişkiler anlayışında "ortaklık" fikri ön plana çıkarılmaktadır. Xi, Çin'in dünyada hiç müttefikinin olmadığı yönündeki eleştirilere yanıt olarak, ittifaklar yerine ortaklıklara öncelik verdiklerini belirtmiştir. Bu doğrultuda "küresel bir ortaklık ağı" geliştirmeye çalışan Çin, Afrika dâhil 67 ülke ve 5 bölge ile farklı düzeyde ve biçimde 72 ortaklık kurmuştur.[528]

---

[526] "The Rise of Great Powers and the Lessons of Powerful Nations", *CCTV*, 6 Ocak 2007, http://www.cctv.com/program/cultureexpress/20070 601/104110.shtml, 11 Ekim 2017; Pan ve Lo, "Re-conceptualizing China's Rise as a Global Power", s. 8-9.
[527] Yan Cuetong, "International Leadership and Norm Evolution", *Chinese Journal of International Politics*, Cilt 4, Sayı 3, Eylül 2011, s. 233-264.
[528] Weixing Hu, "Xi Jinping's Big Power Diplomacy and China's Central National Security Commission (CNSC)", *Journal of Contemporary China*, Cilt 25, Sayı 98, 2016, s. 165.

Ortaklık, Çin'e özgü olmayıp başta ABD olmak üzere diğer devletlerin de kullandığı bir stratejidir. Ancak Çin, ortaklığa farklı bir anlam yüklemektedir. Çin'e göre ortaklık (合伙/*hehuo*), farazî düşman algılamalarına dayalı, askerî ittifaklarla temsil edilen, bu nedenle sürekli cepheleşmelere neden olan Batı tarzı ittifak diplomasisinden farklı bir perspektife dayanmaktadır. Çin tarzı "yeni tip uluslararası ilişkiler" yaklaşımının unsurlarından olan ortaklık, ülkenin küresel nüfuzunu ekonomik işbirlikleri yoluyla genişletmeye dönük bir stratejidir. Bu stratejide karşılıklı faydayı önceleyen, bunun için ülkeler arası siyasî ve ideolojik farklılıkları göz ardı eden bağlantısız (*non-aligned*) bir dış politika yaklaşımı hâkimdir. Bu anlayışla Çin, ne tamamen egoist, ne tamamen altruist (diğerkâm*) olan, haraç sistemindeki mütekabiliyet ilkesine benzer şekilde, kendi çıkarı kadar karşı tarafın çıkarlarını da gözeten istisnaî bir büyük güç imajı oluşturmaya çalışmaktadır. Bu kapsamda resmî söylemlerde sık sık "Çin uygarlığının yeniden doğuşuna" atıf yapılmaktadır. Modern ulus-devlet mantığından farklılaşmaya gönderme yapan bu "uygarlık devleti" vurgusu, Çin'in gerek bölgesel gerekse küresel anlamda istisnaî bir güç olma iddiasının göstergelerindendir.[529]

Haraç sisteminin ikinci unsuru, ticaretle diplomasinin iç içe geçmiş olmasıdır. Haraçgüzar devletler, Çin pazarlarına erişim, askerî himaye ve meşruiyetlerinin tanınması karşılığında Çin'in haraç sistemini destekliyorlardı. Çin, bugün uluslararası kurum ve normlardan yararlanarak benzer bir ilişki geliştirmektedir. Çin Komünist Partisi, 2002'de aldığı bir kararla, denizaşırı yatırımların artırılması için Çinli şirketlerin dünya geneline dağılmasını (*go global*) teşvik etmiştir. Böylelikle Çin, hem küresel ölçekte bir ithalat-ihracat destinasyonu, hem de büyük bir yabancı sermaye kaynağına dönüşmüştür. Bu durum, Çin'e daha geniş bir çevrede etki

---

* Kişisel yarar gözetmeksizin başkasına yararlı olmaya çalışan, özgeci.
[529] Angela Poh ve Mingjiang Li, "A China in Transition: The Rhetoric and Substance of Chinese Foreign Policy under Xi Jinping", *Asian Security*, Mart 2017, s. 1-10.

uygulayabilme, çevre ülkeleri kendisine bağlama ve diğer güçlerin bu çevrede etkinliğini artırmasını zorlaştırma imkânı sunmuştur.[530]

Çin, bu hedefe yönelik olarak Tek Kuşak Tek Yol (*One Belt One Road*) inisiyatifini hayata geçirmiştir. Bu kapsamda üçü deniz, ikisi kara yolu olmak üzere beş güzergâh olarak tasarlanan İpek Yolu Ekonomik Kuşağı ve 21. Yüzyıl Deniz İpek Yolu projeleri, ticaret-diplomasi birlikteliği doğrultusunda Asya, Avrupa ve Afrika'yı birbirine bağlamayı hedeflemektedir. Söz konusu inisiyatif, ilgili devletler arasında beş bağlantı öngörmektedir: (1) Güzergâhtaki ülkelerin bölgesel işbirliğini öngören "politika bağlantısı"; (2) ilgili ülkeler arasında gerekli altyapı ve ana ulaşım yollarının inşasıyla kurulacak "tesis bağlantısı"; (3) ülkelerin aralarındaki yatırım ve ticareti kolaylaştırıcı tedbirler almasını talep eden "ticaret bağlantısı"; (4) malî işbirliğine dayanan "sermaye bağlantısı" ve (5) kültürel, akademik, insan kaynakları, turizm, bilim, teknoloji, basın vb. alanlarda işbirliği ile kurulacak bir "gönül bağlantısı". Tek Kuşak Tek Yol inisiyatifi, Batı merkezli tek taraflı bağımlılık ilişkilerinden farklı, bütün dünya devletlerine açık, taraflar arası karşılıklı bağımlılığı derinleştiren yeni bir entegrasyon modeli olarak sunulmaktadır. İpek Yolu'nun bu yeni yorumu ile güzergâh üzerindeki devletlerin ekonomik hacimlerinin artması, 65 ülkede 21 trilyon dolar büyüklüğünde bir ekonomik canlanmanın ortaya çıkması beklenmektedir.[531] Afrika'da İpek Deniz Yolu güzergâhında bulunan Cibuti, Mauritius ve Seyşeller, Çin açısından özellikle önemli görülmektedir. Nitekim Çin'in askerî üs planları bu ülkelere yoğunlaşmıştır.[532]

---

[530] Pan ve Lo, "Re-conceptualizing China's Rise as a Global Power", s. 10.

[531] Süleyman Şensoy, "Bir Kuşak Bir Yol: Çin, Türkiye ve Dünya", *Türk Asya Stratejik Araştırmalar Merkezi*, http://www.tasam.org/tr-TR/Icerik/25699/, 14 Mayıs 2017.

[532] Hoo Tiang Boon ve Charles Ardy, "China and Lilliputians: Small States in a Big Power's Evolving Foreign Policy", *Asian Security*, Cilt 13, Sayı 2, 2017, s. 116-131.

Çin, Tek Kuşak Tek Yol inisiyatifine dâhil olan ülkelerdeki enerji, ulaştırma ve altyapı projelerini desteklemek üzere İpek Yolu Fonu ile Asya Altyapı Yatırım Bankası'nı (AAYB) kurmuştur. 100 milyar dolar sermaye ile kurulan bankanın Çin'den (yüzde 30) sonraki en büyük iki hissedarı Hindistan (yüzde 8,4) ve Rusya'dır (yüzde 6,5). AAYB'nin hâlihazırda 35'i bölgesel, 18'i bölge-dışı, 24'ü aday olmak üzere 77 üyesi bulunmaktadır.[533] İngiltere, Almanya, Avustralya ve Güney Kore de bankaya kurucu üye olarak katılım sağlarken ABD ile Japonya katılmamış, tam tersine bankanın yönetim standartlarını sorgulayarak diğer ülkelerin katılımını caydırmaya çalışmışlardır.[534] Zira AYYB, Dünya Bankası'na rakip bir kuruluş olarak Çin'i "tartışmasız bir güç merkezi" haline dönüştürecek ve *"Osmanlı Devleti'nin Basra Körfezi'ne ulaşmak için inşa ettirdiği Berlin-Bağdat Demiryolu gibi dolaylı siyasî-askerî sonuçları olacak bir ekonomik proje"* gibi görülmektedir.[535]

Haraç sisteminin üçüncü ana unsuru, Çin kültürünün gönüllü biçimde kabulünün sağlanmasıdır. İmparatorluk döneminde

---

[533] Bölgesel üyeler (*regional members*); Avustralya, Azerbaycan, Bangladeş, Birleşik Arap Emirlikleri, Brunei Darüsselam, Çin Halk Cumhuriyeti, Endonezya, Filipinler, Gürcistan, Hindistan, İran, İsrail, Kamboçya, Katar, Kazakistan, Kırgızistan, Kore, Laos, Maldivler, Moğolistan, Myanmar, Nepal, Özbekistan, Pakistan, Rusya, Singapur, Sri Lanka, Suudi Arabistan, Tacikistan, Tayland, Türkiye, Umman, Ürdün, Vietnam ve Yeni Zelanda'dır. Bölgesel olmayan üyeler (*non-regional members*); Avusturya, Almanya, Birleşik Krallık, Danimarka, Etiyopya, Finlandiya, Fransa, Hollanda, İsveç, İsviçre, İtalya, İzlanda, Lüksemburg, Malta, Mısır, Norveç, Polonya ve Portekiz'dir. Aday üyeler (*prospective members*); Afganistan, Bahreyn, Belçika, Bolivya, Doğu Timor, Ermenistan, Fiji, Hong Kong, İrlanda, Kanada, Kıbrıs, Macaristan, Peru, Romanya, Samoa, Sudan, Şili, Venezuela, Yunanistan'dır. Aday kurucu üyeler; Brezilya, Güney Afrika, İspanya, Kuveyt, Malezya'dır. Bkz. *Asian Infrastructure Investment Bank*, https://www.aiib.org/en/ about-aiib/governance/members-of-bank/, 14 Mayıs 2017.
[534] "Çin'den Dünya Bankası'na rakip: Asya Altyapı Yatırım Bankası", *BBC Türkçe*, 29 Haziran 2015, http://www.bbc.com/turkce/ekonomi/2015/06/150629_asya_ altyapi_bankasi, 14 Mayıs 2017.
[535] Wendell Minnick, "China's One Belt, One Road Strategy", *Defense News*, 11 Nisan 2015, http://www.defensenews.com/story/defense/2015/04/11, 14 Mayıs 2017; "China establishes rival to World Bank", *The Telegraph*, 25 Aralık 2015, http://www.telegraph.co.uk/finance/12069026/China-establishes-rival-to-World-Bank.html, 14 Mayıs 2017.

birçok haraçgüzar devlet, Çin'in sunduğu ekonomik fırsatlardan yararlanmak ve siyasî-askerî himaye elde etmek için Çin dili, dini, felsefesi, edebiyatı, mimarisi, idare sistemi vb. kültürel unsurları benimsemiştir. Çevre halklara sembolik de olsa Çin kültürünün üstünlüğünü kabul ettirmek, Çin nüfuzunun en önemli göstergesiydi. Günümüzde Çin pazarlarına, yüksek eğitimine ve siyasî ağlarına erişmek için giderek daha fazla sayıda yabancının Çince öğrenmeye yönelmesi, kısmen haraç sisteminin bu özelliğini yansıtmaktadır. Çin'e gelen yabancı öğrencilerin yüzde 62.5'i Çin dili ve edebiyatı alanında eğitim almaktadır. Çin devlet bursu almaya hak kazanıp Çin'deki üniversitelerde Çin dili ve edebiyatı dışındaki bölümlerde okuyacak olan yabancı öğrencilere de bir yıl Çince hazırlık eğitimi alma şartı getirilmiştir.[536]

Çin dili ve kültürünün tanınması için 2004'te Konfüçyüs Enstitüleri (*Hanban*) açılmıştır. British Council, Goethe-Institut, Alliance Française, Instituto Cervantes, Yunus Emre Enstitüsü gibi, üniversitelerle işbirliği halinde faaliyet yürüten bu enstitüler hızla dünya geneline yayılmıştır. Konfüçyüs Enstitüleri ve Sınıfları'nın sayısı, 169'u Avrupa'da, 157'si Amerika'da, 110'u Asya'da, 46'sı Afrika'da, 18'i Okyanusya'da olmak üzere toplam 500'e ulaşmış durumdadır.[537]

Afrika'dan eğitim için Çin'e gelen öğrenci sayısı 12 yıl içerisinde 26 kat artmıştır. Çin'de eğitim alan Afrikalı öğrenci sayısı, 2003'te 2 binden daha az iken, 2015 yılında 50 bine yaklaşmıştır. Bu sayı, aynı yıl ABD ve İngiltere'de okuyan toplam Afrikalı öğrenci sayısından (40 bin) daha fazladır. Afrika'dan her yıl artan sayıda öğrencinin Çin'e gelmesinde en önemli etkenlerden birisi, Çin hükümetinin burs vermeyi taahhüt ettiği yabancı öğrenci sayısının sürekli olarak artmasıdır. Çin ile Afrika devletleri arasındaki temel işbirliği alanları incelenirken, son ÇAİF zirvesinde Çin'in 2015-

---

[536] Pan ve Lo, "Re-conceptualizing China's Rise as a Global Power", s. 11.
[537] *Confucius Institutes*, http://english.hanban.org/node_10971.htm, 14 Mayıs 2017

2018 döneminde yılda 30 bin öğrenciye burs vermeyi taahhüt ettiği belirtilmişti.[538]

Haraç sisteminin dördüncü unsuru, pozitif bir devlet kimliğinin inşasıdır. Çin kendisini Konfüçyüsçü doğal düzeni temsil eden, toplumsal ve siyasal uyumu koruyan hayırhah* bir devlet modeli olarak tanıtmaya çalışmaktadır. Çin imparatorları, düzen ve bilincin kaynağı olan "gök kubbenin vesayeti" sayesinde kendilerinden daha küçük/güçsüz topluluklar üzerinde doğal bir yönetme yetkisine/hakkına sahip olduklarını iddia ederlerdi. Haraç sistemine de kaynaklık teşkil eden bu hâkimiyet telakkisi ile Çin, barışçıl ve herkes için faydalı bir yönetim vaad ederek çevre halklar üzerindeki nüfuzunu meşrulaştırmaya çalışırdı. Çin bugün de kendisini benzer şekilde "barışçıl yükseliş", "barışçıl gelişme", "ahenkli/uyumlu dünya" gibi kavramlar üzerinden tanıtmaktadır. Ancak otoriter siyasal yapısından kaynaklanan olumsuzluklar Çin'in pozitif bir devlet kimliği inşa etmesini zorlaştırmakta ve dış politikasında sıkça başvurduğu "barış" ve "uyum" gibi kavramların etkisini azaltmaktadır. ÇKP yönetimi, 2007'de yayınladığı bir politika belgesiyle, ülke içindeki siyasî gelişmelerin ülke dışında "yanlış anlaşılmasını" önlemek, Çin'in çok kültürlü ve kapsayıcı bir ülke olduğunu ortaya koymak, böylelikle daha pozitif bir Çin imajı oluşturmak için çalışılacağına, bunun için medyanın etkin biçimde kullanılacağına işaret etmiştir.[539] Bu doğrultuda Çin Merkezî Televizyonu (*CCTV/China Central Television*), Çin Uluslararası Radyosu (*China Radio International*) ve Xinhua Haber Ajansı'nın küresel ağı hızla genişletilmiştir. Çin'i dünyaya tanıtacak mecra-

---

[538] Victoria Breeze ve Nathan Moore, "Why African students are ditching the US for China", *CNN*, 30 Haziran 2017, http://edition.cnn.com/2017/06/ 29/africa/african-students-china-us/index. html, 11 Ekim 2017.

* *Hayırhah*; "iyilik dileyen", "iyicil", "tehlikesiz" vb. anlamlardadır. "Kötülük dileyen" anlamındaki *bedhah* kelimesinin zıddıdır. İngilizcedeki karşılıkları *benign* ve *benevolent*'dir.

[539] Pan ve Lo, "Re-conceptualizing China's Rise as a Global Power", s. 12-14.

larda Çince'nin yanında İngilizce, Fransızca, İspanyolca, Arapça, Rusça ve Korece yayınlara geçilmiştir.[540]

2012'de kurulan ve Kenya'nın başkenti Nairobi'den yayın yapan Çin Merkezî Televizyonu'nun Afrika şubesi (*CCTV Africa*), Mısır, Nijerya ve Güney Afrika'da da ofisler açarak Çin'in imajını ve çıkarlarını yansıtmaya/propagandasını yapmaya başlamıştır. CCTV, "pozitif habercilik" düsturuyla hem alternatif bir Çin imajı hem de yeni bir Afrika perspektifi sunmayı amaçlamaktadır.[541]

Haraç sisteminin unsurları üzerinden açıklanmaya çalışılan Çin tarzı uluslararası ilişkiler anlayışı, modern ve geleneksel uluslararası ilişkiler sistematiklerinin bir arada var olabileceğini göstermektedir. Buna göre Çin, hem mevcut uluslararası sistemin öngördüğü kurallara göre dış ilişkilerini yürütmekte, hem de sistemin izin verdiği ölçüde dış ilişkilerine kendi anlayışını yansıtmaktadır. Diğer büyük güçlerin yükseliş ve çöküşlerinden ders çıkarmaya çalışan modern bir büyük güç gibi davranırken aynı zamanda tarihsel tecrübelerinden esinlenen neo-tribüter bir uluslararası ilişkiler sistematiğini uygulamanın yollarını aramakta, kendisini istisnaîleştirecek bir diplomatik yaklaşım geliştirmeye gayret etmektedir. Aynı şekilde, bir taraftan ekonomi odaklı işbirliği anlayışını ön plana çıkararak diğer devletler gibi karşılıklı bağımlılık anlayışına dayalı bir ilişki geliştirirken, öte taraftan Çin-Afrika İşbirliği Forumu eylem planlarının analizinde değinildiği üzere, haraç sistemindeki gibi ekonomi ile siyaseti iç içe geçiren bir ticaret diplomasisi izlemektedir. Yabancı öğrencilere sağladığı eğitim bursları ve Konfüçyüs Enstitüleri üzerinden yürüttüğü faaliyetlerle, hem diğer büyük güçlerin yaptığı gibi, askerî ve siyasî nüfuzu-

---

[540] "About CCTV.com", *CCTV*, http://english.cctv.com/, 14 Mayıs 2017.
[541] Iginio Gagliardone, "China as a Persuader: CCTV Africa's First Steps in the African Mediasphere", *Ecquid Novi: African Journalism Studies*, Cilt 34, Sayı 3, 2013, s. 25-40.

nun yapı taşlarını döşeyecek bir kültürel diplomasi* yürütmekte, hem de haraç sistemindeki gibi, askerî nüfuzdan çok kültürel nüfuza dayanan bir güç stratejisi izlemiş olmaktadır.[542] Medya yoluyla diğer devletler gibi yumuşak güç kapasitesini artırmayı hedefleyen bir kamu diplomasisi yürütürken, aynı zamanda haraç sistemindeki gibi barış, istikrar, uyum ve karşılıklı fayda vadeden cazip bir devlet modeli inşa etmeye çalışmaktadır.

Çin ile Diğer Aktörlerin Afrika'ya Yaklaşımlarının Mukayesesi

Afrika, Batılı tasvirlerde ya "sahipsiz bir define adası" ya da kendi kendini yönetmekten aciz, kurtarılmaya muhtaç bir yer olarak görülmüştür. Birinci bakış açısı sömürgecilik ve talan ekonomisi ile neticelenirken ikinci tasvir "Beyaz Adam'ın yükü" (*White Man's Burden*) adı altında bazı çevrelerde halen savunulmaya devam etmektedir. Örneğin, İngiliz tarihçi Paul Johnson'a göre,

---

* Kültürel diplomasi, genellikle kamu diplomasisi ile eş anlamlı olarak kullanılsa da ikisi birbirinden farklı kavramlardır. Kamu diplomasisi, hükümetlerin iç ya da dış kamuoyunu etkilemek amacıyla yürüttükleri faaliyetlerdir. Devlet aygıtları tarafından belirlenip uygulandığı için kamu diplomasisi denildiğinde ilk akla gelen propagandadır. Kültürel diplomasi denildiğinde ise akla doğrudan birey ve toplum gelmektedir. Bu anlamda kültürel diplomasi, insandan insana yürütülen bir faaliyet olup devletin buradaki rolü ön açma ve yönlendirmeyle sınırlıdır. Devletler açısından kültürel diplomasinin sağladığı en temel fayda, toplumlar arası güven inşasıdır. Her tür beşerî değiş tokuşu içeren kültürel diplomasi, en çok dil unsuruna odaklanmaktadır. Zira bir milleti ve onun kültürünü tanımanın en kısa yolu onun dilini öğrenmektir. Nitekim ABD'nin kültürel cazibesi İngilizce'nin yayılmasında etkili olurken İngizcenin yayılması da ABD'nin yumuşak gücünün yayılmasını kolaylaştıran bir faktör olmuştur. Bkz. Fırat Purtaş, "Türk Dış Politikasının Yükselen Değeri: Kültürel Diplomasi", *Akademik Bakış*, Cilt 7, Sayı 13, Kış 2013, s. 4-5.
[542] John Fairbank, *The United States and China*, Harvard University Press, Cambridge, 1983, s. 65; Niu Changsong, "孔子学院和中国在非洲的语言文化外交" (Konfüçyüs Enstitüleri ve Çin'in Afrika'daki Dil ve Kültür Diplomasisi), 西亚非洲 (*Batı Asya ve Afrika*), Sayı 1, Yıl 2014, s. 78; Luo Hui, "文化和权力：文化在中非关系中的作用" (Kültür ve Güç: Çin-Afrika İlişkilerinde Kültürün Rolü), 西亚非洲 (*Batı Asya ve Afrika*), Sayı 1, Yıl 2014, s. 48.

"bazı devletler kendi kendini yönetmekten acizdir. Umutsuz bölgeleri gidip yönetmek, medenî dünyanın misyonudur. Milyonlarca insan, içinde bulundukları sefaletten kurtulma umuduna kavuştukları için Batı'ya minnettar olacaktır".[543]

Çin ile Batılı devletlerin Afrika'ya yaklaşımındaki en temel fark bu noktada ortaya çıkmaktadır. Çin de üstünlükçü bir tavırla kendisi dışındaki halkları "barbar" olarak nitelemesine rağmen, "barbarları dönüştürme/uygarlaştırma" gibi bir misyon üstlenmemiş, haraç sisteminde açıklandığı üzere mütekabiliyete dayalı bir ilişki sistematiği dâhilinde gönüllü akültürasyonu tercih etmiştir. Bu ilişki, karşı taraf üzerinde paternalist* bir tahakküm öngörmemektedir. Çin'in şimdiye dek Afrika'da Batılı aktörlerden daha başarılı olmasının ana nedenlerinden birisi budur.

Çin, paternalist bir üslup benimsemediği için, Afrika toplumlarının özsaygılarına Batılı aktörlerden daha iyi hitap etmektedir.[544] Örneğin, Çin de Batılı aktörler gibi Afrika ülkelerine çeşitli yardımlar yapmakta, ancak bunları "bir üstün bir asta yardımı" şeklinde değil, "gelişmekte olan bir ülkenin diğer bir gelişmekte olan ülkeye yardımı" şeklinde yansıtmaktadır.[545] Çin'in henüz yeterince güçlü olmadığı için böylesine "alçakgönüllü" davrandığı, gücünü artırdıkça üstünlüğünü hissettirmeye çalışacağı söylenebilir ki bu da Çin'in ezici üstünlük sahibi bir küresel güç olması durumunda test edilebilecek bir savdır.

---

[543] Paul Johnson, "Colonialism's Back and Not a Moment Too Soon", *New York Times Magazine*, 18 Nisan 1993.

* Bir yönetim ilişkisi olarak paternalizm, yönetici gücün yönettiklerinin hayatını babanın çocuklarının hayatını düzenleyişi gibi düzenlemesidir. Bazı devletlerin diğer devletleri, dışarıdan otoriteye ihtiyacı olan, aciz ve kendine yetersiz devletler olarak görmesi, paternalist bir tavırdır.

[544] Frederick Kuo, "What China knows about Africa that the West doesn't", *The National Interest*, 9 Mayıs 2017.

[545] Wenping, "The Balancing Act of China's Africa Policy", s. 33.

Çin, daha önce Batılı aktörlerin ihmal ettiği ve Afrika ülkelerinin en çok ihtiyaç duyduğu alanlara yatırım yapmaktadır. Bu alanların başında altyapı gelmektedir. Dünya Bankası verilerine göre, Sahraaltı Afrika ülkeleri yıllık 22 milyar dolar altyapı finansmanına ihtiyaç duymakta ve Çin kıtadaki altyapı projeleriyle bu açığın kapanması adına hayatî bir katkıda bulunmaktadır.[546] Çin'in altyapıya yönelik yatırımları, sömürgeci dönemde altyapıları ihmal edilen, iç savaş vb. tecrübeler nedeniyle altyapıları daha da tahrip olan ülkeler açısından önemlidir. Çinli şirketler, Afrika'nın hemen her ülkesinde hükümet binalarından stadyumlara, toplu konutlardan limanlara, barajlardan otoyollara, kültür merkezlerinden elektrik santrallerine, sivil ve askerî telekomünikasyon altyapısından[547] yeni sanayi şehirlerinin[548] inşasına kadar çok çeşitli alanlarda görünürlüğü yüksek altyapı projeleri üstlenmiştir.[549] Binlerce Çinli işçinin çalıştığı bu tarz altyapı geliştirme faaliyetleri

---

[546] Vivien Foster, *Building Bridges: China's Growing Role as Infrastructure Financier for Sub-Saharan Africa*, World Bank, Washington, 2009, s. 74.

[547] Çin'in finansmanı ve teknik desteği ile Nijerya, 2007 yılında ilk telekomünikasyon uydusunu (Nigcomsat-1) uzaya fırlatmıştır. Bkz. "Nigcomsat-1 Program", *China Great Wall Industry Corporation*, http://www.cgwic.com/In-OrbitDelivery/ CommunicationsSatellite/Program/NigComSat-1. html, 30 Haziran 2015.

[548] Örneğin, Çin Fortune Arazi Geliştirme Şirketi (CFLD/China Fortune Land Development Co Ltd), Mısır'da yeni bir sanayi şehri inşa etme işini üstlenmiştir. Kahire ile Süveyş arasında inşa edilecek olan şehir, hem Mısır'ın yeni idarî başkenti ve finans merkezi olacak, hem de Süveyş Kanalı Ekonomik Kuşağı ile Kızıl Deniz Ekonomik Kuşağı'nın gelişimine katkı sağlayacaktır. CFLD, Ekim 2016 başında Mısır hükümeti ile mutabakat zaptı imzaladığını duyurmuştur. 60 kilometre karelik bir alanda idarî binalar, üretim tesisleri ve hizmet altyapısını inşa edecek olan şirketin toplam yatırımı 20 milyar dolar olarak tahmin edilmektedir. Mısır hükümeti bu proje sayesinde GSYH büyüme oranının yüzde 2, şehirleşme oranının yüzde 10 ve doğrudan yabancı yatırım akışının yüzde 15'ten daha fazla oranda artacağını öngörmektedir. Bkz. "China Fortune to Help Build New City in Egypt", *Çin Halk Cumhuriyeti Ticaret Bakanlığı*, 2 Ekim 2016, http://english.mofcom.gov.cn/article/ Companies/201610/2016100140 9920.shtml, 13 Ekim 2016.

[549] Corkin, "China's Strategic Infrastructural Investments in Africa", s. 137-140; Sören Scholvin ve Georg Strüver, "Infrastrukturprojekte in der SADC-Region: die Rolle Chinas", *GIGA Focus Afrika*, Sayı 2, 2013, s. 3.

hem Afrika ülkelerinin çehresini değiştirmekte, hem de kişi başı
GSYH bazında büyümeyi desteklemektedir. [550]

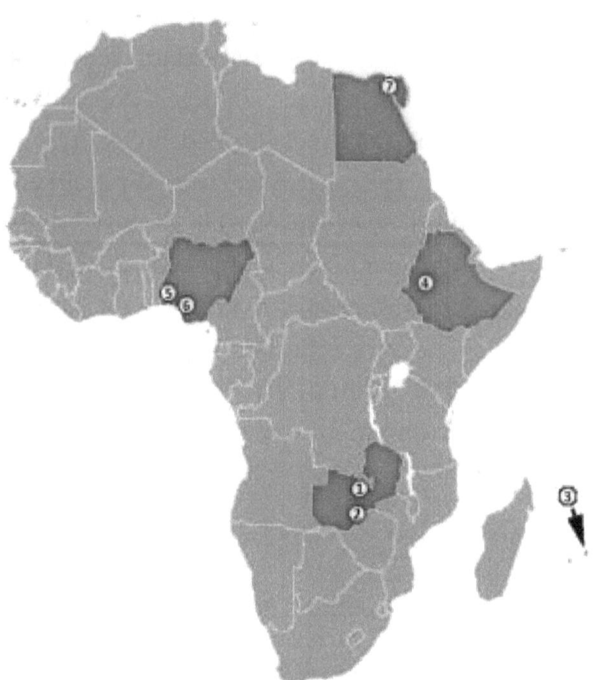

Harita 9. *Afrika'da Çin Tarafından İnşa Edilen Özel Ekonomik Bölgeler ve Faali-
yet Alanları: (1) Chambishi, Zambiya: bakır ve bakır sanayii; (2) Lusaka, Zambi-
ya: hazır giyim, gıda, tütün, elektrikli aletler; (3) Jinfei, Mauritius: ileri teknoloji
imalat, ticaret, turizm, finans; (4) Oriental, Etiyopya: makine, inşaat malzemeleri,
çelik, metalürji; (5) Ogun, Nijerya: inşaat malzemeleri, seramik, demir eşya,
mobilya, ağaç işleme, medikal, bilgisayar; (6) Lekki, Nijerya: ulaştırma ekipmanı,
tekstil, ev aletleri, telekomünikasyon, hafif sanayi; (7) Süveyş, Mısır: petrol ekip-
manı, elektrikli aletler, tekstil, otomotiv (Kaynak: Wikimedia Commons, 2011)*

---

[550] Tamames, "China en Rápido Crecimiento...", s. 33; Foster vd., **Building Brid-
ges...**, s. 31.

Afrika'da daha önce ihmal edilen bir alan da sanayileşmedir. Çin bu konuda önemli bir eksikliği doldurmakta ve kendi sanayileşme tecrübesini kısıtlı biçimde de olsa Afrika'ya da taşımaktadır.[551] Bazı Afrika ülkelerinde Çin'in desteğiyle inşa edilen özel ekonomik bölgeler (bkz. Harita 9), Afrika'nın salt hammadde tedarikçiliğinden işlenmiş ürün pazarlayabilecek bir konuma geçişi açısından son derece önemlidir.[552] Bu konuda Etiyopya iyi bir örnek teşkil etmektedir. Etiyopya, hem enerji, arazi ve emek maliyetinin düşük olması hem de Çinli yatırımlar için gerekli güvenlik ortamını sağlaması nedeniyle, orta vadede büyük bir imalat merkezi olma yolunda ilerlemektedir.[553]

---

[551] Çin'in Afrika'da tam tersine sanayisizleşme (*deindustrialisation*) yönünde bir etki doğurduğunu savunan görüşler de mevcuttur. Sanayisizleşme, bir ülkenin sanayi sektörünün istihdamdaki payının azalması ile ilgili bir kavramdır. 20. yüzyılın ortalarında fiziksel mal üretimi yerine hizmet üretimine odaklı ekonomik faaliyetlerin başrolde olduğu bir sanayi-ötesi toplum öngörülmüş; gelişmiş ülkelerde sanayi sektöründe istihdam edilen işgücü oranının ve üretimin mütemadiyen gerilemesiyle bu öngörü gerçekleşmiştir. Özellikle imalat sanayiinde istihdam ve hasılanın gerilemesi, sanayisizleşme sürecinin başladığına işaret etmektedir. Gelişmiş ülkelerde üretim artış hızının düşmesi ile birlikte gözlenen bu süreç, gelişmekte olan ülkelerde genellikle ekonomik kalkınmanın doğal bir sonucu olarak kabul edilmektedir. Afrika'da ticaretin liberalleşmesinden sonra Çin'in yoğun ihracatı ile kıtada sanayisizleşmenin ortaya çıkması beklenebilir. Bu gelişme, Çin kadar uluslararası ekonomi-politik yapıya ve Afrika'nın kalkınma dinamiklerine de bağlı olacaktır. Bkz. Jesse Salah Ovadia, "Accumulation with or without Dispossession? A 'Both/And' Approach to China in Africa with Reference to Angola", *Review of African Political Economy*, Cilt 40, Sayı 136, 2013, s. 233; David Harvey, "The New Imperialism: Accumulation by Dispossession", *Socialist Register*, Cilt 40, 2004, s. 63-87; Oytun Meçik ve Muharrem Afşar, "Ekonomide Sanayisizleşme ve OECD Ülkelerine Etkileri", *Hacettepe Üniversitesi İktisadi ve İdari Bilimler Fakültesi Dergisi*, Cilt 33, Sayı 2, 2015, s. 89; Christopher Kollmeyer, "Explaining Deindustrialization: How Affluence, Productivity Growth, and Globalization Diminish Manufacturing Employment", *American Journal of Sociology*, Cilt 114, Sayı 6, 2009, s.1644-1674.

[552] Van Dijk, "Objectives of and Instruments for China's New Presence in Africa", s. 14; Deborah Brautigam ve Tang Xiaoyang, "African Shenzhen: China's Special Economic Zones in Africa", *Journal of Moder African Studies*, Cilt 49, No 1, 2011, s. 27-54.

[553] İstanbul Aydın Üniversitesi Afrika Uygulama ve Araştırma Merkezi, *Küresel Rekabetin Merkezindeki Afrika'da Kalkınma Dinamikleri*, Uluslararası Afrika Konferansı Sonuç Raporu, Rapor No. 001, Temmuz 2015, s. 14.

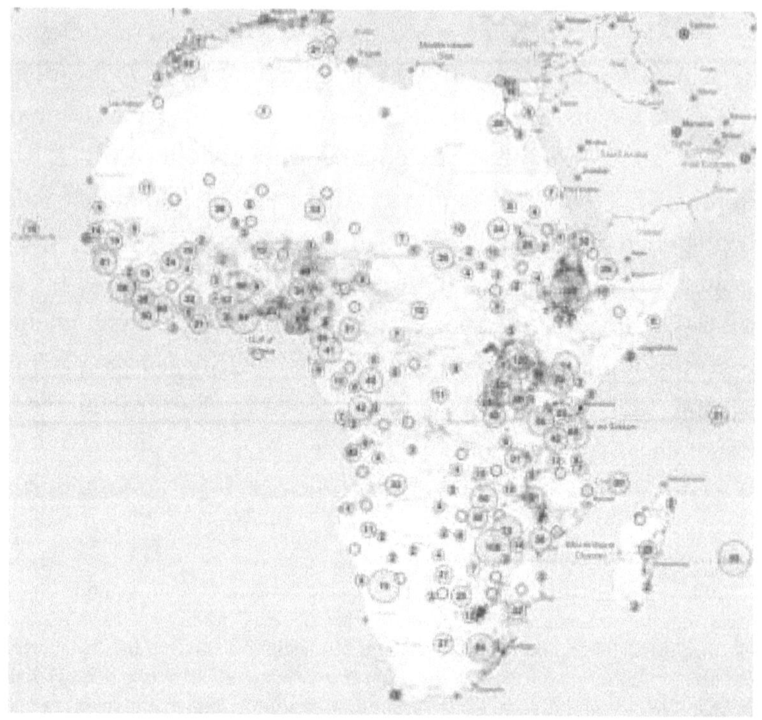

Harita 10. *2000-2013 arası dönemde Çin Halk Cumhuriyeti'nin Afrika'daki finansal projelerinin coğrafî dağılımı. Dairelerin boyutu ve içlerindeki rakamlar, o bölgedeki projelerin boyutunu ve sayısını ifade etmektedir (Kaynak: Aid Data, 2015)*

Çin'i diğer aktörlerden ayıran bir diğer husus, kıtadaki faaliyetlerini bir ülke veya bölge ile sınırlandırmamış olmasıdır. Batılı devletler, daha çok eski sömürgeleri ile ilgilenmekte; ABD güvenlik önceliği doğrultusunda daha çok Sahra bölgesi ve Afrika Boynuzu'nda askerî varlık göstermekte; Japonya ağırlıklı olarak eski İngiliz sömürgelerinde faaliyet yürütmekte; Hindistan, kendisine coğrafî ve demografik olarak yakın olan Doğu Afrika bölgesini önemsemekte; Brezilya, kendisi gibi Portekizce konuşan Afrika ülkelerine yoğunlaşmakta; Malezya, daha çok Müslüman Afrika ülkelerinde ve petrol alanında varlık göstermekte; İran daha çok Şii nüfusun bulunduğu Afrika ülkelerine ilgi duymakta; Türkiye tarihsel bağlarının olduğu ülkelerle, özellikle de Somali ile ilgilenmektedir. Çin ise Cezayir'den Lesotho'ya, Mauritius'tan Togo'ya kadar hemen hemen bütün Afrika ülkelerinde varlık göstermektedir (bkz. Harita 10).

Çin, diğer devletlerin iç işlerine karışmama prensibi doğrultusunda, rejim türüne bakmaksızın her devletle işbirliği yapmaya isteklidir. Bu durum, Çinli şirketlere rekabet üstünlüğü sağlamaktadır. Şimdiye dek uluslararası malî kaynaklara ve uluslararası ticareti domine edebilecek siyasî bağlantılara sahip olan Batılı şirketler, arkalarında güçlü bir devlet desteği olan Çinli şirketlerle rekabet etmekte zorlanmaktadırlar. İhalelerde daha düşük fiyat teklifleri verebilen, daha az vasıflı işgücü ve daha az yönetim maliyeti sunan Çinli şirketler bu yönleriyle Batılı muadillerine nazaran siyasal ve ekonomik rekabet üstünlüğü elde etmiş olmaktadırlar. [554]

Batılı devletler, Soğuk Savaş sonrası dönemde Afrika-ya yapacakları yardımları insan hakları, demokratikleşme, sivil toplumun gelişmesi gibi koşullara bağlamışlardır. Haziran 1990'daki Fransa-Afrika zirvesinde Mitterrand, halklarının siyasî katılım taleplerini göz ardı eden Afrika devletlerinin Fransa'dan destek almayı beklememeleri gerektiğini belirtmiştir. Diplomasisine genellikle büyük etik ilkeleri karıştırmayan İngiltere de *"baskıcı politikalarda, yolsuz yönetimlerde, savurgan ve ne olduğu belirsiz ekonomik sistemlerde ısrar eden hükümetler, zaten kıt olan yardım kaynaklarımızla ahmaklıklarını desteklememizi beklemesinler"* şeklinde bir açıklama yapmıştır. Daha önce bu konuda sessiz kalan Japonya da yardımlarını Batılı devletlerin öngördüğü koşulları taşıyan ülkelerle sınırlandırmıştır.[555]

---

[554] Chris Alden ve Martyn Davies, "A Profile of the Operations of Chinese Multinationals in Africa", **South African Journal of International Affairs**, Cilt 13, Sayı 1, 2006, s. 83.

[555] Christopher Clapham, **Africa and the International System: The Politics of State Survival**, Cambridge University Press, Cambridge, 1996, s. 194-195.

Çin ise Afrika ülkelerine yönelik yardım, yatırım ve ticaretinde bu tarz önkoşullar belirtmemiştir. 1996-2009 dönemi için 53 Afrika ülkesinden elde edilen veriler, büyük güçler arasında sadece Çin'in yönetişim hususlarına önem vermeden Afrika ülkelerinden sürekli artan oranda ithalat yapma eğiliminde olduğunu göstermektedir. Almanya, Fransa ve İngiltere gibi Çin de Afrika'dan ağırlıklı olarak petrol ve maden cevheri ithal ederken Afrika'ya makine ve araç-gereç ihraç etmektedir.[556] Batılı devletler gibi Çin de daha çok iyi yönetişim kalitesine sahip Afrika ülkelerine ihracat yapmakta, ancak ithalat söz konusu olunca durum değişmektedir. Çin kötü yönetişim sergileyen Afrika ülkelerinden de ithalat yapmaktadır. İyi yönetişimi "ödüllendiren" en önemli ticaret ortağı Avrupa Birliği'dir. Çin, AB'nin saf dışı bıraktığı ülkelerden de ithalat yapmakta ve bu ülkelere ihracat yapmaları için bir pazar yaratmaktadır. Ticaret ile GSYH büyümesi arasında olumlu bir ilişki olduğu dikkate alınınca, AB'nin "cezalandırdığı" ülkelerin gelişmelerinde en etkili aktörün Çin olacağı söylenebilir.[557]

Çin ile artan rekabete bağlı olarak Avrupa'nın insan hakları ve demokrasi konusundaki güvercin duruşunun güvenlik ve ekonomik gelişme odaklı daha şahin bir duruşa evrildiği dikkat çekmektedir. Çin'in pazarlarını daha fazla tarifesiz ithalata açmasından sonra Avrupa Birliği, Sahraaltı Afrika ülkeleri ile tercihli ticaret rejimlerini sona erdirerek Ekonomik Ortaklık Anlaşmaları'na yönelmiştir.[558] Ancak Çin'in ekonomik potansiyeli ve şu ana kadar kat ettiği yol dikkate alındığında, Avrupa'nın sahadaki ger-

---

[556] Bert Jacobs, "A Dragon and a Dove? A Comparative Overview of Chinese and European Trade Relations with Sub-Saharan Africa", *Journal of Current Chinese Affairs*, Cilt 40, Sayı 4, s. 17-54.
[557] Paul De Grauwe, Romain Houssa ve Giulia Piccillo, "African Trade Dynamics: Is China a Different Trading Partner?", *Journal of Chinese Economic and Business Studies*, Cilt 10, Sayı 1, 2012, s. 15-31.
[558] Jacobs, "A Dragon and a Dove...", s. 55-56.

çekliği tersine çevirebilmesi kısa vadede mümkün görünmemektedir.[559]

AB'nin Afrika'ya yeniden ilgi duyması, Çin'in kıtada artan etkinliğinin yanı sıra, AB'nin etkili bir küresel aktör olma arzusu ve daha tutarlı bir dış politika izleme arayışının bir sonucudur. Aralık 2007'deki Lizbon Zirvesi'nde benimsenen Ortak Afrika-AB Stratejisi ile Ekim 2008'de Avrupa Komisyonu'nca önerilen ve AB Konseyi'nce kabul edilen üçlü işbirliği mekanizmalarına rağmen AB ile Çin ve Afrika ülkeleri arasında istenilen düzeyde işbirliği geliştirilememiştir. Bunun temel nedeni AB içinde ortaya çıkan üç rakip vizyonun AB'nin Çin'e karşı angajman kabiliyetini olumsuz etkilemesidir: Avrupa Komisyonu, AB'yi daha etkili bir küresel aktör haline getirme hedefine odaklanmış olup bu hedefini her fırsatta dile getirmiştir. Avrupa Parlamentosu, Avrupa Komisyonu'ndan farklı olarak, norm temelli kalkınma politikasına ilişkin paternalist tavrını sürdürmüştür. AB Konseyi ise daha ziyade üye devletlerin Afrika'daki bireysel nüfuzlarını artırma saikleriyle hareket etmiştir. Bunun sonucunda AB, ne Çin'in ne Afrika ülkelerinin anlayabileceği "karmaşık bir mesaj" vermiştir.[560]

Çin'in Afrika stratejisi ile BRICS üyelerinin Afrika stratejileri arasında bir karşılaştırma yapıldığında, bu ülkeler arasında da bazı farkların olduğu görülmektedir. Brezilya, Rusya, Hindistan, Çin ve Güney Afrika'dan oluşan BRICS içerisinde Brezilya, Afrika ülkelerine kredi yerine aynî yardım niteliğinde teknik destek sunmakta, kıtada kendisine ait kamu ve özel çokuluslu şirketlerin faaliyetlerini sübvanse etmektedir. Çin ve Hindistan ise daha çok proje desteği ile imtiyazlı kredi sağlamakta ve bunları genellikle kendi firmalarından donanım ve hizmet alımına bağlamakta; ba-

---

[559] Tamames, "China en Rápido Crecimiento: Política Económica Exterior y Relaciones con África",s. 39.
[560] Maurizio Carbone, "The European Union and China's Rise in Africa: Competing Visions, External Coherence and Trilateral Cooperation", *Journal of Contemporary African Studies*, Cilt 29, Sayı 2, Nisan 2011, s. 203-217.

zen de doğal kaynaklara erişim koşulunu öne sürmektedirler. BRICS içinde Afrika ile ticaret açısından en küçük ortak Rusya'dır. Afrika'nın Rusya'ya temelde gıda ürünlerinden oluşan ihracatı BRICS toplamında sadece yüzde 1'e tekabül etmektedir. Rus şirketler Afrika'da daha çok enerji alanında yatırım yapmaktadırlar. Çin ve Hindistan, Afrika'daki yardım, yatırım ve ticaret faaliyetlerini bir bütün olarak değerlendirirken Brezilya ve Rusya bu alanları birbirinden ayırmaktadır.[561]

Çin gibi Hindistan da Afrika ülkeleriyle ilişkilerinde eşitlik, karşılıklı fayda, karşılıklı saygı gibi söylemleri kullanmaktadır. Hindistan benzer şekilde Kuzey-Güney ayrımı ve Güney-Güney diyaloğuna vurgu yaparak daha adil bir uluslararası düzen talebini dillendirmekte; böylece kendisini söylemsel olarak ABD ve Avrupa ülkelerine karşı konumlandırmış gibi görünürken fiilî olarak Çin'e karşı bir politika oluşturmaktadır. Bu noktada iki BRICS üyesi ülke arasında bir rekabetin olduğu söylenebilir. Söz konusu rekabetten ötürü, Hindistan'ın Afrika'da etkinlik alanını genişletmesinin bizzat ABD tarafından desteklendiği düşünülmektedir.[562] Çin'e karşı potansiyel bir denge unsuru olsa da Hindistan, Afrika'da Çin'le özellikle ekonomik olarak rekabet etmekte zorlanmaktadır.[563] Hindistan'ın Afrika ile ticareti 2005 ile 2015 yılları arasında beş kat artarak 52 milyar dolara ulaşmıştır[564], ancak bu rakam, Çin ile Afrika arasındaki ticaretin yaklaşık yüzde 16'sına tekabül etmektedir.

---

[561] *Africa-BRICS Cooperation: Implications for Growth, Employment and Structural Transformation in Africa*, United Nations Economic Commission for Africa, Addis Ababa, 2013, s.2.

[562] Soyalp Tamçelik, "Hindistan'ın Afrika Politikası", *Afrika Politikası: 21. Yüzyılda Güvenlik, Refah ve Demokrasi Arayışı*, Ed. Hasret Çomak, Caner Sancaktar, Huriye Yıldırım Çinar, Beta Yayınları, İstanbul, 2017, s. 807.

[563] Melek Fırat, "Hindistan'ın Afrika Politikası", *Ankara Üniversitesi Afrika Çalışmaları Dergisi*, Cilt 2, Sayı 1, Bahar 2012.

[564] "Bid to boost India, Africa trade ties", *The Hindu*, 21 Mayıs 2017, http://www.thehindu.com/business/Economy/bid-to-boost-india-africa-trade-ties/article18519609.ece, 14 Ekim 2017.

Afrika'da varlık göstermeye çalışan bir diğer aktör, Çin'in tarihsel hasımı durumundaki Japonya'dır. BMGK üyeliği için sık sık adı geçen Japonya, Afrika'ya yönelik proje ve yardım odaklı bir politika izlemektedir. Japonya, toplam yardım bütçesinin yüzde 10'unu Afrika'ya tahsis etmekle[565] birlikte, yardımlarını Batılı devletlerin öngördüğü demokratikleşme, şeffaflaşma vb. koşulları taşıyan ülkelerle sınırlandırmaktadır.[566] Japonya, 1950 ile 2001 yılları arasında Afrika'da ulaşım, madencilik ve sosyal hizmetler sektöründe bine yakın proje gerçekleştirmiş, fakat ticaret ve yatırım konusunda aynı ivmeyi yakalayamamış ve bu alanlarda Çin'in oldukça gerisinde kalmıştır. Dış yardım ve kalkınma politikaları konusunda çalışan Takahashi Motoki'ye göre, Japonya'nın Afrika politikasında ana sorun, proaktif değil, reaktif davranması, diğer devletlere özenmesi ve yeterince "hırslı" olmamasıdır.[567] Hırslı olmayan, diğer örneklere özenen, ayrıca ekonomisi yavaşlayan bir Japonya'nın Afrika'da Çin'e meydan okuyabilecek duruma gelmesi zor görülmektedir.[568]

ABD ile Çin'in Afrika'ya yaklaşımları mukayese edildiğinde, ABD'nin Afrika'yı daha çok deniz ticaret yollarının kontrolü ve enerji arz güvenliği açısından önemsediği, bu maksatla Soğuk Savaş sonrası dönemde Afrika Boynuzu gibi stratejik bölgelerde et-

---

[565] Selim Demirci, "Japon Dış Politikasında Afrika", *Uluslararası Strateji ve Güvenlik Araştırmaları Merkezi*, http://www.usgam.com/index.php?l=807&cid=464&bolge=12&konu=27, 19 Eylül 2012.

[566] Christopher Clapham, *Africa and the International System: The Politics of State Survival*, Cambridge University Press, Cambridge, 1996, s. 194-195.

[567] Takahashi Motoki, "日本の対アフリカ援助外交の変遷:反応」性と政治的意志の欠如" (Japonya'nın Afrika'da Yardım Diplomasisine Yönelişi: Reaktivite ve Siyasî İrade Eksikliği), 国際問題 (*Kokusai Mondai/Uluslararası İlişkiler*), No. 591, Mayıs 2010, s. 14-27.

[568] Makoto Sato, "日本のアフリカ外交—歴史にみるその特質" (Japonya'nın Afrika Diplomasisi-Tarihsel Karakteristiği), 成長するアフリカ日本と中国の視点 (*Japonya ve Çin'in Perspektifinden Büyüyen Afrika*), アジア経済研究所 (Gelişmekte Olan Ekonomiler Enstitüsü), Eylül 2007.

kinliğini korumaya odaklandığı söylenebilir.[569] Ne var ki 1993'te Somalili milisler tarafından öldürülen Amerikan askerlerinin Mogadişu sokaklarında sürüklenirken çekilen fotoğraf ve videoların yayınlanması, Amerikan siyasetinde Afrika'ya yönelik sendromik bir bakış açısını beraberinde getirmiştir. Ülkenin askerî başarısızlığını simgeleyen bu hadiseden sonra Amerikan yönetimi Afrika kıtasındaki sorun alanlarına daha temkinli yaklaşmıştır.[570] 1990'lı yıllarda Ruanda ve Kongo Demokratik Cumhuriyeti'nde yaşanan kanlı iç savaşların görmezden gelinmesi, diğer faktörlerin[571] yanı sıra, söz konusu sendromik bakış açısı ile de açıklanabilecek bir geri çekilme durumudur. Geri çekilme ile birlikte ABD'nin Afrika politikası büyük oranda güvenlik odaklı bir yaklaşıma indirgenmiştir. Nitekim Soğuk Savaş sonrası Amerikan ulusal güvenlik strateji belgelerinde Afrika kıtası son sırada yer almış; sadece Libya ve Sudan'ın oluşturduğu güvenlik tehditlerine vurgu yapılmıştır.[572]

2000'li yılların başında Afrika'da artan Çin varlığı, ABD'yi kıta ile çok boyutlu olarak ilgilenmeye sevk etmiş; bu doğrultuda Kamerun, Senegal, Angola, Nijerya ve Güney Afrika ile ticaret ve yatırımların artırılmasına yönelik çerçeve anlaşmalar müzakere etmiştir.[573] ABD ile bazı Afrika ülkeleri arasında serbest ticaret anlaşmaları da gündeme gelmekle birlikte bu konuda sadece Fas ile bir anlaşma imzalanabilmiştir. ABD'nin serbest ticaret anlaşmalarını kendi ticaret kriterlerine göre düzenlediği, Sahraaltı Afrika

---

[569] Hasan El-Hasnâvî, التنافس الدولي في أفريقيا: الأهداف والوسائل (Afrika'da Uluslararası Rekabet: Hedefler ve Araçlar), *Estqlal*, http://www.estqlal.com/article, 1 Mayıs 2011.

[570] Drew Petry, *Using AFRICOM to Counter China's Aggressive African Policies*, US Air Force Academy Department of Military and Strategic Studies, Colorado, 2011, s. 25.

[571] En önemli faktörlerden birisi, bu ülkelere jeopolitik değer atfedilmemesi ve ABD'nin kıta ile ilgilenmesini gerektirecek rekabet şartlarının ortadan kalkmış olmasıdır.

[572] *A National Security Strategy for a New Century*, Ekim 1998, http://nssarchive. us/national-security-strategy-1998/, 25 Aralık 2016.

[573] "African Growth and Opportunity Act (AGOA)", **Public Law 106–200**, 106th Congress, May 18, 2000, https://agoa.info/about-agoa.html, 25 Aralık 2016.

ülkelerinin bu kriterlere uymasının zor olduğu bir gerçektir. Ayrıca ABD'nin Dünya Ticaret Örgütü gibi uluslararası platformlarda serbest ticaret anlaşmalarını AB ülkelerine ve Çin'e karşı kullandığı bilinmektedir.[574] Bu nedenledir ki 2003 yılında Fas ile ABD arasında serbest ticaret anlaşması müzakere edilirken Fransa Dış Ticaret Bakanı François Loos, bu yönelimden memnun olmadıklarını belirterek, *"Fas'ın ABD ile Avrupa arasında bir tercih yapması gerektiğinden"* söz etmiştir.[575]

Amerikan yönetimi, güvenlik stratejisi kapsamında 2005 yılında Transsahra Terörle Mücadele İnisiyatifi'ni (*Trans-Saharan Counterterrorism Initiative*) hayata geçirmiştir. Söz konusu inisiyatife iki yıl için tahsis edilen 230 milyon dolarlık bütçeden en çok Moritanya, Mali, Nijer ve Çad yararlanmıştır.[576] Sahra bölgesindeki girişimlere ek olarak, 2007'de AFRICOM* adında bir Afrika komutanlığı kurulmuştur. AFRICOM'un harekât tezkeresinde "askerî, diplomatik ve ekonomik araçlarla ABD'nin kıtadaki çıkarlarını destekleme" hedefinden söz edilirken askerî raporlarda komutanlığın ele alması gereken tehditler arasında "kötü niyetli Çin nüfuzunun" da olduğu açıkça belirtilmiştir.[577]

---

[574] Fuad Ferhavi, *Afrika'da Küresel Rekabet: Mali Krizi*, USAK, Rapor No: 13-03, Nisan 2013, s. 34.

[575] "Morocco must choose between US and EU trade deals", *Afrol News*, http://www.afrol.com/, 20 Ocak 2003.

[576] Ferhavi, *Afrika'da Küresel Rekabet: Mali Krizi*, s. 34-35.

* Almanya'nın Stuttgart kentinden yönetilen AFRICOM, kara, hava, deniz ve özel harekât kuvvetlerinden müteşekkil 2000 kişilik bir kadroya sahiptir. Bunların arasında CENTCOM gibi düzenli birlikler veya piyadeler yer almamaktadır. Tipik muharip komutanlıklardan farklı olarak, AFRICOM'un sorumluluk sahası dâhilinde kalıcı bir Amerikan üssü de bulunmamaktadır. En yakın üs, CENTCOM'dan miras alınan Birleşik Görev Gücü'ne ait (CJTF-HOA) kiralık Camp Lemonnier üssüdür. Cibuti'de yer alan bu üs, ABD'nin stratejik açıdan önemli gördüğü Afrika Boynuzu'nda etkinliğini artırmasını sağlamaktadır. Bkz. "About the Command", *United States Africa Command*, http://www.africom.mil/about-the-command, 26 Aralık 2016.

[577] Drew Petry, *Using AFRICOM to Counter China's Aggressive African Policies*, US Air Force Academy Department of Military and Strategic Studies, Colorado, 2011, s. 25.

Askerî stratejist Drew Petry'ye göre ABD, Afrika'daki stratejisini iki bölgeye (Sahra ve Afrika Boynuzu) odaklarken Çin bir bölgeye veya sadece petrol üreten ülkelere yoğunlaşmamakta, bütün Afrika ülkelerine yatırım yaparak siyasî sermaye satın almakta, böylelikle Batı'nın hegemonya inşa etme kabiliyetinin altını oymaktadır.[578] Bununla birlikte, ABD ve Çin, şimdilik birbirlerinin nüfuz alanlarına müdahil olmamaya, deyim yerindeyse, birbirlerinin "ayağına basmamaya" özen göstermektedirler.[579]

ABD, siyasî, askerî, malî ve lojistik kapasitesinin büyüklüğü nedeniyle Afrika'da en önemli dış aktör olma pozisyonunu korumakta; uyguladığı baskılarla yerel aktörler üzerinde etkili olmaktadır. Fakat 2006 sonrası dönemde hem Irak ve Afganistan müdahalelerinin getirdiği ilave yük hem de Çin gibi yeni rakiplerin ortaya çıkmasıyla birlikte, ABD'nin bu konudaki etkisini nispeten kaybettiği değerlendirilmektedir. Sudan ve Zimbabve örneklerinde görüldüğü üzere hesaplanması güç yeni belirsizlik faktörleri nedeniyle ABD'nin yerel tercihleri etkileme kabiliyeti zayıflamaktadır. Bu zaafiyet, Sierra Leone, Fildişi Sahili ve Kongo Demokratik Cumhuriyeti örneklerindeki gibi kısmen AB'nin inisiyatifleriyle dengelenmeye çalışılmaktadır.[580] Ancak, sivil toplumun zayıf olduğu ve mevcut siyasî iktidarın kendisini tahkim ettiği ülkelerde ABD ve AB'nin zorlayıcı olmayan çağrılarla yerel siyaset üzerinde etki doğurması zorlaşabilmektedir.[581] Tabii, bu durum, Afrika'daki güç dengesinin kısa bir süre zarfında ABD aleyhine değiştiği anlamına da gelmemektedir. Özellikle askerî operasyon kabiliyeti

---

[578] Petry, *Using AFRICOM to Counter China's Aggressive African Policies*, s. 27.

[579] Bates Gill, Chin-Hao Huang ve J. Stephen Morrison, "Assessing China's Growing Influence in Africa", *China Security*, Cilt 3, Sayı 3, Yaz 2007, s. 4.

[580] Donald Rothchild, "The U.S. Role in Promoting Peaceful African Relations", *Africa in World Politics: Reforming Political Order*, Ed. John W. Harbeson ve Donald Rothchild, Westview Press, Boulder, 2009, s. 242-243.

[581] Rothchild, "The U.S. Role in Promoting Peaceful African Relations", s. 248.

bakımından ABD'nin Çin karşısındaki rekabet üstünlüğü devam etmektedir.[582]

Çin'in Alternatif Bir Model Olma İmkânı

2008 küresel malî krizi, ABD ile birlikte Washington Konsensüsü olarak adlandırılan neoliberal kalkınma modelinin de etkisini göreceli olarak kaybetmesine yol açmıştır. Bu durumun ana nedenlerinden birisi, Çin'in az gelişmiş ülkelere uluslararası sermayeye ulaşım imkânı vermesi, onları Uluslararası Para Fonu ve Dünya Bankası kredileri için öne sürülen neoliberal şartlara mahkûm olmaktan kurtarmasıdır. Wall Street-Amerikan Hazine Bakanlığı-Uluslararası Para Fonu üçlüsü, Afrika gibi dünyanın az gelişmiş ve gelişmekte olan bölgelerinde Çin yatırımlarının ve kredilerinin yayılmasını tehdit olarak algılarken Çin de son dönemlerde mevcut sistemi sorgulamakta ve uluslararası malî kuruluşlarda kapsamlı reform yapılması gerektiğini belirtmektedir.[583] Çin, böylelikle yeni uluslararası kurallar yaratma ve uluslararası kurumları kendi çıkarına daha uygun olacak şekilde reforme etme niyetini ortaya koymaktadır. Çin'in yeni bir uluslararası siyasal ve ekonomik düzen talebi, bu niyetiyle ilişkilidir.

ABD'nin temsil ettiği düzene yönelik eleştiri ve rahatsızlıklar, Çin modeli otoriter kalkınmanın tercih edilmesini gündeme getirmektedir. Pekin Konsensüsü olarak anılan yeni siyasal ve ekonomik model, her ülkenin siyasî istikrarını bozmadan kendi şartlarına göre kendi kalkınma programını belirleyebileceği bir yaklaşım öngörmektedir. Çin tecrübesi üzerine inşa edilen siyasal-

---

[582]Zhang Hongming, "辩证地看待中国在非洲的国际形势：中国在非洲大国新一轮竞争中的战略举措"(Çin'in Afrika'daki Uluslararası Durumuna Diyalektik Bir Bakış: Afrika'daki Büyük Güçler Arası Rekabetin Yeni Raundunda Çin Nasıl Bir Stratejik İnisiyatife Sahiptir?), 西亚非洲 (*Batı Asya ve Afrika*), Sayı 4, Yıl 2014, s. 25.

[583] Ji-Yong Lee, "A Rising China and Its Economic Implications", *Center for U.S.-Korea Policy Workshop*, Ağustos 2010, s. 2.

ekonomik modelin iki bileşeni vardır. Birincisi, ekonomiyi yerli ve yabancı sermayeye açmak, işgücü esnekliğine izin vermek, vergi yükünü düşük tutmak, özel ve kamu harcamalarını bir araya getirip birinci sınıf bir altyapı inşa etmek suretiyle liberal ekonomi politikasının başarılı kısımlarını kopyalamaktır. İkincisi, iktidar partisinin yasama, yürütme ve yargı organları ile bütün güvenlik unsurları (asker, polis) ve bilgi akışı (basın-yayın organları) üzerinde sıkı bir denetim uygulamasına izin vermektir.[584] Bir anlamda, her ülkenin kendi siyasal yapısını ve istikrarını koruyarak başarılı gördüğü eklektik bir ekonomik yöntemle kalkınmaya odaklanması, Pekin Konsensüsü'nün en temel öngörüsünü oluşturmaktadır.

Bu yönüyle Pekin Konsensüsü'nün şu an için bir konsensüsten ziyade yeni bir paradigma sunduğu söylenebilir. Söz konusu paradigmanın en önemli avantajı, ülkelerin siyasal-ekonomik yapıları arasındaki farklılıkları dikkate alması ve Batılı siyasal-ekonomik sistemler gibi "evrensel bir doğru" şeklinde empoze edilmiyor olmasıdır.[585] Elbette Çin'in "yeterince güçlü" olduğu takdirde, böyle bir paradigmayı yaygınlaştırma konusunda çaba göstereceği düşünülebilir.

Washington Konsensüsü'nü zamanla etkisizleştirecek böyle bir paradigmanın benimsenmesi konusunda Çin'e en başta BRICS üyeleri yardımcı olmaktadır. BRICS üyeleri, Washington Konsensüsü'nün bazı yönlerini olduğu gibi benimserken bazı yönlerini kendi koşullarına adapte etmiş, bazı yönlerini de işlevsizleştirmişler; böylelikle Washington Konsensüsü'nü benimseme ile yeniden icat etme arasında bir strateji izlemişlerdir. BRICS üyeleri, bu şekilde, ne küresel ekonomide post-liberal bir dönüşüme öncü-

---

[584] Suisheng Zhao, "The China Model: Can It Replace the Western Model of Modernization?", *Journal of Contemporary China*, Cilt 19, Sayı 65, Haziran 2010, s. 419–436.

[585] Max Rebol, "Why the Beijing Consensus is a Non-Consensus: Implications for Contemporary China-Africa Relations", *Culture Mandala: Bulletin of the Centre for East-West Cultural and Economic Studies*, Cilt 9, Sayı 1, 2010, s.7.

lük etmişler, ne de Washington Konsensüsü'ne ait düşünce ve politikaların devamından yana olduklarını göstermişlerdir.[586]

BRICS üyelerinin Washington Konsensüsü'nü etkisizleştirebilecek politikalar izlemeleri, doğrudan Pekin Konsensüsü'nü destekledikleri anlamına gelmemektedir. Ayrıca bu ülkeler, ABD merkezli mevcut siyasal-ekonomik sistemi bütünüyle benimsemeyerek yeni bir siyasal-ekonomik anlayışa alan açsalar dahi, yeni modele kimin liderlik edeceği konusunda birbirleriyle rekabet edeceklerdir. Bu nedenle Çin'in yeni bir küresel siyasal-ekonomik model olabilmesi için öncelikle rakiplerinden üstün bir konuma gelmesi gerekecektir.

Kendine özgü otoriter siyasal yapısı nedeniyle Çin'in cazip bir siyasal model sunup sunamayacağı tartışmalı olsa da kısa bir süre zarfında dünyanın ikinci büyük ekonomisi olmayı başaran Çin'in ekonomik güç elde etme yöntemleri konusunda örnek alınabilecek bir model sunması olasıdır. Çin'in yoğun bir işbirliği içinde olduğu az gelişmiş ülkeler, Çin kaynaklı siyasal-ekonomik modelin test edilebileceği yerler olacaktır.

Afrika Devletlerinin Çin'e Yaklaşımları

Çin'in Batılı siyasal ve ekonomik modellere alternatif olma ihtimali, Afrika ülkeleri nezdinde karşılık bulmaktadır. Halen sömürgecilik ve yapısal uyum programlarının bıraktığı sorunlarla boğuşan Afrika ülkelerinde Çin'in ekonomik büyüme ve kalkınma tecrübesine öykünme eğilimi oluşmuştur.[587] Afrobarometer'in 36

---

[586] Cornel Ban and Mark Blyth, "The BRICs and the Washington Consensus: An introduction", *Review of International Political Economy*, Cilt 20, Sayı 2, 2013, s. 241-255.

[587] Abdoulaye Wade, "Time for the West to practise what it preaches", *Financial Times*, 23 Ocak 2008, https://www.ft.com/content, 11 Ekim 2017; Bates Gill, Chin-Hao Huang ve J. Stephen Morrison, "Assessing China's Growing Influence in Africa", *China Security*, Cilt 3, Sayı 3, Yaz 2007, s. 4-7.

Afrika ülkesinde 56 bin kişi ile gerçekleştirdiği geniş çaplı saha araştırmasına göre, Afrikalıların yüzde 30'u Amerikan kalkınma modelini tercih ederken yüzde 24'ü de Çin modeli kalkınmanın daha iyi olduğunu düşünmektedir. Çin modeli kalkınmanın daha iyi olduğunu düşünenlerin oranı Orta Afrika bölgesinde yüzde 35'e kadar çıkmaktadır (bkz. Grafik 3). Ülke bazında bakıldığında, Kamerun, Sudan, Mozambik, Mali ve Tanzanya, Zambiya, Mısır, Nijer, Benin ve Tunus'tan araştırmaya katılanlar Çin modeli kalkınmayı Amerikan modeli kalkınmaya tercih etmekte; Liberya, Cabo Verde, Kenya, Gana, Güney Afrika ve Fas'tan katılanlar ise Amerikan modeli kalkınmayı Çin modeline tercih etmektedir.[588] Etiyopya ve Ruanda'nın hâlihazırda Çin'dekine benzer şekilde devlet öncülüğünde ekonomik reform modeli uygulamaya başladığı belirtilmektedir.[589]

---

[588] Mogopodi Lekorwe, Anyway Chingwete, Mina Okuru ve Romaric Samson, "China's growing presence in Africa wins largely positive popular reviews", *Afrobarometer Dispatch*, No. 122, Ekim 2016, s. 2; Sophie Morlin-Yron, "This is what Africans really think of the Chinese", *CNN*, 6 Kasım 2016, http://edition.cnn.com/2016/11/03/africa/what-africans-really-think-of-china/index. html, 11 Ekim 2017.

[589] Lily Kuo, "China's Model of Economic Development is Becoming More Popular in Africa than America's", *Quartz Africa*, 28 Ek,m 2016, https://qz.com/820841/chinas-model-of-economic-development-is-becoming-more-popular-in-africa-than-americas/, 12 Ekim 2017.

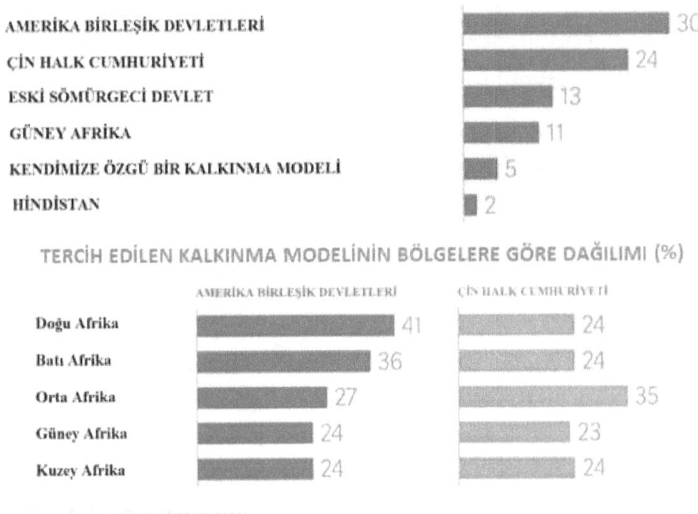

Grafik 3. *Afrikalıların Kalkınma Modellerine İlişkin Görüşleri*
(Kaynak: Afrobarometer, 2016)

Afrobarometer'in araştırmasına katılan Afrikalıların yüzde 63'ü Çin hakkında olumlu görüş belirtirken yüzde 15'i Çin varlığına olumsuz bakmaktadır.[590] Olumlu görüşlerin gerekçeleri arasında ilk sırada Çin'in altyapı yatırımları ve kalkınma projeleri gelmektedir. Olumlu görüş belirtenlerin bir diğer gerekçesi, Çin mallarının maliyetinin Afrikalıların satın alma gücü ile daha orantılı olmasıdır. Çin'in işbirliği içinde olduğu ülkeleri uluslararası alanda desteklemesi ve onların iç işlerine karışmaması da aynı şekilde Çin hakkında olumlu görüşlerin oluşmasına katkı sağlamıştır. Çin hakkında olumsuz görüş belirtenlerin gerekçeleri ise Çin mallarının düşük kalitede olması, Çinli işletmeler ve işçiler nedeniyle yerli işletme ve işçilerin işlerini kaybetmeleri, kıtanın maden kaynakları ve tarım arazilerinin Çin tarafından ele geçirilmesi ve Çin Hükü-

---

[590] Mogopodi Lekorwe, Anyway Chingwete, Mina Okuru ve Romaric Samson, "China's growing presence in Africa wins largely positive popular reviews", *Afrobarometer Dispatch*, No. 122, Ekim 2016, s. 2.

meti'nin Afrika'daki anti-demokratik rejimlerle işbirliği yapmaya istekli olmasıdır.[591] 20 Sahraaltı Afrika ülkesinde 13 bin kişiyle yapılan başka bir araştırmaya göre de, insan hakları ve demokrasiyi öncelikli mesele olarak görenler, Çin'e olumsuz bakarken yoksulluğun azaltılmasını ve altyapı yatırımlarını millî öncelik olarak görenler Çin'e Batılı güçlerden daha olumlu yaklaşmaktadır.[592]

Afrika'da özellikle Çinli şirketlerin iş bitiriciliği, Batılı aktörlerinkinden daha cazip ve makul bulunmaktadır. Nijerya Yatırım Geliştirme Komisyonu Başkanı Mustafa Bello'nun dediği gibi, *"Amerikalılar gelip iyi yönetişimden, verimlilikten, çevre güvenliğinden vs. söz ederler. Çinliler ise doğrudan 'bu işletme ruhsatını nasıl alırız, bu işi nasıl tamamlarız' diye sorarlar".[593]* Bu bakış açısı, doğal olarak Çin'in Batılı aktörlere tercih edilmesine neden olmaktadır. Nitekim Afrika'nın en kalabalık ülkesi olan Nijerya'da Pew Global'in saha araştırmasına katılanların yüzde 17'si ülkelerinin ABD ile iyi ilişkiler geliştirmesinin daha önemli olduğunu; yüzde 33'ü hem Çin hem de ABD ile iyi ilişkiler kurulması gerektiğini; yüzde 37'si ise Çin ile işbirliğinin ülkeleri için daha önemli olduğunu ifade etmiştir.[594]

Çin ile Batılı aktörlerin yaklaşımlarındaki fark, siyasî düzeyde birçok kez dile getirilmiştir. *"Batı'nın kendi verdiği vaazlara dahi aykırı hareket ettiğini"* belirten Senegal Cumhurbaşkanı Abdoulaye Wade'ye göre, *"Avrupalı liderler, Afrika uluslarının kapılarını Çinli yatırımcılara açmaları konusunda kaygılarını dile getirmektedirler. Serbest piyasa ekonomisi ile daha fazla bütünleşmek, Batı nezdinde ilerlemenin yolu olarak övülen ve ödüllendirilen bir hedefse, o halde Avrupa*

---

[591] Lekorwe vd, "China's growing presence in Africa wins largely positive popular reviews", s. 19.

[592] Hanusch, "African Perspectives on China–Africa...", s. 509-510.

[593] Alden ve Davies, "A Profile of the Operations of Chinese Multinationals in Africa", s. 90-95.

[594] "Despite Challenges, Africans Are Optimistic about the Future", *Pew Global* 8 Kasım 2013, http://www.pewglobal.org/2013/11/08/despite-challenges-africans-are-optimistic-about-the-future/, 11 Ekim 2017.

neden Çin'in Afrika'daki artan ekonomik rolünü eleştirmektedir? Serbest piyasanın genişlemesi şimdiye dek Afrika lehine bir gelişme olmuştur. Neticede Çin, Afrika pazarlarından gelen taleplere cevap verme konusunda Batılı kapitalistlerden daha iyi bir iş çıkarmaktadır. Kaldı ki Batı ile Çin arasındaki küresel nüfuz mücadelesi Afrika'nın meselesi değildir. Kıtamız için önemli olan altyapı, enerji, eğitim gibi hususlardır. Çin'in bizim ihtiyaçlarımıza yaklaşımı, Avrupalı yatırımcıların, bağış kuruluşlarının ve hükümet dışı örgütlerin yavaş, kimi zaman tepeden bakan postkolonyal yaklaşımlarından daha uygundur."[595]

"*Sırtlarını güneşin battığı Batı'ya, yüzlerini güneşin doğduğu Doğu'ya döneceklerini*" söyleyen Zimbabve eski Cumhurbaşkanı Robert Mugabe de ABD liderliğindeki mevcut tekkutuplu dünya düzeninin adaletsiz ve sürdürülemez olduğunu, yeni bir dünya düzenine ihtiyaç duyulduğunu, bu bağlamda alternatif bir küresel güç merkezi olarak yükselen Çin'in egemenlik ve bağımsızlık ilkelerine dayanan yeni bir küresel paradigmanın temellerini attığını, Zimbabve'nin de bu yeni paradigma lehine var gücüyle çalışacağını belirtmiştir.[596]

Afrika'daki Çin varlığına ilişkin olumlu yaklaşımların daha çok Çin varlığından güç alarak rejimlerinin meşruiyetini ve

---

[595] Abdoulaye Wade, "Time for the west to practise what it preaches", *Financial Times*, Ocak 2008.

[596] 37 yıldır iktidarda olan Mugabe, Zimbabve ordusunun müdahalesi sonucu Kasım 2017'de görevinden istifa etmiştir. Mugabe'nin görevden uzaklaştırılması ile Çin yanlısı politikalar izlemesi arasında bağlantı kurulmuştur. Bununla birlikte, darbenin mimarları arasında yer alan Zimbabveli bazı ordu komutanlarının darbenin hemen öncesinde Çin'e giderek Çinli askerî yetkililerle görüşmeler yapmaları, darbe konusunda Çin'in de desteğinin veya onayının arandığı yönünde yorumlara neden olmuştur. Bu yöndeki iddialar Çin yönetimince reddedilmiştir. Bkz. Patrick Goodenough, "Mugabe Envisages Alternative World Order Headed by China", *CNS News*, 7 Temmuz 2008, http://www.cnsnews.com/news/article/mugabe-envisages-alternative-world-order-headed-china, 21 Mayıs 2017; Tom Phillips, "China rejects claims it had hand in efforts to oust Robert Mugabe", *The Guardian*, https://www.theguardian.com/world/2017/nov/21/china-rejects-claims-it-had-hand-in-efforts-to-oust-robert-mugabe, 21 Kasım 2017.

bekasını sağlamaya çalışan liderlerden geldiği söylenebilir.[597] Ancak, daha önce de ifade edildiği üzere, sadece Zimbabve gibi otoriter rejimlerle yönetilen ülkelerde değil, Botsvana gibi Batı yanlısı olan, asgarî düzeyde de olsa demokrasiyle yönetilen, zaten belli bir ekonomik gelişme düzeyini yakalamış olan, dolayısıyla rejimlerini konsolide etmek için Çin nüfuzundan yararlanmaya ihtiyaç duymayan Afrika ülkelerinde de siyasî düzeyde Çin'e yönelik olumsuz bir yaklaşım gözlemlenmemektedir.[598]

Dünya genelinde en olumlu Çin imajının Afrika'da oluşması (bkz. Tablo 4), Çin ile Afrika devletleri ve toplumları arasında genel olarak pozitif bir kimlik inşa edilmiş olduğuna işaret etmektedir. Bu da Çin-Afrika ilişkilerini kolaylaştıracak ve uzun vadede Çin nüfuzunun derinleşmesine imkân verebilecek bir faktördür.

---

[597] Jeremy Youde, "Why Look East? Zimbabwean Foreign Policy and China", *Africa Today*, Cilt 53, Sayı 3, 2007, s. 3-19.
[598] Eberhard Sandschneider, *Globale Rivalen: Chinas unheimlicher Aufstieg und die Ohnmacht des Westens*, Carl Hanser Verlag, Münih, 2007, s. 205.

Tablo 4. *Ülkelerin Çin Algıları (Pew Research Center, 2015)*

DÜNYADA ÇİN ALGISI

Ülkeler	Olumlu	Olumsuz	Ülkeler	Olumlu	Olumsuz
Japonya	9%	89%	Avustralya	57%	33%
Vietnam	19%	74%	Güney Kore	61%	37%
Türkiye	18%	59%	Venezuela	58%	33%
Ürdün	33%	64%	Arjantin	53%	26%
Almanya	34%	60%	Ukrayna	58%	22%
İtalya	40%	57%	Peru	60%	22%
ABD	38%	54%	Endonezya	63%	22%
Fransa	50%	49%	Şili	66%	25%
Kanada	39%	48%	Uganda	65%	19%
İspanya	41%	50%	Kenya	70%	22%
Polonya	40%	44%	Nijerya	70%	14%
Lübnan	52%	46%	Senegal	70%	11%
İngiltere	45%	37%	Malezya	78%	17%
Hindistan	41%	32%	Tanzanya	74%	10%
Filipinler	54%	43%	Rusya	79%	14%
Meksika	47%	34%	Burkina Faso	75%	9%
İsrail	55%	42%	Gana	80%	13%
Filistin	54%	37%	Etiyopya	75%	7%
Güney Afr.	52%	34%	Pakistan	82%	4%
Brezilya	55%	36%			

Afrika genelinde Çin'e yönelik olumlu bakış açısının oluşması, elbette Çin ile Afrika devletleri arasındaki ilişkilerin sorunsuz işlediği anlamına da gelmemektedir. Örneğin, milliyetçi eğilimlerin güçlü olduğu Moritanya'da 2010 yılında Çin ile 25 yıl geçerli olacak bir balıkçılık anlaşması görüşülürken bazı Moritanyalı parlamenterler, Çin'in "Moritanya karasularında bir devlet kurmaya" çalıştığını ileri sürmüşlerdir.[599] Yoğun muhalefete rağmen, anlaşma Haziran 2011'de Moritanya parlamentosundan geçmiş, bunun üzerine parlamento binası önünde toplanan balıkçılar, anlaşmayı onaylayan vekilleri yumurta atarak protesto etmişler-

---

[599] Fuad Ferhavi, *Moritanya: Afrika'daki Yükselen Güçlerin Az Gelişmiş Bölge Devleti ile İlişki Biçimi, Türkiye ve Çin*, USAK, 2013, s. 45.

dir.[600] Ancak, toplumsal düzeyde oluşan bu olumsuz tutum[601], Moritanya-Çin ilişkilerini sekteye uğratmamıştır. Moritanya Cumhurbaşkanı Muhammed Veled Abdulaziz, Çin ile işbirliğine önem verdiklerini, çünkü bu işbirliğinden somut faydalar elde ettiklerini belirtmiştir. Abdulaziz, ayrıca Çin'in Tek Kuşak Tek Yol projesini desteklediklerini ve Moritanya Hükümeti olarak bu projede yer almaya hazır olduklarını ifade etmiştir.[602]

Benzer şekilde, eski İngiliz sömürgesi Zambiya'da 2005 yılında Çinli firmalarca işletilen bir maden ve fabrikada ölümle sonuçlanan kazalardan sonra, Çin karşıtı protestolar düzenlenmiştir. Ülkede ertesi yıl yapılacak devlet başkanlığı seçimlerinde adaylardan Michel Sata, "Çin'in yardım ve yatırımlarını Truva atı" olarak nitelendirerek alenen Çin karşıtı bir seçim kampanyası yürütmüştür. Çinlilerin Zambiya'yı terk etmesini, onların yerine eski sömürge yöneticilerinin dönmesini isteyen Sata, "*İngilizler doğal kaynaklarımızı sömürdüler, fakat en azından bize iyi baktılar. Okul inşa ettiler, dillerini öğrettiler, bizi İngiliz medeniyeti ile tanıştırdılar. … Batı kapitalizminin en azından insanî bir yüzü var, Çinlilerse yalnızca bizi sömürmek için varlar*" şeklinde bir konuşma yapmıştır.[603] Sata, iktidara geldiği takdirde Çin yerine Tayvan ile ilişki kurmayı vadetmiş; bunun üzerine Çinli yetkililer, Sata'nın seçimleri kazanması halin-

---

[600] Laurent Prieur, "Mauritanian opposition seethes at China fish deal", *Reuters*, 8 Haziran 2011, http://af.reuters.com/article/investingNews/idAFJOE7570JS20110608, 11 Ekim 2017.

[601] Moritanya, gayri safi yurtiçi hasılasının yüzde 10'unu, ihracat gelirlerinin yüzde 50'sini balıkçılıktan sağlamaktadır. Bu yüzden, sözü edilen balıkçılık anlaşması Moritanya'da gündemin ilk sıralarında yer almış, hemen her ortamda Çin ile ilişkiler tartışılmış, daha önce Çin ile ilişkilere olumlu yaklaşan Muhammed Mustafa Veled Bedreddin gibi siyasî liderler de bu ortamın etkisiyle anlaşma karşıtı protestolara katılmıştır. Bkz. Mehdi Lbadikho, "The Mauritania/China fisheries deal: My Moroccan viewpoint", *Future Challenges*, https://futurechallenges.org/local/ mauritaniachina-fisheries-deal-my-moroccan-viewpoint/, 4 Ağustos 2011.

[602] "Mauritania willing to take part in Belt and Road Initiative", *Xinhua*, http:// news.xinhuanet.com/english/2017-05/20/c_136301052.htm, 20 Mayıs 2017.

[603] "Chinese-African Attitudes: Not As Bad As They Say", *The Economist*, http:// www.economist.com/node/21531021, 1 Ekim 2001.

de Zambiya ile ilişkilerin kesileceğini belirtmişlerdir.[604] Seçimleri Sata'nın rakibi Levy Mwanawasa kazanınca Zambiya-Çin ilişkileri gelişerek devam etmiştir. Sata'nın seçimlerde yüzde 29 oy alması[605], ülkede Çin karşıtlığının önceki dönemlere nispetle yükseldiğine işaret etse de, sömürge yönetimini Çin varlığına tercih eden bir propagandanın sosyopolitik düzeyde Zambiyalıların çoğunluğunu cezbedecek ölçüde bir karşılığının olmadığını göstermektedir. Çin'in aynı yıl 300 milyon dolarlık yatırım yaparak Zambiya'nın ekonomik büyüme performansına katkıda bulunduğunun düşünülmesi[606] de muhtemelen Sata'nın seçimleri kazanamamasında etkili olmuştur.

Moritanya ve Zambiya örnekleri, Afrika'da Çin ile işbirliğinden beklenen toplam faydanın Çin varlığından kaynaklanan kısmî zararları gölgelediğine işaret etmektedir. Bu örnekler, aynı zamanda, Çin'in diğer devletlerin iç işlerine karışmama ilkesi ile çıkarlarına zarar verebilecek gelişmeleri bertaraf etme zorunluluğu arasında ciddî bir ikilemin doğduğu anlamına da gelmektedir. Çin'in Afrika'daki etkinliği arttıkça bu tür gelişmeler de artacak ve Çin'in kendi lehine etki doğurabilme kapasitesi daha fazla test edilecektir.

---

[604] Çin Halk Cumhuriyeti, Tayvan ile diplomatik ilişkisi olan devletlerle diplomatik ilişki kurmamayı ilke edindiği için Sata'nın iktidara gelmesi doğal olarak Çin-Zambiya diplomatik ilişkilerinin kopması anlamına gelecekti.

[605] Electoral Commission of Zambia, *General Elections 2006*, https://www.elections.org.zm/media/presidential_totalsummary_2006.pdf, 11 Ekim 2017.

[606] Deborah Brautigam, *The Dragon's Gift: The Real Story of China in Africa*, Oxford University Press, New York, 2009, s. 7.

SONUÇ

Uluslararası İlişkiler'de merkezî önem atfedilen iki faktör üzerinden Çin-Afrika ilişkilerinin niteliğini analiz etmeyi amaçlayan çalışmada, söz konusu iki faktörü temsil eden güç ve kimliğin hangi bağlamlarda ne ifade edebileceğine ve Çin-Afrika ilişkilerini nasıl açıklayabileceğine dair kavramsal bir çerçeve çizilmiştir. Bu çerçeveyi esas alarak, çalışmaya konu olan devlet (Çin) ile devletler grubunun (Afrika) mevcut yapısal özellikleri incelenip dış politikalarının ve kimliklerinin hangi tarihsel tecrübeler neticesinde oluştuğu ele alınmıştır. Tarihsel tecrübeler paralelinde, Çin ile Afrika devletleri ve toplumları arasındaki ilişkilerin dönemsel dinamikleri ortaya konulmuş, özellikle Soğuk Savaş sonrası dönemde bu ilişkilerin hangi güç ve kimlik faktörlerine bağlı olarak yoğunlaştığı değerlendirilmiştir. Son olarak, söz konusu ilişkilerin iddia edildiği gibi neo-kolonyalist (yeni-sömürgeci) bir nitelik mi arz ettiği, yoksa Çin merkezli tarihsel dünya düzeni tasavvurunu yansıtan neo-tribüter (yeni-haraççı) bir devletlerarası ilişki modeline mi benzediği tartışılmıştır.

Devletlerin hem sahip oldukları gücün boyutu, hem de temsil ettikleri kimlikler üzerinden tanımlanabiliyor olması, güç statüsü ile devlet kimliğinin belli noktalarda kesişebileceğini göstermektedir. Bu kesişimin koşulları tespit edilirse, güç statüsü ile devlet kimliğini aynı anda ifade edebilecek bir kavram üretilebilir ki bu anlamda en makul önerilerden birisi "güç kimliği" kavramı olabilir. Güç kimliği, üç unsura dayandırılabilir. Birincisi, bir devletin ekonomik, teknolojik, askerî vb. maddî güç parametreleri; ikincisi temsil ettiği değerler, medeniyet paradigması ve yönetim anlayışı gibi maddî olmayan güç parametreleri; üçüncüsü, sayılan maddî ve maddî olmayan güç parametrelerine ilişkin ulusal, bölgesel ve küresel düzeydeki algılardır. Örneğin, Amerika Birleşik

Devletleri, maddî güç parametreleri açısından hegemonik nitelikte bir süper güç; maddî olmayan güç parametreleri açısından ise (neo)liberal Batılı bir süper güçtür. Bu özellikler, kendilerine yüklenen olumlu veya olumsuz bakış açılarından bağımsız olarak, hem Amerikan kamuoyunda, hem bölgesel, hem de küresel düzeyde kabul görmektedir. Aynı şekilde Çin örneği ele alınırsa, Çin maddî güç parametreleri açısından henüz gelişmekte olan bir büyük güç; maddî olmayan güç parametreleri açısından ise doğal hiyerarşi ve Konfüçyüsçülük gibi Doğu Asya değerler sistemini temsil eden otoriter bir büyük güçtür. Çin'in güç parametreleri ve temsil ettiği değerler, tasvip edilip edilmemesinden bağımsız olarak, ülke içinde, Doğu Asya bölgesinde ve küresel ölçekte bir algı oluşturmaya yetecek nitelikte belirginleşmiş durumdadır. ABD ve Çin örneklerine benzer şekilde, devletlerin sahip oldukları güç statüleri, temsil ettikleri yahut tâbi oldukları siyasal-kültürel paradigma, bunlara dair ulusal, bölgesel ve küresel algılar belirgin biçimde tespit edilebildiği takdirde, güç kimliği kavramının işlevsel olarak hemen her devlete uygulanabilmesi mümkün olacaktır.

Devletlerin nasıl bir güç kimliğine sahip olduklarının bilinmesi, Çin-Afrika ilişkilerini anlamak için de yararlı ipuçları sunmaktadır. Bu çerçevede Çin-Afrika ilişkileri, dünyanın ikinci büyük ekonomisi ve tüccar süper güç konumunda olmasına rağmen gelişmekte olan ülkeler arasında yer alan, Doğu Asya değerler sistemini temsil eden, otoriter siyasal yapıya sahip bir büyük güç ile genel olarak az gelişmiş, sömürgeci akültürasyon sonucu kendi değerler sistemini ikincilleştirmiş, anokratik nitelikte bir siyasal yapıya sahip küçük/asgarî güçler arasındaki ilişkiler şeklinde anlaşılabilir.

Her ne kadar Afrika kıtasında Botsvana, Mauritius, Seyşeller gibi demokratikleşme ve ekonomik gelişmişlik düzeyi nispeten yüksek devletler olsa da bunların sayısı bir elin parmağını geçmemekte ve en az gelişmiş ülke (EAGÜ) kategorisinde değerlendirilen 47 ülkeden 33'ü Afrika kıtasında yer almaya devam etmektedir. Aynı şekilde kıtada, Etiyopya, Fas, Güney Afrika, Mısır ve Nijerya gibi yükselen orta ölçekli güç kategorisine dâhil edilebilecek devletler bulunmaktadır. Sayılan devletlerin bölgesel alt-sistem düzeyinde belli bir etki alanına sahip oldukları söylenebilir. Ancak, BRICS içerisinde yer alması nedeniyle Güney Afrika hariç tutulursa, sayılan devletlerin uluslararası politika ve ekonomi alanlarındaki etkinlikleri, gerek Avustralya, İsveç ve Kanada gibi geleneksel orta ölçekli güçlerin, gerekse de Brezilya, Malezya ve Türkiye gibi yükselen orta ölçekli güçlerin gerisinde görünmektedir. Bu anlamda Afrika'nın genel olarak potansiyelini kinetize edemeyen aktörlerden oluşması, kıtayı uluslararası politika ve ekonomide çevresel konumda yer alan bir bölgesel alt-sisteme dönüştürmektedir.

Afrika'nın çevresel konumda bir bölgesel alt-sisteme evrilmesi, modern dönemde belirginleşen bir olgudur. Mısır, Fenike, Yunan ve Roma medeniyetlerinin hüküm sürdüğü Akdeniz merkezli dünya ekonomik sisteminde ve onu takip eden Doğu, Güney ve Güneybatı Asya medeniyetlerinin etkin olduğu Asya merkezli dünya ekonomik sisteminde Afrika önemli güç ve refah merkezlerine ev sahipliği yapmıştır. Batı Avrupa'nın Asya medeniyetlerine göre periferide kalan bir alt-sistem olduğu dönemde Afrika kıtasının çeşitli bölgeleri, ekonomik potansiyelleri ve ulaştıkları medeniyet seviyesi açısından dünyanın diğer bölgeleri ile yarışabilecek konumda olmuştur. Hatta Doğu Afrika'daki Svahili şehirdevletleri, imar ve refah düzeyi bakımından dünyanın diğer birçok bölgesini geride bırakmıştır. Batı Afrika'da hüküm süren Gana, Mali ve Songhay imparatorlukları da aynı şekilde göreli güç ve zenginlikleriyle dikkat çekmişlerdir. 15. yüzyıl sonlarından itibaren Portekiz, İspanya, Venedik, Hollanda, İngiltere gibi tüccardenizci milletlerin coğrafî keşiflerle Batı yarımküreye doğru genişlemeleri ve devamında gerçekleşen Sanayi İhtilali ile birlikte uluslararası sistemin merkezi Asya'dan Batı Avrupa ve Kuzey Amerika'ya doğru kaymaya başlamıştır. Bu sürece koşut olan sömürgeci genişleme, dünya genelinde güç ve refahın önceki dönemlere nispetle daha dengesiz biçimde dağılması sonucunu doğurmuş; bu durum, dünyanın diğer bölgelerine olduğu gibi, Afrika kıtasına da olumsuz yansımıştır. Özellikle 18. yüzyılın ikinci yarısından itibaren dünya genelinde Batılı güçler lehine derin bir ekonomik farklılaşma ortaya çıkmış ve sömürgecilik ile tahkim edilen bu farklılaşma, Batılı devletler ile Afrika gibi Batı-dışı bölgeler arasında güç dengesinin dramatik biçimde bozulup yapısal bir bağımlılık ilişkisinin kurulması ile neticelenmiştir. İkinci Dünya Savaşı'ndan sonra sömürgecilik tasfiye edilse de kurulan bağımlılık ilişkisi farklı biçimlerde kendisini yeniden üretmiştir. Örneğin, 1980'li yıllardan itibaren Dünya Bankası ve Uluslararası Para Fonu tarafından koordine edilen neoliberal yapısal uyum programları, amaçlananın aksine Afrika ülkelerinin dış borç miktarlarını artırarak bu ülkeleri Batılı güç ve refah merkezlerine daha bağımlı hale getirmiştir. ABD ve Avrupa merkezli dünya ekonomik sistemi bu şekilde nüfuzunu sürdürmeye çalışırken aynı sistem içerisinde Doğu Asya ekonomilerinin muazzam bir hızla büyümeleri, dünyanın ekonomik ağırlık merkezinin yeniden Doğu'ya mı kaymaya başladığı sorusunu gündeme getirmiştir. Sözü edilen eğilimi destekler nitelikte bir gelişme olarak, Soğuk Savaş sonrası dönemde Asyalı aktörlerin Afrika ülkeleriyle ilişkilerini yoğunlaştırmaları, Afrika ülkelerinin diplomatik ve ekonomik güç göstergelerinde göreceli bir değişime neden olmuştur. Özellikle Çin'in kıta genelinde faaliyetlerini artırmasıyla birlikte, Batılı aktörler karşısında diplomatik manevra kabiliyeti artan ve ekonomileri dünya ortalamasının üzerinde büyüyen Afrika ülkelerinin sayısında artış gözlenmiştir. Bu yönüyle Çin-Afrika ilişkileri, Batılı aktörlerin Afrika ülkeleriyle kurmuş oldukları ilişki biçimini değişime zorlayabilecek yeni bir ilişki modeli izlenimini vermektedir. Tabii, bu modelin Afrika ülkelerini Batı merkezli dünya ekonomik sistemine bağımlılıktan kurtarıp Çin merkezli yeni bir dünya ekonomik sistemine bağımlı hale getirip getirmeyeceği tartışmaya açıktır.

Bu noktada Çin'in nasıl bir güç olduğu ve nasıl bir uluslararası ilişkiler anlayışını temsil ettiği değerlendirilmelidir. 20. yüzyılın ilk çeyreğine kadar imparatorluk hüviyetiyle var olan Çin, Konfüçyüsçü siyasal düşünce ile desteklenip haraç sistemi ile somutlaşan hiyerarşik bir merkez-çevre ilişkisi kurgulamıştır. Bu ilişkide Çin, hâkimiyetini askerî gücünden çok ahlakî ilkelere dayandıran bir "merkez" olarak olarak konumlanmış ve kendisine nispetle çevresel konumda yer alan devletlerden Çin merkezli dünya düzenini tanımalarını talep etmiştir. Nitekim birçok devlet, istikrar, ekonomik refah ve siyasal-askerî himaye beklentisiyle Çin'in üstünlüğünü kabul etmiştir. Böylece Çin, "üstün merkezî güç" konumunu muhafaza ederek dönemin "küçük güçlerini" kendisine tâbi kılmıştır.

Çin, üstünlükçü bir tavırla uzak çevredeki halkları "barbar" olarak nitelemesine rağmen, Batılı devletler gibi zorlayıcı bir "uygarlaştırma" misyonu üstlenmeyip bu halkların üstün Çin kültürünün çekim gücünden etkilenerek gönüllü biçimde uygarlaşmalarını beklemiştir. Bu yaklaşım, çevre halklar nezdinde Çin'e karşı nispeten daha olumlu bir algının oluşmasına imkân vermiştir.

Çin'in kendisi açısından uzak çevre bölgelerden biri olan Afrika ile ilişkileri de benzer şekilde görece olumlu bir tarihsel hafızaya dayanmaktadır. Dönemsel dinamikler itibariyle, Çin'in bugün olduğu gibi ulus-devlet öncesi dönemde de ekonomik potansiyeli ile dikkat çektiği bilinmektedir. Modern arkeolojik araştırmalarda, başta Doğu Afrika bölgesindekiler olmak üzere, birçok Afrika ülkesinde imparatorluk dönemlerine ait Çin mallarına rastlanması, Çin ile Afrika toplumları arasında bin yılı aşkın bir süredir ticarî hareketliliğe dayalı bir ilişkinin var olduğunu göstermektedir. Tang Hanedanlığı döneminde (618–907) bir askerî yetkilinin Nubya ve Habeşistan'ı ziyaret ederek bölge halkının kültürü hakkında bilgi toplaması, Song Hanedanlığı döneminde (960–1279) bir saray görevlisinin Yabancı Ülkelerin Kayıtları adı altında bir kitap kaleme alıp burada Mısır, Somali ve Madagaskar gibi Afrika memleketleri hakkında bilgiler vermesi, Yuan Hanedanlığı döneminde (1279–1368) bir kartografın Afrika'nın bugünkü şekline yakın bir harita çizmiş olması, Çin'in siyasî düzeyde de Afrika kıtası gibi uzak coğrafyalarla ilgilendiğine işaret etmektedir. Çin ile Afrika devletleri arasındaki ilk ve en önemli diplomatik temaslar ise Ming Hanedanlığı döneminde (1368–1644) Zheng He adlı Özbek asıllı bir amiralin kaptanlığındaki deniz seferleri sırasında gerçekleşmiştir. Bu seferler, Afrika devletlerinin topraklarını fethetme veya sömürgeleştirme gibi bir misyona dayanmamıştır. Temas kurulan devletlerin Çin'in büyüklüğünü ve üstünlüğünü tanımaları yeterli görülmüştür. Çin, nasıl geçmişte sömürgeci bir güç olmamışsa bugün de barışçıl temellerde yükselmeye devam edeceğini vurgularken Zheng He'nin seferlerine atıf yapmakta; Batılı sömürgeleştirme tecrübesinin yol açtığı olumsuz tarihsel hafızadan farklı olarak, Çin-Afrika ilişkilerinin bu türden olumsuzluklarla hatırlanacak bir tarihsel tecrübe içermediğine dikkat çekmektedir. Ayrıca kendisinin de 19. yüzyılda Batı yayılmacılığının "mağdur ettiği" ülkelerden biri olduğunu belirterek Afrika ile benzer bir tarihsel hafızayı paylaştığının altını çizmektedir.

Çin ile Afrika ülkeleri arasında Soğuk Savaş döneminde temelleri atılan modern siyasî ilişkiler incelendiğinde, Çin'in bu dönemde tarihsel tecrübelerinden farklı olarak ideolojik bir yaklaşım benimsediği, Afrika'da öncelikle Maoist ideolojiye yakın kabul ettiği rejimleri desteklediği, bu doğrultuda birçok Afrika ülkesine askerî, teknik ve tıbbî yardımlar gönderdiği, dahası Tanzanya ile Zambiya'yı birbirine bağlayan Tanzam demiryolu gibi maliyetli projeleri finanse edebildiği görülmektedir. Çin'in bu dönemde Afrika ülkelerine yönelik yardım ve yatırımlarının ana motivasyonlarından birisi, BM'deki "haklı konumunu" elde etmek için bu ülkelerden destek alabilmekti. Çin'in BM üyeliğini ve BMGK daimi üyeliğini 1971'de ABD'nin desteğiyle elde ettiği bilinmektedir. BM'de Çin'in üyeliğine ilişkin oylamada Afrika ülkelerinin de çoğunlukla Çin lehine oy kullanmış olması, Çin'in Afrika ülkelerine yönelik o zamana kadarki yardım ve yatırımlarının olumlu bir "yumuşak güç" etkisi doğurduğunu göstermektedir. Çin, BM üyeliğini elde ettikten sonra Afrika'ya yönelik yardım ve yatırımlarını bir müddet daha sürdürmüş, ancak 1970'li yılların sonlarından itibaren uygulamaya konulan kademeli ekonomik reform programı ile birlikte Çin'in Afrika'ya olan ilgisinde azalma gözlenmiştir.

Soğuk Savaş sonrası dönemde Çin'in Afrika'ya ilgisi tekrar canlanmıştır. Bu canlanmaya eşlik eden uluslararası düzeydeki eğilimler incelendiğinde, Soğuk Savaş sonrasında ABD ve Rusya'nın Afrika'ya atfettiği önemin keskin biçimde azaldığı, bu durumun kıtada bir güç boşluğunun oluşmasına neden olduğu söylenebilir. Oluşan güç boşluğu, Çin'in Afrika'daki faaliyetlerini artırabilmesi için uygun bir ortam sağlamıştır. Bu dönemde ayrıca ideolojik nitelikli süper güç rekabetinin ortadan kalkmış olması, ekonomik nitelikli ilişkilere daha fazla olanak tanımıştır. Ulusal düzeydeki gelişmelere bakıldığında ise, Soğuk Savaş sonrası dönemde Çin'i Afrika devletleri ile işbirliğine sevk eden faktörlerin en başta ülkenin ekonomik ve demografik gücü ile yakından ilişkili olduğu görülmektedir. Zira Çin'in hızlı ekonomik gelişme ve sanayileşme sürecinin devamı için gerekli hammadde ihtiyacı Soğuk Savaş sonrası dönemde ciddî biçimde artmıştır. Yurtiçi petrol üretimi ile tüketimini dengeleyemeyen Çin, Afrika gibi siyasî ve ekonomik riskler taşıyan pazarları da enerji tedarikçisi olarak değerlendirmek durumunda kalmıştır. Dünyanın en kalabalık nüfusunu barındırması nedeniyle Çin, enerji güvenliğinin yanı sıra, gıda güvenliği meselesine de önem atfetmiş; bu doğrultuda Afrika ülkelerinden arazi satın alma veya kiralama yoluyla gıda güvenliğini garanti altına almaya yönelmiştir. Çin-Afrika İşbirliği Forumu eylem planlarının tamamında tarım ve enerji alanında işbirliğine vurgu yapılması, bu iki sorunun Çin'in Afrika'ya yönelmesindeki etkisini göstermektedir.

Soğuk Savaş sonrası konjonktürü değerlendirerek dünya genelinde çok hızlı bir ticarî nüfuz stratejisine yönelen Çin, kısa sürede İngiltere, Fransa ve ABD'yi geride bırakarak Afrika'nın en büyük ticaret ortağı haline gelmeyi başarmıştır. Çin ile Afrika devletleri arasındaki ilişkilerin ticarî karakteri ağır basan bir ilişki görünümünde olması, Çin'in muazzam üretim kapasitesinin doğal bir sonucudur. Çin iç piyasasında aşırı üretime bağlı olarak rekabetin artması, Çinli teşebbüslerin kâr marjını baskılamakta; özellikle elektromekanik ürünler ve hafif sanayi mamulleri alanında bu baskı daha fazla hissedilmektedir. Sanayileşme konusunda henüz yeterli düzeyde ilerleme kaydedememiş olan Afrika'da ise tam tersine bu tarz ürünlere yoğun bir talep söz konusudur. Bu anlamda Çin-Afrika ilişkilerinin üretim yapısı ve kapasitesi açısından birbirini tamamlayıcı bir "tüccar süper güç-az gelişmiş küçük güç ilişkisi" şeklinde olduğu söylenebilir.

Orta sınıflaşma oranının yükselmesi ile birlikte dünyanın en fazla mal tüketen ülkelerinden biri haline gelen Çin'in ithalat hacminin artması, çarpan etkisiyle ticaret yaptığı ülkelerin ekonomilerine doğrudan katkı sağlamaktadır. Dolayısıyla Çin ekonomisinin büyümeyi sürdürmesi ve ithalat hacminin her geçen gün artması, Afrika ülkelerinin ana ihracat mallarına yönelik talebi artırmaktadır. Bu da Afrika ülkelerinin ekonomik büyümelerine doğrudan katkı sağlayan bir faktördür. Bununla birlikte, Çin'in rekabet edilemeyecek kadar güçlü olması, tekstil imalatı gibi alanlarda bazı Afrika ülkelerini olumsuz yönde etkileyebilmektedir. Orta ölçekli güç niteliğindeki Güney Afrika Cumhuriyeti gibi devletler, başarılı bir diplomasi yürüterek Çin ile ticaretin olumsuz etkilerini bertaraf edebilirken nomimal güç niteliğindeki Malavi gibi devletler bu etkilere katlanmak durumunda kalmaktadırlar. Ancak Çin, hâlihazırda pozitif bir devlet kimliği inşa etmeye çalıştığı için Afrika devletlerinden gelen talepleri dikkate alarak ekonomik güç asimetrisinin olumsuz etkilerini bertaraf etme yönünde adımlar atmaktadır. Dolayısıyla Afrika devletleri ile Çin arasındaki güç asimetrisi, henüz hegemonik nitelikte bir ilişki biçimine yol açmış değildir.

Çin-Afrika ilişkilerinin hegemonik bir nitelik arz etmemesi, Çin'in büyük güç statüsünü kırılgan hale getiren sorun alanlarının bulunmasından kaynaklanmaktadır. Yukarıda değinilen Çin'in ekonomik ve demografik güç yapısıyla bağlantılı enerji ve gıda güvenliği meselelerinin dışında, ülkenin güç statüsünü malul duruma getiren bir diğer faktör, Tibet, Şincan ve Tayvan sorunlarının neden olduğu egemenlik ve toprak bütünlüğüne ilişkin endişelerdir. Bilhassa Tayvan'ın tartışmalı statüsü nedeniyle Çin'in siyasal olarak bölünmüş görünümü devam etmektedir. Bu nedenle Çin'in küçük devletlerle ilişkilerinde Tayvan'ın diplomatik olarak tanınmasına engel olma hedefi daima önemini korumuştur. Çin ile Tayvan arasındaki rekabetten yararlanan Afrika ülkeleri, taraflardan birinden daha fazla ekonomik yardım alma veya alamamama durumlarına bağlı olarak zaman zaman diplomatik tanıma tercihlerini değiştirmişlerdir. Fakat Çin, ekonomik gücü arttıkça, Afrika'da Tayvan'ı tanıyan devlet sayısının ikiye kadar düşmesini sağlamıştır. Böylelikle Tayvan'ın diplomatik olarak marjinalleşmesi, Çin'in Afrika devletleri üzerinde ekonomik gücünü siyasal bir araç olarak kullanma konusundaki en önemli başarılarındandır.

Çin'in Soğuk Savaş sonrası Afrika devletleri ile işbirliğine niçin önem verdiğini açıklayabilecek kimlik faktörlerine gelince, ilk olarak 1989'da yüzlerce göstericinin hayatını kaybettiği Tiananmen Meydanı olaylarından sonra Batı dünyasından gelen yoğun baskılar karşısında Çin'in yeniden Afrika ülkelerinin desteğine ihtiyaç duyduğu görülmektedir. Bu anlamda rejiminin otoriter niteliği, iç karışıklıkları önleme açısından Çin'in büyük güç statüsünü istikrarlaştırıcı bir rol oynarken, dış baskılara kapı aralama bakımından kırılganlaştırıcı bir faktör olmuştur. Afrika ülkeleri bu tarz dış baskılar karşısında Çin'e yeni bir hareket alanı sunmuştur.

Çin'in otoriter tek-parti sistemi ile yönetilen bir devlet olması, son dönemlerde demokratikleşme yönünde önemli ilerlemeler kaydetmelerine rağmen çoğu Afrika devletinin de henüz kurumsallaşmış bir demokratik idare tarzına sahip olmaması, hem Çin'de, hem Afrika devletlerinde iç politika sorunlarının uluslararasılaşmasına neden olabilmektedir. Dolayısıyla insan hakkı ihlalleri üzerinden kendilerine karşı olası bir uluslararası izolasyonun oluşmasını engelleme düşüncesi, Çin ile Afrika devletlerini birbirine yakınlaştırmaktadır. BM İnsan Hakları Konseyi'nde çoğu Afrika ülkesi, Çin'in insan hakları ihlallerinin kınanması yönündeki çabaların bertaraf edilmesine yardımcı olurken, Çin yönetimi de Sudan ve Zimbabve gibi otoriter rejimlerin hâkim olduğu ülkelere yönelik uluslararası yaptırımların işlevsizleştirilmesini sağlamaktadır. Bununla birlikte, Çin-Afrika ilişkilerinin sadece rejim niteliğine bağlı bir yakınlaşma olduğunu söylemek yanlış olacaktır. Zira asgarî düzeyde de olsa demokrasiyle yönetilen, belli bir ekonomik gelişme düzeyini yakalamış olan, dolayısıyla rejimlerinin bekasını sağlamak için Çin nüfuzundan yararlanmaya ihtiyaç duymayan Mauritius gibi Afrika ülkeleri de Çin ile işbirliğinden yararlanmaya çalışmaktadırlar. Bu bakımdan Çin'in kıtadaki faaliyetleri sadece otoriter rejimlerle yönetilen ülkelere veya belli bir bölgeye odaklanmış değildir. İlişki kurduğu ülkelerin ekonomik ve diplomatik güçlerini artırmalarına katkıda bulunabilecek bir alternatif güç merkezi olarak görülen Çin, bu doğrultuda Fas'tan Lesotho'ya, Gine-Bissau'dan Komor Adaları'na kadar bütün Afrika ülkelerinde varlık gösterebilmektedir.

"Eşitler arası ilişki", "karşılıklı fayda", "ortak refah" gibi söylemlerle Afrika devletlerinini ve toplumlarının özsaygılarına hitap etmeye çalışan Çin, diğer devletlerin iç işlerine karışmama ilkesi doğrultusunda, rejim türüne bakmaksızın her devletle ilişki kurmaktadır. Bu yaklaşım, Batılı aktörlerin müdahaleci/paternalist anlayışını benimsemeyen devletler nezdinde nispeten pozitif bir karşılık bulmaktadır. Çin'in Afrika ülkelerinde daha önce Batılı aktörlerce ihmal edilen eğitim, sağlık, ulaşım, iletişim ve sanayi altyapısı gibi alanlara yatırım yapması da yine Çin lehine bir algının oluşmasını mümkün kılmaktadır. Arkalarında güçlü bir devlet desteği olan, ihalelerde daha düşük fiyat teklifleri verebilen, daha az vasıflı işgücü ve daha az yönetim maliyeti sunan Çinli şirketler, bu özellikleriyle Afrika genelinde önemli bir rekabet üstünlüğü elde etmiş olmaktadırlar. Bu nedenle Çin, ticaret ve yatırım diplomasisi açısından rakiplerini geride bırakmayı başarmış durumdadır. Bunun yanında Çin, stratejik konumdaki Cibuti'de donanma üssü kurarak gücünü askerî alanda da yaymaya çalışmakla birlikte, denizaşırı askerî operasyon kabiliyeti bakımından henüz Batılı aktörlerin Çin karşısındaki rekabet üstünlükleri devam etmektedir.

Çin'in Afrika'nın hemen hemen tamamında kapsamı ve yoğunluğu hızla artan biçimde varlık göstermesi, Çin-Afrika ilişkilerinin Batılı sömürgeci devletlerin Afrika'da uyguladığı yöntemleri tekrarlayan yeni-sömürgeci bir ilişki biçimi olduğu yönünde yorumlara neden olmuştur. Çin'in Afrika ülkelerinden yoğunluklu olarak hammadde satın alıp karşılığında onlara işlenmiş ürün satması, ilk bakışta sömürgeci dönemin özelliklerini yansıtan bir ilişki biçimi olarak görülebilir. Fakat sömürgeci dönemde Batılı aktörler, Afrika topraklarından temin ettikleri hammaddelere karşılık Afrika toplumlarına somut kazanım niteliğinde bir bedel ödememişlerdir. Çin, sürekli büyüyen ekonomisi için gerekli olan hammaddeleri Afrika'dan temin ederken bu hammaddelerin karşılığını altyapı yatırımı veya finansmanı şeklinde ödemektedir. Bu tür bir ilişki, yeni-sömürgeci bir anlayışla çelişmektedir. Kaldı ki, daha önce sömürgeci olan Avrupa devletlerini yeni-sömürgeci olarak nitelemek doğru olabilirse de, daha önce uzak coğrafyalarda sömürgeci mantıkla hareket etmemiş olan Çin'i yeni-sömürgeci olarak nitelemek yerine kendi tarihsel tecrübesini yansıtan yeni-haraççı bir güç olarak değerlendirmek daha makuldür. Nitekim mevcut Çin yönetimi de birçok kez Çin'e özgü, Çin'in vizyonunu yansıtan, geçmişteki uygulamalarını ve tecrübesini bir araya getiren, büyük güç rolüne uygun yeni ve farklı bir diplomatik yaklaşım geliştirmekten söz etmiştir. Çin'e özgü diplomatik yaklaşımların en önemlisi, ülkenin imparatorluk dönemi diplomasisini yansıtan haraç sistemidir. İstisnacılık, ticarî diplomasi, kültürel nüfuz ve barışçıl/iyicil devlet algısına dayanan Çin'e özgü bir haraççı uluslararası ilişkiler anlayışının tam olarak yerleşmesi, Çin'in de ABD gibi küresel ölçekte bir güç olmasına bağlıdır. Böyle bir anlayış, doğal olarak ilk etapta Çin'in çevresinde uygulanacaktır. Coğrafî uzaklığa rağmen, aralarındaki güç asimetrisi nedeniyle, Çin'in başta Afrika'dakiler olmak üzere, dünyanın diğer bölgelerindeki zayıf devletler ile ilişkilerinde de bu yeni-haraççı anlayışın etkisi hissedilebilir. Bu etkinin ne zaman tam anlamıyla hissedilebileceğini öngörmek zor olsa da halihazırda Çin, modern diplomatik yaklaşımlar ile yeni-haraççı anlayışı entegre ettiğine dair ipuçları vermektedir. Diğer büyük güçlerin yükseliş ve çöküşlerinden ders çıkarma çabasındaki modern bir büyük güç gibi davranan Çin, aynı zamanda tarihsel tecrübelerinden esinlenen yeni-haraççı bir uluslararası ilişkiler sistematiğinin temellerini atacak ve bu anlamda kendisini istisnaîleştirecek bir diplomatik yaklaşım geliştirmeye gayret etmektedir. Aynı şekilde, bir taraftan ekonomi odaklı işbirliği anlayışını ön plana çıkararak diğer devletler gibi karşılıklı bağımlılık anlayışına dayalı bir ilişki geliştirirken, öte taraftan haraç sistemindeki gibi ekonomi ile siyaseti iç içe geçiren bir ticaret diplomasisi izlemektedir. Yabancı öğrencilere sağladığı eğitim bursları ve Konfüçyüs Enstitüleri üzerinden yürüttüğü faaliyetlerle, hem diğer büyük güçlerin yaptığı gibi, askerî ve siyasî nüfuzunun yapı taşlarını döşeyecek bir kültürel diplomasi yürütmekte, hem de haraç sistemindeki gibi, askerî nüfuzdan çok kültürel nüfuza dayanan bir güç stratejisi izlemiş olmaktadır. Medya yoluyla diğer devletler gibi yumuşak güç kapasitesini artırmayı hedefleyen bir kamu diplomasisi yürütürken, aynı zamanda haraç sistemindeki gibi barış, istikrar, uyum ve karşılıklı faydayı temsil eden cazip bir devlet modeli inşa etmeye çalışmaktadır.

Çin'in kendi medeniyet paradigmasından ilhamla inşa etmeye çalıştığı devlet modeli, mevcut ABD merkezli uluslararası siyasal-ekonomik sisteme dolaylı bir "meydan okuma" da içermektedir. Çin'in ulaştığı ekonomik güç sayesinde az gelişmiş ülkelere ön koşulsuz biçimde finansal kaynak sağlayarak onları Uluslararası Para Fonu ve Dünya Bankası kredileri için öne sürülen neoliberal şartlara mahkûm olmaktan kurtarması, Çin'in yeni bir model olma ihtimalini güçlendirmektedir. Pekin Konsensüsü olarak anılan Çin merkezli yeni siyasal-ekonomik model, her ülkenin siyasî istikrarını bozmadan kendi şartlarına göre kendi kalkınma programını belirleyebileceği bir yaklaşım öngörmektedir. Bu yönüyle Pekin Konsensüsü'nün yeni bir kalkınma paradigması sunduğu söylenebilir. Kendine özgü otoriter siyasal yapısı nedeniyle Çin'in cazip bir siyasal model sunup sunamayacağı tartışmalı olsa da kısa bir süre zarfında dünyanın ikinci büyük ekonomisi olmayı başaran Çin'in ekonomik kalkınma konusunda örnek alınabilecek bir model sunması mümkündür. Çin'in yoğun işbirliği içinde olduğu az gelişmiş Afrika ülkeleri, Çin modelinin test edilebileceği yerlerin başında gelmektedir. Nitekim Çin'in alternatif bir model olma ihtimali, en çok Afrika ülkeleri nezdinde karşılık bulmaktadır. Mevcut tekkutuplu dünya düzeninin sürdürülemez olduğu, yeni bir dünya düzenine ihtiyaç duyulduğu, bu bağlamda Çin'in yeni bir küresel paradigmanın temellerini attığı, Afrika'da siyasî düzeyde ifade edilmektedir. Bu eğilime paralel olarak, dünya genelinde en olumlu Çin imajının Afrika'da oluşması, Afrika'daki Çin nüfuzunun pozitif bir kimlik inşası üzerinden orta ve uzun vadede daha da derinleşebileceğini ve dış nüfuzdan etkilenme kapasitesi yüksek olan Afrika bölgesel alt-sisteminin Çin merkezli bir siyasal-ekonomik sisteme uyum sağlamakta zorlanmayacağını göstermektedir.

KAYNAKÇA

Abrams, Dennis, *The Treaty of Nanking*, Chelsea House, New York, 2011.

Abu-Lughod, Janet L., *Before European Hegemony: The World System, A.D. 1250-1350*, Oxford University Press, New York, 1989.

Adisu, Kinfu, "The Impact of Chinese Investment in Africa", *International Journal of Business and Management*, Cilt 5, No 9, Eylül 2010.

Afacan, Serhat, "Çevirmenin Önsözü", *Devlet ve Maduniyet: Türkiye ve İran'da Modernleşme, Toplum ve Devlet*, Der. Touraj Atabaki, İstanbul Bilgi Üniversitesi Yayınları, 2010.

"African Countries Ranked by Military Power (2017)", *Global Firepower*, (Erişim) http://www.globalfirepower.com/countries-listing-africa.asp, 26 Ağustos 2017.

"African Growth and Opportunity Act (AGOA)", *Public Law 106–200*, 106th Congress, May 18, 2000, (Erişim) https://agoa.info/about-agoa.html, 25 Aralık 2016.

"Agreement on trade and intercourse between Tibet Region of China and India. Signed at Peking, on 29 April 1954", *United Nations Treaty Series*, Cilt 299, No. 4307, 1958.

Akbarzadeh, Shahram ve Barry, James, "State Identity in Iranian Foreign Policy", *British Journal of Middle Eastern Studies*, Cilt 43, Sayı 4, 2016.

Akbulut, Gizem ve Uğurlu, Hümeyra, "Yükselen Güç: Çin Ekonomisi-Dış Ticaretine Genel Bir Bakış", *Çin Ekonomisi: Bir Sosyalist Piyasa Tahlili*, Ed. Bülent Doğru, Akademisyen, Ankara, 2016.

Akdemir, Sevim, "Yapısal Uyum Programlarının ve Uygulamalarının Değerlendirilmesi", *Küreselleşme, Emek Süreçleri ve Yapısal Uyum*, Ed. Ahmet Alpay Dikmen, İmaj Yayıncılık, Ankara, 2002.

Akıllı, Erman, *Türkiye'de Devlet Kimliği ve Dış Politika*, Nobel Akademik, Ankara, 2016.

Akyol, Taha, "Yalan Söyleyen Tarih", *Hürriyet*, 22 Ekim 2016.

Alao, Abiodun, *Mugabe and the Politics of Security in Zimbabwe*, McGill-Queen's University Press, Montreal, 2012.

Alden, Chris ve Davies, Martyn, "A Profile of the Operations of Chinese Multinationals in Africa", *South African Journal of International Affairs*, Cilt 13, Sayı 1, 2006.

Alden, Chris, "Leveraging the Dragon: Toward An Africa That Can Say No", *Yale Global*, (Erişim) http://yaleglobal.yale.edu/content/leveraging-dragon-toward-africa-can-say-no, 25 Haziran 2015.

Alderton, Cecelia, "Early International Trade Relations of China", *The Social Studies*, Cilt 38, Sayı 1, 1947.

Alessi, Christopher ve Xu, Beina, "China in Africa", *CFR Backgrounders*, (Erişim) http://www.cfr.org/china/china-africa/p9557, 27 Nisan 2015.

Alpay, Yalın, "Çin Afrika'da Ne Yapıyor", *Stratejik Araştırmalar Dergisi*, Sayı 14, 2009.

Altındağ, Aytunç, *Devlet ve Kimlik*, Destek Yayınevi, İstanbul, 2010.

Altundağ, Şinasi, *Kavalalı Mehmed Ali Paşa İsyanı: Mısır Meselesi, 1831-1841*, Türk Tarih Kurumu, Ankara, 1988.

Amin, Samir, *Liberal Virüs: Sürekli Savaş ve Dünyanın Amerikanlaştırılması*, Mak Yayınları, Ankara, 2004.

An, Jiang, "Mao Zedong's Three Worlds Theory: Political Considerations and Value for the Times", *Social Sciences in China*, Cilt 34, Sayı 1, 2013.

Andreas Tietze, *Tarihi ve Etimolojik Türkiye Türkçesi Lugati*, İkinci Cilt, Verlag der Österreichischen Akademie der Wissenschaften, Viyana, 2008.

Andreyeviç, Degterev Denis, Китайская экспансия в Африку: «свято место пусто не бывает»?(Çin'in Afrika'ya Yayılması: Kutsal Mekân Hiç Boş Kalmaz mı?), *Азия и Африка сегодня (Aziya i Afrika Segodniya)*, No. 2, 2005.

Anshan, Li, "论中国对非洲政策的调适与转变" (Çin'in Afrika Politikasında Uyum ve Dönüşüm), 西亚非洲 (*Batı Asya ve Afrika*), Yıl 2006, Sayı 8.

"Antigua hits back at US on gaming", *BBC*, (Erişim) http://news.bbc.co.uk/2/hi/ business/6226930.stm, 21 Haziran 2007.

Armaoğlu, Fahir, *19. Yüzyıl Siyasî Tarihi (1789-1914)*, Türk Tarih Kurumu, Ankara, 1999.

Armitage, Richard Lee ve Nye, Joseph S., *A Smarter, More Secure America*, CSIS Press, Washington, 2007.

Arnold, Guy, *The A to Z of the Non-Aligned Movement and Third World*, Scarecrow Press, Plymouth, 2006.

Arsenault, Chris, "Chinese firms buy, lease far less African farmland than thought", *Reuters*, (Erişim) http://uk.reuters.com/article /uk-africa-food-china-id, 09.05.2017.

Arslan, Ahmet, *İbni Haldun*, İstanbul Bilgi Üniversitesi Yayınları, İstanbul, 2014.

Arslan, Esat, "Otoriter Kalkınmacılık", *Radikal*, 18 Eylül 2003.

Asian Infrastructure Investment Bank, (Erişim) https://www.aiib. org/en/about-aiib/governance/members-of-bank/, 14 Mayıs 2017.

Asongu, Simplice A. ve Aminkeng, Gilbert A. A., "The Economic Consequences of China-Africa Relations: Debunking Myths in the Debate", *Journal of Chinese Economic and Business Studies*, Cilt 11, Sayı 4, 2003.

Ataöv, Türkkaya, *Emperyalizmin Afrika Sömürüsü*, İleri Yayınları, İstanbul, 2010.

Atila, Gergely ve Gyula, Fazekas, "Kína a Globális Hatalommá Válás Útján". *Külügyi Szemle*, Cilt 5, Sayı 1–2, 2006.

August, Oliver, "A Hopeful Continent", *The Economist*, Special Report: Emerging Africa, 2 Mart 2013.

Ayduk, Hakan, *Dünya Enerji Politikaları ve Rusya, Çin, ABD Rekabeti*, Yayımlanmamış Yüksek Lisans Tezi, İstanbul Ticaret Üniversitesi, Sosyal Bilimler Enstitüsü, 2007.

Azarkan, A. Ezeli, "İbni Haldun'un Devlet Görüşü", *Elektronik Sosyal Bilimler Dergisi*, Sayı 4, 2003.

Baba, Gürol ve Önsoy, Murat, "Between Capability and Foreign Policy: Comparing Turkey's Small Power and Middle Power Status", *Uluslararası İlişkiler*, Cilt 13, Sayı 51, 2016.

Backhouse, Sir Edmund ve Bland, John Otway Percy, *Annals and Memoirs of the Court of Peking*, Houghton Mifflin, Boston, 1914.

"Bağlantısızlar Hareketi", *Akademik Perspektif*, (Erişim) http:// akademikperspektif.com/2013/07/03/baglantisizlar-hareketi/, 8 Mayıs 2017.

Bahşi, Ahmed, بررسی سیاستها راهبردها و اهداف چین در قاره افریقا) Çin'in Afrika Kıtasına Yönelik Politika, Strateji ve Hedeflerinin Analizi), فصلنامه ژئوپولیتیك (*Faslnâme-i Jeopolitik*), Yıl 10, Sayı 2.

Bairoch, Paul, "International Industrialization Levels from 1750 to 1980", *Journal of European Economic History*, Cilt 11, Sayı 2, Güz 1982.

Balducci, Adriana ve Serbin, Sylvia, *Njinga Mbandi: Queen of Ndongo and Matamba*, Unesco, Paris, 2014.

Ballbach, Eric J., "North Korea's Emerging Nuclear State Identity: Discursive Construction and Performative Enactment", **The Korean Journal of International Studies**, Cilt 14, Sayı 3, 2016.

Balta, Evren, "Afrika'daki Savaşlara Karşılaştırmalı Bir Bakış", *Birikim*, Sayı 175-176, Kasım-Aralık 2003.

Ban, Cornel ve Blyth, Mark, "The BRICs and the Washington Consensus: An introduction", *Review of International Political Economy*, Cilt 20, Sayı 2, 2013.

Banister, Judith, "A Brief History of China's Population", *The Population of Modern China*, Ed. Dudley L. Poston ve David Yaukey, Plenum Press, New York ve Londra, 1992.

Barbosa, Alexandre de Freitas; Narciso, Thais; Biancalana, Marina, "Brazil in Africa: Another Emerging Power in the Continent?", *Politikon*, Cilt 36, Sayı 1, 2009.

Barkin, J. Samuel, "Realist Constructivism", *International Studies Review*, Cilt 5, Sayı 3, Eylül 2003.

Başbakanlık Devlet Arşivleri Genel Müdürlüğü Osmanlı Arşivi Daire Başkanlığı, *Osmanlı Belgelerinde Cezayir*, Yayın No. 115, Ankara, 2010.

Bax, Pauline; Gongo, Simon; Dlamini, Lungile, "Chinese Billions Fail to Sway Taiwan's Last Two Allies in Africa", *Bloomberg*, 25 Ocak 2017, (Erişim) https://www.bloomberg.com/politics/articles/ 2017-01-24/chinese-billions-fail-to-sway-taiwans-last-two-allies-in-africa, 11 Mayıs 2017.

Bayram, Mürsel, "Çin'in Darfur Politikası", *Bölgesel Araştırmalar Dergisi*, Cilt 1, Sayı 3, Aralık 2017.

Bayram, Mürsel ve Emiroğlu, Hüseyin, "Afrika'da Artan Çin Nüfuzunun Çok Yönlü Sonuçları", *Journal of Academic Social Science*, Yıl 4, Sayı 28, Temmuz 2016.

Bayram, Mürsel, "Afrika Genelinde İstisnaî Bir Devlet: Botsvana", *Adam Akademi*, Cilt 4, Sayı 1, Haziran 2014.

Bayram, Mürsel, "Angola İç Savaşının Uluslararası Ramifikasyonları", *Ordu Üniversitesi Sosyal Bilimler Araştırmaları Dergisi*, Sayı 15, Temmuz 2016.

Bayram, Mürsel, "Enerjeopolitik Müdahaleler ve Afrika'daki İç Savaşlar: Nijerya, Angola ve Sudan Örnekleri", *Kırıkkale Üniversitesi Sosyal Bilimler Dergisi*, Cilt 7, Sayı 1, 2017.

Bayram, Mürsel, "Ermenistan Dış Politikasında Reelpolitikle Psikopolitiğin Çatışması: Cumhurbaşkanlığı Dönemleri Bağlamında Bir Analiz", *Ahi Evran Üniversitesi Sosyal Bilimler Enstitüsü Dergisi*, Cilt 2, Sayı 3, 2016.

Bayram, Mürsel, "Sudan'ın Etnopolitik Sorunlarını Besleyen Faktörlerin Tarihsel Bir Analizi", *Tarihin Peşinde*, Cilt 8, Sayı 16, Ekim 2016.

Bayram, Mürsel, "Türk Dış Politikasının Değişim Parametresi Olarak Afrika Açılımı ve İnsanî Diplomasi Faaliyetleri", *Türkiye'de ve Dünyada Dış Yardımlar*, Ed. Erman Akıllı, Nobel Akademik, Ankara, 2016.

Bayram, Mürsel, "Yerel ve Küresel Boyutlarıyla Darfur Sorunu", Editör: İsmail Ermağan, *Dünya Siyasetinde Afrika 1*, Nobel, Ankara, 2014.

Bayram, Mürsel; Toker, Ömür ve Özdemir, Halil Özcan, "Ekonomik Gelişme-Etnik Çatışma İlişkisine Dair Nitel Bir Analiz", *Barış Araştırmaları ve Çatışma Çözümleri Dergisi*, Cilt 4, Sayı 2, 2016.

Beckwith, Christopher I., *The Tibetan Empire in Central Asia: A History of the Struggle for Great Power among Tibetans, Turks, Arabs, and Chinese during the Early Middle Ages*, Princeton University Press, Princeton, 1993.

"Beijing Courts Commerce, Cooperation and Controversy", *Africa Confidential*, Cilt 47, Sayı 22, Kasım 2006.

"Beijing Declaration of the Forum on China-Africa Cooperation", *FOCAC Archives*, (Erişim) http://www.focac.org/eng/ltda/dyjbzj hy/DOC12009/t606796.htm, 16 Aralık 2016.

Bell, Daniel, *The Coming of Post-Industrial Society*, Harper Colophon Books, New York, 1974.

Bellemare, Alexandre, *Abd el-Kader: Sa Vie Politique et Militaire*, Éditions Bouchène, Paris, 2003.

Bender, Gerald J., *Angola Under the Portuguese: The Myth and the Reality*, University of California Press, Berkeley ve Londra, 1978.

Ben-Jochanan,Yosef A. A., *Africa: Mother of Western Civilization*, Alkebu-lan Books, New York, 1988.

Bennhold, Katrin, "As China Rises, Conflict with West Rises Too", *New York Times*, 27 Ocak 2010.

Bernal, Martin, *Black Athena: Afroasiatic Roots of Classical Civilization*, Cilt I, Rutgers University Press, 1987.

Bernal, Richard, *The Influence of Small States on Superpowers: Jamaica and US Foreign Policy*, Lexington Books, Lanham, 2015.

Berry, Nicholas, "China is Not an Imperialist Power", *Strategic Review*, Cilt XXIX, Sayı 1, Kış 2001.

Bertonha, João Fábio, "A China e o Terceiro Mundo: Novos Relacionamentos ou a Volta do Velho Colonialismo?", *Meridiano 47: Boletim de Análise de Conjuntura em Relações Internacionais*, Sayı 85, Ağustos 2007.

Bezat, Jean-Michel, "Areva perd son monopole sur l'uranium du Niger", *Le Monde*, 4 Ağustos 2007.

Biallas, Axel ve Knauer, Jan, "Von Bandung zum Ölgeschäft: Indien und Inder in Afrika", *GIGA Focus Afrika*, Sayı 1, Ocak 2006.

Biltekin, Gonca, "Özgün Teori İnşası ve Batı-Dışı Uluslararası İlişkiler Teorileri", *Uluslararası İlişkiler Teorileri*, Ed. Ramazan Gözen, İletişim Yayınları, İstanbul, 2014.

Black, Jeremy, *Great Powers and the Quest for Hegemony: The World Order since 1500*, Routledge, Londra ve New York, 2008.

Boahen, A. Adu, *General History of Africa, Volume VII: Africa Under Colonial Domination, 1880-1935*, UNESCO, California, 1990.

Boas, Franz, "Museums of Ethnology and Their Classification", *Science*, Cilt 9, Sayı 228, Haziran 1887.

Botero, Giovanni, *Della Ragione di Stato*, Gioliti, Venedik, 1589.

Boyraz, Cemil, "Küresel Üretim, Ticaret ve Finans", *Küresel Siyasete Giriş: Uluslararası İlişkilerde Kavramlar, Teoriler, Süreçler*, Ed. Evren Balta, İletişim, İstanbul, 2014.

Branigan, Tania, "Zheng He: Messenger of Peace or of Power?", *The Guardian*, 25 Temmuz 2010.

Braumoeller, Bear F., *The Great Powers and the International System: Systemic Theory in Empirical Perspective*, Cambridge University Press, Cambridge, 2012.

Brautigam, Deborah ve Xiaoyang, Tang, "African Shenzhen: China's Special Economic Zones in Africa", *Journal of Modern African Studies*, Cilt 49, No 1, 2011.

Brautigam, Deborah, *The Dragon's Gift: The Real Story of China in Africa*, Oxford University Press, New York.

Bregolat, Eugenio, "La Nueva China: El Reposicionamiento Geopolítico Chino en el Contexto Internacional", *África, la Nueva Frontera China*, Ed. Guillermo Martínez ve Christopher Burke, Casa Asia y Casa África, Barselona, 2013.

Broadman, Harry G., *Africa's Silk Road: China and India's New Economic Frontier*, World Bank, 2007.

Bruce Gilley, "The Rise of the Middle Powers", *The New York Times*, 10 Eylül 2012.

Brzezinski, Zbigniew, *Büyük Stranç Tahtası*, Çev. Ertuğrul Dikbaş ve Ergun Kocabıyık, Sabah Yayınları, İstanbul, 1998.

Callinicos, Alex, *Imperialism and Global Political Economy*, Polity Press, Cambridge, 2009.

Canatan, Kadir, *İslam Sosyolojisi*, Beyan Yayınları, İstanbul, 2005.

Carbone, Maurizio, "The European Union and China's Rise in Africa: Competing Visions, External Coherence and Trilateral Cooperation", *Journal of Contemporary African Studies*, Cilt 29, Sayı 2, Nisan 2011, s. 203-217.

Cardenal, Juan Pablo ve Araújo, Heriberto, *La Silenciosa Conquista de China: Una Investigación por 25 Países para Descubrir cómo La Potencia del Siglo XXI Está Forjando Su Futura Hegemonía*, Crítica, Barcelona, 2012.

Carey, Brian Todd; Allfree, Joshua B. ve Cairns, John, *Hannibal's Last Battle: Zama and the Fall of Carthage*, Pen & Sword Military, Barnsley, 2007.

Carpenter, Ted Galen, *America's Coming War with China: A Collision Course over Taiwan*, Palgrave Macmillan, New York, 2005.

Carranza, Mario E., "Rising Regional Powers and International Relations Theories: Comparing Brazil and India's Foreign Security Policies and Their Search for Great-Power Status", *Foreign Policy Analysis*, Cilt 13, Sayı, 2, 2017.

Ceran, İbrahim, *Fas Tarihi*, Türk Tarih Kurumu Yayınları, Ankara, 2012.

Changsong, Niu, "孔子学院和中国在非洲的语言文化外交" (Konfüçyüs Enstitüleri ve Çin'in Afrika'daki Dil ve Kültür Diplomasisi), 西亚非洲 (*Batı Asya ve Afrika*), Sayı 1, Yıl 2014.

Chen, Lisa Feng Yung, "Africa's Trade with China: Good for Growth?", *Stanford University International Policy Studies*, Haziran 2007.

Cheng, Joseph Y. S. ve Shi, Huangao, "China's Africa Policy in the Post Cold War Era", *Journal of Contemporary Asia*, Cilt 39, No 1, Şubat 2009.

Cheng, Joseph Y. S., "Xi Jinping's New Model of Major Power Relationships for Sino-American Relations", *Journal of Comparative Asian Development*, Cilt 15, Sayı 2, 2016.

"China denies being world's No.1 economy", *Xinhua*, 20 Ocak 2015.

"China denies building empire in Africa", *The Guardian*, 12 Ocak 2015.

"China establishes rival to World Bank", *The Telegraph*, 25 Aralık 2015.

"China Fortune to help build new city in Egypt", *Çin Halk Cumhuriyeti Ticaret Bakanlığı*, (Erişim) http://english.mof-com.gov.cn/article/Companies/201610/2016100140992.shtml, 13 Ekim 2016.

"China negotiates military base in Djibouti", *AlJazeera*, 25 Haziran 2015.

"China resumes ties with São Tomé, which turned away from Taiwan", *New York Times*, 26 Aralık 2016.

"China-Africa trade approaches $300 billion in 2015", *China Daily*, 11 Kasım 2015.

"China's Population and Development in the 21st Century", *Çin Halk Cumhuriyeti Devlet Konseyi Enformasyon Ofisi*, 22 Mart 2017.

"Chinese Embassies Africa", *Çin Halk Cumhuriyeti Dışişleri Bakanlığı* (Erişim) http://www.fmprc.gov.cn/mfa_eng/wjb_663304/zwjg_66534, 5 Ağustos 2017.

Chingono, Heather, "Zimbabwe Sanctions: An Analysis of the Lingo Guiding the Perceptions of the Sanctioners and the Sanctionees", *African Journal of Political Science and International Relations*, Cilt 4, Sayı 2, Şubat 2010.

Choeden, Yeshi, "China's Stance on UN Peacekeeping Operations: Changing Priorities of Foreign Policy", *China Report*, Cilt 41, Sayı 1, 2005, s. 39-59.

Chua, Amy, *Day of Empire: How Hyperpowers Rise to Global Dominance and Why They Fall*, Anchor Books, New York, 2009.

Chun, Zhang, "中国在非洲的负责任的大国表现" (Çin'in Afrika'daki Sorumlu Büyük Güç Performansı), 西亚非洲 (*Batı Asya ve Afrika*), Sayı 5, Yıl 2014.

Chunjiang, Fu; Yen, Foo Choo ve Hoong, Siew Yaw, *The Great Explorer Cheng Ho: Ambassador of Peace*, Asiapac, Singapur, 2005.

Clapham, Christopher, *Africa and the International System: The Politics of State Survival*, Cambridge University Press, Cambridge, 1996.

Clauson, Sir Gerard, *An Etymological Dictionary of Pre-Thirteenth Century Turkish*, Clarendon Press, Oxford, 1972.

Clayer, Nathalie, *Në Fillimet e Nacionalizmit Shqiptar: Lindja e një Kombi me Shumicë Myslimane në Evropë*, Botime Përpjekja, Tiran, 2012.

Clinton, Hillary, "America's Pacific Century", *Foreign Policy*, 11 Ekim 2011, (Erişim) http://foreignpolicy.com/2011/10/11/americas-pacific-century/, 10 Mayıs 2017.

Clinton, Hillary, "Interview on Africa 360", *US Department of State, Diplomacy in Action*, (Erişim) http://www.state.gov/secretary/rm/2011/06/165941.htm, 22 Mayıs 2017.

Cohen, Yohanan, *Small Nations in Times of Crisis and Confrontation*, State University of New York Press, Albany, 1989.

Collins, Robert, *A History of Modern Sudan*, Cambridge University Press, Cambridge, 2008.

Colloredo, Pierluigi Romeo di, "La verità sui gas italiani nella guerra d'Etiopia: In che misura usammo davvero le armi chimiche per conquistare l'impero negli anni trenta", *Storia in Rete*, Sayı 67, Mayıs 2011.

Committee on the United Nations, *The Legal Issues Involved in the Western Sahara Dispute: The Principle of Self-Determination and the Legal Claims of Morocco*, New York, 2012.

"Communiqué of the National Bureau of Statistics of People's Republic of China on Major Figures of the 2010 Population Census", *National Bureau of Statistics of China*, 28 Nisan 2011.

Confucius Institutes, (Erişim) http://english.hanban.org, 14 Mayıs 2017.

Conrad, David C., *Empires of Medieval West Africa: Ghana, Mali, and Songhay*, Chelsea House, New York, 2010.

Cooper, Andrew F. ve Shaw, Timothy M., "The Diplomacies of Small States at the Start of the Twenty-first Century: How Vulnerable? How Resilient?", *The Diplomacies of Small States: Between Vulnerability and Resilience*, Ed. Andrew F. Cooper ve Timothy M. Shaw, Palgrave Macmillan, Basingstoke, 2009.

Cooper, Andrew F., "Confronting Vulnerability through Resilient Diplomacy: Antigua and the WTO Internet Gambling Dispute with the United States", *The Diplomacies of Small States: Between Vulnerability and Resilience*, Ed. Andrew F. Cooper ve Timothy M. Shaw, Palgrave Macmillan, Basingstoke, 2009.

Cooper, Andrew F., "Niche Diplomacy: A Contextrual Overview", *Niche Diplomacy: Middle Powers after the Cold War*, Ed. Andrew F. Cooper, Palgrave Macmillan, Basingstoke, 1997.

Cooper, Andrew Fenton; Higgott, Richard A. ve Nossal, Kim Richard, *Relocating Middle Powers: Australia and Canada in a Changing World Order*, UBC Press, Vancouver, 1993.

Copeland, Dale C., "The Constructivist Challenge to Structural Realism: A Review Essay", *International Security*, Cilt 25, Sayı 2, 2000, s. 187-212.

Copper, John Franklin, *Playing with Fire: The Looming War with China over Taiwan*, Praeger Security International, Westport, 2006.

Corkin, Lucy, "China's Strategic Infrastructural Investments in Africa", *China's New Role in Africa and the South: A Search for a New Perspective*, Ed. Dorothy-Grace Guerrero ve Firoze Manji, Fahamu Books, Nairobi, Oxford, Bangkok, 2008.

Corkin, Lucy, *Uncovering African Agency: Angola's Management of China's Credit Lines* Ashgate, Farnham, 2013.

"Countries Ranked by Military Strength", *Global Firepower*, (Erişim) http://www.globalfirepower.com/countries-listing.asp, 27 Mart 2017.

Cryer, Robert, "Sudan, Resolution 1593, and International Criminal Justice", *Leiden Journal of International Law*, Cilt 19, Sayı 1, 2006.

Çalış, Şaban H., "Ulus, Devlet ve Kimlik Labirentinde Türk Dış Politikası", *Liberal Düşünce*, Cilt 4, Sayı 13, 1999.

Çaycı, Abdurrahman, *Büyük Sahra'da Türk-Fransız Rekabeti (1858-1911)*, Türk Tarih Kurumu, Ankara, 1995.

Çelik, Vlademir, "Winchester 150 yaşında", *Armi e Tiro Tabanca ve Tüfek Dergisi*, Sayı 33, Mart-Nisan 2016.

"Çin Cibuti'ye Askeri Üs Kuracak", *Dünya Bülteni*, (Erişim) http://www.dunyabulteni.net/cin-afrika/347226/cin-cibutiye-askeri-us-kuracak, 27 Kasım 2015.

"Çin'den Dünya Bankası'na rakip: Asya Altyapı Yatırım Bankası", *BBC Türkçe*, 29 Haziran 2015, (Erişim) http://www.bbc.com/turkce /ekonomi/201506/150629_asya_ altyapi_bankasi, 14 Mayıs 2017.

"Çin'in ilk yerli uçak gemisi suya indirildi", *NTV Haber*, (Erişim) http://www.ntv.com.tr/galeri/dunya/cinin-ilk-yerli-ucak-gemisi-suya-indirildi, 26 Nisan 2017.

"Çin'in yeni füzesi Pasifik'teki güç dengelerini değiştirecek", *Hürriyet*, (Erişim) http://www.hurriyet.com.tr/cin-in-yeni-fuzesi-pasi fikteki-guc-dengelerini-degistirecek-16640362, 30 Aralık 2010.

Çolakoğlu, Selçuk, "Ejder'in Uzun Yürüyüşü: Çin'in Dönüşüm Hikâyesi", *Analist*, Yıl 1, Sayı 5, Temmuz 2011.

Davidson, Basil, *Modern Africa: A Social and Political History*, Longman, Londra ve New York, 1989.

De Beule, Filip ve van den Bulcke, Daniel, "China's Opening up from Shenzhen to Sudan", Ed. Meine Pieter van Dijk, *The New Presence of China in Africa*, Amsterdam University Press, Amsterdam, 2009.

De Grauwe, Paul; Houssa, Romain; Piccillo, Giulia, "African Trade Dynamics: Is China a Different Trading Partner?", *Journal of Chinese Economic and Business Studies*, Cilt 10, Sayı 1, 2012, s. 15.

"Declaration for the Establishment of a New International Economic Order", *United Nations General Assembly Document*, A/RES/S-6/3201, 1 Mayıs 1974.

"Declaration of the Beijing Summit Of the Forum on China-Africa Cooperation, 15.11.2006", *FOCAC Archives*, (Erişim) http://www. focac.org/eng/ltda/dscbzjhy/DOC32009/t606841.htm, 7 Ekim 2016.

Dedekoca, Ersin, *Ekonomi-Politik Pencereden ABD-Çin İlişkileri: Eski Dünyaya Yeni Düzen*, Barış Kitap, Ankara, 2011.

DeLancey, Mark Dike ve Mbuh, Rebecca, *Historical Dictionary of the Republic of Cameroon*, Scarecrow Press, 2010.

Demirci, Selim, "Japon Dış Politikasında Afrika", *Uluslararası Strateji ve Güvenlik Araştırmaları Merkezi*, (Erişim) http://www. usgam.com/index.php?l=807&cid=464&bolge=12&konu=27, 19 Eylül 2012.

Demirtepe, M. Turgut ve Özertem, Hasan Selim, "Yükselen Tehdit Algısı Karşısında Çin'in Yumuşak Güç Siyaseti: Politikalar ve Sınırlılıkları", *Bilig*, Sayı 65, Bahar 2013.

DeRouen, Karl R. ve Heo, Uk, *Civil Wars of the World: Major Conflicts since World War II*, ABC-CLIO, California, 2007.

Devellioğlu, Ferit, *Osmanlıca-Türkçe Ansiklopedik Lugat*, Aydın Kitabevi, Ankara, 2001.

Dillon, Michael, *Deng Xiaoping: The Man Who Made Modern China*, I. B. Tauris, Londra ve New York, 2015.

Dillon, Michael, *Modernleşen Çin'in Tarihi*, İletişim Yayınları, İstanbul, 2016.

Dirlik, Arif, "Beijing Consensus: Beijing 'Gongshi'. Who Recognizes Whom and to What End?", *Positions Paper on Globalization and Autonomy*, (Erişim) http://globalautonomy.uwaterloo.ca/global1 /position.jsp?index=PP_Dirlik_BeijingConsensus.xml, 27 Temmuz 2016.

Doğru, Bülent, "Çin'in Ekonomik Büyüme Reçetesi", *Çin Ekonomisi: Bir Sosyalist Piyasa Tahlili*, Akademisyen Kitabevi, Ankara, 2016.

Dowding, Keith, "Why should we care about the definition of power?", *Journal of Political Power*, Cilt 5, Sayı 1, Nisan 2012.

Draper, Stark, "The Conceptualization of an Albanian Nation", *Ethnic and Racial Studies*, Cilt 20, Sayı 1, 1997.

Drummond, Paulo ve Liu, Estelle Xue, "Africa's Rising Exposure to China: How Large Are Spillovers Through Trade?", *IMF Working Paper*, WP/13/250, Kasım 2013.

Dunford, Michael, "Chinese Economic Development and its Social and Institutional Foundations", *The Geographical Transformation of China*, Ed. Michael Dunford ve Weidong Liu, Routledge, New York, 2015.

Durden, Tyler, "The Far More Important 'Election' Part 1: China's Political Process", *Zero Hedge*, (Erişim) https://www.zerohedge.com/news/, 11 Mayıs 2012,.

Dursun, Davut, "Etiyopya", *İslam Ansiklopedisi*, Cilt 11, Türkiye Diyanet Vakfı Yayınları, Ankara, 1995.

"Dünya Afrika'da toprak kiralama yarışında", *African Business Life*, (Erişim) http://africanbusinesslife.com/dunya-afrika%27da-toprak-kiralama, 9 Mayıs 2017.

Dünya Bankası, *World Development Indicators*, (Erişim) http://data.worldbank.org/data-catalog/GDP-ranking-table, 23 Şubat 2017.

Eastman, Lloyd E., *The Nationalist Era in China, 1927-1949*, Cambridge University Press, Cambridge, 1991.

Eberhard, Wolfram, *Çin'in Şimal Komşuları*, Türk Tarih Kurumu, Ankara 1942

Efstathopoulos, Charalampos, "Reinterpreting India's Rise through the Middle Power Prism", *Asian Journal of Political Science*, Cilt 19, Sayı 1, 2011.

Ehteshami, Anoush, "Iran as a Middle Power", *Public Diplomacy Magazine*, Sayı 2, Yaz 2009.

Eisenman, Joshua ve Kurlantzick, Joshua, "China's Africa Strategy", *Current History*, Mayıs 2006.

Eisenman, Joshua, "China–Africa Trade Patterns: Causes and Consequences", *Journal of Contemporary China*, Cilt 21, No 77, Eylül 2012.

Ekrem, Erkin, "2030: ABD Hegemonyasının Çöküşü ve Çin", *Stratejik Düşünce Enstitüsü*, Ocak 2013, (Erişim) http://www.sde.org.tr/tr/authordetail/2030-abd-hegemonyasinin-cokusu-ve-cin/1210, 10 Mayıs 2017.

Elder, Melinda, *The Slave Trade and the Economic Development of 18th Century Lancaster*, Halifax, 1992.

Eldredge, Elizabeth A., *A South African Kingdom: The Pursuit of Security in Nineteenth Century Lesotho*, Cambridge University Press, Cambridge, 1993.

El-Hasnâvî, Hasan, التنافس الدولي في أفريقيا: الأهداف والوسائل (Afrika'da Uluslararası Rekabet: Hedefler ve Araçlar), *Estqlal*, (Erişim) http://www.estqlal.com/article, 1 Mayıs 2011.

Elmer, Franziska, "Tibet and Xinjiang: Their Fourfold Value to China", *Culture Mandala: Bulletin of the Centre for East-West Cultural and Economic Studies*, Cilt 9, Sayı 2, Sonbahar 2011.

Emiroğlu, Hüseyin, "Change in the Chinese Foreign Policy", *Journal of Modern Science*, Sayı 1/16, Ocak-Mart 2013.

Emiroğlu, Hüseyin, "Uluslararası Siyasal Örgütlenme Modeli Oluşumunun Tarihsel Süreci ve Birleşmiş Milletler Örgütü (1941-1990)", *Güvenlik Stratejileri Dergisi*, Cilt 2, Sayı 4, 2006.

Emiroğlu, Hüseyin, *Soğuk Savaş Sonrası Kosova Sorunu (1989-2000)*, Asil Yayınları, Ankara, 2010.

"En Az Gelişmiş Ülkeler", *Türkiye Cumhuriyeti Dışişleri Bakanlığı*, (Erişim) http:// www.mfa.gov.tr/en-az-gelismis-ulkeler.tr.mfa, 18 Aralık 2016.

Erdoğan, Necmi, "Devleti 'İdare Etmek': Maduniyet ve Düzenbazlık", *Toplum ve Bilim*, Sayı 83, Kış 1999-2000.

"Erdoğan: Dünya Beşten Büyüktür", *AlJazeera*, (Erişim) http://www.aljazeera.com.tr/haber/erdogan-dunya-5ten-buyuktur, 24 Eylül 2014.

Erdölek, Özge, "Türkiye'de İstihdam ve Tarım Sektörü", http://www.iktisadi.org/turkiyede-istihdam-ve-tarim-sektoru.html, 20 Nisan 2012.

Ergenç, Ceren, "Çin'in Yükselişi", *Uluslararası İlişkilere Giriş*, Editör: Şaban Kardaş ve Ali Balcı, Küre Yayınları, İstanbul, 2014.

Ergene, Boğaç A., "Maduniyet Okulu, Post-Kolonyal Eleştiri ve Tarihte Bilgi-Özne Sorunu: Osmanlı Tarihçiliği için Yeni Dersler mi?", *Toplum ve Bilim*, Sayı 83, Kış 1999-2000.

Ermağan, İsmail ve Fidan, Giray, "Çin'in Afrika Politikası", Ed. İsmail Ermağan, *Dünya Siyasetinde Afrika 1*, Ankara, Nobel Kitabevi, 2014.

Eyuboğlu, İsmet Zeki, *Türk Dilinin Etimoloji Sözlüğü*, Sosyal Yayınları, İstanbul, 1991.

Fairbank, John, "Tributary Trade and China's Relations with the West", The Far Eastern Quarterly, Cilt 1, Sayı 2, Şubat 1942.

Fairbank, John, *The United States and China*, Harvard University Press, Cambridge, 1983.

Fang, Cai; Dewen, Wang ve Yue, Qu, "Flying Geese within Borders: How China Sustains Its Labor-Intensive Industries?", *Economic Research Journal*, 2009-9.

Featherstone, Donald F., *Omdurman 1898: Kitchener's Victory in the Sudan*, Praeger, Westport, 2005.

Federici, Silvia, "Savaş, Küreselleşme ve Yeniden Yapılanma", *Yeni Yüzyılda Afrika: Güvenlik, Siyaset, Ekonomi*, Ed. Bülent Aras, Kenan Dağcı, Hasan Selçuk, Tasam Yayınları, İstanbul, 2005.

Ferhavi, Fuad, *Afrika'da Küresel Rekabet: Mali Krizi*, USAK, Rapor No: 13-03, Nisan 2013.

Ferhavi, Fuad, *Moritanya: Afrika'daki Yükselen Güçlerin Az Gelişmiş Bölge Devleti ile İlişki Biçimi*, USAK, Rapor No: 13-02, Nisan 2013.

Ferit Devellioğlu, *Osmanlıca-Türkçe Ansiklopedik Lugat*, Aydın Kitabevi, Ankara, 2001.

Fırat, Melek, "Hindistan'ın Afrika Politikası", *Ankara Üniversitesi Afrika Çalışmaları Dergisi*, Cilt 2, Sayı 1, Bahar 2012.

Fidan, Giray, *Çin Kaynaklarına Göre 16. Yüzyıl Osmanlı-Çin İlişkileri ve Çin'deki Osmanlı Ateşli Silahları*, Yayımlanmış Doktora Tezi, Ankara Üniversitesi Sosyal Bilimler Enstitüsü Doğu Dilleri ve Edebiyatları Sinoloji Ana Bilim Dalı, Ankara, 2010.

Fidan, Giray, *Çin'den Görünen Osmanlı: Çinli Düşünür Kang You Wei'in Türk Seyahatnamesi*, Yeditepe Yayınları, İstanbul, 2013.

Filesi, Teobaldo, *China and Africa in the Middle Ages*, Frank Cass, Londra, 1972.

Fiori, José Luís, "O Poder Global e a Nova Geopolítica das Nações", *Crítica y Emancipación*, Yıl 1, Sayı 2, 2009.

Fitzpatrick, John, "The Middle Kingdom, the Middle Sea, and the Geographical Pivot of History", *Review: A Journal of the Fernand Braudel Center*, Cilt 15, Sayı 3, 1992.

Foreso, Cynthia; Yuan, Wen Jin; Yang, Anton C., "Africa's Crude Petroleum Exports Declined Due to a Shrinking U.S. Market", *United States International Trade Commission Executive Briefing on Trade*, Temmuz 2015.

"Forum on China-Africa Cooperation Beijing Action Plan (2007-2009)", *FOCAC Archives*, (Erişim) http://www.fmprc.gov.cn/zflt/eng/zyzl/hywj/t280369.htm, 16 Aralık 2016.

"Forum on China-Africa Cooperation Sharm El Sheikh Action Plan (2010-2012)", *FOCAC Archives*, (Erişim) http://www.focac.org/eng/dsjbzjhy/hywj/t626387.htm, 16 Aralık 2016.

"Forum on China-Africa Cooperation-Addis Ababa Action Plan (2004-2006)", *FOCAC Archives*, (Erişim) http://www.focac.org/eng/ltda/dejbzjhy/DOC22009/t60 6801.htm, 6 Ekim 2016.

Foster, Vivien; Butterfield, William; Chen, Chuan; Pushak, Nataliya, *Building Bridges: China's Growing Role as Infrastructure Financier for Sub-Saharan Africa*, World Bank, Washington, 2009.

Foucault, Michel ve Faubion, James D, *Power*, Allen Lane, Londra, 2001.

French, Howard W., *China's Second Continent: How a Million Migrants Are Building a New Empire in Africa*, Alfred A. Knopf, New York, 2014.

Friedman, Brandon, "Russia, Turkey, and Iran: Cooperation and Competition in Syria", *Tel Aviv Notes*, Cilt 11, Sayı 2, Ocak 2017.

Fung, Courtney J., "What Explains China's Deployment to UN Peacekeeping Operations?", *International Relations of the Asia Pacific*, Cilt 16, Sayı 3, 2016.

Gagliardone, Iginio, "China as a Persuader: CCTV Africa's First Steps in the African Mediasphere", *Ecquid Novi: African Journalism Studies*, Cilt 34, Sayı 3, 2013.

Gallarotti, Giulio M., *Cosmopolitan Power in International Relations: A Synthesis of Realism, Neoliberalism, and Constructivism*, Cambridge University Press, Cambridge, 2010.

Gazibo, Mamoudou, "Can Africa Benefit from Its Booming Cooperation with China?: The State Capacity Factor in Comparative Perspective", Ed. Tatiana Deych, *Africa's Growing Role in World Politics*, Meabooks, Quebec, 2016.

"GDP and its breakdown at current prices in US Dollars", *United Nations Statistics Division*, Aralık 2016.

Genç, Mehmet, "Osmanlı İktisadî Dünya Görüşünün İlkeleri", *İstanbul Üniversitesi Edebiyat Fakültesi Sosyoloji Dergisi*, Cilt 3, Sayı 1, 1989

Geser, Hans, "Was ist eigentlich ein Kleinstaat?", *Kleinstaaten-Kontinent Europa: Probleme und Perspektiven*, Ed. Romain Kirt ve Arno Waschkuhn, Nomos, Baden-Baden, 2001.

Gibbs, Mark, "Pirates of the Caribbean: Antigua and Barbuda Turn From Internet Gambling to Legalized Piracy", *Forbes*, (Erişim) https://www.forbes.com/sites/mark gibbs/, 22 Mayıs 2017.

Giese, Karsten, "Adaptation and Learning among Chinese Actors in Africa", *Journal of Current Chinese Affairs*, Cilt 44, Sayı 1, 2015.

Gigleux, Victor, "Explaining the Diversity of Small States' Foreign Policies through Role Theory", *Third World Thematics: A TWQ Journal*, Cilt 1, Sayı 1, 2016.

Gilbert, Erik ve Reynolds, Jonathan T., *Tarihöncesinden Günümüze Dünya Tarihinde Afrika*, Çev. Mehmet Dikkaya, Küre Yayınları, İstanbul, 2016.

Gill, Bates; Huang, Chin-Hao; Morrison, J. Stephen, "Assessing China's Growing Influence in Africa", *China Security*, Cilt 3, Sayı 3, Yaz 2007.

Gilley, Bruce, "The Rise of the Middle Powers", *The New York Times*, (Erişim) http:// www.nytimes.com/2012/09/11/opinion/the-rise-of-the-middle-powers.html, 10 Eylül 2012.

Gilpin, Robert, *U.S. Power and the Multinational Corporation: the Political Economy of Foreign Direct Investment*, Basic Books, New York, 1975.

Ginindza, Mduduzi, "Let's Leave Taiwan", *Times of Swaziland*, 21 Kasım 2013.

Gitelson, Susan Aurelia, "Why do Small States Break Diplomatic Relations with Outside Powers?: Lessons from the African Experience", *International Studies Quarterly*, Cilt 18, Sayı 4, Aralık 1974.

Glaser, Bonnie S. ve Funaiole, Matthew P., "5 Common Myths about China's Power", *National Interest*, (Erişim) http://national-interest.org/feature/5-common-myths-about-chinas-power-16 623, 21 Mart 2017.

Goldstein, Andrea; Pinaud, Nicolas; Reisen, Helmut; Chen, Xiaobao, "The Rise of China and India- What's in it for Africa?", *Development Center Studies*, OECD, 2006.

Goodenough, Patrick, "Mugabe envisages alternative world order headed by China", *CNS News*, 7 Temmuz 2008.

Gökten, Kerem, *Çin Yüzyılını Anlamak: Afyon Savaşlarından Bugüne Çin'in Dönüşümü*, NotaBene Yayınları, Ankara, 2012.

Gönel, Feride Doğaner, "Görünmeyen Kıta Afrika'nın Sürdürülebilirliği Üzerine", *Birikim*, Sayı 175-176, Kasım-Aralık 2003.

Gözler, Kemal, *Devletin Genel Teorisi*, Ekin Kitabevi, Bursa, 2007.

Grauvogel, Julia ve von Soest, Christian, "Die verfehlte Sanktionspolitik des Westens gegen Simbabwe", *GIGA Focus Afrika*, Sayı 2, 2015.

Grzelczyk, Virginie, "Going it Alone? North Korea's Adaptability as a Small Power in a Changing World", *Third World Thematics: A TWQ Journal*, Cilt 1, Sayı 1, 2016.

Gumilev, Lev Nikolayeviç, *Hunlar*, Selenge, İstanbul, 2002.

Gumz, Jonathan, "The Habsburg Empire, Serbia, and 1914: The Significance of a Sideshow", *1914: Austria-Hungary, the Origins, and the First Year of World War I*, Ed. Günter Bischof ve Ferdinand Karlhofer, University of New Orleans Press, New Orleans, 2014.

Güç, Ahmet, "Konfüçyüs ve Konfüçyüsçülük", *Uludağ Üniversitesi İlâhiyat Fakültesi Dergisi*, Cilt 10, Sayı 2, 2001, ss. 43-46.

"Güç", *Türk Dil Kurumu Güncel Türkçe Sözlük*, (Erişim) http://www.tdk.gov.tr/index.php?option=com, 24 Mart 2017.

Gül, Murat, "Birleşmiş Milletler İklim Konseyi'nin Felaket Senaryosu ve Uluslararası Siyasal İktisat", *The Journal of Academic Social Science Studies*, Sayı 28, Güz 2014.

Gül, Murat, "International Relations and the International System: Symbiosis of Continuity and Change", *The Journal of Academic Social Science Studies*, Cilt 5, Sayı 8, Aralık 2012.

Güneş, Hakan, "Çin Halk Cumhuriyeti Dış Politikası: Dönemler ve Dinamikler", *Dış Politika: Karşılaştırmalı Bir Bakış*, Ed. Faruk Sönmezoğlu ve Özgün Erler Bayır, Der Yayınları, İstanbul, 2014.

Güneş, Şahabettin, "Türkiye'de Nüfus Artışının Ekonomik Büyümeyle İlişkisi Üzerine Ekonometrik Bir Analiz", *Ankara Üniversitesi SBF Dergisi*, Cilt 60, Sayı 3, 2005.

Güran, Tevfik, *İktisat Tarihi*, Der Yayınları, İstanbul, 2012.

Gvalia, Giorgi; Siroky, David; Lebanidze, Bidzina ve Iashvili, Zurab, "Thinking outside the Bloc: Explaining the Foreign Policies of Small States", *Security Studies*, Cilt 22, Sayı 1, 2013.

Hagström, Linus ve Gustafsson, Karl, "Japan and Identity Change: Why It Matters in International Relations", *The Pacific Review*, Cilt 28, Sayı 1, 2015.

Hall, Richard Seymour ve Peyman, Hugh, *The Great Uhuru Railway: China's Showpiece in Africa*, Gollancz, 1976.

Halper, Stefan, *The Beijing Consensus: How China's Authoritarian Model Will Dominate the Twenty-First Century*, Basic Books, New York, 2010.

Handel, Michael I., *Weak States in the International System*, Taylor&Francis, Londra ve New York, 1990.

Hanes, W. Travis ve Sanello, Frank, *Opium Wars: The Addiction of One Empire and the Corruption of Another*, Sourcebooks, Naperville, 2002.

Hanusch, Marek, "African Perspectives on China–Africa: Modelling Popular Perceptions and Their Economic and Political Determinants", *Oxford Development Studies*, Cilt 4, Sayı 4, 2012.

Hargrove, Jarvis L., *The Political Economy of the Interior Gold Coast: The Asante and the Era of Legitimate Trading, 1807–1875*, Lexington Books, Londra, 2015.

Harris, Stuart, *Çin Dış Politikası*, Çev. Arslan Yavuz Şir, Matbuat Yayınları, İstanbul, 2014.

Harvey, David, "The New Imperialism: Accumulation by Dispossession", *Socialist Register*, Cilt 40, 2004.

Hazar, Numan, *Küreselleşme Sürecinde Afrika ve Türkiye-Afrika İlişkileri*, USAK Yayınları, Ankara, 2013.

Hazlewood, Nick, *The Queen's Slave Trader: John Hawkyns, Elizabeth I, and the Trafficking in Human Souls*, Harper Collins, New York, 2005.

Heckman, Garrett, *Power Capabilities and Similarity of Interests: A Test of the Power Transition Theory*, B.A., San Diego State University, 2007, s. 25-34.

Herr, Hansjörg, "Transformationsprozesse und deformierte Finanzmärkte: Die VR China im Vergleich mit mittel- und osteuropäische Transformationsländern", *Osteuropa Wirtschaft*, Cilt 45, Sayı 2, 2000.

Hey, Jeanne A. K., "Introducing Small State Foreign Policy", *Small States in World Politics: Explaining Foreign Policy Behavior*, Ed. Jeanne A. K. Hey, Lynne Rienner Publishers, Boulder, 2003.

Hey, Jeanne A. K., *Small States in World Politics: Explaining Foreign Policy Behavior*, Lynne Rienner, Londra, 2003.

Heywood, Andrew, *Küresel Siyaset*, Çev. Nasuh Uslu ve Haluk Özdemir, Adres Yayınları, Ankara, 2013.

Hobbes, Thomas, *Elementa Philosophica de Cive*, Apud L. et D. Elzevirios, Amsterdam, 1657.

Hobbes, Thomas, *Leviathan*, Oxford University Press, Oxford, 1998.

Hobbes, Thomas, *Opera Philosophica Quae Latine Scripsit Omnia: In Unum Corpus Nunc Primum Collecta*, Cilt 2, Apud Joannem Bohn, Londra, 1839.

Hoile, David, *Farce Majeure: The Clinton Administration's Sudan Policy 1993–2000*, European Sudanese Public Affairs Council, Londra, 2000.

Holslag, Jonathan, "China's Diplomatic Manoeuvring on the Darfur Question", *Journal of Contemporary China*, Cilt 17, Sayı 54, Ocak 2008.

Holsti, Kalevi Jaakko, *International Politics: A Framework for Analysis*, Prentice-Hall, Londra, 1974.

Hongming, Zhang, "辩证地看待中国在非洲的国际形势：中国在非洲大国新一轮竞争中的战略举措" (Çin'in Afrika'daki Uluslararası Durumuna Diyalektik Bir Bakış: Afrika'daki Büyük Güçler Arası Rekabetin Yeni Raundunda Çin Nasıl Bir Stratejik İnisiyatife Sahip?), 西亚非洲 *(Batı Asya ve Afrika)*, Sayı 4, Yıl 2014.

Hu, Weixing, "Xi Jinping's Big Power Diplomacy and China's Central National Security Commission (CNSC)", *Journal of Contemporary China*, Cilt 25, Sayı 98, 2016.

Huang, Ray, *China: A Macro History*, M. E. Sharpe, New York ve Londra, 1997.

Hui, Luo, "文化和权力：文化在中非关系中的作用" (Kültür ve Güç: Çin-Afrika İlişkilerinde Kültürün Rolü), 西亚非洲 *(Batı Asya ve Afrika)*, Sayı 1, Yıl 2014.

Huldt, Bo, "Små stater i internationell politik", *Aktorer i internationell politik - idag och imorgon*, Ed. Thomas Hörberg, Sekretariatet för Framtidsstudier, Stockholm, 1977.

Hung-Ming, Ku, *Çin Halkının Zihniyeti*, Çev. Hanife Güven, Doğu Batı Yayınları, Ankara, 2013.

International Energy Agency, *World Energy Outlook 2014,* (Erişim) http://www. worldenergyoutlook.org/weo2014/, 22 Ekim 2016.

International Energy Agency, *World Energy Outlook 2015,* (Erişim) http://www. worldenergyoutlook.org/weo2015/, 22 Ekim 2016.

International Energy Agency, *World Energy Outlook 2016,* (Erişim) http://www. worldenergyoutlook.org/weo2016/, 22 Ekim 2016.

Isaacs, Arnold R., ***Without Honor: Defeat in Vietnam and Cambodia***, John Hopkins University Press, Baltimore ve Londra, 1999.

Iwan-Müller, Ernest Bruce, ***Lord Milner and South Africa***, W. Heinemann, Londra, 1902.

İbni Haldun, ***Mukaddime,*** Haz. Süleyman Uludağ, Cilt I, Dergâh Yayınları, İstanbul 1988.

İnalcık, Halil, "Osmanlılar'da Saltanat Veraseti Usulü ve Türk Hâkimiyet Telakkisiyle İlgisi", ***Ankara Üniversitesi Siyasal Bilgiler Fakültesi Dergisi***, Cilt XIV, Sayı 1, Mart 1959.

İsmayılov, Rafik, "Sahra Altı Afrika'nın Gelişme Özellikleri ve Fırsatlar", ***Sahra Altı Afrika***, Ed. Ahmet Kavas ve Ufuk Tepebaş, Tasam Yayınları, İstanbul, 2007.

İstanbul Aydın Üniversitesi Afrika Uygulama ve Araştırma Merkezi, ***Küresel Rekabetin Merkezindeki Afrika'da Kalkınma Dinamikleri***, Uluslararası Afrika Konferansı Sonuç Raporu, No. 001, Temmuz 2015.

Jablonsky, David, "National Power", *The U.S. Army War College Guide to National Security Issues, Volume I: Theory of War and Strategy*, Ed. J. Boone Bartholomees, Strategic Studies Institute, Carlisle, 2010.

Jacobs, Bert, "A Dragon and a Dove? A Comparative Overview of Chinese and European Trade Relations with Sub-Saharan Africa", *Journal of Current Chinese Affairs*, Cillt 40, Sayı 4.

Jevil, David, "China: Superpower of the Future", *The Philadelphia Trumpet*, Cilt 27, Sayı 8, Eylül 2016.

Jinyuan, Gao, "China and Africa: The Development of Relations over Many Centuries", *African Affairs*, Vol. 83, No. 331, Nisan 1984.

Johnson, Paul, "Colonialism's Back and Not a Moment Too Soon", *New York Times Magazine*, 18 Nisan 1993.

Jordaan, Eduard, "The Concept of a Middle Power in International Relations: Distinguishing between Emerging and Traditional Middle Powers", *Politikon*, Cilt 30, Sayı 1, 2003.

Kadier, Yasenjiang, *21. Yüzyılda Çin Halk Cumhuriyeti'nin Afrika Politikası*, Yayımlanmamış Yüksek Lisans Tezi, İstanbul Üniversitesi Sosyal Bilimler Enstitüsü, 2013.

Kaiyuan, Zhang, "The 1911 Revolution and Seize the Hour, Seize the Day", *China's Republican Revolution*, Ed. Shinkichi Etō ve Harold Zvi Schiffrin, University of Tokyo Press, Tokyo, 1994.

Karaca, R. Kutay, "Çin'in Değişen Enerji Stratejisinin Dış Politikasına Etkileri (1990-2010)", *Uluslararası İlişkiler*, Cilt 9, Sayı 33, Bahar 2012, s. 93-118.

Karahan, Hatice, "Kaynak Laneti Mi?", *Yeni Şafak*, 1 Eylül 2015.

Karluk, Rıdvan, "Singapur", *Dünya Siyasetinde Doğu Asya*, Ed. İsmail Ermağan, Nobel Akademik, Ankara, 2016.

Kavas, Ahmet, "Afrika'nın Verimli Arazilerinin Yabancı Yatırımcılarca Sahiplenilmesinde Gıda Güvenliği ve Biyoyakıt Faktörünün Önemi", *Adam Akademi*, Cilt 4, Sayı 1, Haziran 2014.

Kavas, Ahmet, "İç Savaşlardan Bütünleşme Hareketlerine ve Kalkınma Hamlelerine Afrika'nın Yeniden Dönüşümü," *Avrasya Etüdleri*, Yıl 17, Sayı 40, 2011-2.

Kavas, Ahmet, *Osmanlı- Afrika İlişkileri*, Kitabevi Yayınları, İstanbul, 2011.

Keay, John, *Çin Tarihi*, Çev. Neşe Kars Tayanç ve Dinç Tayanç, İnkılâp, İstanbul, 2011.

Keeling, Michael, *The Mandate of Heaven: the Divine Command and the Natural Order*, T & T Clark, Edinburgh, 1995.

Keene, Edward, "The Naming of Powers", *Cooperation and Conflict*, Cilt 48, Sayı 2, 2013.

Keethaponcalan, Soosaipillai I., "A Small Power's Struggle for Independence in the Independent Era: The Case of Sri Lanka", *African and Asian Studies*, Cilt 13, Sayı 1-2, 2014.

Kegley, Charles W. ve Wittkopf, Eugene R., *World Politics: Trend and Transformation*, Macmillan, Londra, 1989.

Kennedy, John James, "Maintaining Popular Support for the Chinese Communist Regime: The Influence of Education and the State-Controlled Media", *Political Studies*, Cilt 57, No 3, 2009.

Kennedy, Paul, *Büyük Güçlerin Yükseliş ve Çöküşleri: 16. Yüzyıldan Günümüze Ekonomik Değişim ve Askeri Çatışmalar*, Çev. Birtane Karanakçı, Türkiye İş Bankası Kültür Yayınları, İstanbul, 2008.

Keohane, Robert O., "Lilliputians' Dilemmas: Small States in International Politics", *International Organization*, Cilt 23, Sayı 2, 1969.

Kissinger, Henry, *Çin: Dünden Bugüne Yeni Çin*, Çev. Nalân Işık Çeper, Kaknüs Yayınları, İstanbul, 2015.

Kliman, Daniel M., "Is China the Fastest-Rising Power in History?", *Foreign Policy*, (Erişim) http://foreignpolicy.com/2014/05/16/is-china-the-fastest-rising-power-in-history/, 21 Mart 2017.

Kollmeyer, Christopher, "Explaining Deindustrialization: How Affluence, Productivity Growth, and Globalization Diminish Manufacturing Employment", *American Journal of Sociology*, Cilt 114, Sayı 6, 2009.

Konuksever, Abdulkadir, "Ebubekir Efendi'nin İzinde", *AlJazeera*, 24 Ekim 2014.

Koslow, Philip, *Songhay: The Empire Builders*, Chelsea House, New York, 1995.

Koşar, Arif "Çin'in Afrika istilası", *Özgürlük Dünyası*, Sayı 241, Mayıs 2013.

Köroğlu, Batuhan, "Yükselen Çin'in Ortadoğu Politikaları", *Akademik Perspektif*, (Erişim) http://akademikperspektif.com/2014/09/08/yukselen-cinin-ortadogu-politikalari/, 8 Eylül 2014.

Krause, Volker ve Singer, J. David, "Minor Powers, Alliances, and Armed Conflict: Some Preliminary Patterns", *Small States and Alliances*, Ed. Erich Reiter ve Heinz Gartner, Springer-Verlag, Heidelberg, 2001.

Kristjansson, Jakob Thor ve Cela, Margret, "Iceland as a Powerful Small State in the International Community", *Centre for Small State Studies Working Paper*, 2011.

Kuo, Frederick, "What China knows about Africa that the West doesn't", *The National Interest*, 9 Mayıs 2017.

Küçük, Mustafa, "Uluslararası İlişkilerde Sosyal İnşacılık", *Uluslararası İlişkiler Teorileri*, Ed. Ramazan Gözen, İletişim Yayınları, İstanbul, 2014.

Lafarge, François, "La Chine, une puissance Africaine", *Perspectives Chinoises*, Sayı 90, Temmuz-Ağustos 2005.

Large, Dan ve Chien, Shiuh-Shen, "China Rising in Africa: Whither Taiwan?", *Fifth Conference of the European Association of Taiwan Studies*, Charles University, Prag, 18-20 Nisan 2008.

Large, Daniel, "Beyond 'Dragon in the Bush': The Study of China–Africa Relations", *African Affairs*, Cilt 107, Sayı 426, 2008.

Latham, Andrew ,"The Confucian Continuities of Chinese Geopolitical Discourse", *Macalester International*, Cilt 18, Sayı 27, 2007.

Layne, Christopher, "The Unipolar Illusion: Why New Great Powers Will Rise," *International Security*, Cilt 17, Sayı 4, 1993.

Layne, Christopher, "The Unipolar Illusion Revisited: The Coming End of the United States' Unipolar Moment", *International Security*, Cilt 31, Sayı 2, 2006.

League of Nations Archive, *Discours prononcé par Sa Majesté Haylé Sélassié Ier, empereur d'Éthiopie, à l'Assemblée de la Société des Nations, à la session de juin-juillet 1936*, United Nations Office at Geneva Library.

Lee, Donna, "Global Trade Governance and the Challenges of African Activism in the Doha Development Agenda Negotiations", *Global Society*, Cilt 26, Sayı 1, 2012.

Lee, Ji-Yong, "A Rising China and Its Economic Implications", *Center for U.S.-Korea Policy Workshop*, Ağustos 2010.

Lee, Joseph Tse-Hei, "中國的第三世界政策與地緣政治策略" (Çin'in Üçüncü Dünya Politikası), **香港社會科學學報** (*Hong Kong Sosyal Bilimler Dergisi*), Sayı 36, İlkbahar-Yaz 2009.

Lee, Kelley ve Gómez, Eduardo J., "Brazil's Ascendance: The Soft Power Role of Global Health Diplomacy", *The European Business Review*, Ocak-Şubat 2011.

Lekorwe, Mogopodi; Chingwete, Anyway; Okuru, Mina ve Samson, Romaric, "China's growing presence in Africa wins largely positive popular reviews", *Afrobarometer Dispatch*, No. 122, Ekim 2016.

Levy, Jack S., "What do Great Powers Balance Against and When?", Ed. Thazha Varkey Paul, *Balance of Power: Theory and Practice in the 21st Century*, Stanford University Press, Stanford, 2004.

Lewis, Mark Edward, *China's Cosmopolitan Empire: The Tang Dynasty*, Belknap Press of Harvard University Press, Cambridge, 2009.

Lewis, Mark, "Political History of the Warring States", *The Cambridge History of Ancient China*, Ed. Michael Loewe ve Edward Shaughnessy, Cambridge University Press, 1999.

Li, Peter; Li, Marjorie H. ve Mark, Steven, *Culture and Politics in China: An Anatomy of Tiananmen Square*, Transaction Publishers, New Brunswick, 1991.

Li, Xiaobing, *A History of the Modern Chinese Army*, University Press of Kentucky, 2007.

Li, Xiaojun, "China as a Trading Superpower", *China's Geoeconomic Strategy*, Ed. Nicholas Kitchen, London School of Economics, Londra, 2012.

Liebman, Charles S. ve Don-Yehiya, Eliezer, *Religion and Politics in Israel*, Indiana University Press, Bloomington, 1984.

"List of Countries by Projected GDP Per Capita", *International Monetary Fund World Economic Outlook 2016*, (Erişim) http://www.imf.org/external/index.htm, 26 Mart 2017.

Long, Tom, "Small States, Great Power? Gaining Influence through Intrinsic, Derivative, and Collective Power", *International Studies Review*, Aralık 2016.

Loo, Theresa ve Davies, Gary, "Branding China: The Ultimate Challenge in Reputation Management?", *Corporate Reputation Review*, Cilt 9, Sayı 3, 2006.

Louai, El Habib, "Retracing the Concept of the Subaltern from Gramsci to Spivak: Historical Developments and New Applications", *African Journal of History and Culture*, Cilt 4, Sayı 1, Ocak 2012.

Lu, Ding, "China's "Two Centenary Goals": Progress and Challenges", *EAI Background Brief,* No. 1072, Ekim 2015.

Lutz, Wolfgang; Sanderson Warren; Scherbov, Sergei, "The End of World Population Growth", *Nature,* Sayı 412, Ağustos 2001, s. 543-545.

Lütfi, Ömer, امید برونی سیاحتنامه سی   (*Ümid Burnu Seyahatnamesi*), İstanbul, 1292 (1876).

Lüthi, Lorenz M., *The Sino-Soviet Split: Cold War in the Communist World*, Princeton University Press, Princeton, 2008.

M'baye, Babacar, "The Economic, Political, and Social Impact of the Atlantic Slave Trade on Africa, *The European Legacy*, Cilt 11, Sayı 6, 2006.

M'Baye, El Hadji Ravane, "The Islamization of Africa", *The Spread of Islam Throughout the World*, Ed. Idriss El Hareir ve Ravane M'Baye, Unesco Publishing, Paris, 2011.

Makeham, John, *China: the World's Oldest Living Civilization Revealed*, Thames and Hudson, Londra, 2008.

Malthus, Thomas Robert, *An Essay on the Principle of Population as it Affects the Future Improvement of Society*, St. Paul's Church-Yard, Londra, 1798.

Mamdani, Mahmood, *Citizen and Subject: Contemporary Africa and the Legacy of Late Colonialism*, Princeton University Press, Princeton, 1996.

Mankiw, N. Gregory; Romer, David; Weil, David N., "A Contribution to the Empirics of Economic Growth", *The Quarterly Journal of Economics*, Mayıs 1992.

Manning, Patrick, *Slavery and African Life: Occidential, Oriental and African Slave Trades*, Cambridge University Press, Londra, 1990.

Mark Horton ve John Middleton, *The Swahili: The Social Landscape of a Mercantile Society*, Blackwell, Oxford, 2000;

Mazrui, Ali, *Afrikalılar: Üç Farklı Kültürel Miras*, İnsan Yayınları, İstanbul, 1992.

Mearsheimer, John J., *The Tragedy of Great Power Politics*, W. W. Norton & Company, New York, 2001.

Meçik, Oytun ve Afşar, Muharrem, "Ekonomide Sanayisizleşme ve OECD Ülkelerine Etkileri", *Hacettepe Üniversitesi İktisadi ve İdari Bilimler Fakültesi Dergisi*, Cilt 33, Sayı 2, 2015.

Medeiros, Evan S. ve Fravel, M. Taylor, "China's New Diplomacy", *Foreign Affairs*, Cilt 82, Sayı 6, Kasım/Aralık 2003.

Meredith, Martin, *Diamonds, Gold, and War: The British, the Boers, and the Making of South Africa*, Public Affairs, New York, 2007.

Mhandara, Lawrence, Manyeruke, Charity ve Nyamba, Eve, "Debating China's New Role in Africa's Political Economy", *African-East Asian Affairs*, Sayı 2, Haziran, 2013.

Miles, James A. R., *The Legacy of Tiananmen: China in Disarray*, University of Michigan Press, 1997.

Miller, Benjamin, *States, Nations, and the Great Powers: The Sources of Regional War and Peace*, Cambridge University Press, Cambridge, 2007.

Miller, James A., "Trading through Islam: The Interconnections of Sijimasa, Ghana and the Almoravid Movement", *North Africa, Islam and the Mediterranean World: From the Almoravids to the Algerian War*, Ed. Julia Clancy-Smith, Frank Cass, Londra, 2001.

Minnick, Wendell, "China's One Belt, One Road Strategy", *Defense News*, 11 Nisan 2015, (Erişim) http://www.defensenews.com/story/defense/, 14 Mayıs 2017.

Mlambo, Courage; Kushamba, Audrey; Simawu, More Blessing, "China-Africa Relations: What Lies Beneath?", *The Chinese Economy*, Cilt 49, Sayı 4, 2016.

Mogalakwe, Monageng, "Botswana: An African Miracle or a Case of Mistaken Identity," *Pula: Botswana Journal of African Studies*, Cilt 17, Sayı 1, 2003.

Monaghan, Angela, "China surpasses US as world's largest trading nation", *The Guardian*, 10 Ocak 2014.

Monson, Jamie, *Africa's Freedom Railway: How a Chinese Development Project Changed Lives and Livelihoods in Tanzania*, Indiana University Press, Bloomington, 2009.

Monte, João Bosco, "China e África: A Política de Pequim para o Continente Africano", *Meridiano 47: Boletim de Análise de Conjuntura em Relações Internacionais*, No. 116, Mart 2010.

Mora, Frank O., "Paraguay: From the Stronato to the Democratic Transition", *Small States in World Politics: Explaining Foreign Policy Behavior*, Ed. Jeanne A. K. Hey, Lynne Rienner Publishers, Boulder, 2003, s. 13-22.

Morgenthau, Hans J., *Politics among Nations: the Struggle for Power and Peace*, Alfred A. Knopf, New York, 1948.

Morkot, Robert, *The Black Pharaohs: Egypt's Nubian Rulers*, Rubicon Press, London, 2000.

Morlin-Yron, Sophie, "This is what Africans really think of the Chinese", *CNN*, 6 Kasım 2016, (Erişim) http://edition.cnn.com/2016/11/03/africa/what-africans-really-think-of-china/index.html, 11 Ekim 2017.

"Morocco must choose between US and EU trade deals", *Afrol News*, (Erişim) http://www.afrol.com/, 20 Ocak 2003.

Motoki, Takahashi, "日本の対アフリカ援助外交の変遷:反応」性と政治的意志の欠如" (Japonya'nın Afrika'da Yardım Diplomasisine Yönelişi: Reaktivite ve Siyasî İrade Eksikliği), 国際問題 (*Kokusai Mondai/Uluslararası İlişkiler*), No. 591, Mayıs 2010.

Mouritzen, Hans, "Testing Weak Power Theory: Three Nordic Reactions to the Soviet Disintegration", *European Foreign Policy: The EC and Changing Perspectives in Europe*, Ed. Walter Carlsnaes ve Steve Smith, Sage, Londra, 1994.

Mouritzen, Hans, *Finlandization: Towards a General Theory of Adaptive Politics*, Avebury, Aldershot, 1988.

Murshed, Syed Mansoob; Goulart, Pedro; Serino Leandro A., *South South Globalization: Challenges and Opportunities for Development*, Routledge, New York, 2011.

Mutasa, Charles, "El Papel de China en África y las Implicaciones para la Participación Democrática", *África, la Nueva Frontera China*, Ed. Guillermo Martínez ve Christopher Burkes, Casa Asia y Casa África, Barcelona, 2013.

Mühlhahn, Klaus, *The Limits of Empire: New Perspectives on Imperialism in Modern China*, Lit, Zürih, 2008.

Nan, Zhong, "Two new funds to boost trade with Africa", *China Daily*, 13 Haziran 2013.

Nathan, Andrew J. ve Gilley, Bruce, *China's New Rulers: The Secret Files*, NYREV, New York, 2002.

"National Material Capabilities (v4.0)", (Erişim) http://correlatesof-war.org/COW2%20Data/Capabilities/NMC_v4_0.csv, 22 Mart 2017.

National Security Strategy of the United States of America, The White House, December 2017.

Naylor, Phillip Chiviges ve Heggoy, Alf Andrew, *Historical Dictionary of Algeria*, Scarecrow Press, Lanham, 1994.

"Neo-kolonyalizm", *Hürriyet*, 13 Mart 2003.

Neuberger, Benyamin, *Israel's Relations with the Third World (1948–2008)*, S. Daniel Abraham Center, Tel Aviv, 2009.

Nicolau, Juan Pablo Cardenal ve Rodríguez, Heriberto Araújo, *La Silenciosa Conquista China: Una Investigación por 25 Países para Comprender cómo la Potencia del Siglo XXI Está Forjando Su Futura Hegemonía*, Critica, Barselona, 2011.Nietzsche, Friedrich, *Der Willle zur Macht: Versuch einer Umwertung aller Werthe*, Naumann, Leipzig, 1901, s. 481.

"Nigcomsat-1 Program", *China Great Wall Industry Corporation*, (Erişim) http://www.cgwic.com/In-OrbitDelivery/Communications Satellite/Program/NigComSat-1.html, 30 Haziran 2015.

Nizamoglu, Yüksel, "İtalya-Habesistan Savaşı, Vehip Paşa ve Türkiye", *Gaziosmanpaşa Üniversitesi Sosyal Bilimler Araştırmaları Dergisi*, Sayı 12, 2011.

Nkrumah, Kwame, *Neo-Colonialism: The Last Stage of Imperialism*, International Publishers, New York, 1965.

Nossal, Kim Richard ve Stubbs, Richard, "Mahathir's Malaysia: An Emerging Middle Power?", *Niche Diplomacy: Middle Powers after the Cold War*, Ed. Andrew F. Cooper, Palgrave Macmillan, Basingstoke, 1997.

Nunn, Nathan,"The Long Term Effects of Africa's Slave Trades", *The Quarterly Journal of Economics*, Şubat 2008.

Nye, Joseph S., "Soft Power", *Foreign Policy*, No. 80, Sonbahar 1990.

Nye, Joseph S., *Soft Power: The Means to Success in World Politics*, PublicAffairs, New York, 2004.

Oded, Arye, "The Omani Sultanate in Zanzibar and East Africa: Historical, Political, Economic and Religious Aspects", *RIMA Historical Papers*, Cilt 5, Sayı 2, Nisan 2017.

Ogunsanwo, Alaba, *China's Policy in Africa, 1958–71*, Cambridge University Press, Cambridge, 1974.

Okay, Bülent, "Çin Seddi'nin Yapılış Nedeni Hakkında Değişik Bir Görüş", *Belleten*, Cilt LVII, Sayı 218, Nisan 1993.

Okumu, Washington A. Jalango, *The African Renaissance: History, Significance and Strategy*, Africa World Press, Trenton ve Asmara, 2002.

Onuf, Nicholas, "The Power of Metaphor/the Metaphor of Power", *The Journal of International Communication*, Cilt 23, Sayı 1, 2017.

Orakçı, Serhat, "Afrika'da Küresel Rekabet ve Türkiye", *Avrasya Etüdleri*, Yıl 17, Sayı 40, 2011-2.

Oran, Baskın, *Azgelişmiş Ülke Milliyetçiliği: Kara Afrika Modeli*, Bilgi Yayınevi, Ankara, 1997.

Orhonlu, Cengiz, *Osmanlı İmparatorluğu'nun Güney Siyaseti: Habeş Eyaleti*, Türk Tarih Kurumu Yayınları, Ankara, 1996.

"Orta Amerika'da yeni tehlike Çin istilası", *Yeni Şafak*, 5 Kasım 2013.

Østerud, Øyvind, "Regional Great Powers", *Regional Great Powers in International Politics*, Ed. Iver B. Neumann, Macmillan Press, Basingstoke ve Londra, 1992.

Ovadia, Jesse Salah, "Accumulation with or without Dispossession? A 'Both/And' Approach to China in Africa with Reference to Angola", *Review of African Political Economy*, Cilt 40, Sayı 136, 2013.

Öğütçü, Mehmet, *Yükselen Asya*, İmge Kitabevi, Ankara, 1998.

Önalp, Ertuğrul, "Portekiz Kaynaklarına Göre Sefer Reis'in Hint Okyanusu'ndaki Faaliyetleri (1550-1565)", *Ankara Üniversitesi Osmanlı Tarihi Araştırma ve Uygulama Merkezi Dergisi*, Sayı 25, Bahar 2009.

Özçamlı, Mirat, "Sarı Tehlike: Çin ve Yayılma Siyaseti", *Orkun Dergisi*, Sayı 64, Haziran 2003.

Özdemir, Haluk, "Uluslararası İlişkilerde Güç: Çok Boyutlu Bir Değerlendirme", *Ankara Üniversitesi Siyasal Bilgiler Fakültesi Dergisi*, Cilt 63, Sayı 3, 2008.

Özdemir, Mehmet, "Muvahhidler", *İslam Ansiklopedisi*, Cilt 31, Türkiye Diyanet Vakfı Yayınları, Ankara, 2006.

Özekmekçi, M. İnanç, "Türkiye'nin Doğu Sınırında Yeni Bir Güç: Çin", *Boğaziçi Üniversitesi-TÜSİAD Dış Politika Forumu*, (Erişim) http://dispolitikaforumu.com/ wp-content/uploads/2013/05/cin.pdf, 8 Mayıs 2017.

Özey, Ramazan, *Afrika Coğrafyası*, Aktif Yayınları, İstanbul, 2009.

Özkaya, Ömer, "Çin'in Korkusu", *Güneş*, 27 Mart 2016.

Özkuyumcu, Nadir, "Rüstemîler", *İslam Ansiklopedisi*, Cilt 35, Türkiye Diyanet Vakfı Yayınları, Ankara, 2008.

Özsoylu, Ahmet Faruk, *Çin: Bir Devin Uyanışı*, Nobel Kitabevi, Ankara, 2006.

Öztürk, Hasan ve Eke, Hatice, *Gelecek Vadeden Kıta: Afrika*, Bilge Adamlar Kurulu Raporu, Rapor No: 70, Aralık 2015.

Öztürk, Levent, *İlk Hicret Habeşistan*, Siyer Yayınları, İstanbul 2015.

Özüye, Oktay, "En Az Gelişmiş Ülkeler", *Türkiye Cumhuriyeti Dışişleri Bakanlığı*, (Erişim) http://www.mfa.gov.tr/en-az-gelismis -ulkeler.tr.mfa, 18 Aralık 2016.

Page, Jeremy, "China Builds First Overseas Military Outpost", *The Wall Street Journal*, (Erişim) https://www.wsj.com/articles/china-builds-first-overseas-military-outpost-1471622, 19 Ağustos 2016.

Page, John, "Can Africa Industrialise?", *Journal of African Economies*, Cilt 21, AERC Supplement 2, 2012.

Pan, Phillip P., "Rumsfeld Chides China for Mixed Signals", *Washington Post*, 20 Ekim 2005.

Pan, Su-Yan ve Lo, Joe Tin-Yau, "Re-conceptualizing China's Rise as a Global Power: A Neo-Tributary Perspective", *The Pacific Review*, Cilt 30, Sayı 1, 2017.

Pape, Robert A., "Soft Balancing Against the United States", *International Security*, Cilt 30, Sayı1, 2005.

Patrick, Stewart M., "Why Natural Resources Are a Curse on Developing Countries and How to Fix It", *The Atlantic*, 30 Nisan 2012.

Paul, Thazha Varkey, *Asymmetric Conflicts: War Initiation by Weaker Powers*, Cambridge University Press, Cambridge, 1994.

Pautasso, Diego, "A Política Externa Chinesa e a 4ª Conferência do Fórum de Cooperação China-África-2009", *Meridiano 47*, Sayı 112, Kasım 2009.

Payne Richard J. ve Veney, Cassandra R., "China's Post-Cold War African Policy", *Asian Survey*, Cilt 38, Sayı 9, Eylül 1998.

Pearson, Michael N., *Port Cities and Intruders: The Swahili Coast, India, and Portugal in the Early Modern Era*, Johns Hopkins University Press, Baltimore, 1998.

Peker, Hasan Sencer, "Avrupa'da Merkantilist Uygulamalar ve Osmanlı Ekonomisi İle Bir Karşılaştırma", *Çankırı Karatekin Üniversitesi İİBF Dergisi*, Cilt 5, Sayı 1, 2015.

"People and Society, China", *CIA World Factbook*, (Erişim) https://www.cia.gov/library/publications/the-world-factbook/geos/ch.html, 28 Mart 2017.

Perry, Alex, "A Chinese Color War", *Time*, 1 Ağustos 2008.

Peters, Stefan, "Erdöl, Rente und Politik: Vom Ressourcenfluch zur Rentengesellschaft", *Welt Trends: Zeitschrift für Internationale Politik*, Yıl 22, Sayı 97, Temmuz-Ağustos 2014.

Petry, Drew, *Using AFRICOM to Counter China's Aggressive African Policies*, US Air Force Academy Department of Military and Strategic Studies, Colorado, 2011.

Pew Research Center, "Despite Challenges, Africans Are Optimistic about the Future", *Pew Global*, 8 Kasım 2013.

Peyrefitte, Alain, *L'Empire Immobile ou Le Choc des Mondes*, Librairie Arthéme Fayard, Paris, 1989.

Phillipson, David W., *Ancient Ethiopia: Aksum, Its Antecedents and Successors*, British Museum Press, Londra, 1998.

"Poder", *Real Academia Española*, (Erişim) http://dle.rae.es/ /?id=TU1KCfY I TU2n, 8 Nisan 2017.

Poh, Angela ve Li, Mingjiang, "A China in Transition: The Rhetoric and Substance of Chinese Foreign Policy under Xi Jinping", *Asian Security*, Mart 2017, s. 1-10.

Pollert, Achim; Kirchner, Bernd; Polzin, Javier Morato, *Wirtschaft von A bis Z: Grundlagenwissen für Schule und Studium, Beruf und Alltag*, Dudenverlag, Berlin, 2013.

Pomeranz, Kenneth, *The Great Divergence: China, Europe, and the Making of the Modern World Economy*, Princeton University Press, Princeton ve Oxford, 2000.

Pomfret, John, "U.S. sells weapons to Taiwan, angering China", *Washington Post*, 30 Ocak 2010.

Porteous, Tom, *Britain in Africa*, University of KwaZulu-Natal Press, Pietermaritzburg, 2008.

Pouwels, Randall L., *The African and Middle Eastern World, 600-1500*, Oxford University Press, Oxford ve New York, 2005.

Power, Marcus ve Alves, Ana C., *China and Angola: A Marriage of Convenience?*, Fahamu Books, Oxford, 2012.

Pratt, Nicola, "Identity, Culture and Democratization: The Case of Egypt", *New Political Science*, Cilt 27, Sayı 1, Mart 2005.

Preez, Max du, "The Socrates of Africa and His Student: A Case Study of Pre-Colonial African Leadership", *Leadership*, Cilt 8, Sayı 1, 2012.

Preuss, Ulrich K., "Equality of States: Its Meaning in a Constitutionalized Global Order", *Chicago Journal of International Law*, Cilt 9, Sayı 1, 2008.

Provost, Claire, "Nigeria expected to have larger population than US by 2050", *The Guardian*, 13 Haziran 2013.

Psarras, Sophia-Karin, "Han and Xiongnu: A Reexamination of Cultural and Political Relations", *Monumenta Serica*, Cilt 52, 2004.

Pulat, Mustafa, "Çin Halk Cumhuriyeti'nin Dünya Ekonomisindeki Yeri ve DTÖ Bağlamında Türkiye-ÇHC İlişkileri", *Uluslararası Ekonomik Sorunlar Dergisi*, Sayı VI, Ağustos 2002.

Pustovitovskij, Andrej ve Kremer, Jan-Frederik, "Structural Power and International Relations Analysis: Fill Your Basket, Get Your Preferences", *IEE Working Paper*, No. 191, 2011.

Rai, Vinay ve Simon, William L., *Think India: The Rise of the World's Next Superpower and What It Means for Every American*, Dutton, New York, 2007.

Ramo, Joshua Cooper, *The Beijing Consensus*, Foreign Policy Center, Londra, Mayıs 2004.

Rapoza, Kenneth, "China's Aging Population Becoming More of a Problem", *Forbes*, (Erişim) https://www.forbes.com/sites/kenrapoza/2017/02/21/chinas-aging-population-becoming-more-of-a-problem/#412df809140f, 31 Mart 2017.

Rawley, James A., *London, Metropolis of the Slave Trade*, University of Missouri Press, Columbia, 2003.

"Realpolitik", *Merriam Webster*, (Erişim) https://www.merriam-webster.com/dictio nary/realpolitik, 10 Mayıs 2017.

Rebol, Max, "Why the Beijing Consensus is a Non-Consensus: Implications for Contemporary China-Africa Relations", *Culture Mandala: Bulletin of the Centre for East-West Cultural and Economic Studies*, Cilt 9, Sayı 1, 2010.

Redford, Donald B., *From Slave to Pharaoh: The Black Experience of Ancient Egypt*, John Hopkins University Press, Baltimore, 2004.

Redmayne, Alison, "Mkwawa and the Hehe Wars", *The Journal of African History*, Cilt 9, Sayı 3, 1968.

Reid, Richard J., *A History of Modern Africa: 1800 to the Present*, Wiley-Blackwell, Malden, 2012.

"Report on China's Policy and Its Effects on Africa", *European Parliament Session Document*, Committee on Development, 28 Mart 2008.

"Research and Development Expenditure % of GDP", *World Bank*, (Erişim)   http://data.worldbank.org/indicator/GB.XPD.RSDV.GD. ZS, 28 Mart 2016.

Rich, Timothy S., "Status for Sale: Taiwan and the Competition for Diplomatic Recognition", *Issues & Studies*, Cilt 45, Sayı 4, Aralık 2009.

Rios, Xulio, "China y Su Papel en Africa", *Anuario Ceipaz*, Sayı 2, 2008-2009.

Rogers, John, "The Foreign Policy of Small States: Sweden and the Mosul Crisis, 1924–1925", *Contemporary European History*, Cilt 16, Sayı 3, 2007.

Roll, Michael, "Demokratie statt Ressourcenfluch: Ein neues Modell für ölreiche Entwicklungsländer", *FES Perspective*, Berlin, 2012.

Rosecrance, Richard, *Action and Reaction in World Politics: International Systems in Perspective*, Little, Brown adn Company, Boston, 1963.

Rossabi, Morris, *A History of China*, Wiley-Blackwell, West Sussex, 2014.

Rothchild, Donald, "The U.S. Role in Promoting Peaceful African Relations", *Africa in World Politics: Reforming Political Order*, Ed. John W. Harbeson ve Donald Rothchild, Westview Press, Boulder, 2009.

Rothstein, Robert Lewis, *Alliances and Small Powers*, Columbia University Press, New York ve Londra, 1968.

Roy, Denny, "China's Pitch for a Multipolar for a Multipolar World: The New Security Concept", *Asia-Pacific Security Studies*, Cilt 2, Sayı 1, Mayıs 2013.

Rumelili, Bahar, "Kimlik", *Uluslararası İlişkilere Giriş: Tarih, Teori, Kavram ve Konular*, Ed. Şaban Kardaş ve Ali Balcı, Küre Yayınları, İstanbul, 2014.

Rupert, Greenbery G., *The Yellow Peril or the Orient vs the Occident as Viewed by Modern Statesmen and Ancient Prophets*, Union Publishing, Choctaw, 1911.

Rynn, Jon, *The Power to Create Wealth: A Systems-Based Theory of the Rise and Decline of the Great Powers in the 20th Century*, The City University of New York, 2001.

Sa'di, Abd al-Rahman ibn Abd Allah, *Timbuktu and the Songhay Empire*, Çev. John O Hunwick, Brill, Leiden, 2003.

Sağer, Z. Hale Eroğlu, "Çin ve Osmanlı'da Meşruiyetçi Düşünce ve Milliyetçiliğin Doğuşu: Karşılaştırmalı Bir İnceleme", *Dîvân İlmî Araştırmalar*, Sayı 20, 2006/1.

Sâidûnî, Nâsırüddin, "Cezayir", *İslam Ansiklopedisi*, Cilt 7, Türkiye Diyanet Vakfı Yayınları, Ankara, 1993.

Sam, David L. ve Berry, John W., "Acculturation: When Individuals and Groups of Different Cultural Backgrounds Meet", *Perspectives on Psychological Science*, Cilt 5, Sayı 4, 2010.

Sanayebadi, Elham Rasuli, بررسی هویت نظام جمهوری اسلامی ایران از منظر سازه انگاری (Yapısalcı Bir Bakış Açısıyla İran İslam Cumhuriyeti'nin Rejim Kimliğinin Analizi), علوم سیاسی (*Ulûm-u Siyâsî*), Cilt 15, Sayı 58, 1991.

Sander, Oral, *Siyasi Tarih: İlk Çağlardan 1918'e*, İmge Kitabevi, Ankara, 2009.

Sandıklı, Atilla, "Geleceğin Süpergücü Çin", *Bilge Strateji*, Cilt 1, Sayı 1, Güz 2009.

Sandschneider, Eberhard, *Globale Rivalen: Chinas unheimlicher Aufstieg und Die Ohnmacht des Westens*, Münih, Carl Hanser Verlag, 2007.

Sarı, Buğra, "Amerikan Ulusal Çıkarları ve Afrika", *Ankara Üniversitesi Afrika Çalışmaları Dergisi*, Cilt 1, Sayı 2, Bahar 2012.

Sato, Makoto, "日本のアフリカ外交—歴史にみるその特質" (Japonya'nın Afrika Diplomasisi-Tarihsel Karakteristiği), **成長するアフリカ日本と中国の視点** (*Japonya ve Çin'in Perspektifinden Büyüyen Afrika*), アジア経済研究所 (Gelişmekte Olan Ekonomiler Enstitüsü), Eylül 2007.

Sauvy, Alfred, *Avrupa Batacak: 30 Yıl Sonra Kuzey-Güney*, Çev. Şennur Karakurt, Endülüs Yayınları, İstanbul, 1991.

Scalapino, Robert A., "On the Trail of Chou En-Lai in Africa", *Rand Corporation Research Memorandum*, Unites States Air Force Project, No. 4061, Nisan 1964.

Sceats, Sonya ve Breslin, Shaun, *China and the International Human Rights System*, Chatham House Royal Institute of International Affairs, Londra, 2012.

Schaufelbuehl, Janick Marina, *La France et la Suisse ou la Force du Petit: Évasion Fiscale, Relations Commerciales et Financières (1940–1954)*, Presses de Sciences Po, Paris, 2009.

Schmidt, Dirk ve Heilmann, Sebastian, *Außenpolitik und Außenwirtschaft der Volksrepublik China*, Springer VS, Wiesbaden, 2012.

Schmidt, Elizabeth, *Foreign Intervention in Africa: From the Cold War to the War on Terror*, Cambridge University Press, Cambridge, 2013.

Schofield, Norman ve Gallego, Maria, "La Modelización de la Política: Autocracia y Anocracia", *Nuevo Institucionalismo: Gobernanza, Económica y Políticas Públicas*, Ed. Xosé Carlos Arias ve Gonzalo Caballero, Centro de Investigaciones Sociológicas, Madrid, 2013.

Scholvin, Sören ve Strüver, Georg, "Infrastrukturprojekte in der SADC-Region: die Rolle Chinas", *GIGA Focus Afrika*, Sayı 2, 2013.

Schultz, Jonathan, "Theorising Australia-Pacifc Island Relations", *Australian Journal of International Affairs*, Cilt 68, Sayı 5, 2014.

Segal, Gerald, "China and Africa", *The Annals of the American Academy of Political and Social Science*, Cilt 519, Ocak 1992.

"Senegal picks China over Taiwan", *BBC*, 26 Ekim 2005, (Erişim) http://news.bbc. co.uk/2/hi/asia-pacific/4377818.stm, 10 Mayıs 2017.

Servant, Jean-Christophe, "La Chine à l'assaut du marché africain", **Le Monde Diplomatique**, Mai 2005.

Shafaeddin, S. Mehdi, "The Impact of China's Accession to WTO on the Exports of Developing Countries", *United Nations Conference on Trade and Development Discussion Paper*, No. 160, Haziran 2002.

Shelton, Garth, "China and Africa: Building an Economic Partnership", *South African Journal of International Affairs*, Cilt 8, Sayı 2, Kış 2001.

Shibeika, Mekki, "The Expansionist Movement of Khedive Ismail to the Lakes", *Sudan in Africa*, Ed. Yusuf Fadl Hassan, University of Khartoum Press, Hartum, 1971.

Shin, Soon-ok, "South Korea's Elusive Middlepowermanship: Regional or Global Player?", *The Pacific Review*, Cilt 29, Sayı 2, 2016.

Shinn, David H. ve Eisenman, Joshua, *China and Africa: A Century of Engagement*, University of Pennsylvania Press, Pennsylvania, 2012.

Shinn, David H., "China's Growing Role in Africa: Implications for U.S. Policy", *Hearing Held by Senate Committee on Foreign Relations Subcommittee on African Affairs*, 1 Kasım 2011.

"SIPRI Military Expenditure Database", *Stockholm International Peace Research Institute*, (Erişim) https://www.sipri.org/databases/milex, 21 Mart 2017.

Siddiqi, Farhan Hanif, "Pakistan and Singapore as Small Powers: Comparative Thematic Evaluation and Policy Imperatives", *African and Asian Studies*, Cilt 13, Sayı 1-2, 2014.

Siddiqui, Rukhsana A., *Subsaharan Africa in the 1990s: Challenges to Democracy and Development*, Praeger Publishers, Westport, 1997.

Simocatta, Theophylactus, *The History of Theophylact Simocatta: An English Translation with Introduction*, Çev. Michael Whitby ve Mary Whitby, Clarendon Press, Oxford, 1986.

Simon, Sheldon W., "Davids and Goliaths: Small Power-Great Power Security Relations in Southeast Asia", *Asian Survey*, Cilt 23, Sayı 3, Mart 1983.

Singer, J. David, "Reconstructing the Correlates of War Dataset on Material Capabilities of States, 1816–1985", *International Interactions*, Cilt 14, Sayı, 1988.

Small, Melvin ve Singer, J. David, *Resort to Arms: International and Civil Wars, 1816-1984*, Sage Publications, Beverly Hills, 1982.

Smidt, Wolbert G.C., "A Chinese in the Nubian and Abyssinian Kingdoms (8th Century): The Visit of Du Huan to Molin-guo and Laobosa", *Chroniques Yéménites*, Sayı 9, Temmuz 2001.

Snow, Philip, "China and Africa: Consensus and Camouflage", *Chinese Foreign Policy: Theory and Practice*, Ed. Thomas Robinson ve David Shambaugh, Oxford University Press, Oxford, 1995, s. 30–69.

Social Research and Development Institute, *Somaliland Statehood, Recognition and the Ongoing Dialogue with Somalia*, Hargeisa, 2013.

Solomon, Eldra Pearl, *Introduction to Human Anatomy and Physiology*, Elsevier, Missouri, 2016.

"Soviet Social-Imperialism: The Most Dangerous Source of War", *Peking Review*, Cilt 19, Sayı 5, Haziran 1976, s. 9-13.

Spillius, Alex "China to rent five per cent of Ukraine", *The Telegraph*, 24 Eylül 2013.

Styan, David, "Djibouti: Changing Influence in the Horn's Strategic Hub", *Chatham House Briefing Paper*, Nisan 2013.

Sukup, Viktor, "A China frente à globalização: desafios e oportunidades", ***Revista Brasileira de Política Internacional***, Cilt 45, Sayı 2, 2002.

Sun, Yun, ***Africa in China's Foreign Policy***, Brookings, Washington, 2014.

Susbielle, Jean-François, ***China-USA: Der Programmierte Krieg***, List Tashenbuch, Berlin, 2009.

Sweijs, Tim, "The Role of Small Powers in the Outbreak of Great Power War", ***Centre for Small State Studies Occasional Paper***, Aralık 2010.

Şensoy, Süleyman, "Bir Kuşak Bir Yol: Çin, Türkiye ve Dünya", ***Türk Asya Stratejik Araştırmalar Merkezi***, (Erişim) http://www.tasam.org/tr-TR/Icerik/25699/, 14 Mayıs 2017.

Şeyh, Ali Kyari Benî, "19. Yüzyılda Osmanlı-Bornu Münasebetleri", ***İstanbul Medeniyet Üniversitesi Siyasal Bilgiler Fakültesi Dergisi***, Cilt 1, Sayı 2, 2016.

"Taiwan thanks African ally for rejecting diplomatic advances from Beijing", ***South China Morning Post***, 26 Ocak 2017, (Erişim) http://www.scmp.com/news/china/   diplomacy-defence/article/, 10 Mayıs 2017.

Talıbov, Rza, ***Asiya Ölkələri Beynəlxalq Münasibətlər Sistemində***, Elm və Təhsil, Bakü, 2015.

Tamames, Ramón, "China en Rápido Crecimiento: Política Económica Exterior y Relaciones con África", ***África, la Nueva Frontera China***, Ed. Guillermo Martínez ve Christopher Burke, Casa Asia y Casa África, Barselona, 2013.

Tamçelik, Soyalp, "Hindistan'ın Afrika Politikası", *Afrika Politikası: 21. Yüzyılda Güvenlik, Refah ve Demokrasi Arayışı*, Ed. Hasret Çomak, Caner Sancaktar, Huriye Yıldırım Çinar, Beta Yayınları, İstanbul, 2017, s. 807.

Taylor, Ian, "China's Oil Diplomacy in Africa", *International Affairs*, Cilt 82, Sayı 5, 2006.

Taylor, Ian, "Las Crecientes Relaciones entre China y África: Deshilando las Implicaciones", *África, la Nueva Frontera China*, Ed. Guillermo Martínez ve Christopher Burkes, Casa Asia y Casa África, Barcelona, 2013.

Taylor, Ian, "The All-Weather Friend: Sino-African Interaction in the Twenty-First Century", *Africa in International Politics: External Involvement on the Continent*, Ed. Ian Taylor ve Paul Williams, Routledge, Londra ve New York, 2004.

Tellis, Ashley J.; Bially, Janice; Layne, Christopher ve McPherson, Melissa, *Measuring National Power in the Postindustrial Age: Analyst's Handbook*, Rand Corporation, California, 2000.

Temiz, Kadir, "Münzevi Krallıktan Mucizevi Ulus-Devlete Güney Kore", *Dünya Siyasetinde Doğu Asya*, Ed. İsmail Errnağan, Nobel Akademik, Ankara, 2016.

Tepebaş, Ufuk, *Büyük Güçler ve Afrika: 21. Yüzyılda Çok Boyutlu Afrika Rekabeti*, Tasam Yayınları, İstanbul, 2010.

Tepebaş, Ufuk, *Dönüşüm Sürecindeki Sahra Altı Afrika: Kalkınma, Güvenlik ve Ortaklık*, Tasam Yayınları, İstanbul, 2013.

Tepeciklioğlu, Elem Eyrice, "Afrika Kıtasının Dünya Politikasında Artan Önemi ve Türkiye-Afrika İlişkileri", *Ankara Üniversitesi Afrika Çalışmaları Dergisi*, Cilt 1, Sayı 2, Bahar 2012.

Tezkan, Yılmaz, *Jeopolitikten Millî Güvenliğe*. Ülke Kitapları, Ankara, 2005.

"The Balance of Economic Power: East or Famine", *The Economist*, 25 Şubat 2010, (Erişim) http://www.economist.com/node/15579727, 1 Ocak 2018.

"The Fifth Ministerial Conference of the Forum on China-Africa Cooperation Beijing Action Plan (2013-2015)", *FOCAC Archives*, (Erişim) http://www.focac.org/eng/ltda/dwjbzjj hys/t954620.htm, 16 Aralık 2016.

"The Forum on China-Africa Cooperation Johannesburg Action Plan (2016-2018)", *FOCAC Archives*, (Erişim) http://www.focac. org/eng/ltda/dwjbzjjhys_1/t1327961. htm, 16 Aralık 2016.

Thornton, John, "Early Kongo-Portuguese Relations: A New Interpretation", *History in Africa*, Cilt 8, 1981.

Thucydides, *History of the Peloponnesian War*, Çev. Rex Warner, Penguin Classic, Londra, 1972.

Tibor, Rajkai Zsombor, *The Timurid Empire and The Ming China: Theories and Approaches Concerning the Relations of the Two Empires*, Doktori Disszertáció, Eötvös Lorand University, 2007.

Tietze, Andreas, *Tarihi ve Etimolojik Türkiye Türkçesi Lugati*, İkinci Cilt, Verlag der Österreichischen Akademie der Wissenschaften, Viyana, 2008.

Tiezzi, Shannon, "Report: China's 1 Percent Owns 1/3 of Wealth", *The Diplomat*, (Erişim) http://thediplomat.com/2016/ 01/report-chinas-1-percent-owns-13-of-wealth, 28 Mart 2017.

Tiffen, Adam, "The New Neo-Colonialism in Africa", *Global Policy Journal*, 19 Ağustos 2014.

Tiruneh, Gizachew, "Regime Type and Economic Growth in Africa: A Cross-National Analysis", *The Social Science Journal*, Cilt 43, Sayı 1, 2006.

Toje, Asle, *The European Union as a Small Power: After the Post-Cold War*, Palgrave Macmillan, Basingstoke, 2010.

Tomlinson, Simon, "China builds first overseas military base near Ethiopia for ships, helicopters and special forces in quest to become naval superpower", *The Sun*, 22 Ağustos 2016.

Topuz, Hıfzı, *Kara Afrika*, Milliyet Yayınları, İstanbul, 1971.

Toynbee, Arnold Joseph, *A Study of History*, 5. Cilt, Oxford University Press, 1961.

Török, László, *The Kingdom of Kush: Handbook of the Napatan-Meroitic Civilization*, Koninklijke Brill, Leiden, 1997.

Tregear, Thomas R., *A Geography of China*, Transaction Publishers, New Brunswick ve Londra, 2009.

Tucker, Nancy Bernkopf, *Dangerous Strait: the US-Taiwan-China Crisis*, Columbia University Press, New York, 2005.

Tull, Denis M., "China's Engagement in Africa: Scope, Significance, and Consequences", Ed. John W. Harbeson ve Donald Rotchild, *Africa in World Politics: Reforming Political Order*, Westview Press, Boulder, 2009.

Uçar, Ahmet, *Unutulmayan Miras: Güney Afrika'da Osmanlılar*, Çamlıca, İstanbul, 2008.

United Nations Department of Economic and Social Affairs Population Division, *World Population to 2300*, New York, 2004.

United Nations Department of Economic and Social Affairs Population Division, *World Population to 2300*, New York, 2004.

United Nations Development Programme, *Human Developmen Report 2016: Human Development for Everyone*, New York, 2016.

United Nations Economic Commission for Africa, *Africa-BRICS Cooperation: Implications for Growth, Employment and Structural Transformation in Africa*, Addis Ababa, 2013.

"Ülke Örnekleri ile Kalkınma ve Sanayileşme Modelleri", *TMMOB Sanayi Kongresi*, Ankara, 2007.

Ünay, Sadık ve Kayıkçı, Fazıl, "Küresel Ekonomi Politik Sistemde BRICS ve Doğu Asya", *Doğu Asya'nın Politik Ekonomisi: Japonya, Çin ve Güney Kore'de Kalkınma, Siyaset ve Jeostrateji*, Ed. K. Ali Akkemik ve Sadık Ünay, Boğaziçi Üniversitesi Yayınevi, İstanbul, 2015.

Üngör, Çağdaş, "Çin'de Ulusal Kimliğin Dönüşümü ve Milliyetçilik Söylemi", *Geleceğin Süper Gücü Çin: Uzakdoğu'daki Entegrasyonlar ve Şangay İşbirliği Örgütü*, Tasam, İstanbul, 2005.

Ünlü, Barış, "İmparatorluk Fikrinin Gelişimi", *Ankara Üniversitesi Siyasal Bilgiler Fakültesi Dergisi*, Cilt 65, Sayı 3, 2010.

Vakhrushev, Vasilii Vasilevich, *Neocolonialism: Methods and Manoeuvres*, Çev. Katherine Judelson, Progress Publishers, Moskova, 1973.

Van Beek, Ursula J., "China's Global Policy and Africa: A Few Implications for the Post-Crisis World", *Politikon*, Cilt 38, Sayı 3, Aralık 2011.

Van Dijk, Meine Pieter, "Objectives of and Instruments for China's New Presence in Africa", *The New Presence of China in Africa*, Ed. Meine Pieter van Dijk, Amsterdam University Press, 2009.

Van Dijk, Meiner Pieter, "The Impact of the Chinese in Other African Countries and Sectors", *The New Presence of China in Africa*, Ed. Meine Pieter van Dijk, Amsterdam University Press, 2009.

Vandervort, Bruce, "Anglo-Asante Wars (1823–1831, 1863–1864, 1873–1874, 1896, 1900)", *The Encyclopedia of War*, 31 Ağustos 2017.

Védrine, Hubert ve Moïsi, Dominique, *Les Cartes de France à l'Heure de la Mondialisation*, Fayard, Paris, 2000.

Védrine, Hubert, *Face à l'Hyperpuissance: Textes et Discours, 1995-2003*, Fayard, Paris, 2003.

Védrine, Hubert, *France in an Age of Globalization*, Brookings Institution Press, Washington, 2001.

Vickers, Brendan, "Africa and the Rising Powers: Bargaining for the Marginalized Many", *International Affairs*, Cilt 89, Sayı 3, 2013.

Vogel, Ezra F., *The Four Little Dragons: The Spread of Industrialization in East Asia*, Harvard University Press, Cambridge, 1991.

Wade, Abdoulaye, "Time for the West to practise what it preaches", *Financial Times*, 23 Ocak 2008.

Wade, Geoff, "The Polity of Yelang (夜郎) and the Origins of the Name 'China'", *Sino-Platonic Papers*, No. 188, Mayıs 2009.

Waldron, Arthur, *The Great Wall of China: From History to Myth*, University Press, Cambridge, 1990.

Waltz, Kenneth N., *Theory of International Politics*, Waveland Press, Illinois, 1979.

Wang, Gabe T., *China and the Taiwan Issue: Impending War at Taiwan Strait*, University Press of America, Lanham, 2006.

Ward, Hugh, "Structural Power: A Contradiction in Terms?", *Political Studies*, Cilt 35, Sayı 4, Aralık 1987.

Weber, Max, *Wirtschaft und Gesellschaft: Grundriss der Sozialökonomik*, Mohr, Tübingen, 1922.

Wei, Shang-Jin, "Foreign Direct Investment in China: Sources and Consequences", *Financial Deregulation and Integration in East Asia*, Cilt 5, Ed. Takatoshi Ito ve Anne O. Krueger, University of Chicago Press, 1996.

Wei, Shang-Jin; Xie, Zhuan ve Zhang, Xiaobo, "From Made in China to Innovated in China: Necessity, Prospect, and Challenges", *National Bureau of Economic Research Working Paper*, No. 22854, Kasım 2016.

Welsby, Derek A., *The Medieval Kingdoms of Nubia: Pagans, Christians and Muslims along the Middle Nile*, British Museum Press, Londra, 2002.

Wendt, Alexander E., "Anarşi Devletler Ne Anlıyorsa Odur: Güç Politikalarının Sosyal İnşası", Çev. Ş. Gökçe Gezer, *Uluslararası İlişkiler*, Cilt 10, Sayı 39, Güz 2013.

Wendt, Alexander, *Social Theory of International Politics*, Cambridge University Press, Cambridge, 1999.

Wenping, He, "The Balancing Act of China's Africa Policy", *China Security*, Cilt 3, Sayı 3, Yaz 2007.

"White Paper on China's African Policy, January 2006", *China Report*, Cilt 43, Sayı 3, 2007.

Whiton, Christian ve Dobriansky, Paula J., *Smart Power: Between Diplomacy and War*, Potomac Books, Washington, 2013.

Wickins, Peter, *An Economic History of Africa from the Earliest Times to Partition*, Oxford University Press, Cape Town, 1981.

Wight, Martin; Bull, Hedley ve Holbraad, Carsten, *Power Politics*, Penguin Books, Hamondsworth, 1978.

Wilensky, Julie, "The Magical *Kunlun* and Devil Slaves: Chinese Perceptions of Dark-Skinned People and Africa before 1500", *Sino-Platonic Papers*, Sayı 122, Temmuz 2002.

Wilson, Hugh Robert, *For Want of a Nail: The Failure of the League of Nations in Ethiopia*, Vantage Press, New York, 1959.

Womack, Brantly, *China and Vietnam: The Politics of Asymmetry*, Cambridge University Press, Cambridge, 2006.

"World Development Indicators", *World Bank*, (Erişim) http://data.worldbank.org/data-catalog/GDP-ranking-table, 23 Şubat 2017.

Worsthorne, Peregrine, "The Bush doctrine," *The Sunday Telegraph*, 3 Mart 1991.

Wright, Arthur F., *The Sui Dynasty: The Unification of China*, Alfred A. Knopf, New York, 1978.

Wu, Jianzhai; Zhang, Jianhua; Wang, Shengwei; Kong, Fantao, "Assessment of Food Security in China: A New Perspective Based on Production-Consumption Coordination", *Sustainability*, Cilt 8, Sayı 183, 2016.

Xuetong, Yan, "The Instability of China-US Relations", *The Chinese Journal of International Politics*, Cilt 3, Sayı 3, 2010.

Xuetong, Yan, "Xun Zi's Thoughts on International Politics and Their Implications", *Chinese Journal of International Politics*, Cilt 2, Sayı 1, 2008.

Yalçın, Hasan Basri, "The Concept of 'Middle Power' and the Recent Turkish Foreign Policy Activism", *Afro Eurasian Studies*, Cilt 1, Sayı 1, Bahar 2012.

Yao, Shujie, "Can China Really Become The Next Superpower?", *China Policy Institute Briefing Series*, Sayı 21, Nisan 2007.

Yap, Melanie ve Man, Dianne Leong, *Colour, Confusion and Concessions: The History of the Chinese in South Africa*, Hong Kong University Press, 1996.

Yazıcı, Nesimi, *İlk Türk-İslam Devletleri Tarihi*, Ankara Üniversitesi İlahiyat Fakültesi Dergisi, Ankara, 1992.

Yiğit, İsmail, "Murabıtlar", *İslam Ansiklopedisi*, Cilt 31, Türkiye Diyanet Vakfı Yayınları, Ankara, 2006.

Yim, Haksoon, "Cultural Identity and Cultural Policy in South Korea", *International Journal of Cultural Policy*, Cilt 8, Sayı 1, 2002.

Young, Crawford, "The Heritage of Colonialism", *Africa in World Politcs: Reforming Political Order*, Ed. John W. Harbeson ve Donald Rothchild, Westview Press, Boulder, 2009.

Youwei, Kang, 进呈突厥消弱记序 (*Türklerin Zayıflaması Üzerine Notlar*), 1895.

Yu, Jing, "Tibet, Xinjiang, and China's Strong State Complex", *The Diplomat*, (Erişim) http:// thediplomat.com/2016/07/tibet-xinjiang-and-chinas-strong-state-complex/, 28 Mart 2017.

Yu-Lan, Fung, *Çin Felsefesi Tarihi*, Çev. Fuat Aydın, İstanbul Bilgi Üniversitesi Yayınları, İstanbul, 2009.

Yule, Henry, *Cathay and the Way Thither Being a Collection of Medieval Notices of China,* Cilt 1, Hakluyt Society, Londra, 1915.

Yun, Zhang, "不附加条件的援助：中国对非援助政策的形成", (Koşulsuz Yardım: Çin'in Afrika'ya Yardım Politikasının Oluşumu), 外交评论 (*Wàijiāo Pínglùn/Dış Politika Kritiği*), No. 5, 2010.

Yurdusev, A. Nuri, "Uluslararası İlişkiler Öncesi", Ed. Atilla Eralp, *Devlet, Sistem ve Kimlik: Uluslararası İlişkilerde Temel Yaklaşımlar*, İletişim Yayınları, İstanbul, 2013.

Yüksel, Aytaç, *Çin Halk Cumhuriyeti-Afrika İlişkileri: Sudan Örneği*, Harp Akademileri Komutanlığı Stratejik Araştırmalar Enstitüsü, 2014.

Yülek, Murat, "Kalkınma Tartışmalarında Japon Modelinin Yükselişi, Düşüşü ve Tekrar Yükselişi", *Doğu Asya'nın Politik Ekonomisi: Japonya, Çin ve Güney Kore'de Kalkınma, Siyaset ve Jeostrateji*, Ed. K. Ali Akkemik ve Sadık Ünay, Boğaziçi Üniversitesi Yayınevi, İstanbul, 2015.

Zafar, Ali, "The Growing Relationship between China and Sub-Saharan Africa: Macroeconomic, Trade, Investment, and Aid Links", *The World Bank Research Observer*, Cilt 22, Sayı 1, Bahar 2007.

Zahariadis, Nikolaos, "Nationalism and Small-State Foreign Policy: The Greek Response to the Macedonian Issue", *Political Science Quarterly*, Cilt 109, Sayı 4, Sonbahar 1994.

Zakaria, Fareed, *The Post-American World*, W. W. Norton & Company, New York ve Londra, 2008.

Zeleza, Paul Tiyambe, *A Modern Economic History of Africa: The Nineteenth Century*, East African Educational Publishers, Nairobi ve Kampala, 1997.

Zhao, Quansheng, "America's Response to the Rise of China and Sino-US Relations", *Asian Journal of Political Science*, Cilt 13, Sayı 2, Aralık 2005.

Zhao, Suisheng, "Chinese Foreign Policy as a Rising Power to find its Rightful Place", *Perceptions*, Cilt XVIII, Sayı 1, 2013.

Zhao, Suisheng, "Core Interesets and Great Power Responsibilites: The Evolving Pattern of China's Foreing Policy", *China and the International System: Becoming a World Power*, Ed. Xiaoming Huang ve Robert G. Patman, Routledge, Londra ve New York, 2013.

Zheng, Connie ve Wang, Bai Xuan, "Innovative or Imitative? Technology Firms in China", *Prometheus: Critical Studies in Innovation*, Cilt 30, Sayı 2, 2012.

Zheng, Xiaowei, *The Politics of Rights and the 1911 Revolution in China*, Stanford University Press, Palo Alto, 2017.

www.ingramcontent.com/pod-product-compliance
Lightning Source LLC
Chambersburg PA
CBHW051039250726
48656CB00001B/40